音訳・点訳のための読み調査ガイド

視覚障害者サービスの向上にむけて

北川和彦 著

日外アソシエーツ

装丁：赤田 麻衣子

はしがき

　図書館で視覚障害者に対する録音図書作りの仕事を12年間担当した私は、退職後そのノウハウを活かして、平成4年に「音訳・点訳のための読み方調べ」のテキストとして「基本編」「人名・地名編」「文献参照編」の3冊を発行し、読み方調べの講習に際して使用してきました。

　その後平成5年には、「略語・記号・単位編」、平成6年に「西洋医学編（中條弘子著）」を発行し、既発行分の合本版として「朗読ボランティアガイドブックⅢボランティアのための資料講座」を東海テレビ福祉文化事業団から発行しました。

　その後「中国・朝鮮の人名・地名編」「録音図書　校正の手引」を加え、この間、音訳者・点訳者や図書館関係者等から具体的実務的な質問や提案などを多数頂き、版を重ねるたびに、活動の現場で役立つ内容へと変えることができました。

　視覚障害者を巡る環境は変化してきましたが、言葉の読みに関しては、一部を除いて基本的には大きな変化はありませんでした。しかし、録音媒体がテープからCD等とアナログからデジタルへと移行しつつある現在、主として構成面・技術面の校正については様変わりしていますので、この部分については、デジタル録音の実務に長年の経験のある熊谷成子氏（元・静岡県点字図書館）に執筆していただきました。また、公共図書館での読み調査方法と視覚障害者情報総合サービス「サピエ」について大阪市立大学大学院の近藤友子さんに解説いただきました。

　そしてこの度、日外アソシエーツ株式会社により、書籍化が実現することになりました。改訂編集にあたって多くの助言をいただいた編集局の青木竜馬氏はじめ担当の方々に感謝申し上げます。

2012年6月　北川和彦

目次

はしがき……………………………………… iii

第1部　基本編

第1章　調査の必要性……………………… 1
- 1－1　調べることの大切さ……………… 1
- 1－2　専門用語と一般用語……………… 2
- 1－3　誤読をしないためには…………… 3
- 1－4　漢字に強くなる学習を
  積み重ねること……………………… 3
- 1－5　誤植は原則として訂正しない…… 4
- 1－6　調査結果の根拠を明らかに……… 4
- 1－7　音訳・点訳における調査のあり方…… 4

第2章　どこで調べるか…………………… 5
- 2－1　自宅で調べるために……………… 5
- 2－2　図書館で調べる…………………… 5
- 2－3　図書館類縁機関で調べる………… 6
- 2－4　研修会テキスト・
  手引き書を活用する………………… 7

第3章　辞典類の能率的な使い方………… 9

第4章　漢字の種類と読み………………… 13
- 4－1　漢字の種類………………………… 13
- 4－2　読みの種類………………………… 17

第5章　書名・作品名・古典籍の
読み方と参考図書…………………… 33
- 5－1　参考図書…………………………… 33
- 5－2　難読作品名………………………… 34

第6章　辞典にない漢字・ことば………… 36
- 6－1　文学作品に頻出する造語………… 36
- 6－2　漢字を眺めると自然に浮かぶ読み…… 37
- 6－3　読み不明語をどう読むか………… 38
- 6－4　「卓」をどう読むか……………… 38
- 6－5　作家の造った「あて字」(造語) いろいろ…… 39
- 6－6　「戦ぐ」は何と読む……………… 40

第7章　難読語の読みと参考図書………… 42

第8章　基本的なことばの参考図書……… 43
- 8－1　百科事典…………………………… 43
- 8－2　漢和辞典…………………………… 44
- 8－3　国語辞典…………………………… 44
- 8－4　外国語辞典………………………… 44

第9章　元号の読み方……………………… 47

第10章　発音・アクセントの読みと参考図書…… 49
- 10－1　『NHK日本語発音アクセント辞典』
  （新版）……49
- 10－2　その他のアクセント辞典など…… 50
- 10－3　『大辞林』のアクセント表示…… 50
- 10－4　アクセントについての扱い方…… 51

〈コラム〉
- 「腔」の読みは、
  医学は「くう」動物学では「こう」…… 3
- 出版社・著者への問い合わせは避けること … 7
- 音訳とは…………………………………… 8
- 辞書を探す辞典…………………………… 8
- 大辞典と小辞典の記述の違い…………… 8
- 音訳と著作権……………………………… 11
- 誤読の責任は大きい……………………… 11
- アイマーク（EYEマーク）普及運動…… 11
- いいとこどり・シックハウス症候群・カミング
  アウトなどを新たに採録
  『広辞苑第6版』使用頻度・重要度・
  定着の度合いで……………………… 12
- 二十四節気………………………………… 14
- 「春琴抄」は変体仮名で発表された…… 16
- 意外と知らない年齢の異称……………… 16
- 喧々諤々（けんけんがくがく）は誤りか？…19
- 仏教・東洋医学関係の読みは呉音で読む…… 19
- 音（漢音・呉音・唐音）訓読みの例…… 20
- 漢語・和語・外来語……………………… 21
- 「辻読み」ってどんな読み？読み方いろいろ…… 22
- 誤植の扱いについて……………………… 26
- Q&A「家」の読みは？…………………… 28
- Q&A「金鎖」「龍顔」の読み／
  「国境」の読み……………………… 41
- Q&A「生者」の読み……………………… 42
- 誤読面白解説「太股」の読みは………… 43
- 十干十二支・干支の読み………………… 46
- 『国宝・重要文化財よみかた辞典』…… 49

〈付録〉
- 漢検・漢字資料館（京都）……………… 51
- 諸橋轍次記念館（新潟）………………… 51
- 専門図書館・資料館・記念館…………… 52

第2部　人名・地名編

第1章　人名………………………………… 54
- 1－1　人名とは…………………………… 54
- 1－2　人名と地名の関係………………… 54
- 1－3　苗字はどのくらいあるか………… 55
- 1－4　人名の種類………………………… 55
- 1－5　同字異読の人名…………………… 56

1－6　同音異字の人名……………………57
1－7　同一人で二通り以上の
　　　　読みのある人名…………………58
1－8　同一人で異なる名を使う人名……58
1－9　難読人名………………………………61
1－10　数の人名……………………………66
1－11　一字一音の姓と長い姓……………71
1－12　人名の読みの決め方………………72
1－13　人名の参考図書……………………72

第2章　地名
2－1　地名とは………………………………75
2－2　地名はどのくらいあるか……………75
2－3　地名の種類……………………………76
2－4　同字異読の地名………………………76
2－5　同読異字の地名………………………78
2－6　助詞の入る地名・入らぬ地名………79
2－7　時代によって変わる読み・表記……79
2－8　難読地名………………………………80
2－9　数の地名………………………………84
2－10　「小路」「大路」の読み……………88
2－11　一字一音地名…………………………88
2－12　合併地名………………………………90
2－13　瑞祥地名………………………………91
2－14　「町」「村」の読み…………………92
2－15　「町」と「丁」………………………93
2－16　「山」の読み…………………………94
2－17　バスストップ（停留所名）…………96
2－18　地名の読みの決め方…………………98
2－19　地名の参考図書……………………101

〈コラム〉
——人名——
- 新訂　人物記念館事典……………………59
- 身近に発見「八月一日さん」……………60
- 幽霊人名・架空人名………………………65
- 名字四天王…………………………………65
- 珍しい名「或」……………………………66
- 難読の多い姓「五十」の読み……………69
- 「斉藤　斎藤」さん？……………………70
- 同姓同名同字　1人のGoethe
  8人の鈴木健二……………………………70
- 「日本紳士録」80版で休刊（交詢社）……74
——地名——
- 全国難読町村サミット……………………80
- 難読「五十」地名…………………………83
- 被災の鳴き浜　無事　天然記念物に（宮城）…83

- 「地名」（じな）と「一口」（いもあらい）…84
- 「光町」（ひかりまち）は新幹線誕生の町……84
- 川の別称……………………………………86
- 「上中」「上下」「下」「上中下」地名……90
- 「温泉津町」（ゆのつまち）………………90
- 全国初のカタカナ市名
  「南アルプス市」誕生……………………91
- 日本の外国語地名（カタカナ地名）
  こんなにある……………………………91
- 「亀有」はかって…「亀無」だった………92
- 現地読み……………………………………94
- 政令指定都市………………………………98
- 地名専門のライブラリー
  神奈川県（川崎）に日本地名研究所を開設…99
- 地名が導いた地位「自由が丘」全国に多数‼…99
- ＪＲ駅名改称物語…………………………100
- 「城下」と「城」…………………………101
- 日本一低い山……………………………102
- 壱尺八寸山………………………………103
- 土地の分割地名と姓……………………104
- 「廿五里」（ついへいじ）………………105
- 「ウソ読みで引ける難読地名」…………106

（付録1）
- 歴史上の人物で姓と名の間に
  「の」が入る人名と「の」が入らない人名……106

（付録2）
- 「日本国」という名の山…………………108

第3部　略語・記号・単位編

第1章　略語・記号・単位の定義……………110
第2章　略語…………………………………112
2－1　略し方の種類………………………112
2－2　略語の種類…………………………115
第3章　記号…………………………………120
3－1　約物記号……………………………120
3－2　数学記号……………………………123
3－3　電気関係図記号……………………131
3－4　商用記号……………………………132
3－5　化学記号……………………………134
3－6　通貨単位……………………………136
3－7　情報処理記号………………………138
3－8　フローチャート図記号……………140
第4章　単位…………………………………142
4－1　単位記号とは………………………142
4－2　国際単位系（SI）……………………142

4-3	単位記号の表わし方………………	142
4-4	接頭語の記号……………………	143
4-5	単位記号……………………………	144
第5章	コード…………………………………	147
5-1	国際標準図書番号（ISBN）………	147
5-2	国際逐次刊行物番号（ISSN）……	148
5-3	書籍コード…………………………	149
5-4	著作権マーク………………………	150
5-5	著作物の自由利用マーク…………	152
5-6	アスキー・コード…………………	153
5-7	シンボルマーク……………………	155
5-8	地図記号……………………………	156
第6章	インターネットの略号・記号………	157
6-1	電子メールアドレスと ホームページのアドレス…………	157
6-2	省略記号（abbreviations）………	158
6-3	国別記号……………………………	160
6-4	フェイスマーク……………………	165
第7章	よく利用される略語・記号・ 単位類の参考図書…………………	171

〈コラム〉
- （参考）ことばの簡略化 ………………… 111
- ライフライン ……………………………… 114
- 「医学中央雑誌収録誌目録」より（抜粋） … 117
- 「人」の読み方 …………………………… 119
- 化学記号・化学式 ………………………… 134
- 「-」（ハイフン）「―」（ダッシュ）「′」（ダッシュ）
の読み分け ……………………………… 143
- 新地図記号に小学生の図案を採用 ……… 156
- 絵文字（辞典の定義） …………………… 168
- 「卍」の読み「卐」（右まんじ）は記号 … 169
- 疑問符・感嘆符の読み …………………… 170

第4部　書誌事項・文献参照編

第1章	文献参照（特に欧文）について………	175
1-1	文献参照と参考文献…………………	175
1-2	文献参照・参考文献等の 掲載される場所……………………	175
1-3	本稿で用いる用語…………………	175
1-4	読み方の原則………………………	176
第2章	文献参照の種類………………………	176
2-1	単行本への参照……………………	176
2-2	逐次刊行物への参照………………	177
2-3	論文・記事への参照………………	177
第3章	参考文献の書誌的要素とその処理……	178
3-1	著者に関する書誌的要素とその処理…	178
3-2	標題に関する書誌的要素とその処理…	181
3-3	出版に関する書誌的要素とその処理…	184
3-4	その他の事項………………………	188
第4章	文献参照音訳に際しての 一般的注意事項……………………	189
4-1	書誌・参考文献リスト……………	189
4-2	参照文献リスト……………………	190
4-3	聖書の引用と参照…………………	190
4-4	注（註）……………………………	190
第5章	書誌事項等関係用語・略語集………	191
第6章	事例演習………………………………	198
6-1	部・章・節・段落ごとの文献参照 ……	198
6-2	本文中の参考文献・引用文献……	199
6-3	図・表・グラフ等の引用文献……	200
6-4	巻末に一括してある参照・引用文献…	200
6-5	巻末の参考文献……………………	201

〈コラム〉
- 書誌／書誌（的）事項 …………………… 176
- ISBN（国際標準図書番号）
International Standard Book Number …… 180
- ISO（イソ）
International Organization for Standardization … 183
- OPAC　On-line Public Access Catalogue … 183
- 地名の郵便番号（Postal Abbreviations） … 186

第5部　中国・朝鮮の人名・地名編

第1章	中国・朝鮮の人名・地名表記…………	203
1-1	人名・地名の漢字表記と カナ表記…その経緯………………	203
1-2	「原音読み」等の用語について ……	207
第2章	中国の人名・地名の調べ方・読み方……	208
2-1	中国語と発音記号…………………	208
2-2	現代中国の簡体字…………………	209
2-3	表記の現状…………………………	210
2-4	読みの方法と事例…………………	214
2-5	表記と読みはこれからどうなるか…	216
2-6	中国の人名・地名辞典……………	216
第3章	韓国・朝鮮の人名・ 地名の調べ方・読み方……………	218
3-1	韓国・朝鮮語と発音記号…………	218
3-2	表記の現状…………………………	219
3-3	読みの方法と事例…………………	226
3-4	表記と読みはこれからどうなるか…	228
3-5	韓国・朝鮮の人名・地名辞典………	228

第4章　参考文献……………………… 230
　4－1　図書・資料……………………… 230
　4－2　新聞・雑誌記事………………… 230
〈コラム〉
● （教科書の表記）……………………… 218
● 少しずつ変わる地名の読み ………… 220
● 韓国語のふりがなについて ………… 222
● 読みの原則と事例 …………………… 222
● 日本音読み配列による韓国・朝鮮の姓氏 … 223
● 話題となった韓国の地名
　　（サッカーW杯会場他）………… 224
● 北朝鮮の大河 ………………………… 225
● 北朝鮮の地名（他）………………… 225
（付録）
● 姓のベストテン ……………………… 231

第６部　校正の手引き

第１章　校正の位置づけ………………… 232
　１－１　校正とは……………………… 232
　１－２　著作権法と同一性保持のために…… 232
　１－３　校正体制……………………… 233
　１－４　校正の責任…………………… 234
第２章　校正者に求められる資質……… 235
第３章　校正の準備……………………… 237
　３－１　取りきめ・打合せ表………… 237
　３－２　調査表などの確認と校正表の準備… 237
　３－３　その他の校正に必要なもの… 238
第４章　校正の方法……………………… 239
第５章　構成面のチェックポイント…… 240
　５－１　取りきめにそった形式で
　　　　　読まれているか…………… 240
　５－２　著作権に関するアナウンス例……… 241
　５－３　「奥付」「著者略歴」の読み方… 242
第６章　録音技術面のチェックポイント……… 243
第７章　音訳面のチェックポイント…… 244
　７－１　誤読の指摘…………………… 244
　７－２　漢字の読みは適切か………… 245
　７－３　読みは統一されているか…… 246
　７－４　読み分けができているか…… 247
　７－５　脱文・脱落・省略はないか… 251
　７－６　読みづまり・とちり・発音不明瞭 …… 251
　７－７　図・表・グラフ等の読み方、
　　　　　挿入箇所は適切か………… 251
　７－８　約束符号の読み方は適切か… 253
　７－９　人名の読みは正しいか……… 253

　７－１０　地名の読みは正しいか……… 254
　７－１１　外国語・外国人名・地名の読み … 254
　７－１２　誤植の扱いとその処理……… 256
　７－１３　聞いて分かりやすい読みに
　　　　　　なっているか……………… 257
　７－１４　鼻濁音・母音の無声化……… 257
　７－１５　アクセント………………… 258
　７－１６　読みの速度………………… 260
第８章　音訳者への訂正指示…………… 261
　８－１　訂正の方法…………………… 261
　８－２　校正記号・略号……………… 262
第９章　校正のための資料……………… 264
　９－１　同一原本の確認……………… 264
　９－２　参考図書（資料）…………… 264
　９－３　電子辞書の活用……………… 265
第１０章　調査表・校正表……………… 266
　１０－１　調査表の様式とその記入… 266
　１０－２　校正表の様式とその記入… 267
　１０－３　校正結果表の様式と記入… 269
　１０－４　調査表・校正表などの
　　　　　　保管・活用………………… 271
第１１章　デジタル録音の校正………… 272
　１１－１　校正を始める前に………… 272
　１１－２　校正に使う機器と方法…… 273
　１１－３　構成面のチェックポイント……… 273
　１１－４　録音技術面のチェックポイント… 275
　１１－５　音訳技術面のチェックポイント… 276
　１１－６　デイジー編集の校正……… 276
第１２章　テープ録音の校正…………… 278
　１２－１　校正の手順（テープ）…… 278
　１２－２　テープのはじめと終りの空きは
　　　　　　規定どおりか、区切りは適切か… 279
　１２－３　余白テープの点検………… 280
　１２－４　録音の順序は正しいか…… 280
　１２－５　枠アナウンスの読みは正しいか… 281
第１３章　参考文献……………………… 282
〈コラム〉
● 校正者の声から①
　　校正体制の確立で校正をスピードアップ … 233
● 校正の責任 …………………………… 234
● 校正者の声から② …………………… 234
● 校正者の声から③
　　録音図書は音訳者と校正者の交響曲 …… 235
● 相互校正について …………………… 240
● 校正者の声から④ …………………… 241

- 校正者の声から⑤
  校正してみると・・・ ……………………… 245
- ある点字図書館員の立場から
  西暦付加について ……………………… 249
- 利用者の立場から
  原本の鑑賞を妨げない配慮を ………………… 249
- 読みは変化する …………………………… 252
- ワンポイント・アドバイス① ……………… 253
- （参考）西洋人名のカナ表記 ……………… 256
- 校正者の意見から ………………………… 259
- ダブル発音言葉の意味 …………………… 260
- １分間に読む文字の速度は？ ……………… 261
- 校正者の声から⑥
  相互校正でテープ雑誌をタイムリーに …… 263
- 図書館の担当者から ……………………… 266
- 「正」「誤」欄より「音訳者の読み」
  「校正者の読み」欄へ…………………… 268
- 校正者の声から⑦
  校正の難所 ………………………………… 269
- 読者の守秘義務　プライベートサービスに
  あたって留意すべきこと ………………… 271
- 「悲劇をおこさないために」 ……………… 273
- 「こんな雑音も」 ………………………… 275
- 「図表・写真等の処理」 …………………… 277
- 伝わる言葉で ……………………………… 277
- 校正表には聞こえたままを ………………… 278
- ワンポイント・アドバイス② ……………… 279
- 図書館からの提案　原本に付箋を ………… 284
- 音訳者の声から …………………………… 284

（付録１）
- 録音図書校正基準 ………………………… 285

（付録２）
- 録音図書製作基準 ………………………… 287

（付録３）
- 講習会『録音図書の校正』に見る
  受講者の悩みと受講後の感想 ……………… 290

解説　公共図書館の調査方法とサピエについて… 292

第1部 基本編

第1章　調査の必要性

1－1　調べることの大切さ

　視覚障害者のための音訳（点訳）ボランティア活動は、高い技術と繊細な注意力が要求されます。なかでも調査（下調べ）技術は、録音技術や読む技術、点訳技術と並んで重要なものといえるでしょう。その録音図書がどんなに上手に読まれていても、その文章にある語句を誤って読んでいたら何にもなりません。ほんの些細なことですが、たった一人の人名が読めなくて作業がストップしてしまうこともしばしばあるものです。適当に読んでおくのではなく、根気よく調査することが大切です。音訳・点訳活動は、「読み方調査から始まる」と言っても過言ではないでしょう。

　では、どのようにして調査をすすめたらよいのでしょうか。ただやみくもに辞書をひっくり返しているのでは、時間を浪費するだけです。読みの調べ方は、録音図書、点字図書を製作する者にとって、その図書の質を決定づける最も重要なものです。

調査の時間配分

引　受	20～30% 調査	70～80% 製作（録音・点訳）	＋α 校正	納　品

＊校正の時間は、調査の精度によって異なります。

音訳・点訳の原則・留意点

	音　訳	点　訳
①調　査	内容を正確に伝える読みの調査技術	
②処　理	音訳表現技術 読み方のテクニック	点訳技術 点訳のきまり・規則
③機器操作	録音機器の知識	点訳機器（パソコン点訳）の知識
④配　慮	見えないということへの理解を深めること	

　第1部（基本編）では、「①調査」のテクニックについて解説してありますが、読み方を決めるに当たっては常に視覚障害者の立場「④配慮」に立って考えて下さい。

第1部　基本編

1-2　専門用語と一般用語

　専門分野の語句を調べるには、その分野の辞典、事典類を調べなければなりません。例えば、「図画」（ずが）は法律用語では（とが）、親子（おやこ）は（しんし）と読みます。これを国語辞典で調べただけで「ずが」「おやこ」と読めば誤読となってしまいます。しかし、国語辞典によっては、専門用語が併記されるか、参照項目として採録されている場合もありますので、どのような分野の専門用語が載っているかを「凡例」で確認しておくことも必要です。

　また、視覚障害者の多くが「鍼灸」の仕事についている関係上、医学書を音訳・点訳する機会が多いものです。私たちにとっては、なじみのない分野であり、東洋医学などの見慣れない漢字、語句には抵抗を覚えるものです。しかし、職業上必要とされている分野ですから是非とも取り組んでいただかなければなりません。この分野は一度読みが分かれば、比較的音訳・点訳が容易なものです。けれども、医学用語を一般の辞典で調べただけでは誤読になってしまいます。専門辞典で調べる必要が生じます。

　以下にいくつかの例を挙げてみます。（　）内は専門用語

（1）法律用語

　図画　ずが　（とが）

　　（大辞林3版）「ずが」の項に「とが」を見よ。「とが」の項には「ずが（図画）に同じ」とあり、（法曹界で「とが」と呼び慣わす）とあります。

　　（広辞苑6版）「ずが」の項には「とがとも」とあり、「とが」の項には「ずがを見よ」となっています。

　遺言　ゆいごん　（いごん・いげん・ゆいげん）

　　（大辞林3版）法律上では「いごん」というとあり、「いごん」の項には法律上の読み方「ゆいごん」に同じとあります。「いげん」の項もあります。

　　（広辞苑6版）「ゆいごん」の項に「いごん」「いげん」「ゆいげん」とあり法律用語では「いごん」というとあります。また、「いごん」「いげん」「ゆいげん」もそれぞれ項目をたて、3つの読みに参照されています。

（2）医学用語

　片麻痺　かたまひ　（へんまひ）

　　（大辞林3版）「かたまひ」「へんまひ」ともに項目があり、「はんしんふずい」に参照されています。「はんしんふずい」の項では「へんまひの通称」となっています。

　　（広辞苑6版）「へんまひ」の項はありますが、「かたまひ」の項はありません。

　口腔　こうこう　（こうくう）

　　（大辞林3版）「こうこう」「こうくう」ともに項目があり、「こうこう」の医学での慣用読みとあります。

　　（広辞苑6版）「こうこう」「こうくう」ともにあり、「こうくう」は「こうこう」の慣用読み。医学でいうとあります。

（3）中国の古典医学書名

　中国の古典名は、研究者によってまちまちであることが多いため、複数の読みを掲げておきます。

　　黄帝内経　こうていないきょう（大辞林3版・広辞苑6版）、「内経」は「ないけい」「だいけい」とも　こうていだいきょう、こうていだいけい

　　鍼灸甲乙経　しんきゅうこうおつけい、しんきゅうこうおつきょう、しんきゅうこういつきょう

　　医学三字経　いがくさんじきょう、いがくさんじけい

　　温疫論　うんえきろん、おんえきろん

　　脈経　みゃくきょう、みゃくけい

　　霊枢経　れいすうきょう、れいすうけい

　　黄帝八十一難経　こうていはちじゅういちなんぎょう

　　素問霊枢類纂約注　そもんれいすうるいさんやくちゅう

『点訳・音訳のための医療関係用語集』　1990　（神奈川県ライトセンター）による。

第 1 章　調査の必要性

> **Column**　「腔」の読みは、医学は「くう」動物学では「こう」
>
> 「腔」の読みについては、1990 年（平成 2 年）から新聞協会の用語懇談会が継続中の「新聞の用字用語の洗い直し」で、医学用語については「口腔（こうくう）」「鼻腔」（びくう）「腹腔」（ふくくう）などと「くう」の読みを付けることに統一した。ただし、動物学や一般記事では「口腔（こうこう）」と書くことになっている。
> 「こうくう（口腔）」は、「こうこう」の慣用読み。医学でいう。（広辞苑第 6 版）
> 「こうくう（口腔）」は「こうこう」の医学での慣用読み。（大辞林第 3 版）
> 「こうこう（口腔）」は口蓋（こうがい）と舌との間の空間。奥の方はのどに通じる。（歯科医の間では、「こうくう」と言うことが多い）（新明解国語辞典第 7 版）

1-3　誤読をしないためには

　誤読のないように正確に読むよう心がけること、これはボランティアにとって、第一に重視しなければならないことです。利用者は録音図書の内容には誤りはないものとして、ある種の信頼感を持って聴いていると思って下さい。聞き手はその際、辞書をおもうように引くことができないのだということも、心にとめておいて下さい。そもそも自分も自分の話せる語彙は、本に書かれている語彙に及ばないのが普通ですから、自分が耳なれない熟語や、固有名詞の音訳・点訳に際しては、謙虚かつ慎重な態度でことにあたって下さい。また、日々の生活の中で漢字や言葉に関する好奇心を旺盛にもつように心がけることが必要です。例えば、毎日の新聞を声にだして読んでみる、街の広告を声にだして読んでみる、旅行に行ったらその土地の名前（特に駅名）の正しい読みに関心をもつなどもよい方法です。

1-3-1　辞書を引くことを億劫がらないこと

　人の知識には限りがあることは言うまでもありませんが、また、その記憶も意外に曖昧なことが多いことを、皆さんもボランティア活動の中で経験されたことでしょう。したがって、少しでも自分の読みに疑わしさを感じたときは、躊躇することなく辞典を引く習慣をつけるよう心がけましょう。これを軽視するようでは点訳・音訳ボランティアとしての資質に欠けると言っても過言ではないでしょう。

1-3-2　辞書に精通すること

　音訳・点訳するのに参考になる辞典類は、全般的なものから、各専門分野のものまで多数ありますが、現在点訳・音訳中の図書に最も適したものを選ぶことが大切です。
　また、辞典類は編集者の意図によって編集方法が異なることに留意し、その検索技術に習熟しなければなりません。
　最近はパソコンが普及し、辞典類に掲載されていない読みがパソコンなどの内蔵辞書に採録されていることがありますので、注意が必要です。

1-4　漢字に強くなる学習を積み重ねること

　日本語の音訳・点訳には特別のむずかしさがあります。それは漢字を使用していることによります。したがってボランティアは普段から日本語、特に漢字に強くなる学習を積み重ねていくように心がけていなければなりません。本書では漢字の読みについて、その調べ方を具体的に述べていきます。

第1部　基本編

1－5　誤植は原則として訂正しない

（1）書いてあるとおりに読むこと
　音訳者・点訳者はトランスクライバー（書かれた活字などを音声・点字に転換する人）であるので、図書の内容に間違いがあると思っても、何のことわりもなく訂正してはなりません。記述の誤りは原則として正さないと割り切って下さい。責任は挙げて著者・出版社にあるのです。

（2）単純な誤植は訂正する
　「ありすま」→「あります」、「…したのすで」→「…したのです」、「薄物館」→「博物館」、「団書館」→「図書館」などのような明らかな誤植はことわりなく訂正しても構いません。しかし、言葉（地名、人名も含めて）は常に変化するものであるということに深く留意し、「新語」「造語」の可能性もありますので、誤植の訂正には細心の注意をはらわなければなりません（関連記事　第6部　256頁）。

1－6　調査結果の根拠を明らかに

　苦労して読みを調べたのに、校正で指摘を受けた経験があると思います。それほど読みというものは難しいものです。したがって調べたものは必ずその根拠（典拠）を調査表に記入して校正者（または図書館）に提出してください。

1－7　音訳・点訳における調査のあり方

　読みの調査における基本的な留意事項として、次の6項目を挙げておきます。

（1）1冊の本では原則として読みを統一すること
　読みが二通り、または二通り以上あり、どれをとるかを決めた場合、少なくともその1冊の原本では読みを統一する必要があります。他の音訳者が別の原本で選択した読みと異なっていても、典拠をはっきりさせておけば訂正する必要はありません。しかし、上下2巻、または数巻もの、シリーズなどに分巻された原本では、音訳（点訳）者相互であらかじめ読みは統一することが望ましいでしょう。

（2）著者の読みを最優先すること
　原本の巻末に読みが明示されている場合（索引など）や著者がルビをふっている場合は、たとえ調査結果で別の読みがあっても、著者の読みを優先してください。原本に忠実に読む原則を守ることから当然のことといえるでしょう。

（3）時代によって読みが異なるものは、その背景を考慮して読みを決めて下さい
　（例）　冠山…かむりやま（歴史地名）　かんむりやま（現在）
　　　　　月寒…つきさっぷ（政令指定都市以前）　つきさむ（現在）

（4）先入観念にとらわれないように
　調査しないで読んでしまった語句、地名、人名などに軒並み誤読が発見されることが多いようです。校正の結果がその事実を示しています。誤読の50％ほどはこのケアレスミスといっても言いすぎではないようです。普通の読みでなにげなく読んでしまったものに、実はこんな読みがあったとは？という経験をしたことが一度や二度は誰しもあるはずです。その意味では校正者自身も謙虚に仕事をすることが必要であることを痛感しています。

（5）一つの図書館だけの調査で解決しないように
　利用する図書館の規模により、適切な解決が得られなかった場合、近隣の図書館や類縁機関の蔵書にも目を配って調査するように心がけることが望まれます。現在は、コンピュータによるネットワークが普及していますので、図書館では他の所蔵館を即座に教えてくれますし、資料によってはその図書館から取り寄せてくれる場合もありますから有効に使いましょう。

(6) 辞典以外の一般書まで調査がゆき届けば最高

辞典類で解決しない場合、その著者の別図書でルビがでてきたり、別著者の同一主題や関連図書に読み（ルビ）を発見することがあります。ここまで調査ができれば申し分ありませんが、そのために音訳・点訳が遅れてしまうのでは本末転倒です。調査にかける時間は、仕上げるまでの20％ほどの時間ですませるようにしてください。迅速に読者に届けることが最も望まれていることを忘れないでください。

第2章　どこで調べるか

先ず「下読み・下調べ」で、読めない語句などを抽出します。そこでここでは、語句の読みなどの調べ方について述べてゆきます。読みの調べ方は、録音図書・点字図書を製作する者にとって、その図書の質を決定づける最も重要な過程です。

読めない語句のなかには、読めると思っていてもこれで正しいかな？と思われるものがかなりでてくるはずです。私達は通常本を読むときは、黙読するのが通例ですが、発声につながらない場合が意外に多いことに気付かれると思います。こういう語句を含めて、予め下調べ表、またはメモを作成するように心がけて下さい。いったんは読めても再度出てくるとハテ最初はどう読んだか不安になることもあります。同一語の読みの統一をはかる上でも、これらの語句もチェックしておくことが必要です。

さて、つぎにこれらの語句を調べることになりますが、自宅の辞典類では限界があります。また、辞典によって調べる読みが異なる場合もしばしばあります。そこで定評のある辞典によって調べることが大切ですから図書館などに足を運んで下さい。そして、必ず何によって読みを決めたかを明らかにしておくことを忘れないようにしましょう。不安な語句をいいかげんに読みますと、聞き手に誤った情報を伝えることになり、その責任は大きいことを自覚してください。

2-1　自宅で調べるために

音訳・点訳するうえで、読みの調査に必要な基本的な参考図書類は、先ず自宅に備えてください。どんな本を音訳・点訳する場合でも、次の3種類の辞典が基本になります。
- (1) 国語辞典（例）広辞苑・大辞林
- (2) 漢和辞典（例）角川漢和辞典
- (3) 外国語辞典（例）英和辞典・独和辞典・仏和辞典

2-2　図書館で調べる

自宅では調べきれないものを調べるために図書館に足を運んで下さい。図書館には参考図書類が必ず備え付けられています。全国には県立、市立など大小様々な図書館が身近に存在していますので、気軽に利用する習慣をつけるようにしましょう。

公共図書館を利用する方法には、
- (1) 電話で問い合わせる　　(2) 文書で問い合わせる　　(3) 直接図書館に出向く

などの方法があります。

いずれの場合をとるにしてもまず自分がどこまで調べたか、何によって調べたかを要領よく図書館員に伝えることが肝要です。これを怠ると担当者が無駄な案内をすることになり、目的を達するまでに時間がかかってしまいます。

(1) 電話で問い合わせる

どこの図書館でも電話による問い合わせを受けてくれます。しかし、質問の内容、館種によっては必ずしもすべてに答えてくれるわけではありません。公共図書館の多くはあなたの調べたいことにたいして、

第1部　基本編

回答というよりもどの文献を利用したらよいか適切な指示を与えてくれる場合が多いのです。しかし、電話では聞き違いがおこりやすく、時間の制約などがあるので、決して無理な要求はしないようにしましょう。電話では到底答えられない内容の質問もしないように心がけて下さい。目安としては、1回に3～5分の範囲で答えられる質問に留めるのが適当でしょう。問い合わせを受ける図書館側の体制は、その館の規模により利用案内係、読書相談係、調査受付、資料案内係などと呼ばれる担当者を配置していますが、小さい図書館では、他の業務と兼任している場合が少なくないことも知っておいてください。

（2）文書で問い合わせる

文書による問い合わせは原則としてどこの図書館でも受け付けてくれますが、内容によっては館種を選ばないと必要とする情報は得られないことがあることに注意しましょう。質問の要領は、「電話で問い合わせる」と同様、どこまで、何によって調べたか、どの程度の回答を必要とするかを要領良く質問すること。時候の挨拶など省略してビジネスライクに必要な事項を要領よく書くことです。欠点は回答をもらうまで日時がかかりすぎること。蛇足ながら返信用切手を同封することは、依頼者のエチケットであることは言うまでもありません。

（3）直接図書館に出向く

対面で聞くことができるため、最も早く解決できる方法であり、直接図書館に出向くことが早く音訳・点訳を仕上げるコツでしょう。図書館には調査（レファレンス）担当の職員がいて、図書館の利用、読書相談について自分で解決できない場合の指示をしてくれます。問題が解決したら、調査表に典拠を必ずメモしておくことを忘れないようにしましょう。

2－3　図書館類縁機関で調べる

調べる内容によっては、図書館で調べるより他の専門機関に問い合わせた方が早く解決できる場合も多くあります。

（1）博物館・美術館などの資料室

各種の博物館・美術館にはそれぞれ専門の資料類が図書館よりも豊富に備え付けられている場合が多いですので、それらの資料室を利用するとよいでしょう。ただし、一般公開していないところや、利用に制限があったり、予約しないと利用出来ない場合などがありますので、予め問い合わせてから利用することを忘れないようにしてください。

（2）文学資料館・記念館

音訳・点訳の依頼のなかで最も多いのが文学関係の図書でしょう。特に古典ものの音訳・点訳に必要な知識は、文学資料館の利用が有効です。代表的なものに日本近代文学館、俳句文学館、国文学研究資料館などがあります。また、最近は菊池寛記念館、松本清張記念館など、郷土作家の記念資料館が各地にオープンしていますのでそれらも有効に利用して下さい。

（3）郷土資（史）料館（室）

現在はどこの地方にも郷土資（史）料館（室）があります。郷土資（史）料の音訳・点訳をするとき、特に地名・人名を調べるのに解決の早い場合があります。普通の地名・人名辞典で解決できない地方の名士などを調べるのに有効でしょう。

（4）専門資料館（図書館）

特定の分野の資料類を専門に収集して公開している資料館（図書館）が各地にあります。例えば秩父宮記念スポーツ博物館・図書館、聖書図書館など。

調べる内容によってはこれらの資料館を有効に利用すると調査がはかどることがあります。特に最近は、世界各国の最新の雑誌を読むことができる、内外のオンライン・データベースが利用できるなど情報化時代を反映したニュータイプの資料館（図書館）が続々と登場していますから、目的に応じて有効に利用して下さい。

（5）各地の観光課・観光協会

郷土資料館の利用と同様、その地方の自治体の観光課、観光協会は、その地方の人名・地名の読み方、

第2章　どこで調べるか

由来などに詳しい資料を持っており、パンフレットなどを気軽に提供してくれる場合が多いので有効に利用するとよいでしよう。

2－4　研修会テキスト・手引き書を活用する

　図書館では、音訳・点訳ボランティアを養成して、活動しているのが通例です。その際に研修テキスト（音声訳・点訳の手引き）が図書館または講師によって発行されて使用されます。また、ボランティアセンターやボランティアグループなどでも研修会が定期・不定期に開かれ、音訳者・点訳者の養成に努めています。音訳・点訳の手引き書の中には、音訳マニュアル・録音技術・点訳技術の解説のほか、読みの調査の仕方などについてもふれ、専門的な用語の読み方の事例などを収録しているものもあります。これらのものを有効に活用することも一法でしょう。

　図書館・ボランティア団体などで発行し、活用されているテキスト類をいくつか挙げておきます。
　（＊は非売品または絶版と思われるもの）
・録音図書制作の実際―朗読ボランティアのために―（第7版）古沢敏雄（日本点字図書館）
・音訳マニュアル―視覚障害者用録音図書製作のために―（音訳・調査編）改訂版（全国視覚障害者情報提供施設協会）
・点訳・音訳のための医療関係用語集（神奈川県ライトセンター）
・活動するあなたに　音訳・調査編、録音編―視覚障害者用録音図書づくりのためのレコーディングマニュアル―全2冊（サンプルテープ付）（全国点字図書館協議会）＊
・ふりがな付　法学研究者名簿（ユスティティアの会）＊
・法学関係略語・略記便覧（ユスティティアの会）＊
・読み方調査のために…参考図書の実例集（静岡県立中央図書館）＊
・音訳にたずさわる人たちのために（改訂版）（千葉県立西部図書館）＊
・読めないものの調べ方ハンドブック（神奈川県ライトセンター）＊
・読めないものの調べ方ハンドブック（Ⅱ）（神奈川県点字図書館連絡協議会）＊
・グラフ（図）の読み方マニュアル（［神奈川］録音指導技術研究会）＊
・英語・カタカナ語音訳マニュアル（日本ライトハウス盲人情報文化センター）＊
・神学書・注解書などの専門書の朗読（日本キリスト教奉仕団テープライブラリー）＊

> **Column**　出版社・著者への問い合わせは避けること
>
> 　どうしても読みがわからない場合、誰しも先ず考えるのが、著者・出版社への問い合わせでしょう。しかし、著者・出版社への問い合わせは次の理由によって、原則として避けるのが望ましいでしょう。
> (1) 出版社は言うまでもなく出版業務を行っているところで、ボランティアから頻繁に問い合わせがゆくと迷惑がかかる恐れがあります。また、手紙で問い合わせても返事が遅かったり、来なかったりする場合が多いようです。
> (2) かりに出版社への問い合わせで解決したとしても、それはその場かぎりのものでしかなく、ボランティアの知識の蓄積とならないで忘れ去ってしまうことにもなりかねません。
> (3) 著者の中には正確に読んでもらうために歓迎する人もいますが、質問する側は多数で答える側は1人であることを考えてください。また、著者自身でも読めない場合もあることを頭においてください。
> (4) 問い合わせが多いと著者・出版社は著作権処理の上で、承諾を受けにくくなるようです。出版社・著者は「図書館ではない」ことに留意すれば、おのずと避けるべきであることは、おわかりいただけると思います。どうしても困った場合は、図書館などの職員に相談してください。

第1部　基本編

> **Column**　音訳とは

辞典の「音訳」の項に、ボランティア活動としての意味が加えられた。
『視覚障害者などのために、文字情報を音声に変換すること。』(広辞苑第6版)
『目の不自由な人に対して、読んであげること。音声訳「…ボランティア」』(三省堂国語辞典第6版)
『目の不自由な人に対して、文字を音声化して伝えること。読み聞かせ。音声訳「…ボランティア」』(辞林21・ハイブリッド新辞林)
『目の不自由な人に伝えるために、文字などを音声化すること』(大辞林第3版)
『目の不自由な人に対して、文字などを音声化して伝えること。読み聞かせ。音声訳。「…ボランティア」』(三省堂新辞林)
『目の不自由な人によんであげること』(漢字源)
『書かれた文章を視覚障害者のために音にすること　音声訳』(明鏡国語辞典)
『目の不自由な人のために、文字情報を音声に変換すること。音声訳』(新明解国語辞典第7版)

> **Column**　辞書を探す辞典

『辞書の図書館』　2002　(駿河台出版社)
清久尚美編　何で調べたらいいのかわからない時、或いは辞書の購入に種類が多くて選択に迷った時、どんな分野別辞典類があるかの調査に本書は便利です。原則として入手可能なもの9,811冊が採録されていますので、図書館・本屋さんで見ることが可能なものが中心です。

『優良辞典六法目録2012』　2012　(辞典協会)
　数多くの辞典類から、自分の求めるものを適切に選ぶのは必ずしもたやすいことではありません。この目録は選定のための手引書として、年度版で発行されています。現在求められるものを中心に、56社1,353点を収録し、程度・判型・装丁・頁数・定価を示し、簡単な解説を付しています。

『日本辞書辞典』　1995　(おうふう)
沖森卓也　倉島節尚他編　日本文学・人文科学・社会科学分野の辞書の辞典

> **Column**　大辞典と小辞典の記述の違い

おはよう (小辞典)	
新明解国語辞典 (第7版)	三省堂国語辞典 (第6版)
「御早う」「おはようございます」の省略表現。朝(午前中)人に会った時の挨拶の言葉。①同輩以下には「おはよう」とも言う。②芸能・放送の世界で、昼夜問わず、その日にはじめて会ったときの挨拶として使われる。	①朝、人に会ったときに使うことば。②芸能人や放送関係者などがその日はじめて会うときに使う挨拶。③その日はじめて会った挨拶。午後でも使う。

おはよう (大辞典)	
広辞苑 (第6版)	大辞林 (第3版)
(オハヤク)の音便。朝の挨拶のことば。「―――ございます」	「お早く」の転。朝、人に会ったときの挨拶の言葉。―――ございます。「おはよう」に同じ。「おはよう」よりも丁寧な言葉。

第3章　辞典類の能率的な使い方

　調査を迅速に行ない、音訳・点訳書を早く仕上げるため、辞典類は欠かせないものです。そこで辞典類を能率的に使いこなすため、その特長や引き方に充分慣れるようにするコツを掲げてみました。

(1) 家庭に備えたい最低4種の辞典類

　音訳・点訳を能率的に進めるためには、自分専用の辞典類を家庭に必ず備えておきたいものです。大部のもの、専門的な内容の辞典類は、図書館を利用するか、グループ共用で備えてください。そして図書館などに調べに行く前に、基本的なものをあらかじめ調べておくと、能率よく調査がすすめられます。家庭でぜひ揃えておきたいものは次のものです。

国語辞典（中型のもの）
　　例　『広辞苑』（岩波書店）
　　　　『大辞林』（三省堂）

国語辞典（ハンディなもの）
　　例　『三省堂国語辞典』（三省堂）
　　　　『新明解国語辞典』（三省堂）
　　(注)　国語辞典類は最も頻繁に使える武器です。必ず最新版を使ってください。収録語数・読みなどに大きな相違があります。『広辞苑』は第6版、『大辞林』は第3版、『新明解国語辞典』は第7版。

漢和辞典（1冊もの）
　　例　『新漢和辞典』（大修館書店）
　　　　『岩波新漢語辞典』（岩波書店）
　　　　『三省堂漢和辞典』（三省堂）
　　(注)　漢和辞典は、中型のもの1冊があれば充分でしょう。

外国語辞典
　　例　『リーダーズ英和辞典』（研究社）
　　　　『カナ発音現代英和・和英辞典』（三省堂）
　　(注)　必要に応じて仏和辞典、独和辞典、中国語辞典等を備えてください。

その他
　　あれば便利なものに、百科事典があります。

(2) 国語辞典・漢和辞典にも専門用語・人名・地名が多数はいっている

　専門用語は専門用語辞典、人名は人名辞典、地名は地名辞典と最初から決めつけないことが肝心です。例えば、法律関係の本の依頼を受けた場合、自宅には法律関係の辞典はないでしょうから、図書館に行かなければならないでしょう。図書館に行くまでの間、調査が進まないばかりか、時間の大きな損失となり録音図書・点字図書の完成を遅らせる大きな要因となってしまいます。一般の辞書にも法律用語がかなり収録されていることを知ってください。例えば「図画」は「ずが」が一般読みですが、法記号を付して「とが」と併記してあれば、読みはひとつ解決できます。法が付いていなければ、図書館に行って法律用語辞典で調べなければなりません。
　また、人名・地名も、「大辞林」の場合、◎（人名）、○（地名）の記号を付して、採録しています。（人名8,500名、地名5,300ほど）

　　例　①『大辞林第3版』（三省堂）専門用語
　　　　　（哲）哲学、（論）論理学、（倫）倫理学、（仏）仏教、（言）言語学、（心）心理学、（法）法律、（経）経済学、（教）教育学、（医）医学、（生）生物学、（数）数学、（物）物理学、（化）化学、（天）天文学、（地）地学、（気）気象学、（電）電気工学、（機）機械工学、（建）建築、（音）西洋音楽、（美）美学・美術
　　　　②『広辞苑第6版』（岩波書店）学術語・専門語

第1部　基本編

（哲）哲学、（論）論理学、（心）心理学、（宗）宗教、（仏）仏教、（神）神話、（史）歴史、（法）法律、（経）経済、（教）教育、（社）社会学、（美）美学・美術、（言）言語・音韻、（文）文学、（音）音楽、（数）数学、（理）物理、（化）化学、（天）天文、（気）気象、（地）地学、（生）生物、（植）植物、（動）動物、（医）医学・薬学、（機）機械工学、（電）電気工学、（農）農林、（建）建築・土木

（3）辞典の柱見出しを活用しよう

国語辞典には、必ず各ページ左右上に「あ－あいか」のように柱見出しがついています。これはそのページに収録されている最初の音と最後の音を1～4文字まで示していますから、これを目安として引くと、迅速にすすめられます。また、広辞苑、大辞林などは重いので必ず卓上に置いて、真ん中を開いて、調べる語句が右か左かで引くと労力も半分に分散されます。

（4）項目が見つからなかったら、凡例をみること

探している項目が見つからなかったら、この辞典には収録されていないと早合点しないで、巻頭にある「凡例」をみて下さい。その辞書の構成・出典・配列などについて書かれています。例えば、「サークル」のような長音の扱いが「サクル」か「サアクル」と配列されているかによって配列が異なるからです。また、「日本書紀」「日本アルプス」などは、「日本」の項目の枝項目（細目）として扱われています。「凡例」を読む人は少ないようですが、少なくとも読みの配列、用語の扱いなど、音訳・点訳にあたって必要と思われる項目だけはチェックしてください。

ついでながら、『大辞林』（三省堂）には、アクセントも表示されており、『NHK日本語発音アクセント辞典』の収録語数より多いので参考になります。

（5）語句の読みを引くときは、漢和辞典より国語辞典を使う

読めない語句を調べるとき、まず国語辞典で音読み、訓読み、あて読み、推定読みをするとかなりの語句の読みが解決します。

（6）漢和辞典は最後のとりで

読めない語句を調べるとき、まず国語辞典で音読み、訓読み、あて読み、推定読みをしてみましょう。いきなり漢和辞典で調べるよりかなりの確率で読みが解決します。例えば「白湯」を国語辞典で「はくとう」「しらゆ」で引くと「さゆ」という読みがでてきます。この3通りの読みは「さゆ」と同じ意味で使われていることもわかります。

音でも訓でも読めず、あて読み、推定読みもできないときに、はじめて漢和辞典を手にしましょう。しかし、漢和辞典は、まず部首で探し、ついで画数を数えてと、すごくオーソドックスな引き方に頼らざるを得ません。ところが厄介なことにこの画数がまったくあてにならないことは、多くの方が経験ずみのことと思います。あてにならない時は数えた画数の1、2画前後を調べることとなり、その労力と時間は馬鹿にならず、あげくの果てに見つからないということもしばしば起こります。特に9～11画あたりは字数も多く探すだけでも頭がマッシロになります。こう考えると画数はあまりあてにせず、最初から1～2画前後も考慮に入れて引いた方が気分的に楽でしょう。

（7）読めない語句を漢和辞典で引くときは、音索引より訓索引

熟語などで1字1字の読みがわかっている場合は、漢和辞典の音索引より訓索引を利用すると検索が早く、能率的です。例えば「海」を引くとき、「かい」で引くと「介」「貝」「解」などがあり、「うみ」で引くと最初に「海」が出てきます。

（8）百科事典は索引（インデックス）のページが多いものを使うこと

百科事典の生命の一つは索引が充実していることでしょう。項目の中にある語句を丹念に選んで内容を整理してインデックスを作成していますから、索引のページが多い事典は格段に利用価値が高まるでしょう。

（9）辞書は新しいものを使おう

辞典を求める時、版を重ねた新版を利用しましょう。改版の都度、内容がグレードアップし、新しい語句が加えられます。そして、読みそのものも時代と共に変わるものが数多くあることも頭に入れて置いてください。例えば「大地震」は「おおじしん」「だいじしん」と2通りの読みを採録したのは、最近

のことです。また意味も辞典により微妙に異なっている場合もあります。
また、今までは誤読扱いだった言葉が市民権を得て、正しい読みとして採録されることも新版の辞典の中から発見することが多いのです。

> **Column** 音訳と著作権
>
> 　視覚障がい者に音訳して提供するためには、著作権法により、視覚障害者情報提供施設（点字図書館等）以外では、著作権者の許諾を得なければなりませんでしたが、2010年に著作権法が一部改正されました（著作権法第37条第3項および著作権法施行令第2条参照）。この法律の規定から外れる法人格を持たない団体等（例・音訳ボランティアグループ等）は、文化庁へ申請し審査を受けることが必要となります。
>
> ### 誤読の責任は大きい
>
> 　また、音訳にあたっては誤読がないようにしなければ、著作権法の同一性保持権にふれることになり、その責任が大きいことを知ってください。
> （第20条）「著作者は、その著作物及びその題号の同一性を保持する権利を有し、その意に反してこれらの変更、切除その他の改変を受けないものとする。」
>
> ### アイマーク（EYEマーク）普及運動
>
> 　民間ボランティア団体が本を録音図書や拡大写本にするには著作者の承諾が必要です。多くの著者は福祉目的のこれらの活動に理解を示してくださっていますが、その手続きに多くの時間と労力がかかってしまいます。本に「福祉目的のための録音許可」が明記されていればと、「アイマーク・音声訳推進協議会」を発足させ、全国の作家、著作者、出版社にお願いしています。詳細は第3部（5-5）152頁参照。

> **Column** いいとこどり・シックハウス症候群・カミングアウトなどを新たに採録
> 『広辞苑第6版』使用頻度・重要度・定着の度合いで

2008年10年ぶりに「広辞苑第6版」が発行されました。新版では10万語の候補から新たに1万語が追加されました。以下に新たに採録された新語例を分野別に挙げてみます。

(現代語)

いいとこどり、癒し系、めっちゃ、絵手紙、温度差、顔文字、午後一、逆切れ、客単位、健康食品、看護師、自己中、食育、代引き、たられば、聴導犬、猛暑日、中食（ちゅうしょく）、風評被害、街金、右肩上がり、うざい、らしくない、引篭り、食玩、内部告発、認知症

(カタカナ語)

カミングアウト、クレーマー、デパ地下、コンシェルジュ、サイバーモール、ベーグル、サプライズ、ユビキタス、スキミング、フリーペーパー、着メロ、ケアマネージャー、トートバッグ、パティシエ、パワーハラスメント、ピッキング、ワンセグ、ラブラブ

(人文・社会)

グローバリゼーション、金融商品取引法、サービス残業、裁判員制度、ハマス、ハザードマップ、独立行政法人、住基ネット、ニート、青海チベット鉄道、道の駅、個人情報保護法、敵対的企業買収、ヘッジファンド、男女共同参画社会基本法、イラク戦争、サステイナビリティー、ミサイル防衛、グラミン銀行、准教授、法科大学院、自爆テロ、国立新美術館

(自然・人間)

メタボリック症候群、海洋深層水、アガリクス、O157、エコノミークラス症候群、鳥インフルエンザ、ジェネリック医薬品、脳死移植、性同一性障害、PTSD、ノロ・ウイルス、OTC薬、ユニバーサル・デザイン、ビオトープ、シックハウス症候群、予報円

(科学・技術)

準惑星、デジタル放送、ICタグ、IP電話、MP3、地理情報システム、MOX燃料、青色発光ダイオード、IH調理器、TRON、制振構造、テロメア、プルサーマル、高度道路交通システム、XML、ADSL、イモビライザー

(人物)

朝比奈隆、井深大、小倉遊亀、隅谷三喜男、都留重人、松田道雄、吉村昭、ダイアナ、アルマーニ、ブルデュー、網野善彦、今村昌平、如月小春、丹下健三、中村元、宮沢喜一、胡錦濤、（ビル）ゲイツ、ハルバースタム、リンドグレーン、安藤百福、植木等、城山三郎、辻静雄、藤村富美男、山田風太郎、藩基文、プーチン、（アマルティア）セン、ローリング・ストーンズ

今回の改訂の選に漏れたものの一例
家電（いえでん）、イケテる、きよぶた、イナバウアー、クールビズ、できちゃった婚、ドクターヘリ、みたいな、萌（も）え、ワンコイン

第4章　漢字の種類と読み

4－1　漢字の種類

　中国の文字。現在は日本・朝鮮でも使われている表意文字で、字体が現行の楷書（かいしょ）になるまでには甲骨文字、大篆（だいてん）、小篆、隷書と変遷しています。字数は5万字ほどといわれていますが、一時代で実際に使われたのは5千字程度。我が国では一般に、その原理に添って作られた「働」「榊」「峠」などの国字も含めて漢字と呼んでいます。

　日本の漢和辞典で最大のものは、『大漢和辞典』（大修館書店）で、49,964字が収録されていますが、中国ではさらに字数が追加されています。

（1）漢字
　　親字…辞典に収められている見出し文字。49,964字
　　正字…中国の字書「康熙字典」（＊）が正しいとしている字。正統派の漢字。
　　本字…ある漢字のもとになった字。また、これまで正字形と認められているもの。
　　古字…昔使われて、今は使われない文字や書体。
　　　　　甲骨文字、金文、籀文（ちゅうぶん）、篆書（てんしょ）など。

（＊）「康熙字典」…中国の字書。42巻。康熙帝の命によって張玉書、陳延敬らが「説文（せつもん）」「玉篇（ぎょくへん）」等を基本にし、歴代の字書を大成したもの。1716年（康熙55）刊行。40,500余の漢字について、発音・字形・意義を示している。字の配列その他体裁は、日本の漢和辞典にも大きな影響を与えた。復刻版が発行されているので、図書館などで見ることができる。

（2）国字
　①日本で国語の表記に公式に採用されている文字。
　②漢字に対して、仮名文字をいう。
　③我が国で作られた文字。日本で漢字の構成法に倣って作られた文字。
　「訓」だけで「音」のない字が多いが、「働」（どう）のように音読みするものもある。和字、倭字ともいう。
　日本の漢和辞典では、②の仮名文字は含めない。
　（参考）『国字の字典』（東京堂出版）　日本人が造字した国字1,551字を収録。
　（国字の例）
俤（おもかげ）、匂（におい）、枠（わく）、笹（ささ）、籾（もみ）、匁（もんめ）、鞆（とも）、杢（もく）、
俣（また）、噺（はなし）、颪（おろし）、桝（ます）、働（どう）、榊（さかき）、癪（しゃく）、栃（とち）、
凧（たこ）、椿（つばき）、鎹（かすがい）、簗（やな）、凪（なぎ）、槍（やり）、硲（はざま）、栂（つが）、
峠（とうげ）、辻（つじ）、鰹（かつお）、粁（キロメートル）、粍（ミリメートル）

第1部　基本編

> **Column**　二十四節気
>
> 小寒（しょうかん）太陽暦で1月6日頃。寒の入り。
> 大寒（だいかん）太陽暦で1月20日頃。1年で最も寒い季節。
> 立春（りっしゅん）太陽暦で2月4日頃。その前日が節分。
> 　　　　　　　　　八十八夜・二百十日などはこの日を起点に数える。「春立つ」ともいう。
> 雨水（うすい）太陽暦で2月18〜19日頃。草木の芽が出始めるという。
> 啓蟄（けいちつ）太陽暦で3月6日頃。冬ごもりをしていた虫が目覚める頃。
> 春分（しゅんぶん）太陽暦で3月21日頃。昼夜の長さがほぼ同時間。
> 清明（せいめい）太陽暦で4月5日頃。万物清く陽気になる時期。
> 穀雨（こくう）太陽暦で4月20日頃。穀物を育てる雨が降る頃。
> 立夏（りっか）太陽暦で5月6日頃。暦の上では夏。「夏立つ」ともいう。
> 小満（しょうまん）太陽暦で5月21日頃。草木が茂り始める頃。
> 芒種（ぼうしゅ）太陽暦で6月5日頃。芒（のぎ）のある穀物（稲・麦など）の種を蒔く時期。
> 夏至（げし）太陽暦で6月22日頃。昼が最も長くなる日。
> 小暑（しょうしょ）太陽暦で7月7日頃。暑さが本格的になり始める頃。
> 大暑（たいしょ）太陽暦で7月23日頃。一年中で最も暑い日。
> 立秋（りっしゅう）太陽暦で8月8日頃。この日以後を残暑という。
> 処暑（しょしょ）太陽暦で8月23日頃。暑さがやむの意。
> 白露（はくろ）太陽暦で9月7日頃。秋らしい気配が加わる頃。
> 秋分（しゅうぶん）太陽暦で9月23日頃。昼夜がほぼ同時間。
> 寒露（かんろ）太陽暦で10月8日頃。晩秋から初冬の頃の露。
> 霜降（そうこう）太陽暦で10月23日頃。山を紅葉が飾る頃。
> 立冬（りっとう）太陽暦で11月8日頃。「冬立つ」ともいう。
> 小雪（しょうせつ）太陽暦で11月23日頃。雪が舞い始める頃。
> 大雪（たいせつ）太陽暦で12月8日頃。冬本番。
> 冬至（とうじ）太陽暦で12月22日頃。昼が最も短い日。

（3）異体字（異体文字）

　漢字や仮名の、標準字体以外のもの。正字でない漢字の総称。
　漢字（正字・異体字）
　仮名（平仮名・片仮名・変体仮名　16頁参照）
　異体字（略字・別字体・俗字など）

①文字の一部分がちがうもの
　　坂と阪、個と箇、婿と壻（土と士）、襟と衿、嶽と岳、煙と烟、礦と鉱（鑛）、樺と椛
②文字の一部分の位置が入れかわったもの
　　群と羣、隣と鄰、峰と峯
③文字のまったくちがうもの
　　一と壱、二と弐、三と参、四と肆、五と伍、六と陸、七と漆、八と捌、九と玖、十と拾、所と処（處）
④略字・俗字・古字も異体字の一種
　　剣（教育界）略字、剱（地元）俗字、劔（山岳界）古字、劍（正字）

（4）略字

　字画の複雑な漢字について、その点・画を省いて簡略にした文字。また、その漢字に代用される字形の簡略文字。

①日中両国共通の略字　国、旧、医、会、号
②日本だけで使っている略字　庁（厅）、気（气）、歯・齒（齿）（　）内は中国
③中国だけで使っている略字（簡体文字）（17頁参照）

《参考文献》
『漢字異体字典』　1994　（日外アソシエーツ）
　親字4,827字　異体字11,773字　部首順、思いついた読みから親が引ける「親字音訓ガイド」と異体字からも探せる「総画索引」付き。
『変体かな字典』　1976　（桜楓社）
　祐野隆三編　仮名48字について多くの写本より9,000字を収録。

（5）俗字
　漢字本来の正字に対して、一般に通用する俗体の文字。(大漢和辞典)俗字・俗間に用いる正確でない漢字。また、俗間に通用する文字。
　「正字でないこと」「世間一般に通用していること」と辞典にありますが、「世間一般」は時代によって変わることになりますね！？
　（　）が正字
　　「惣菜」＝（総菜）お惣菜は俗字。惣菜・惣領以外に惣は使われない。
　　「疋」＝（匹）「千疋屋」は俗字。「伜」＝（倅）。「駈ける」＝（駆ける）。「鼡小僧」＝（鼠小僧）。
　　「舘」＝（館）。「亰」＝（京）。「觧」＝（解）。「凮」＝（風）「凮月堂」は俗字。「耻」＝（恥）。「泪」＝（涙）

（6）誤字
　字形や使い方を誤った文字。間違い字。誤って使った別の字。印刷物の誤植についてもいう。

（7）踊り字（躍り字）＝符号
　①熟語の中で、同じ文字や文字連続を繰り返して書く時に使う符号。漢字、仮名に共に用いられる。
　　「ゝ」「ヽ」「ゞ」「々」「〱」など。「〱」は2字以上の反復。
　　（但し「々」は漢字借用）。踊り字、重点、重言、繰り返し符号などとも言う。
　②踊っているような下手な文字

《参考文献》
『漢字百科大事典』　1996　（明治書院）
　佐藤喜代治編　事項編・資料編からなり、漢字の形・漢字の音訓・漢字の借音・漢字・国字・異体字・重箱読み・湯桶読み・熟字訓・ワープロ漢字・国字一覧・読みぐせ一覧など豊富な事例で説明。
『漢字の読み方辞典』　1992　（東京堂出版）
　4,300字を音読みの50音順配列。当て字・熟字訓・固有名詞の読みを収録。
『古文書解読事典―文書館へ行こう　改訂新版』　2000　（東京堂出版）
　古文書入門（読み方）・文書館利用の知識
『音訓引き古文書字典』　2004　（柏書房）
　林英夫監修　くずし字を読む人向け。近世の古文書に頻出する用語約14,000を収録。50音順に配列、音訓両方で引け、初心者に便利。1999年に柏書房から発行された『音訓引古文書大字叢』の普及版。

> **Column** 「春琴抄」は変体仮名で発表された

谷崎潤一郎作。「春琴抄」1933年（昭和8年）「中央公論」に発表。美貌で盲目の娘春琴と、奉公人で地唄の弟子でもある佐助の献身的な愛を描く。作者独自の女性崇拝・嗜虐（しぎゃく）の世界を完成した作品。変体仮名で書かれたもので、句読点が極端に少ない。

変体仮名
現行の通常の平仮名とは異なる字体の仮名。1900年（明治33年）の「小学校令施行規則」で統一された平仮名の字体以外の仮名。漢字の草体の簡略化が進んでいないものや、現行の仮名のもとになった漢字の草体から生まれた仮名。
「𛀆（い）」「𛀂（か）」「𛀚（こ）」「ゑ（た）」の類。現在でも女性の手紙、商店の看板などに用いられることがある。

> **Column** 意外と知らない年齢の異称

①喜寿②而立③幼学④丁年⑤白寿⑥従心⑦傘寿⑧古希⑨茶寿⑩耳順⑪知命⑫還暦⑬桑年⑭米寿⑮卒寿
（読みと解説）
①きじゅ：「喜」の字の草体の「㐂」が「七十七」と分解できるところから、数え年の七七歳。また、その祝い。喜の祝い。喜の字の祝い。
②じりつ：三十歳の異名。論語（為政）「三十而立」から。
③ようがく：十歳の称。礼記（曲礼上）より。幼い時にする学問。ういまなび。
④ていねん：一人前の人間として認められる年齢。満二十歳。成年。強壮の時に丁（あた）意。
⑤はくじゅ：九十九歳。「百」の字から「一」をとると「白」になる。
⑥じゅうしん：七十歳の異名。論語「七十而従心所欲…」より。
⑦さんじゅ：数え年八十歳。「傘」の略体の「仐」が「八十」と分解できること。
⑧こき：杜甫の「人生七十古来稀」から。七十歳。
⑨ちゃじゅ：数え歳一〇八歳。「茶」の字が「(二十)」と「八十八」に分解できることから。
⑩じじゅん：六十歳の異名。論語（為政）「六十而耳順」から
⑪ちめい：五十歳の異名。論語（為政）「五十而知天命」から
⑫かんれき：数え年で六十一歳。干支が60年たつと一回りして、元にかえるところから。本卦（ほんけ）がえり。
⑬そうねん：四十八歳の異名。「桑」の異体字「桒」が、四つの十と八に分解できることから。桑字年。
⑭べいじゅ：八十八歳の異名。「米」が八十八に分解できることから。
⑮そつじゅ：数え歳九十歳の異名。「卒」の略体の「卆」と分解できることから。
芳紀は何歳？弱冠・紅顔は？
芳紀は18歳、弱冠は18歳〜20歳、紅顔は「年若く血色のよいこと」で、年齢を明確に記しているものは見当たらない。30歳は無理？

(8) 簡体文字（簡化文字）

中国で制定、使用されている簡略にした文字。1956年以後、数度にわけて公布された。現代中国の文字。漢字だけのお国柄なので、略し方も日本に比べて大胆に略されており、およそ2,000字ほどが使われています。以下、日本の略字との比較例。

<u>日本・中国とも簡略化されている漢字</u>
　①字体が全く同じもの
　　踊　参　当　独　双　昼　台　断　会　隋　声　属　乱　誉　余
　　嘱　宝　区　状　旧　党　虫　惨　尽　装　医　献　蚕　寝　国
　　励　点　号　担　礼　累　回　堕　麦　湿　来　辞　体
　②字体が少しだけ違うもの（上が日本の常用漢字）
　　茎　悪　両　対　滞　実　写　歯　将　辺　称　悩　団　隠　弥　与　塁
　　↓　↓　↓　↓　↓　↓　↓　↓　↓　↓　↓　↓　↓　↓　↓　↓　↓
　　茎　恶　两　对　滞　实　写　齿　将　边　称　恼　团　隐　弥　与　垒
　　塩　脳　県　応　亜　帯　変　浅　画　圧　労　挙　斉　穏　単　庁
　　↓　↓　↓　↓　↓　↓　↓　↓　↓　↓　↓　↓　↓　↓　↓　↓
　　盐　脑　县　应　亚　带　变　浅　画　压　劳　举　齐　稳　单　厅
　③字体がかなり違うもの（上が日本の常用漢字）
　　豊　為　遅　図　繊　獣　択　発　壊　節　様　畳　処　雑　顕　聴　広　帰
　　↓　↓　↓　↓　↓　↓　↓　↓　↓　↓　↓　↓　↓　↓　↓　↓　↓　↓
　　丰　为　迟　图　纤　兽　择　发　坏　节　样　迭　处　杂　显　听　广　归

<u>中国だけで簡略化されている漢字</u>
　　帥　憶　幾　親　奮　療　書　類　製　補　質　憲　魚　陸　極　風　無　門　車
　　↓　↓　↓　↓　↓　↓　↓　↓　↓　↓　↓　↓　↓　↓　↓　↓　↓　↓　↓
　　帅　忆　几　亲　奋　疗　书　类　制　补　质　宪　鱼　陆　极　风　无　门　车

<u>日本だけで簡略化されている漢字（上が日本の常用漢字）</u>
　　蔵　剰　仏　弁　渓　拝　壊　砕　払　髄　粋　乗　仮　酔　陥　稲　予　弁　壱
　　↓　↓　↓　↓　↓　↓　↓　↓　↓　↓　↓　↓　↓　↓　↓　↓　↓　↓　↓
　　藏　剩　佛　辦　溪　拜　壞　碎　拂　髓　粹　乘　假　醉　陷　稻　豫　辨　壹

《参考文献》
『中国簡体字ハンドブック―ビジネスマン・旅行者必携』 2007 （岳陽舎）

4－2　読みの種類

「音」とは
　①中国における発音にもとづいて、日本で行われている漢字の読み。日本語の音韻体系にとり入れるため原音を変えたものがあり、中国の発音と同一ではない。伝来の時期などにより、呉音、漢音、唐音等に区別されている。
　②過去のある時代の中国音。

「訓」とは
　①漢字の日本語としての読み。漢字の意味に当たる日本語がその漢字の読みとして固定したもの。「山」を「やま」、「川」を「かわ」、「飲」を「のむ」と読む類。
　②日本に輸入された中国語の文字に対して、日本人が翻訳して与えた読み。

第1部　基本編

4−2−1　音読み

（1）漢音
日本漢字音の一つ。奈良時代から平安初期にかけて、遣唐使、音博士（おんはかせ）や日本に渡来した中国人などによって伝えられた。隋・唐代の洛陽（今の河南）や長安（今の西安）地方で用いられた標準的な発音を写したもの。「行」をカウ、「日」をジツとする類。官府・学者は漢音を、仏家は呉音を用いることが多かった。

（2）呉音
日本漢字音の一つ。古く中国の南方系の音が伝来したもの。「行」をギャウとする類。仏教用語などとして後世まで用いられるが、平安時代には、後に伝わった漢音を正音としたのに対して和音（わおん）ともいった。

（3）唐音
日本漢字音の一つ。宋・元・明・清の中国音を伝えたものの総称。禅僧や商人などの往来に伴って主に中国江南地方の発音が伝えられた。「行脚」をアンギャ、「普請」をフシンという類。とういん。

（4）宋音
日本漢字音の一つ。従来、唐音として一括されていた音の一部分。わが国の入宋僧または渡来した宋僧が伝えたという音。実質上は唐末から元初めのころまでの音で、鎌倉時代までに渡航した禅僧・商人から民間に流布した音と同一のものとされる。「行」をアン、「杜」をヅと発音する類。

　唐音と宋音を「唐音」または「唐宋音」と総称されることが多い。

4−2−2　訓読み

訓読み（訓読）とは

①漢字に日本語をあてて読むこと。「春」を「はる」、「秋」を「あき」、「天地」を「あめつち」、「北風」を「きたかぜ」と読む類。

②漢文を日本語の文法にしたがって読むこと。

　訓読みは正訓と義訓に大別される。

（1）正訓
正しい訓。特に万葉集などの表記で、漢字のもつ意味本来の用い方に従った訓によるもの。
　山（やま）、川（かわ）、草（くさ）、木（き）、春（はる）

（2）義訓
①既成の漢語の熟語に対して、いちいち漢字を問題にせず、全体として適当な訳語をあてはめたもの。
　七夕＝「たなばた」、団扇＝「うちわ」、海苔＝「のり」、老舗＝「しにせ」（＊）

　（＊）老舗（しにせ）
　先祖代々の業を守りつぐこと。先祖代々から続いて繁昌している店、またそれによって得た顧客の信用、愛顧。老舗は当て字。動詞「仕似せる」からできた語で、先祖代々の業を守りつぐことが原義。例：「創業200年の老舗」「老舗の暖簾を守る」

②逆に本来日本にある言葉を仮名で書かずに漢字をあてたもの。
　祝詞＝「のりと」、時雨＝「しぐれ」、足袋＝「たび」、百足＝「むかで」、不知火＝「しらぬい」

③明治以降、外国語が輸入されると、それを仮名で書かずに、意味の上から類似している漢字をあてたもの。「あて漢字」と呼ばれるもの。
　燐寸＝「マッチ」、煙草＝「タバコ」、南瓜＝「カボチャ」、硝子＝「ガラス」、倶楽部＝「クラブ」、阿片＝「アヘン」、麦酒＝「ビール」、隧道＝「トンネル」、火酒＝「ウオッカ」「ブランデー」、氷菓＝「アイスクリーム」、果酒＝「ワイン」、葡萄酒＝「ワイン」

　この中には辞典にはない作家独特の当て字もあります。

> **Column** 喧々諤々（けんけんがくがく）は誤りか？
>
> 「大辞林第3版」によると『「喧々囂々」（けんけんごうごう）と「侃々諤々」（かんかんがくがく）とが混用されて誤用されたもの』であり、誤りとして項目はたてておらず、「喧々諤々」の項目はありません。一方、「三省堂国語辞典第5版」には、誤りではあるが項目はたてており、『「喧々囂々」と「侃々諤々」が混用されてできたことば』として採録されています。したがって、音訳者は勝手にこれを正してはいけません。他に「喧々諤々」も収録している辞典に「角川必携国語辞典」（角川書店）「現代国語例解辞典」（小学館）があります。

> **Column** 仏教・東洋医学関係の読みは呉音で読む
>
> 芹沢勝助（「定本経穴図鑑」1985）によると「…例えば、どうも頭痛がするというときに頭のてっぺんの百会（ひゃくえ）というツボが効果があるのだという意味がわかるのであります。つまり人間の体のすべてのエネルギー循環関係は、この頭のてっぺんに集まるのだ。すべての脈がここに集まる。つまり百・会（かい）と書きます。しかもツボの音は漢音で読まずに呉音で読むことになっております。中国から朝鮮半島を経て日本に渡った鍼・灸は、仏教伝来に11年遅れて入っております。つまり、仏教のお経の多くは呉音読みであります。それに準じて呉音で読めば、百会はヒャクエということになります。…」

《参考文献》

『漢詩の事典』 松浦友久編　植木久行他著　1999　（大修館書店）
　漢詩の世界・詩人と詩と生涯・名詩のふるさと（詩跡）・漢詩を読むポイント（用語）・引用訓読漢詩の原文と出典　（付）漢詩を読むための文献案内・漢詩年表・作者別詩題索引・総合索引
『唐詩鑑賞辞典』 前野直彬編　1998（東京堂出版）
『宋詩鑑賞辞典』 前野直彬編　1998（東京堂出版）
『漢文名言辞典』 鎌田正・米山寅太郎著　1995　（大修館書店）
『中国古典名言事典』 新装版　諸橋轍次著　2001　（講談社）

Column　音（漢音・呉音・唐音）訓読みの例

	漢音	呉音	唐音（唐宋音）	訓　備考
経	ケイ（経過）	キョウ（経文）	キン（看経）	<u>へ</u>る
行	コウ（銀行）	ギョウ（悪行）	アン（行脚）	<u>いく</u>　<u>ゆく</u> <u>おこな</u>う
鈴	レイ（鈴下）	リョウ	リン（風鈴）	すず
頭	トウ（頭領）	ズ（頭脳）	ジュウ（饅頭）	あたま　囲　と かしら　こうべ　かみ
請	セイ（請求）	ショウ（起請）	シン（普請）	<u>こう</u>　<u>うける</u>
脚	キャク（健脚）	カク（脚病）（＝脚気）	キャ（脚半）	あし
木	ボク（木刀）	モク（樹木）	モ（木綿）	き　こ
明	メイ（明暗）	ミョウ（光明）	ミン（遣明船）	<u>あかり</u>　<u>あかるい</u> <u>あきらか</u>　<u>あくる</u>
清	セイ（清流）	ショウ（清浄）	シン（清朝）	<u>きよい</u>　すむ
瓶	ヘイ（瓶子）	ビョウ（水瓶）	ビン（花瓶）	かめ
和	カ（諸和）	ワ（熟和）	オ（和尚）	<u>やわらぐ</u>　<u>なごむ</u>
文	ブン（文章）	モン（文句）		ふみ
九	キュウ	ク		<u>ここ</u>のつ
乙	イツ	オチ・イチ		おと　（きのと） 囲　おつ
西	セイ（西洋）	サイ（安西）		にし
久	キウ（永久） キュウ	ク（久米）（久留米）		<u>ひさしい</u>
城	セイ（傾城）	ジョウ（城址）		しろ
青	セイ（青春）	ジョウ（群青）		あお
日	ジツ（昔日）	ニチ（日没）		ひ＝か
赤	セキ（赤貧）	シャク（赤銅）		あか
杜	ト（李杜）	ズ（ヅ）		もり
里	リ（郷里）	リ		さと
下	カ（下方）	ゲ（下の下）		した
井	セイ（井泉）	ショウ（天井）		い
坂	ハン（急坂）	バン（坂東）		さか「阪」は異体字
沙	サ（沙漠）	シャ		すな＝砂
諺	ゲン（俗諺）	ゲン		ことわざ「諺文（おんもん）」 はハングルの旧称（朝鮮語）
陰	イン（陰影） （陰陽）（＊）	オン（陰陽）		かげ　<u>かげる</u>

（＊）漢音は「インヨウ」であるが、日本の陰陽道の意味では「オンヨウ」または「オンミョウ」と読む。

4－2－3　音と訓のつきまぜ

　日本人の生活の中から生れたいろいろな熟語のうちには、「音」と「訓」とをつきまぜて読むものも少なくありません。

（1）湯桶読み（訓＋音）

　「ゆ」は「湯」を訓読みにしたもの。「とう」は「桶」を音読みにしたもの、であるところから、「湯桶」のように漢字2字でできている熟語の上の字を訓、下の字を音で読むこと。また、そういう読みかた。
　（例）　野宿＝「のじゅく」、手本＝「てほん」、夕飯＝「ゆうはん」、
　　　　夕刊＝「ゆうかん」、消印＝「けしいん」

（2）重箱読み（音＋訓）

　「じゅう」は「重」を音読みにしたもの、「はこ」は「箱」を訓読みにしたものであるところから、「重箱」のように漢字2字でできている熟語の上の字を音、下の字を訓で読むこと。また、そういう読みかた。
　（例）　団子＝「だんご」、王手＝「おうて」、本棚＝「ほんだな」、仕立＝「したて」、字引＝「じびき」、
　　　　本屋＝「ほんや」、和歌山＝「わかやま」

Column　漢語・和語・外来語

漢語
(1) 日本語として使われる語のうち、漢字音で読まれる語。また漢字の熟語。「火事」（かじ）、「大根」（だいこん）のように和語に当てた漢字を音読した和製の漢語もある。(2) 漢民族の言語。中国語。

和語
(1) わが国の言葉。日本語。(2) 漢語・外来語に対して、日本固有のものと考えられる単語。「やま（山）」「かわ（川）」「そら（空）」の類。やまとことば。

外来語①
(1)他の言語より借り入れられ、日本語と同様に日常的に使われるようになった語。「ガラス」「ノート」「パン」「アルコール」の類。広くは漢語も外来語であるが、普通は漢語以外の主として西欧語から入ってきた語をいう。カタカナで書かれることが多いので「カタカナ語」などともいう。伝来語。
(2) 借用語（しゃくようご）におなじ。（大辞林第3版）

外来語②
もと、外国語だったものが、国語の中に取り入れられた言葉。借用語とも（狭義では、欧米語からのそれを指す。例：カラス・パン・ピアノなど）（新明解国語辞典第7版）

第1部　基本編

> **Column**　「辿読み」ってどんな読み？　読み方いろいろ

「相読み」「曲読み」など本の読み方にこんなにいろいろな読み方があります。音訳・点訳に適さない読み方に「×」を付けてみてください。

1	相読み □	2	重箱読み□	3	盗読み □	4	拾い読み□
5	文字読み□	6	漢書読み□	7	湯桶読み□	8	素読み □
9	空読み □	10	坊主読み□	11	走読み □	12	百姓読み□
13	辿読み □	14	慣用読み□	15	下読み □	16	音読み □
17	逆読み □	18	立ち読み□	19	訓読み □	20	僻読み □
21	故実読み□	22	文選読み□	23	抜読み □	24	飛読み □
25	本読み □	26	曲読み □	27	対馬読み□	28	物読み □

 1 あいよみ：ふたり一緒に書類など読み合わせをすること。
 2 じゅうばこよみ：上の字を音（おん）、下の字を訓（くん）でよむ読み方。
 3 ぬすみよみ：他人の読んでいるのをわきからこっそり読むこと。
 4 ひろいよみ：興味のある部分や必要なところだけを読むこと。
 5 もじよみ：①素読みに同じ。②漢字の熟語を直訳的に訓読すること。
 6 からぶみよみ：漢書の読みかた。また、漢書を読む人。
 7 ゆとうよみ：上の字を訓（くん）、下の字を音（おん）でよむ読み方。
 8 すよみ：①素読（そどく）に同じ。②文字だけを声を立てて読むこと。説文学習の初歩とされた。
　　　　　③ゲラ刷りを通読しながら校正すること。
 9 そらよみ：文句をそらんじて読むこと。暗誦。
10 ぼうずよみ：坊主が経文を読むような調子で、意味をよく考えずに文字だけを読むこと。
11 はしりよみ：速くざっと読むこと。ななめよみ。
12 ひゃくしょうよみ：正しく読めないものを我流で読むこと。
　　　　　　　　　漢字の旁（つくり）や偏（へん）によって我流に読むこと。兵隊読み。
13 たどりよみ：一字一字たどるようにしてやっと読むこと。
14 かんようよみ：漢字・ローマ字などで記された語の慣用的な読み方。慣用音。
15 したよみ：あらかじめ読んで調べておくこと。予習。したみ。
16 おんよみ：①「おんどく」に同じ。声に出して読むこと。↔ 黙読
　　　　　　②漢字を字音で読むこと。おんよみ。＝訓読
17 さかよみ：語句をさかさに読むこと。
18 たちよみ：本屋の店先で本を買わずに、その場で立ったまま読むこと。
19 くんよみ：①「くんどく」に同じ。漢字に日本語をあててよむこと。＝音読
　　　　　　②漢文を日本語の文法にしたがってよむこと。
20 ひがよみ：まちがえて読むこと。よみちがえ。よみあやまり。
21 こじつよみ：漢字で書いた語を、古来の慣例によって特別な読み方をするもの。
　　　　　　　有職読み（ゆうそくよみ）に同じ。
22 もんぜんよみ：文選をよむのに文字を音読し、さらに訓読する読みかた。
23 ぬきよみ：一部分を抜き出して読むこと。抄読。
24 とびよみ：とびとびに読むこと。ところどころ飛ばして読むこと。
25 ほんよみ：①読書すること。②俳優が脚本を読んで稽古すること。
26 きょくよみ：歌などをさまざまに技巧をこらして読むこと。
27 つしまよみ：文字を対馬音すなわち呉音で読むこと。
28 ものよみ：書物を読むこと。特に漢籍の素読。

4－2－4　二通り以上ある読み

同じ漢字で二通り以上読みがあり、どちらを使ってもよい場合と、読みかたによって意味が異なってしまうものがあります。

（1）「音」と「訓」で意味が異なる

人形	【にんぎょう】	古くは「ひとがた」。
	【ひとがた】	身代わりの人。
上人	【しょうにん】	僧侶の敬称。
	【うえびと】	殿上人。
生身	【しょうじん】	父母から生まれたこの身。
	【なまみ】	生きている身。
	【いきみ】	＝なまみ。
功徳	【こうとく】	功と徳。
	【くどく】	よい果報をもたらす善行。（仏）神仏のめぐみ。
市場	【いちば】	商品売買の場所。マーケット。
	【しじょう（狭義）】	売手と買手が特定の商品を規則的に取引きする場所。
	【しじょう（広義）】	場所・時間に関係なく相互に競合する無数の需要・供給間に存在する交換の関係。
末期	【まつご】	死にぎわ。臨終。
	【まっき】	終わりの時期。末の時間。
人気	【にんき】	世の評判。人間の意気。世間一般の気うけ。
	【ひとけ（ひとげ）】	人のいる気配。人の気（け）。
	【じんき】	人いきれ。世間の評判。その地方の気質。
大家	【たいか】	その道の名人。大きな家。富んだ家。
	【おおや】	おもや。本家。貸家の持ち主。家主。
	【たいけ】	富んだ家。また、社会的に地位の高い家柄。資産家。
名代	【みょうだい】	代理。人の代わりに立つこと。
	【なだい】	その名によってすること。名義。名高いこと。
心中	【しんちゅう】	心の中。胸中。
	【しんじゅう】	相愛の男女がその真実を相手に示す証拠。情死。
再建	【さいけん】	建築物をたてなおすこと。
	【さいこん】	神社・仏閣を再び建てること。
自ら	【みずから】	自分自身から。
	【おのずから】	「自ずから」。在り方のままに。自然と。
竹馬	【ちくば】	「竹馬の友」。幼年時代の友。幼い時。
	【たけうま】	子供の遊び用具。
夜業	【やぎょう】	夜の業務。よなべ。
	【よなべ】	家庭的なアルバイト＝夜鍋。
仏語	【ふつご】	フランス語の略。
	【ぶつご】	仏の教えたことば。仏教に関する語。
日当	【にっとう】	一日いくらと定めて支払う手当。
	【ひあたり】	日光のあたること。また、その場所。
変化	【へんか】	変わること。
	【へんげ】	化け物。霊魂や動物などが姿を変えて現れること。
唐紙	【とうし】	書画用の紙。中国から輸入した紙。
	【からかみ】	ふすま。織色の名。唐紙障子の略。

第1部　基本編

御酒	【みき】	神に供する酒。酒の尊敬語。
	【おさけ】	一般用語。
	【ごしゅ】	酒の尊敬語。＝みき。
本性	【ほんしょう】	生まれつきの性質。天性。本心。
	【ほんせい】	学問的な用法。＝ほんしょう。
山河	【やまかわ】	山と河。山に沿って流れる河。
	【さんが】	山と川。また、自然。「国破れて──あり」。
	【さんか】	＝さんが。
香ばしい	【こうばしい】	香りがよい。美しい。
	【かんばしい】	名声。立派である。
素振り	【すぶり】	バットやラケットなどを実際のように振ること。
	【そぶり】	顔色。けはい。
音	【おと】	物理的な用語。
	【ね】	情緒・音楽的な用語。「─色」。
	【おん】	発音。音訓。
座頭	【ざとう】	座の頭人。盲人。
	【ざがしら】	首座の人。座長。
片言	【かたこと】	不十分な言葉。
	【へんげん】	ちょっとした言葉。わずかな言葉。一言。一方の人の言い分。
立食	【たちぐい】	立ったまま食べること。
		「──蕎麦」、屋台・スタンドなどで立ったまま食べさせる方式。
	【りっしょく】	＝「たちぐい」。「──パーティー」。
気質	【きしつ】	単数的な性質。
	【かたぎ】	複数的な共通の性質。
礼拝	【れいはい】	キリスト教・一般用語。
	【らいはい】	神道・仏教用語。
枕草子	【まくらのそうし】	平安中期の随筆。清少納言作。
	【まくらぞうし】	綴本。手控え。春画の本。
手練	【しゅれん】	熟練して上手な手ぎわ。
	【てれん】	人を欺く手段。
造作	【ぞうさ】	造ること。技巧。面倒。装飾。
	【ぞうさく】	建てること。顔のつくり（「雑作」とも書く）。
利益	【りやく】	精神・宗教的な用語。金銭的な用語。
	【りえき】	もうけたもの。とく。
御供	【おそなえ】	供物餅・御備物の略。
	【おとも】	従者。つきそい人。
戸口	【ここう】	戸数と人口。
	【とぐち】	家の出入り口。
経典	【きょうてん】	信仰上の教書。
	【けいてん】	聖人・賢人の述作の書。
間食	【かんしょく】	食事と食事の間に物を食べること。おやつ。
	【あいだぐい】	悪い意味を伴う。
作法	【さくほう】	＝さっぽう。ものの作り方。さほう。
	【さほう】	礼法・マナー。きまり。しきたり。
歳暮	【せいぼ】	年末の贈り物。
	【さいぼ】	年末。＝せいぼ。としのくれ。

第4章　漢字の種類と読み

(2) 意味はどう読んでも同じ

入用	【いりよう】【にゅうよう】	用事のために必要なこと（さま）。必要な費用。
願望	【がんもう】【がんぼう】	「もう」は呉音。願望（がんぼう）に同じ。ねがいのぞむこと。
薄明	【はくめい】【うすあかり】	日没後および日の出前に天空がうす明るい現象。弱いかすかな光。「はくめい」に同じ。
毒気	【どっけ】【どっき】【どくけ】【どくき】	毒となる成分。辞典により4通の読みがみられるが、一つの辞典ですべての読みを採録しているものは少ない。
大海	【たいかい】【おおうみ】	古くは「だいかい」とも。大きな海。
降灰	【こうかい】【こうはい】	噴火で吹き上げられた火山灰が地上に落下すること。またその灰。「こうかい」が正しいが、「こうはい」と使われることが多い。
早急	【そうきゅう】【さっきゅう】	「さっきゅう」に同じ。非常に急ぐこと。
依存	【いそん】【いぞん】	「いぞん」とも。（異存）と区別して「いそん」を使う人も多い。
中風	【ちゅうふう】【ちゅうぶう】【ちゅうぶ】	普通は「ちゅうふう」で採録され、「ちゅうぶう」「ちゅうぶ」とも。
根治	【こんじ】【こんち】	病気が根本から完全になおること。

第1部　基本編

> **Column**　誤植の扱いについて
>
> 　音訳にあたって悩むものの一つに、原本の誤植の問題があります。「誤植とは、本来活字を組むときの組み誤りを指します。編著者・訳者の記述の誤り、出版社の校正ミスは、著者・出版社の責任に属することです。原則として、音訳（点訳）者が誤りを正す必要はありません。また承諾なしにこれを行うことに問題がある場合があります。」（＊1）そこで『音訳マニュアル』には、処理の選択方法として、次の方法が示されています。
> 　方法①　明白な誤植は、特に誤植自体の説明はせずに訂正したものを読む。
> 　方法②　誤植かどうか断定できないものについては、原文通りに読む。
> 　方法③　調査の結果、誤植と判明したものについて、「音訳（点訳）者注」の形式で説明を加えて読む。
> 　「方法①」は、明らかな誤字・脱字の修正は、著作権法の第20条（同一性保持）にふれることはないと思われ、許されると考えられるからです。（＊2）
> 　「方法②」と「方法③」については、判断に悩む場合が多いでしょう。特に専門書などに、音訳（点訳）者の知らない専門用語が頻出します。
> 　「方法②」の例
> 　「ABCホテルの客室は、ツインで40～50㎡と広く、アメニティもなどが大変充実していて、予約を取るのが大変らしい。」（＊3）
> をあげており、「もなどが」の表現に誤りがあるように思われますが、「も」「などが」「なども」「が」等が考えられるため、原文通りに読んでください。
> 　また、文学などには、典拠のない「造語」がたくさんあります。読みの決定にはグループや図書館などに相談して慎重に扱ってください。　　　　　　　　　　　　　　　　（関連記事36頁）
> 　（＊1）『音訳マニュアル　音訳・調査編』　2006　（全国視覚障害者情報提供施設協会編）
> 　（＊2）著作権法第20条「著作者は、その著作物及びその題号の同一性を保持する権利を有し、その意に反してこれらの変更・切除その他の改変を受けないものとする」及びその第4項で「著作物の性質並びにその利用の目的及び態様に照らし、やむを得ないと認められる改変」
> 　（＊3）『音訳マニュアル　処理事例集』　2004　（全国視覚障害者情報提供施設協会編）

（3）「間」（ま・あいだ・かん）
　「間」（ま）
　　空間的間隔（用例）
　　　①物と物とのあいだの空間。すきま。「木の〜」
　　　②家屋内の一区切り。部屋。「次の〜」「六畳の〜」
　　　③ある物の位置する空間を漠然と指す語。
　　　④建物の柱と柱のあいだ。
　　時間的な空間
　　　①事と事とのあいだの時間。「出発まではまだ〜がある」「〜もなく電車が来る」
　　　②事が継続しているあいだの時間。「休む〜もない」
　　　③音楽・舞踊・演劇などで、拍と拍（動作と動作）のあいだの時間的間隔。
　　　④適当な時機、機会。「〜をうかがう」「〜を見計らう」
　　　⑤その場の具合・雰囲気。「〜の悪い思いをする」
　「間」（あいだ）
　　①二つのものにはさまれた、あいている部分。「駅から家までの〜に…」
　　②ある範囲によって限られた一続きの時間。「7時から8時までの〜に食事をとる」
　　③ものとものとを隔てる空間、また時間・間隔。「2、3センチの〜を置いて苗を植える」
　　　「行と行との〜をあける」

④相対する二つの対象の関係。「日本と西欧の〜には･･･」
⑤複数の事物が構成する一つのまとまり。「政治家の〜では常識だ」
⑥人と人、ものとものとの関係、間柄、仲。「2人の〜は親も認めている」
⑦大体の範囲、およその見当。「5、6才になる〜･･･」
⑧二つのものの平均、中間。「双方の主張の〜をとって」
⑨二つの事物のうちどちらか。

「間」（かん）
名詞として
①あいだ。物事や場所、または時間などについていう。「生死の〜をさまよう」
　「その〜、沈黙が続いた」「指呼の〜」
②好機。「〜に乗ずる」
③気持のへだたり。仲たがい。接尾語として（･･･と･･･との）あいだ。「東京・大阪〜」「三日〜」

（4）「後」（ご・あと・のち）
「後」（ご）
あることが起こったのち。あと。「その〜」「夕食〜」
「後」（のち）
①あること、また、ある時のあと。「晴れ〜曇」
②今から先、未来・将来。「〜に説明する」「〜の世」
③死後。「我が〜のことを心配する」
④子孫。「秀よりの〜、さつまに有という･･･」
「後」（あと）
名詞として
①背中の方、うしろ。「〜につづく」
②以後。のち。
③のちの事態。のちのちのこと。「〜のことも考えずにやって失敗する」
④ある事の結果、残ったもの。「〜は全部お前にまかせる」
⑤ある事物の終わったあとに残った感情。「父の〜をしのぶ」
⑥子孫。「〜が絶える」
⑦後任の者。次に来る人。「退任した社長の〜は、もう･･･」
副詞として
数詞について、今よりそれだけ超過するさまを表わす。「〜5分で終る」

（5）「等」（ら・とう・など）
「等」の読みわけはどうやら人によって異なるらしい。そこで辞典などではどう定義・解説しているか調べてみました。
「等」（ら）
①接尾語で人を表す名詞・代名詞について複数であることを表わす。
　「ぼく〜」「われ〜」「ぼく〜の誓い」「やつ〜」
②指示代名詞またはその語幹に付いて、方向・場所などを表す。「あち〜」「ここ〜」
「等」（など）
①例としてあげるときのことば。「時計やカメラ〜の精密機械」
②そのほかにもあるが、主なものごとをとりあげて言うときのことば。
　「死ぬ〜と言っている」「君〜の言うことを聞くものか」
③断定をやわらげて言うときのことば。なんか。「お酒〜はおきらいですか」
④否定の意味を強めるときのことば。なんか。「うそ〜つきません」
⑤軽く見るときのことば。なんか。「どうせぼく〜は」

第1部　基本編

　　⑥引用文を受けて、「大体このようなことを」の意を表す。「などと」の形で用いることが多い。
　　　「三学期に入ってから勉強をすればいい～とのんきなこと言っている」
「等」（とう）
　　①接尾語　同種のものを列挙し、そのようなものがほかにもあることを示す。
　　　「米・英・仏～を歴訪」「暴力行為～処罰に関する法律」
　　②接尾語　順序・等級を表すことば。「一～席」「勲三～」
　　③（造語）ひとしいこと。「等～」と使う。「～間隔」「～価値」
「等々」（とうとう）
　　接尾語「等」を重ねて強めた言い方。並べた同種のものがまだ他にあること。などなど。
　　「英・米・独・仏～の欧米各国」「鮎・鯉・鯨～の魚偏の字」

「ら」（複数の人間）、「とう」（法律用語）、「など」（複数の事物）、「とうとう」（強調）と大ざっぱに覚えておけばよいでしょう。

Q&A　「家」の読みは？

Q　「家」は「いえ」「うち」、「家並」は「やなみ」「いえなみ」2通りの読みがありますが、どのように読み分ければいいのでしょうか？

A　「家（いえ）」は『大辞林』『広辞苑』ともに「住居用の家屋、建物」と説明されており、用例として「結婚して──を持つ」（大辞林）とあります。「家（うち）」は「内」と同源として「──を空ける」という用例が大辞林にはありますが、広辞苑には「うち」の項目がありません。「いえなみ」「やなみ」は「家の並んでいること」「家の並び方」と両辞書とも同じ解釈なので、どっちの読みを採ってもいいでしょう。

4−2−5 「にほん」と「にっぽん」

広辞苑（第6版）	大辞林（第3版）
「にほん」の項目	「にほん」の項目
法的根拠がない。特に「にっぽん」と読みならわしている場合以外は「にほん」とした。 日本社会党（にほんしゃかいとう） 日本共産党（にほんきょうさんとう） 日本アルプス（にほんアルプス） 日本永代蔵（にほんえいたいぐら） 　　　　＝にっぽんえいたいぐら	「にほん」「にっぽん」が並びおこなわれた。配列の便宜上「にほん」として配列した。 日本社会党（にほんしゃかいとう） 　正しくは「にっぽんしゃかいとう」 日本共産党（にほんきょうさんとう） 日本永代蔵（にほんえいたいぐら） 　正しくは「にっぽんえいたいぐら」 日本晴れ（にほんばれ） 日本放送協会（にほんほうそうきょうかい） 　正しくは「にっぽんほうそうきょうかい」 日本一（にほんいち）「にっぽんいち」とも
「にっぽん」の項目	「にっぽん」の項目
古来「にっぽん」「にほん」と両用に読まれる。特に「にっぽん」とのみ読む以外は便宜上「にほん」と読むこととした。 日本一（にっぽんいち） 日本永代蔵（にっぽんえいだいぐら） 日本晴（にっぽんばれ）＝にほんばれ 日本一（にっぽんいち）	日本一（にっぽんいち） 日本橋（にっぽんばし）（＊） 日本薔薇峨（にっぽんばらたなご） （＊）東京は「にほんばし」

日本放送協会（NHK）の場合
　正式の国号として使う場合は「にっぽん」、その他の場合は「にほん」と言ってもよい。
　「にほん」を第1とし「にっぽん」を第2とするもの。日本アルプス（にほんアルプス）、日本銀行（にほんぎんこう）

「日本」の読みの決め方
　国語辞典に載っている固有名詞ぐらいは使い分けること。その他は読み方自体ファジーなものが多いので、原則的には「にほん」と読みましょう。要は調査にあまり無駄な時間をかけないことです。少なくとも国語辞典に記載されている固有名詞は、正しく読み分けてください。

4−2−6　読みにゆれのあるもの
(1) 大地震「おおじしん」か「だいじしん」か

広辞苑（第6版）岩波書店
　だいじしん　マグニチュード7以上の地震。それより小さいものに中・小・微小などの地震がある。
　おおじしん　広域にわたり被害が大きい地震。また、ゆれの大きな地震。
　きょだいじしん　沈み込みに伴い海洋プレート上面と大陸プレート下面との間のずれにより起こるマグニチュード8程度以上の地震。南海道地震が一例。

大辞林（第3版）三省堂
　だいじしん　大きな地震。専門家の間ではマグニチュード7以上の地震をさす。→巨大地震
　おおじしん　大規模な地震。→だいじしん
　きょだいじしん　大地震のうち、マグニチュードが8に近いか、または、それよりも大きなもの。

新明解国語辞典（第7版）三省堂
　だいじしん　おおじしんの新しい言い方。
　おおじしん　震度が大きく被害が広域にわたる地震。

第1部　基本編

　これまで「大地震」は「おおじしん」と読まれてきましたが、最近は「だいじしん」と読む人が多くなってきました。辞典には「大地震」の項目がありませんでしたが、「おおじしん」「だいじしん」の二通りの読みを採録し、その違いは『広辞苑』『大辞林』『大辞泉』ともマグニチュード7を基準にしています。この解釈だと地震の規模がわからないと読みわけができないことになります。そこで音訳・点訳者としては『新明解国語辞典』の定義 「だいじしんはおおじしんの新しい言い方」により、どちらで読んでもいいでしょう。ちなみにNHK放送文化研究所第3回言語環境調査（平成元）によると「だいじしん」と読む人が77％に達しています。

「大時代」と「大舞台」

　また、NHK放送文化研究所元番組モニター100人の調査（昭和63）によると、「大時代」は「だいじだい」と読む人が70％、「大舞台」は「だいぶたい」と読む人が60％に達していますが、まだ辞典には見当たりませんので、「だいじだい」「だいぶたい」は誤読扱いといえそうです。

（2）「間、髪をいれず」か「間髪をいれず」か
　①三省堂国語辞典（第5版）（三省堂）
　　かん［間］④すきま、髪（ハツ）を入れず　すこしのすきまも置かず　＝間一髪（かんいっぱつ）
　　かんぱつ［間髪］間一髪（かんいっぱつ）「～の差」間髪を入れず「間、髪を入れず」のあやまった言い方＝間の「句」
　②大辞林（第3版）（三省堂）
　　かん［間］～髪を容れず「説苑正諫」などより
　　かんはつ（「かんぱつを入れず」と読むのは誤り）
　③広辞苑（第6版）（岩波書店）
　　かん［間］「間髪（かんはつ）を容れず」
　④岩波国語辞典（第5版）（岩波書店）
　　かん［間］
　　かんはつを入れず　「かんぱつ」と読むのは誤り
　⑤成語林（旺文社）
　　間髪（かんはつ）を容れず　1本の髪の毛を入れるほどのすき間もないほど事態が切迫しているということから「間」をおかずに反応して行動に出るさま。すぐに。「間に髪を容れず」ともいう。傾向として若い人に「間髪」と読む傾向があります。辞典では両方採録しています。

（3）「綺羅、星のごとく」か「綺羅星のごとく」か
　①三省堂国語辞典（第5版）（三省堂）
　　きら［綺羅］②正装（セイソウ）をして着かざった人　「～、星のごとくいならぶ＝きらぼし」
　　きらぼし［綺羅星］名［「きら（綺羅）②」の誤用から］美しくかがやく星「～のごとくいならぶ美女たち」
　②大辞林（第3版）（三省堂）
　　きら［綺羅］「～、星のごとく居並ぶ」
　　きらぼし［綺羅星］[「綺羅（きら）、星の如し」という言い方から、誤ってできた語] 立派な人が連なり並んでいることをいう語。「有力な財界人が～のごとく並ぶ」
　③広辞苑（第6版）（岩波書店）
　　きら［綺羅］美しい衣服
　　きらぼし［綺羅星］（もと「綺羅、星の如く」からか）暗夜にきらきらと光る無数の星が‥・「上り集まる兵、～のごとく並み居たり」
　④岩波国語辞典（第5版）（岩波書店）
　　きらぼし　大空に美しく輝く多くの星。「大名小名～のごとく並ぶ」「きら、ほし（のごとく）から出た語」

⑤成語林（旺文社）

綺羅星の如し　（注意）本来なら「きら、ほしのごとし」と区切って読むのが正しいが、現在では「きらほしのごとし」とひと息で読まれる場合が多い。

傾向として「綺羅星」と読む人が多くなっています。ちなみに「綺羅」とは「美しい衣服」「はなやかさ」「外見の美しさ」「栄華」を意味し、「綺羅星」は「暗夜にきらきらと光る無数の星」を指し、「綺羅星」という星は存在しません。

4－2－7　特別な読み

（1）慣用読み（慣用音）

慣用音とは、呉音・漢音・唐音などとは異なるが、日本で広く使われ、一般化している漢字の音。

（例）　千石船→「せんごくぶね」（せき、じゃく）、輸出→「ゆしゅつ」（しゅ）、運輸→「うんゆ」（しゅ）、消耗→「しょうもう」（こう）、堪能→「たんのう」（かん）、立案→「りつあん」（りゅう）、雑誌→「ざっし」（ぞう、ざふ）、垂涎→「すいぜん」（すいえん）、相殺→「そうさい」（そうさつ）

（2）連音（連声「れんじょう」）

二つの語が連接するときに生ずる音変化の一つ。日本語では漢語の熟語を中心に始まった。つづけて読んだときに読み方が変わることを「連声」といいます。

（例）　三位「さむい」→「さんみ」、仁和寺「にんわじ」→「にんなじ」、雪隠「せついん」→「せっちん」、安穏「あんおん」→「あんのん」、陰陽師「おんようじ」→「おんみょうじ」

（3）故実読み（有職読み・名目読み）（＊）

漢字で書かれた語を、古来の慣例に従って読む特別な読み方。平安・江戸時代にかけて、主として宮廷や武家の中で行われた儀礼に伴う読みで、特別な読み方をするものが多い。有職（ゆうそく）読み。名目（みょうもく）ともいう。

（例）　典侍　「てんじ」（ないしのすけ・すけ）＝内侍司の次官。宮中の女官の最高級のもの。

　　　少典侍　「しょうてんじ」→「すないすけ」、笏「こつ」→「しゃく」
　　　大典侍　「だいてんじ」→「おおすけ」、掃部　「かにもり」→「かもん」
　　　横笛　「おうてき」→「ようじょう」「ようでう」
　　　産養　「うぶやしない」、五十日の祝　「いかのいわい」、
　　　百日の祝　「ももかのいわい」、即位　「そくい」→「しょくい」

○読まない読み（故実読み）

（例）　女王禄　「おうろく」（「女」は慣例として読まない）、和泉　「いずみ」

（＊）『有職故実大辞典』　1996　（吉川弘文館）

鈴木敬三編　公家や武家の官職・服飾・調度・年中行事・儀式作法・建築・乗り物、武器・武具等 3,200 項目を収録。索引付。

『有職故実上下』　1994　（講談社学術文庫）

○逆読み（倒読）（故実読み）他

（例）　定考　「こうじょう」（「上皇」との同音を避けて倒読するのを慣例とする）

○天皇の「後」は音読。但し「後深草天皇」に限り「ごふかうさ（御不幸者）」と同音で縁起が悪いので「のちの」と訓読することがある。

（4）読み分け

○「御」

「ぎょ」（漢音）御製　御剣　御物　御苑　御璽　御者　制御　御意　防御
「ご」（呉音）御座所　御名代　御覧　御飯　御無用　御説明
「お」（訓）御告文　御召状　御宅　御手　御菓子　御天気　御神楽（＊）

第1部　基本編

　　　「おん」（訓）御五衣　御直会　御身　御礼
　　　「み」（訓）御車寄　御帳台　御神楽（＊）　御証文　御酒
　　　「お・み・お」御御御つけ（「おみ」は味噌を丁寧にいう近世女性語からとも）

　（＊）　御神楽　おかぐら　「かぐら」を丁寧に言う語。「灰かぐら」に同じ。
　　　　　　　　　みかぐら　宮中で行う神楽。

　　○「私」
　　①「わたくし」　男女とも丁寧な言い方として、多く目上の人に対するときあらたまった場面などで用いられる。
　　②「わたし」「わたくし」の転。「わたくし」よりもうちとけた場で用いる。現在１人称としてもっとも普通の語で男女とも用いる。近世では女性が多く用い、特に武士階級の男性が用いることはなかった。
　　③「あたくし」「わたくし」の転。
　　④「あたし」「わたし」の転。
　　③④ともに女性が用いる。「私」でルビがない場合、①②までの読みわけで十分でしょう。

《参考文献》
『新装版皇室辞典』　1993　（東京堂出版）
　村上重良編　皇室の制度、事件、特殊用語、人物、祭祀、故実など。人名索引（含む神名）、事項索引。
『日本の皇室事典―紳士録から衣食住まで―』　1998　（主婦の友社）
　松崎敬弥・小野満著　紳士録から衣食住まで。
『平成の皇室事典』　1995　（毎日新聞社）
　監修清水一郎、畠山和久著　ビジュアル版皇室事典。古代以来続く宮中祭祀、諸行事、施設など。
『皇室事典』　増補版　1979　（富山房）
　井原頼明著　知られざる近代資料を収録。
『皇室事典』　藤樫準二編　1989　（明玄書房）

（5）百姓読み
　　漢字を旁「つくり」または偏「へん」によって、我流に読むこと。
　　（例）　洗滌　「せんでき」→「せんじょう」（認められた読みとなった）
　　　　　　装幀　「そうとう」→「そうてい」（認められた読みとなった）
　　　　　　絢爛　「けんらん」→「じゅんらん」（「じゅんらん」は辞典では誤読扱い）
　　　　　　垂涎　「すいぜん」→「すいえん」（認められた読みとなった）
　　　　　　懶惰　「らんだ」→「らいだ」「らいだ」は誤読した語（大辞林３版）
（6）現地読み
　　漢字で書いたものを習慣によって特別な読み方をするもの。地名に多くみられる。
　　（例）　七条　「しちじょう」→「ひっちょう」（京都市）
　　　　　　松屋町筋　「まつやまちすじ」→「まっちゃまちすじ」（＊1）（大阪市）
　　　　　　天真寺　「てんしんじ」→「てーせんじ」（川崎市）
　　　　　　草花　「くさはな」→「くさばな」（あきる野市）
　　　　　　勝北町　「しょうぼくちょう」→「かつきたまち」（岡山県勝田郡）
　　　　　　印役町　「いんやくまち」→「いんにゃくまち」（山形市）
　　　　　　調神社　「つきじんじゃ」→「つきのみやじんじゃ」（さいたま市）
　　　　　　和泉　「いずみ」→「わいずみ」（＊2）（印西市）

(＊1)　松屋町…大阪では南北を「筋」、東西を「通路」と名付けている。松屋町筋は堺筋と谷町筋との間にあり、大阪の人はこれを「マッチャマチ」と呼んでいる。
(＊2)　印西市（千葉）には、「泉」「和泉」という地名があり、ともに「いずみ」と読むが、地元では「わいずみ」「いずみ」と読み分けている。

第5章　書名・作品名・古典籍の読み方と参考図書

5－1　参考図書

　書名・作品名、特に文学作品・古典籍名のなかには、特殊な読みや、当て字を使っているものが多く、我々を悩ましています。これらの読みを調べる上で参考となる辞典類をいくつかあげておきます。

『日本近代文学大辞典』　全6巻　1977～78　（講談社）
　日本近代文学館（小田切進編）
　第1巻人名（アーケ）第2巻人名（コーナ）第3巻人名（ニーワ）5,170名　第4巻事項（660）第5巻新聞・雑誌（1,600）叢書（430）第6巻索引・その他（人名・書名・作品名・叢書名・事項・新聞・雑誌）
　（特色）読み誤りやすいと思われるものは両者から引けるようにしてある。
　（例）　電光（いなずま・中山義秀）＊いなずま・でんこう両者の項に排列
　　　　赤き笑い（レッド・ラフター　アンドレーエフ）＊あかきわらい・レッド・ラフター
　　　　両者の項に排列

『現代日本文学大事典』　増訂縮刷版　1968　（明治書院）
　久松潜一他編集　増訂11版（初版　明治40.11）
　明治・大正・昭和にわたる日本文学の思潮・流派・作家・作品・雑誌・新聞・文芸用語約3,000項目。作品項目は、副項目として人名項目につづけて掲載。現代仮名づかいの五十音順（索引）作品・誌名・事項・筆名・号・本名・難訓（排列は作品・人名の第一漢字の音読の五十音順）、主要翻訳題名一覧・主要題名表記異同一覧・難訓索引。
　一塊の土（いっかいのつち）作品項目は「いっかいのつち」で引ける。→芥川龍之介
　一塊（ひとくれ）土田耕平　難訓「い」で引ける。難読作品索引では「ひとくれ」

『古典文学作品名よみかた辞典』　2004　（日外アソシエーツ）
　日本の古典文学作品名の読み方辞典。物語、日記・紀行、随筆、戯曲、和歌集、俳諧集など近世以前に成立した13,393点を収録。読み方と共に作者名なども記載。読めない漢字でも容易に引ける、1文字目の総画数順排列。五十音順作品名一覧。

『古典文学を読むための用語辞典』　2002　（東京堂出版）
　西澤正史編　古典を読み理解するために政治・官職から行事・習俗・生活・書誌・和歌・連歌・俳諧・物語・小説・能狂言・浄瑠璃・歌舞伎・歌謡などのジャンルから538項目を収録。

『古典文学作中人物事典』　2003　（東京堂出版）
　西沢正史編　古事記から東海道四谷怪談まで物語をはじめ日記・能・狂言・浄瑠璃などから名作125編に登場する主要人物250名を収録。素材やモデル、物語中の位置・人物像などを小見出しを立て解説。

『近代文学難読作品名辞典』　1998　（日外アソシエーツ）
　明治元～昭和63年末までに発表された近代日本文学の難読作品名7,588件の読みを調べる辞典。小説、戯曲、随筆、詩、短歌、俳句などあらゆるジャンルを網羅。読めない漢字からでも引けるよう、親字の総画数順に編集。作品名、ジャンル、発表年も掲載。同一表記の他の作品との識別もできる。「親字音訓ガイド」付き。

『増補改訂日本文学大辞典』　全8冊　1950～51　（新潮社）
　山本健吉他編　古事記・万葉集から現代の新進作家までカバー。2,727項目。

第1部　基本編

『新潮日本文学辞典』　1988　（新潮社）
　　磯田光一（ほか）編　『新潮日本文学小事典』(1968)の改題増補改訂版。人名索引、書名作品名索引、新聞雑誌索引、事項索引、全国主要文学館、文学賞受賞者一覧、日本文学年表。

『現代日本文学大年表』　1968、1969、1971（明治書院）
　　明治編・大正編・昭和編Ⅰ　明治編付録に筆名一覧（6頁）、難訓作品名一覧　題名表記異同一覧（表紙との異同）(2頁)（大正編、昭和編1にはない）。

『世界名著大事典』　1961～62　（平凡社）
　　第7巻　索引　第8巻　著者編　難訓索引、書名索引、書名難訓索引、著者索引、部門別項目表、欧文索引、本文項目書名のうち、比較的難読、誤読のおそれのあるものを選び、初出の漢字の画数（同字のものは2番目の漢字の画数）順に配列。同じ画数の漢字については『角川漢和中辞典』の配列によっている。それぞれの書名の後にひらがなで読み。

『日本古典文学大辞典』　全6巻　1983～85　（岩波書店）
　　第6巻が「も」～「ん」「を」と索引、難音訓一覧（書名・人名）、立項項目すべてと解説文中の主要な著作・人物・事項を採録。50音順配列。

『日本古典文学大辞典』（簡約版）　1986　（岩波書店）
　　『日本古典文学大辞典』（全6巻）から人物・作品・編著者・事項など約4,000項を選んで、解説は省略しないで収録。音順配列、難読音訓一覧（書名・人名）画数順配列、仮名字体総覧、索引は立項項目すべてと、解説文中の人名・事項を収録。現代仮名づかい50音順。

『増訂版　国書総目録』　全8巻・著者別索引　1991　（岩波書店）
　　日本人が幕末までに著したあらゆる分野の書物50万書目。書名の五十音順の著者別索引。

『古典籍総合目録』　全3巻　1990　（岩波書店）
　　国文学研究資料館編　『国書総目録』の続編で『国書総目録』以後刊行された公立・私立図書館、大学図書館、各地の文庫の書目（1988年分まで）を入力したもの。第1巻あ～し　第2巻す～わ　第3巻　書名索引・著者名索引。

『国書読み方辞典』　1996　（おうふう）
　　植月博編　『国書総目録』の読み方不明、不確かなものの検索の不便を軽減することを主眼として、同書の索引の役を果たすものとして編纂された。同時に日本古典人名の読み方辞典ともなる。頭字の画数順配列。音訓索引、総画索引付。

5－2　難読作品名

(1)「やまと」の読み
　　大和耕作絵抄　やまとこうさくえしょう（石川流宣・画）絵本
　　大和本草　やまとほんぞう（貝原益軒）薬物書
　　和訓水滸伝　やまと（ことば）すいこでん（五十五十輔）小川吉太郎座
　　和州法隆寺江口美影　やまとほうりゅうじえぐちのみかげ　京・万太夫座
　　大倭二十四孝　やまとにじゅうしこう（作者不詳）仮名草紙
　　倭入船　やまとのいりふね　江戸・中村座
　　倭歌神代鏡　やまとうたかみよのかがみ　京・早雲座
　　伽歌万年輩　やまとうたまんねんぐるま　京・辰之助座
　　日本歌弦勢の矢車　やまとうたひきめのやぐるま　大坂・中村歌衛門座
　　八的勢曽我　やまといきおいそが（安田蛙文ほか）大坂・佐渡島座

(2)その他の古典の読み
　　紙魚室雑記　しぎょしつざっき（城戸千楯）随筆
　　義経記　ぎけいき（作者不詳）軍記

信長記　しんちょうき（小瀬甫庵）軍記
信長公記　しんちょうこうき（太田牛一）軍記
犬筑波集　いぬつくばしゅう（荒木田守武）連歌集
神皇正統記　しんのうしょうとうき（北畠親房）歴史書
続神皇正統記　ぞくじんのうしょうとうき（小槻晴富）歴史書

（3）近・現代文学作品の読み

埋木　うもれぎ（森鴎外）翻訳小説
水沫集　みなわしゅう（〃）詩文集
於母影　おもかげ（〃）抒情詩集
薤露行　かいろこう（夏目漱石）短編小説
木屑録　ぼくせつろく（〃）紀行漢詩文集
様虚集　ようきょしゅう（〃）短編小説
出廬　しゅつろ（幸田露伴）詩集
露団々　つゆだんだん・ろだんだん（〃）小説
奴温武雷士　ジョン・ブライト（徳富蘆花）翻訳小説
青蘆集　せいろしゅう（〃）短編小説
理査土、格武電　リチャルド・コブデン（〃）翻訳小説
寄生木　やどりぎ（〃）伝記小説
男に蹂かれるの記　おとこにそむかれるのき（伊藤野枝）不明
針女　しんみょう（有吉佐和子）小説
海暗　うみくら（〃）小説
連舞　つれまい（〃）小説
岬千里　くさせんり（三好達治）詩集
夫婦善哉　めおとぜんざい（織田作之助）短編小説
補襠　うちかけ（壷井栄）長編小説
澪標　みおつくし（外村繁）中編小説
寝台の方舟　しんだいのはこぶね（勝目梓）小説
寝台の舟　ねだいのふね（吉行淳之助）小説

（4）「にっぽん」「にほん」の付く古典籍名

「にっぽん」
　日本一痴鑑　にっぽんいちあほうのかがみ（式亭三馬）草双紙
　日本永代蔵　にっぽんえいたいぐら（井原西鶴）浮世草紙
　日本王代記　にっぽんおうだいき（井上播磨）浄瑠璃
　日本花判官贔屓　にっぽんがはなほうがんびいき（金井三笑ほか）江戸・中村座
　日本賢女鑑　にっぽんけんじょかがみ（近松柳・近松松助）浄瑠璃
　日本水滸伝　にっぽんすいこでん（佐々木天元）読本
　日本第一和布苅神事　にっぽんだいいちめかりのしんじ（並木正三）歌舞伎
　日本風景論　にっぽんふうけいろん（志賀重昂）山岳文学
　日本振袖始　にっぽんふりそでのはじめ（にほんふりそではじめ）（近松門左衛門）京・榊山座
　日本嫁鏡　にっぽんよめかがみ　大坂・松本名左衛門座
　日本晴伊賀報讐　にっぽんばれいがのあだうち（にほんばれいがのあだうち）東京・新富座
「にほん」
　日本阿闍世太子　にほんあじゃせたいし（津打治兵衛）大坂・岩井半四郎座
　日本行脚文集　にほんあんぎゃぶんしゅう（大淀三千風）俳諧紀行
　日本一鑑　にほんいっかん（鄭舜功）日本研究書

第1部　基本編

　　　日本逸史　にほんいっし（鴨祐之）歴史書
　　　日本今はんくわい　にほんいまはんかい　江戸・森田座
　　　日本往生極楽記　にほんおうじょうごくらくき（慶滋保胤）仏教伝記
　　　日本鹿子　にほんかのこ（磯貝舟也）地誌
　　　日本感霊録　にほんかんれいろく（元興寺の僧義昭編）説話集
　　　日本外史　にほんがいし（頼山陽）歴史書
　　　日本楽府　にほんがくふ（頼山陽）漢詩集
　　　日本九峰修業日記　にほんきゅうほうしゅぎょうにっき（野田成良）紀行
　　　日本居家秘用　にほんきょかひよう（三宅健治）江戸・生活実用百科事典
　　　日本紀略　にほんきりゃく（作者不詳）歴史書
　　　日本紀　にほんぎ（作者不詳）幸若舞
　　　日本後紀　にほんこうき（藤原緒嗣ほか撰）歴史書
　　　日本好色名所鑑　にほんこうしょくめいしょかがみ（作者不詳）浮世草紙
　その他の「にほん」
　　①日本霊異記　②日本竜門滝　③日本文徳天皇実録　④日本眉間尺　⑤日本誉朝鮮新話　⑥日本法蔵比丘　⑦日本文体文字新論　⑧日本文学啓蒙　⑨日本番匠飛騨内匠　⑩日本晴露領雪解　⑪日本勝利歌　⑫日本之意匠及情交　⑬日本女衛島　⑭日本鐘旭大臣　⑮日本月蓋長者　⑯日本駄右衛門　⑰日本大文典　⑱日本大勝利　⑲日本大弓鎮西八郎　⑳日本政記　㉑日本書籍考　㉒日本書記伝　㉓日本書紀　㉔日本商人開化魁　㉕日本釈名　㉖日本詩紀　㉗日本三代実録　㉘日本五大噺　㉙日本国見在書目録　㉚日本高僧伝要文抄（書名の読みは49頁）

＊浮世草紙の　「日本永代蔵」は「にっぽんえいたいぐら」（井原西鶴　江戸中期）
　　　　　　　「日本新永代蔵」は「にほんしんえいたいぐら」（北條団水　江戸中期）

第6章　辞典にない漢字・ことば

　現在私達は、限られた漢字だけでごくごく当り前の書き表し方しかしていませんが、かつて日本人は自由に漢字でことばを表現していました。鏡花、鴎外や漱石の例に見られるように、文学作品などには辞典を引いても出てこない漢字表現（ことば）にぶつかり困ることがしばしばあります。その多くは今では「当て字」扱いにされ、一般の辞典には載っていませんが、味のある「当て字」のうち、現在でも使われているものもあります。本章では辞典に載っていない「当て字」について、その調べ方、読み方について扱います。

6－1　文学作品に頻出する造語

　ある本に「…咄咄！」という感嘆文がありました。もちろん辞典を引いても載っていません。「咄」という漢字は漢和辞典によると「とつ」という読みしかありません。しかし文の前後の関係から「ああ」と読みたいものです。これは「当て字」なのです。「ああ」という読みは、辞典には次の漢字が載っています。
　「嗚呼」「噫」（広辞苑第6版）、「嗚呼」「噫」（大辞林第3版）、「烏乎」「於乎」「於戯」「嗚呼」（漢字源）
（1）『辞書にない「あて字」の辞典』 1995　（講談社）
　本書で検索すると烏乎・吁・呼呼・呼嗟・嗟呼・叱嗟・咄・咄咄・於・然・猗・唉など30もの「ああ」が掲載されています。この辞典は、文の前後の意味から「こう読みたい」とあて読みしないと検索できません。収録範囲は明治・大正・昭和から平成初期まで、約8,500語を収録（講談社＋α文庫）。本書は、『遊字典』（冬樹社1984）、『遊字典』（角川文庫1986）を改題増補して発行したもの。

第6章　辞典にない漢字・ことば

(2)『あて字用例辞典』　1994　（雄山閣出版）
　（1）とは逆に漢字配列であるが、「見出し語索引」からも検索できる。本書は収録範囲が幕末から明治・大正・一部昭和初期まで約 15,000 語を収録。本書には「名作にみる日本語表記のたのしみ」とサブタイトルがついているように、造語発想の面白さが堪能できる。
(3)『当て字・当て読み漢字表現辞典』　2010　（三省堂）
　運命（さだめ）など見出し約 11,000、当て字表記約 23,000 収録。
(4)『現代文学難読作品名辞典』　2012　（日外アソシエーツ）
　平成元年以降に刊行・発表された難読作品 8,043 件の読みを調べる辞典。

6-2　漢字を眺めると自然に浮かぶ読み

　辞典に読みがない場合、前後の関係から「こう読みたい」と想像できる漢字表現があります。いくつかの文学作品から辞典にない作家が使っている漢字表現（当て字）を紹介します。
(1)「とる」（司馬遼太郎「国盗り物語」）
　「～盗り」「盗」を「とる」と読ませて「ぬすむ」の意味を持たせた読み。
　他の作家も「ビデオ盗り」「採り」「撮る」「執る」「獲る」「捕る」なども「とる」と読ませています。
(2)「やる」
　「飲る」「ウイスキーを飲りながら…」（荒巻義雄「空白のムー大陸」）
　「ナポレオンを飲った。」（糸井重里「私は嘘が嫌いだ」）
　「殺る」「半蔵は塩尻の先で殺られて」（深沢七郎「笛吹川」）
　「扮る」「芝居だそうです。堀田はその相撲を扮って居たのです」（小山内薫「堀田の話」）
　「演る」「繰り返し繰り返し演っている」（夢野久作「ドグラ・マグラ」）
　「嫁る」「嫁る」（やる）
　「嫁（ゆ）き遅れた言いわけ」（林真理子「昭和思い出し笑い」）
　「お嫁（かた）づけ」（宮尾登美子「東福門院和子の涙」）
　「きみ嫁（ゆ）けり遠き一つの訃に似たり」（大岡信「折々の歌」朝日新聞 1996.5.31）
　「ああ言えばこう嫁×行く」（阿川佐和子・壇ふみ）
　他に「与る」（宮沢賢治「風の又三郎」）、「踊る」（長田幹彦「零落」）など。
(3)「たてる」
　「樹てる」「今度はほかの作戦を樹てること」（斉藤栄「北海道誘拐殺人事件」）
　「閉てる」「しじゅう閉て切った、…」（三島由紀夫「仮面の告白」）
　「起てる」「埃を起てる程の…」（森鴎外「吃逆」）
　「経てる」「侘しい月日を経てて来た」（近松秋江「青草」）
(4)「ひく」
　「感く」「媼さん、風邪感くだよ！」（小栗風葉「青春」）
　「冒く」「風邪を冒いたところへ、胃を害（わる）くし」（小杉天外「魔風恋風」）
　「画く」「後皆（めじり）からは涙が頬へすじを画き」（広津柳浪「今戸心中」）
　「延く」「客を延く女」（森鴎外「舞姫」）

　これらの読み方はかならずしも辞典に載っているとは限りません。このような場合文章の内容から類推して読みを決めなければなりません。漢字は表意文字なので本来その意味さえ表現できればどのように読んでもかまわないということになります。したがって、読み手は前後の文脈で判断し、書き手の意をくんで読むことが必要となるでしょう。

第1部　基本編

6－3　読み不明語をどう読むか

「制服」は「せいふく」、「制帽」は「せいぼう」、では「制靴」「制鞄」は何と読むのでしょう。辞典にも見あたりませんし、新語でもありません。最近書店で『「美味しんぼ」の店』という本を見かけました。「おいしんぼ」と読ませています。「おいしい」は「美味しい…とも書く」（大辞林）（新明解）とありますが「美味しんぼ」のように動詞・形容詞の熟語読みは最近の流行のようです。作家は「甘美しい」「お味しい」を「おいしい」、「可味い」「佳味い」「味甘い」を「うまい」などと読ませています。このように辞典には採録されていないうえ、新語辞典でも解決しない言葉が数多くあります。書き手がほかにうまい言葉が見つからず、その場で作ったものが多く、読み方は読み手に任されているといってよいでしょう。

最近の雑誌からいくつかの言葉を拾って、辞書にあるかどうか調べてみました。

	広辞苑第6版	大辞林第3版	新明解国語辞典第7版
湯面（ゆおもて）	×	×	×
クールビズ	×	×	○
スマートフォン	×	×	○（＊）
ツイッター	×	×	○
電子黒板	×	○	○
イナバウアー	×	○	×
メルトダウン	○	○	○

（＊）パソコンに準ずる機能を持った携帯電話。メールやウェブブラウザーなどのネットワーク機能やスケジュール管理機能などを持ち、多くのソフトウェアーを使うことが可能。「スマートホン・スマホ」とも。

読みは決定的なものではなく、常に流動しています。一般的にいえば、社会的に慣用音が認知されているかどうかということを、辞典での扱いから判断するほかないでしょう。

6－4　「卓」をどう読むか

文学作品の場合、この種の「あて字」が頻出します。しかもルビがありません。『辞書にない「あて字」の辞典』から該当すると思われる読みを抽出してみました。あなたならどの読みをとりますか。　（参考）作家が使う「テーブル」「デスク」「つくえ」のあて字。

テーブル（卓）
　田山花袋「田舎教師」　夏目漱石「三四郎」　生田長江「天路歴程」
　永井荷風「つゆのあとさき」　萩原朔太郎「月に吠える」

つくえ（卓）
　森鴎外「うたかたの記」　永井荷風「つゆのあとさき」　堀辰雄「燃ゆる頬」　神西清「雪の宿り」

テーブル
　小卓　黒岩涙香「鉄仮面」
　机　　国木田独歩「死」
　卓子　黒岩涙香「鉄仮面」　国木田独歩「牛肉と馬鈴薯」　小杉天外「はやり唄」　夏目漱石「明暗」
　　　　北原白秋「思い出」　萩原朔太郎「宿命」
　卓机　生田葵山「都会」
　洋卓　夏目漱石「明暗」
　大卓　青木はるみ「鯨のアタマが立っていた」
　卓上　黒岩涙香「鉄仮面」　木下尚江「火の柱」

飲台　仮名垣魯文「安愚楽鍋」　葛西善蔵「子をつれて」
　　食台　仮名垣魯文「安愚楽鍋」
　　書卓　国木田独歩　「死」
　　茶卓　沼正三「家畜人ヤプー」
　　机台　仮名垣魯文「西洋道中膝栗毛」
　　洋机　夏目漱石「三四郎」
デスク　（同じ作家でも2通り以上使い分けているのも見受けられます）
　　卓　　里見弴「金」
　　洋卓　夏目漱石「それから」
　　卓子　坪田譲治「子供の四季」
つくえ
　　卓子　木下尚江「洗礼」
　　食卓　永井荷風「腕くらべ」
　　案　　木下杢太郎「えすぱにあ・ぽるつがる記」
　　几　　石田波郷「雨覆」

他に『あて字用例辞典』 1994 （雄山閣出版）には下記のようなあて字も載っています。
テーブル
　　食臺　仮名垣魯文「安愚楽鍋」
　　高机　東京日日新聞

6－5　作家の造った「あて字」（造語）いろいろ

『辞書にない「あて字」の辞典』 1995 （講談社）から、バラエティの多いいくつかの用例を拾ってみました。
（＊）は『あて字用例辞典』 1994 （雄山閣）
いつも＝何時も
　　毎時　島崎藤村「破戒」　志賀直哉「暗夜行路」　近松秋江「疑惑」
　　毎度　木下尚江「火の柱」
　　日常　白柳秀湖「駅夫日記」
　　平常　国木田独歩「死」　夏目漱石「それから」　石川啄木「雲は天才である」　中原中也「山羊の歌」
　　常例　植村正久「福音道志流部」　白柳秀湖「駅夫日記」
　　例も　樋口一葉「わかれ道」　上田敏「海潮音」　夏目漱石「三四郎」
　　例年　菊池寛「身投げ救助業」
　　平生　広津柳浪「今戸心中」　夏目漱石「吾輩は猫である」　木下尚江「火の柱」
　　平素　永井荷風「あめりか物語」　菊池寛「無名作家の日記」
　　平日　石川啄木「雲は天才である」
　　平時　泉鏡花「照葉狂言」　志賀直哉「暗夜行路」
　　日頃　二十三階堂主人「長者鑑」（＊）
うそ＝嘘
　　嘘誕　仮名垣魯文「西洋道中膝栗毛」　成島柳北「柳橋新誌」　幸田露伴「五重塔」　木下尚江「火の柱」
　　妄語　仮名垣魯文「西洋道中膝栗毛」
　　虚妄　尾崎紅葉「多情多恨」
　　不好　二葉亭四迷「其面影」
　　芒言　服部撫松「東京新繁昌記」
　　虚言　幸田露伴「番茶会談」　江見水蔭「女房殺し」　夏目漱石「明暗」　永井荷風「あめりか物語」

第1部　基本編

- 譌言　夏目漱石「吾輩は猫である」　真船豊「太陽の子」
- 虚偽　大塚楠緒子「そら炷」　森田草平「煤煙」　岩野泡鳴「毒薬を飲む女」
- 嘘偽　近松秋江「疑惑」
- 嘘言　遠藤周作「沈黙」
- 偽　　大塚楠緒子「そら炷」　宮沢賢治「ポラーノの広場」
- 作言　広津柳浪「黒蜥蜴」　徳富蘆花「思出の記」
- 誤謬　徳富蘆花「思出の記」
- 虚事　木下久江「火の柱」
- 虚構　石橋忍月「蓮の露」　有島武郎「或る女」
- 妄　　尾崎紅葉「金色夜叉」（＊）
- 迂空　「浪華新聞」（＊）
- 迂詐　嵯峨の屋おむろ「薄命のすず子」（＊）

うそつき＝嘘つき

- 空説家　梅亭金鵞「寄笑新聞」
- 訛言家　広津柳浪「変目伝」
- 嘘言家　大貫晶川「煙」
- 仮言家　服部撫松「東京新繁昌記」
- 嘘吐　　夏目漱石「明暗」
- 詐人　　成島柳北「柳橋新誌」（＊）

6－6　「戦ぐ」は何と読む

　「戦」という字は「たたかい」「たたかう」という意味のほか、「風が吹いたりして、木の葉がそよそよと音を立てる」という意味の「そよぐ」という意味があり、「そよぐ」と読みます。また、「戦く」（おののく）とも読みます。「戦」は、「ふるえる」「振動する」の意味の、「顫」のあて字として使われたそうで、難しい字を簡単に同じ発音の漢字に書き換えることがあったからです。「顫動」（細かく動く）「顫筆」（手をふるわせて描くこと）など。ちなみに「そよかぜ」は「戦」の字を使わず「微風」と書きますが、あて字では「戦風」「風が木の葉を戦がす」とも書きます。

　作家は辞書にない独自のあて字を使っていますので、前項同様、2冊のあて字の辞典から使用例を紹介します。

戦き	お（を）ののき	おそれみに身も世もあらず、～て（上田敏）
戦争	さわ（は）ぎ	江戸の～戀の外に聞きて（渡部乙羽）
戦慄	ぞっと	客は覚ず～しながら（浮世夢介）
戦慄	おののき	怪しい～が爪先から頭髪までゆきわたった（国木田独歩）
戦愕く	おののく	如此（かく）信ずるは善し悪鬼も又信じて～けり（内村鑑三）
戦ぎ	そよぎ	①扇頭（せんとう）の微風に～いで頬の邊（あたり）を往来する（二葉亭四迷） ②木の葉が頭上で幽かに～いだが（国木田独歩）
戦々	そよそよ	風に吹かれて～と（坪内逍遥）
戦り	そより	～ともせぬ乾蒸（からむし）に（須藤南翠）
戦える	ふるえる	（久米正雄・田村俊子・田山花袋）
戦い	ふるい（ひ）	爾時（そのとき）、我血は氷の如く冷えて、五体～をののき（森鴎外）
戦慄	ふるえ（へ）	ブルブル～ながら（三遊亭円朝）
戦慄える	ふるえる	（国木田独歩・木下尚江・島崎藤村）
戦慄あがり	ふるえあがり	令嬢はたちまち～ッた（坪内逍遥）

第6章　辞典にない漢字・ことば

戦慄	みぶるい	～をして病葉（びやうえふ）を（二葉亭四迷）
戦慄	わななき	紅の、～の、その極（はて）（北原白秋）
戦慄き	わななき	恐れ悸（おのの）き舌震って～ながら（二十三階堂主人）
戦々	わなわな	～と顫（ふる）ふ手先に（二葉亭四迷）
戦風	そよかぜ	～一つ動かぬ林の中は（小栗風葉）
戦付く	ふるいつく	にっこりされると　～きたい様な（広津柳浪）

Q&A 「金鎖」「龍顔」の読み／「国境」の読み

Q 金鎖（かなぐさり）…辞書に載っている意味では、金属製のくさりの意味ですが、小説の中では、金のネックレスのことです。そのままの読みだと違和感がありますが、辞書の読みの通りに読むのか、意味合い的に金のネックレスにと読んでも良いでしょうか。

A 作家の当て字です。『あて字用例辞典』（雄山閣）によると「胴衣（チョッキ）の胸には金鎖（ゴールドチェーン）が燦然と光って…」（二葉亭四迷『其面影』明治39）の用例がありますので、この読みで読んだらいいでしょう。他の当て字の辞典などで「ネックレス」の当て字がみつかればいいのですが、なければ読み手が典拠のない読みで読むことは、適切ではありません。

Q 浅田次郎『蒼穹の昴』に出てくる「龍顔」は、辞書によって読み方が異なっています。先輩のお話でも、漢和辞典の一番目を優先する、聞き慣れた方をといろいろです。歴史小説など古い時代の場合は特に迷いますが、選び方の基準をお尋ねします。

A 「龍顔」大辞林（3版）、広辞苑（6版）とも「りゅうがん」で採録し「りょうがん」から参照が入っています。大漢語林は、①「りょうがん」②「りゅうがん」となっています。また、漢和辞典には、両方の読みが併記されています。日本国語大辞典（2版）には用例があり、共に古くから二通りの読みがあることがわかります。したがって、どちらの読みでもかまいません。ただし、地名などには歴史的な読みと現在の読みが異なるものがありますので、読み分けることが必要なものがあります。もちろんルビがついている場合はルビ優先です。

Q 川端康成の『雪国』の冒頭の「国境の長いトンネルを抜けると雪国であった」の「国境」は「こっきょう」「くにざかい」どちらの読みがいいのでしょうか。

A つい最近までは日本国語大辞典（初版）の「こっきょう」の項に用例として「雪国」が掲載されていましたから、「こっきょう」と読んでいましたが、同辞典の第2版が2000年11月から発行され、「こっきょう」の項から「雪国」の用例が削除され、他の用例と入れ替えられました。『声に出して読みたい日本語』（斉藤孝著・草思社刊）の初版（2001.9）に「雪国」がでていますが、「こっきょう」とルビが振ってありましたが、その後の34刷（2002.2）をみますと「くにざかい」と変わっており議論になっています。川端康成は「夜の底が白くなった」というような新感覚の表現をあえて使う作家として有名で、「国境」には読みはないという川端文学研究者もいるそうです。「雪国」と「雪なし国」とをつなぐトンネルという意味であれば「こっきょう」でよさそうですが…。いずれにせよ、日本国語大辞典（第2版）が、『雪国』の用例を削除したことは、重く受け止めなければならないと思います。したがって音訳・点訳者としては、原本にルビがないときは「こっきょう」「くにざかい」両方を容認していくべきでしょう。校正の対象にはならなくなったと思います。作品中のある一節をどう読むほうがいいのかということが議論になる作品は、古典ではありえますが、近代小説では珍しいことといえるでしょう。

第1部　基本編

第7章　難読語の読みと参考図書

　難読語（字）とは「音でも訓でも読めない語（字）」「漢字をみて読むことができず音を聞いて漢字にすることができないものはすべて難読」「読みの難易は、その人の漢字学習の度合いによることで相対的な問題」などと定義されています。したがって難易の基準を何処におくかは大変難しい問題です。難読語の辞典類は数多く発行されていますが、それぞれその収録範囲が異なっています。難読語は漢和辞典類をはじめ、それぞれの専門分野の辞典類にも収録されており、しいて難読語辞典がなければ調べられないという性質のものではなく、各種辞典類の巻末などに難読語索引を付している場合が多いので、それらを活用すると便利でしょう。

　以下、難読語の辞典類をいくつか列挙し、一般辞典類、専門辞典類の巻末に付してある難読語索引の一部を紹介します。

難読辞典（姓氏、地名の難読辞書は除く）

『音訓引き難読語辞典』　1993　（日外アソシエーツ）
　和語の熟字訓を中心に14,000語を収録。総画数・先頭漢字の音・訓いずれからでも引ける「頭字音訓ガイド」付き。

『何でも読める難読漢字辞典』　1995　（三省堂）
　23,000語収録

『三省堂難読語便覧　大活字』　2004　（三省堂）
　文庫サイズ14,000項目収録　巻末に部首別索引・総画索引。大きな活字の見やすい頁。

『大活字難読語辞典』　高橋秀治編　1990　（東京堂出版）
　日常よく目にする読みにくい言葉で読み誤りやすいもの12,000語収録。

『古文書難語辞典』　1981　横山篤美（柏書房）
　700語収録　画引索引

『古文書古記録難訓用例大辞典』　1989　（柏書房）
　日本の古代から近代までの古文書・古記録の中で難読と思われる文字・語句・慣用句を収録。付・古文書古記録頻出異体字一覧。

Q&A　「生者」の読み

Q　三浦朱門著『老いれば自由に死ねばいいのだ』の9頁に「死者は生者の生活をわずらわすべからず」という見出しがあります。この「生者」の読みについてお尋ねします。（名古屋）

A　「せいしゃ」「しょうじゃ」「せいじゃ」と三通りの読みがあります。「せいしゃ」「しょうじゃ」は【大】【広】ともに項目で採録しています。「せいじゃ」は見出項目にはありませんが、「せいじゃ」ともとして【大】に採録されています。
　また、「盛者」の読みは「じょうしゃ」「しょうじゃ」「しょうしゃ」とあり「しょうじゃ（盛者）は、正しくは「じょうしゃ」、「生者」と混同した誤読か」【広】とあり、「じょうしゃ」から参照で「生者必滅」（しょうじゃひつめつ）、「盛者必衰」（じょうしゃひっすい）とあります。
（【大】は大辞林3版、【広】は広辞苑6版）

> **Column** 誤読面白解説 「太股」の読みは
>
> 　漢字の誤用、誤読は形・音・義のいずれのレベルでも起こります。もっとも、純粋に形や音の混乱もありますが、意味がからんで起こることが圧倒的に多いようです。それは漢字が意味過剰の文字記号であることから来ています。特に文学作品には辞書にも出てこない読みが多く、私達を悩ませています。ボランティア募集の時の簡単な（？）漢字テストの解答を見ていると、想像力豊かな誤読にお目にかかることがよくあります。
> 　その一例。「太股」これは「ふともも」が正解ですが、「ふとまた」「たいこ」「だいこ」まではよくある誤読ですが、「ももひき」という答がありました。なるほどと感心、発想の豊かさに敬意（？）を表する次第。念のため、「ももひき」は「股引」ですね。「股引」は「またひき」という誤読もよく見かけます。「太股」は「太腿」とも表記します。「猿股」の場合は「さるまた」と読み、これは「猿股引」（さるももひき）の略といいますからややこしい。ついでながら、当て字の辞典によると「股引」は「パンタロン」とルビがふってある例「拙者の股引（パンタロン）めを鳶がさらってまいったゆえ……」（久生十蘭「ノンシャラン道中記」）がありました。

第8章　基本的なことばの参考図書

　どこの家庭にも辞典の数冊は生活の必需品として常備されていると思います。特に学生のいる家庭には、語学辞書は勉強上の必需品です。言葉に関する情報を求めるためには辞書がいちばん適していることは言うまでもありませんが、これには種類が多いので、目的に応じたものを選ばなければ無駄な探し方をしてしまうことになります。何かを調べる場合の辞書として、用語の内容を調べるときは百科事典。言葉の読みを調べるときは漢和辞典、国語辞典。外国語を調べるときは外国語辞典が必要です。これらの種類の辞典類は、音訳・点訳する上での最低限必要な基本的な辞典ですから、必ず座右に置いてください。これらの辞典は種類も豊富ですから、次の選択を参考に定評のあるものを選ぶようにしてください。

(1) 図書の生産面
　　編集者の業績、世評、著者、監修者の編集経験、学会での地位など、出版社の出版歴、出版年、改訂回数、増補。
(2) 内容面から
　　収録の範囲、利用対象、関連分野、配列の方法、検索手段（音訓索引・画数索引）、情報の正確さ、出典の明示。
(3) 形態面から
　　冊子体でコンパクトであり、使いやすい造本。
　　特に大辞典は多くの見出し語を収録しているので便利ですが、常に大は小を兼ねるわけではありません。手頃な小型・中型の辞典類はそれなりの特色があり、そして何よりも使い易さがあります。そこで、ここでは、主としてよく利用されているものを、選んで紹介します。

8-1　百科事典

　百科事典を使う場合、項目を引くよりも総索引を利用すると便利です。見出し語でない語句についても参照できるからです。

『百科便覧・世界大百科事典』5訂版34巻　2009　（平凡社）　執筆者7,000名。

第1部　基本編

8－2　漢和辞典

『大漢和辞典』修訂版15巻　1984～86　（大修館書店）
　諸橋轍次著　東洋学術研究所編　日本の親文字5万余収録（49,964字）。
　熟語53万余を収録した最大の辞典。
『広漢和辞典』3巻　1981～82　（大修館書店）
　諸橋轍次他　上記の大漢和辞典の中から、日本で使用頻度の多い2万字12万語を収録したもので、通常の音訳では十分カバーできる。
『大修館新漢和辞典』改訂版　1982　（大修館書店）
　諸橋轍次他
『大漢語林』　1992　（大修館書店）
　部首索引、音訓索引、総画索引、中国簡化文字表（中国・日本の字体対照表）。
『漢語林　新版』第2版　2001　（大修館書店）
　熟語約5万　JIS第1第2水準漢字収録。

8－3　国語辞典

『広辞苑』第6版　2008　（岩波書店）
　24万項目収録。歴史的意味から記述。
『大辞林』第3版　2006　（三省堂）
　23万3000語収録。現在使われている意味から記述。アクセント表示。
『明鏡国語辞典』第2版　2011　（大修館書店）
　新常用漢字表・4,000字増補・「明鏡　問題なことば索引」付。
『講談社カラー版日本語大辞典』第2版　1995　（講談社）
　百科事典的事項を多く収録。約20万語収録。
『日本国語大辞典』第2版16巻　2000～02　（縮刷版10巻）（小学館）
　初版を大幅増補改訂50万項目100万用例。初版の用例に新たに約25万例が増補されている。方言を大増補、約10万語収録　執筆者約3,000人。
『大辞泉』増補新装版　1998　（小学館）
　現代語・古語・人名・地名・各分野の専門用語などを収録。
『三省堂国語辞典』第6版　2008　（三省堂）
　新語を中心に新しい言葉を多く収録しているのが特色。約76,000語収録。
『新明解国語辞典』第7版　2012　（三省堂）
　鋭い語釈・実感ある用例。アクセント付き。
『岩波国語辞典』第7版新版　2011　（岩波書店）
　「新常用漢字表」（2010）対応。

8－4　外国語辞典

　日本の文献を音訳していると、特に社会科学・自然科学書には外国語（欧文）が随所に出てくることが多いと思います。英語ならともかく、ドイツ語やフランス語が出てくるとおじけづいてしまいがちです。語学が不得意な人でもこれは避けて通れません。そこで考えてもらいたいのは、利用者は日本人であるということです。内容が語学書であれば別ですが、上手に正確に発音しなければならないわけではありません。目的が利用者の目の代わりであれば、スペルだけを読む方法だってあるでしょう。そこで、語学が不得意な方、またドイツ語、フランス語ができなくても読む方法はあります。そんな場合カナ発音つきの外国語辞典を使ってください。

第8章　基本的なことばの参考図書

（1）英語
『小学館ランダムハウス英和大辞典』第2版　1994　（小学館）
　アメリカ英語の辞典。日米両国のスタッフが共同編集した英和辞典。特に新語、専門語の説明、百科事典の要素が大きい。全4巻（一般向き）、全2巻、全1巻（パーソナル版）。

『リーダーズ英和辞典』　第2版　1999　（研究社）
　松田徳一郎監修　27万語収録、中型辞典としてはずば抜けて語数が多い。11年かけて編集された労作。並製版と上製版がある。

（カナ発音付）
『デイリーニューフォニックス英和辞典』中型版　1998　（三省堂）
『カナ発音現代英和・和英辞典』　第2版　2006　（三省堂）
『ヴィスタ英和辞典』　1997　（三省堂）
『初級クラウン英和・和英辞典』　2012　（三省堂）
『大活字シニアカルチャー英和辞典』　2001　（三省堂）
『ファミリア英和辞典　社会人のために役立つ辞典カタカナ発音表現付き』　1995　（金園社）

（2）ドイツ語
『大独和辞典（Grossesdeutsch － japanischesWorterbuch）』　1974　（博友社）
『クラウン独和辞典』　第4版　2008　（三省堂）
　約6万項目収録。CD（発音の手引、数の数え方、動詞の変化）。
『新現代独和辞典　新装版』　2008　（三修社）
　R・シンチンゲル　山本明　南原実共編　見出語数95,500語を収録し、新語は14,300語に及ぶ。初学者にも検索しやすい。並製、特製、デスク版、机上版。
『新コンサイス独和辞典』　1998　（三省堂）　95,000語収録

（カナ発音付）
『新アルファ独和辞典』　1997　（三修社）
『小学館プログレッシブ独和辞典』　第2版　2005　（小学館）　5万語収録
『フロイデ独和辞典』　2003　（白水社）　75,000語収録
『同学社版新修ドイツ語辞典』　1972　（同学社）
『パスポート独和辞典』　第2版　1999　（白水社）
『カナ発音独和小辞典』　1971　（大学書林）

（3）フランス語
『新スタンダード仏和辞典』　1991　（大修館書店）
『仏和大辞典』　1981　（白水社）　専門用語豊富

（カナ発音付）
『クラウン仏和辞典』　第6版小型版　2010　（三省堂）　CD付45,000語収録
『プチ・ロワイヤル仏和辞典』　第4版　2010　（旺文社）
『現代仏和小辞典』　1977　（大学書林）
『アポロ仏和辞典』　1991　（角川書店）
『ディコ仏和辞典』　2003　（白水社）　CD付35,000語収録
『ディリーコンサイス仏和・和仏辞典』　2012　（三省堂）　仏和に7万項目収録
『カナ発音仏和小辞典』　1993　（大学書林）　12,000語収録

（4）その他の外国語

『現代スペイン語辞典』 改訂版　1999　（白水社）　46,500 語収録
『クラウン西和辞典』 2005　（三省堂）

（カナ発音付）
『パスポート初級露和辞典』 1994　（白水社）　7,000 語収録
『カナ発音・英和西和小辞典』 1972　（大学書林）　12,000 語収録
『パスポート初級スペイン語辞典』 1997　（白水社）　8,800 語収録
『プログレッシブスペイン語辞典』 第 2 版　2000　（小学館）
『カナ発音・葡和小辞典』 1982　（大学書林）
『白水社ポーランド語辞典』 1981　（白水社）　22,000 語収録
『ハンガリー語辞典：洪和』 1973　（日洪文化協会）

『アルファベットから引く外国人名よみ方字典』 2003　（日外アソシエーツ）
　外国人の姓や名のアルファベット表記から、よみ方を確認できる。古今の実在する外国人名に基づき、アルファベット表記 90,000 件、よみ方 130,000 件を収録。人名は同じ綴りでも国によってよみ方が異なることがわかる。

『カタカナから引く外国人名綴り方字典』 2002　（日外アソシエーツ）
　外国人の姓や名のカタカナ表記から、アルファベット表記を確認できる。古今の実在する外国人名に基づき、カタカナ表記 110,000 件、アルファベット表記 137,000 万件を収録。うろ覚えの綴りも解決。

『カタカナで引ける英和辞典』 2000　（三省堂）
　スペルがわからなくても、カタカナ見出しで引ける。アルファベット順の索引付 44,000 字収録。

『カナで引く外国語辞典』 1988　（三省堂）
　英語の他、世界の 29 言語、26,000 語がカタカナで引ける。見出し語で発音がわかり、原語はアルファベット順（一部ロシア文字、ハングル、簡体字併用）。

> **Column**　十干十二支・干支の読み

十干十二支（じっかんじゅうにし）

　十干と十二支。また、それを組み合わせたもの。日にこの記号をつけて表す干支記日法は中国の殷（いん）代から始められ、中国と日本で共通に今日まで継続している。また、年に干支をつけて表す干支記年法は紀元前三世紀頃から行われ、やはり中国・日本と共通に今日まで継続している。

干支（えと）

　え「兄」おと「弟」の略。
　十干と十二支とを組み合わせたもの。木・火・土・金・水の五行を、それぞれ陽の気を表す「え」と「陰」の気を表す「と」とに分けたものが十干、すなわち、甲（きのえ）・乙（きのと）・丙（ひのえ）・丁（ひのと）・戊（つちのえ）・己（つちのと）・庚（かのえ）・辛（かのと）・壬（みずのえ）・癸（みずのと）。これに十二支、すなわち、子（ね）・丑（うし）・寅（とら）・卯（う）・辰（たつ）・巳（み）・午（うま）・未（ひつじ）・申（さる）・酉（とり）・戌（いぬ）・亥（い）を順に割り当て、甲子（きのえね）・乙丑（きのとうし）のように呼ぶ。これで六〇の組み合わせができる。年月・時刻・方位などを表す呼称として用いられる。かんし。
　十干十二支のうち、十干をはぶいて、十二支だけで表した年をいう。子年・卯年・寅年など。（典拠『大辞林』）

第9章　元号の読み方

　元号の読み方は、史料上も一定していません（＊1）。したがって、一般書であれば現在の学校教育で使われている読みでいいでしょう。以下の一覧は「日本史用語辞典」の「読み」で新聞・雑誌、一般の啓蒙書などで読まれている「読み」です。歴史の専門書や、ルビがこの表と異なるときは、ルビ優先として下さい。

（1）「ん」のあとの『和』＝「な」
　　な
　　文和【ぶんな】　安和【あんな】　寛和【かんな】　元和【げんな】　天和【てんな】　仁和【にんな】
　　わ
　　永和【えいわ】　応和【おうわ】　享和【きょうわ】　弘和【こうわ】　正和【しょうわ】　承和【じょうわ】
　　長和【ちょうわ】　明和【めいわ】　康和【こうわ】

（2）『元』（「元慶」がんぎょう以外は「げん」）
　　がん
　　元慶【がんぎょう】
　　げん
　　元永【げんえい】　元徳【げんとく】　元仁【げんにん】　元和【げんな】　元亀【げんき】　元弘【げんこう】
　　元久【げんきゅう】　元文【げんぶん】　元禄【げんろく】　元暦【げんりゃく】　元亨【げんこう】
　　元中【げんちゅう】　元治【げんじ】　保元【ほうげん】

（3）「ん」のあとの『平』＝「ぴょう」
　　ぴょう
　　寛平【かんぴょう】　天平【てんぴょう】　仁平【にんぴょう】
　　天平感宝【てんぴょうかんぽう】　天平勝宝【てんぴょうしょうほう】　天平神護【てんぴょうじんご】
　　天平宝字【てんぴょうほうじ】
　　へい
　　平成【へいせい】　平治【へいじ】　康平【こうへい】　承平【じょうへい】

（4）『慶』
　　きょう　慶雲【きょううん】
　　ぎょう　天慶【てんぎょう】　延慶【えんぎょう】（＊2）　元慶【がんぎょう】
　　けい　嘉慶【かけい】　慶安【けいあん】　慶応【けいおう】　慶長【けいちょう】

（5）「ん」のあとの『保』は「ぽう」
　　ほう
　　応保【おうほう】　保安【ほうあん】　永保【えいほう】　保元【ほうげん】　嘉保【かほう】　保延【ほうえん】
　　享保【きょうほう】　康保【こうほう】　正保【しょうほう】　長保【ちょうほう】
　　ぽう
　　寛保【かんぽう】　天保【てんぽう】　文保【ぶんぽう】　建保【けんぽう】

（6）「ん」のあとの『応』は「のう」
　　おう
　　暦応【りゃくおう】　嘉応【かおう】　明応【めいおう】　康応【こうおう】　正応【しょうおう】
　　のう（＊3）
　　観応【かんのう】　元応【げんのう】　天応【てんのう】　文応【ぶんのう】（例外）　延応【えんおう】

（7）『承』頭にくると＝「じょう」語尾にくると＝「しょう」
　　じょう
　　承安【じょうあん】　承元【じょうげん】　承平【じょうへい】　承暦【じょうりゃく】　承久【じょうきゅう】
　　承徳【じょうとく】　承保【じょうほう】　承和【じょうわ】

第1部　基本編

　　しょう
　　永承【えいしょう】　治承【じしょう】　長承【ちょうしょう】　天承【てんしょう】（例外）
　　嘉承【かじょう】（＊4）

（8）『暦』（明暦・宝暦以外は「りゃく」）
　　りゃく
　　文暦【ぶんりゃく】　建暦【けんりゃく】　長暦【ちょうりゃく】　治暦【じりゃく】　正暦【しょうりゃく】
　　永暦【えいりゃく】　承暦【じょうりゃく】　延暦【えんりゃく】　康暦【こうりゃく】　嘉暦【かりゃく】
　　元暦【げんりゃく】　天暦【てんりゃく】

　　れき
　　明暦【めいれき】　宝暦【ほうれき】

（9）同音異字
　　えいしょう【永正】【永承】　こうじ【弘治】【康治】　えんきょう【延享】【延慶】　こうわ【康和】【弘和】
　　かしょう【嘉祥】（＊5）【嘉承】　じょうおう【承応】【貞応】　げんこう【元弘】【元亨】
　　じょうげん【承元】【貞元】　こうあん【弘安】【康安】　しょうわ【昭和】【正和】
　　てんしょう【天正】【天承】　じょうわ【承和】【貞和】

（10）『喜』は「ぎ」
　　えんぎ【延喜】　かんぎ【寛喜】　てんぎ【天喜】

（11）注意
　　ぶんしょう【文正】　ぶんせい【文政】
　　『神』は「じん」　×「しん」　じんき神亀
　　『仁』は「にん」　×「じん」

（＊1）『年号読方考証稿』山田孝雄（よしお）宝文館出版（初版昭和25　復刻版昭和45）
　　　◎『年号の呼び方――昭和15年、歴史家の慣例を参考として「ニュース用語調査委員会」の審議を経て決定したものを第一とし、さらに昭和28年に一部見直しを行ない、かなり一般的と思われる読み方を採用している。その後、昭和41年に再審議し、ほとんど従来の読み方を採用した。』
　　　＜例＞「大宝」ダイホウ（タイ～）「文安」ブンナン（～アン）
　　　（　）内は一般的と思われる読み方（『NHK放送のことばハンドブック』＜尊号と年号の呼び方＞より）
（＊2）　延慶・延享と区別するため
　　　　「えんぎょう」＝『日本史用語辞典』
　　　　「えんけい」＝『日本古典文学大辞典』
（＊3）　『日本史用語辞典』はすべて「のう」。『日本史辞典』は「観応」「天応」のみ「のう」。
（＊4）　嘉承＝『日本史辞典』『日本史用語辞典』ともに「かじょう」としているが、後者は「かじょう」とも読むとしている。
（＊5）　嘉祥＝『日本史用語辞典』は「かじょう」とも読むとしている（京都伏見区に「嘉祥寺」＜かじょうじ＞あり）。

《参考文献》
○『**歴代天皇・年号事典**』（吉川弘文館）
　米田雄介編　神武から昭和まで、すべての天皇を網羅し、詳細・平易に解説。年号と由来、埋葬された陵を収録。
○『**新版元号事典**』（東京美術）　川口謙二・池田政弘編
○『**元号読み方一覧**』（明治書院）（『漢字百科大事典』1638～1654頁所収）

(「日本」の付く古典の読み)(36頁)
①にほん　りょういき　②にほん　りゅうもんのたき
③にほん　もんとくてんのうじつろく　④にほん　みけんじゃく
⑤にほんのほまれ　ちょうせんしんばなし　⑥にほん　ほうぞうびく
⑦にほん　ぶんたいもんじしんろん　⑧にほん　ぶんがくけいもう
⑨にほん　ばんしょうひだのたくみ　⑩にほんばれ　ろりょうのゆきどけ
⑪にほんのかちどき　⑫にほんのいしょう　およびじょうこう
⑬にほん　にょごがしま　⑭にほん　しょうきだいじん
⑮にほん　つきがいちょうじゃ　⑯にほん　だえもん　⑰にほん　だいぶんてん
⑱にほんだいしょうり　⑲にほん　だいきゅう　ちんぜいはちろう
⑳にほんせいき　㉑にほんしょじゃくこう　㉒にほんしょきでん
㉓にほんしょき　㉔にほん　しょうにん　かいかのさきがけ
㉕にほん　しゃくみょう　㉖にほんしき　㉗にほん　さんだいじつろく
㉘にほん　ごだいばなし　㉙にほんこく　げんざいしょもくろく
㉚にほん　こうそうでんようもんしょう

> **Column** 『国宝・重要文化財よみかた辞典』　2009　(日外アソシエーツ)
>
> 　難読が多い国宝・重要文化財(国指定)の正確な「よみ」が引ける辞典。
> 　国宝・重要文化財の通称・指定名など約 17,700 件を、親文字の総画数順に収録。よみデータを加え指定種別(絵画・工芸品・彫刻・書跡・典籍・考古資料・建造物など)、国宝・重文の区別・所在地・所蔵等を記載。先頭の「絹本著色」「木造」「乾漆」などの有無にかかわらず、正式名・略称のいずれからも引くことができ、指定名のなかの著名な個別作品のよみも収録。巻頭に、検索に便利な「頭字音訓ガイド」「検字表」付。

第 10 章　発音・アクセントの読みと参考図書

　正しい読み方、明瞭な発音、共通語に沿ったアクセントは、音訳するうえの基本です。アクセントについては、全国流通を原則とした録音図書づくりでは、共通語のアクセントで読むよう心がけるべきでしょう。共通語のアクセントに関しては、専門の辞典もあり、また、国語辞典によっては、標準アクセントを表示しているものもあります。特に『大辞林』(三省堂)は、収録語数が多いので、普通のアクセント辞典より多くの語にアクセントを示しているので便利です。今、ボランティア活動のなかで基本としているのは、NHK 放送文化研究所編集の『NHK 日本語発音アクセント辞典』でしょう。しかしアクセントは時代とともに変化しています。これを何時どの程度辞典にとり入れるかが問題となっています。1998 (平成 10) 年、この辞典が大幅に改訂されました。

10－1　『NHK 日本語発音アクセント辞典』(新版)

　1943 (昭和 18) 年、初版が発行され、1951 (昭和 26) 年、1966 (昭和 41) 年、1985 (昭和 60) 年と版を重ね、1999 (平成 11) 年に新版が発行されました。特に、1985 年には 2,000 語のアクセントが改訂されましたが、1999 年にはこれを上回る 4,800 語の大改訂です。これからの読みについては、ボランティアも従来のアクセントを改めなくてはならなくなりました。現在、放送で最も広く使われているアクセントを中心に約 69,000 語を厳選しています。

第 1 部　基本編

（平板化が大きな理由）
　改訂の理由は、多くの言葉が現在のアクセントにそぐわないことが分かったためで、66,000 語のうちの 4,800 語という大改訂が行われました。その中には若者の抑揚のない平板な発音への移行も少なくありません。例をいくつかあげてみると次のようなものがあります。

（主なアクセントの変化）
モデル「モ」にアクセント→平板発音も可能
リハーサル「ハ」にアクセント→平板発音も可能
スポンサー「ポ」にアクセント→平板発音も可能
ピッケル　平板発音「ピ」にアクセント可能
釦（ボタン）平板発音「ボ」にアクセント可能
自治体（ジチタイ）「チ」のアクセント廃止、平板に
資本金（シホンキン）「ホ」のアクセント廃止、平板に
地平線（チヘイセン）「ヘ」のアクセント廃止、平板に
犯罪人（ハンザイニン）「ザ」のアクセント廃止、平板に
貧乏人（ビンボウニン）「ボ」のアクセント廃止、平板に

10－2　その他のアクセント辞典など

『新明解日本語アクセント辞典』　2010　（三省堂）
　金田一春彦監修　秋永一枝編　新語・カタカナ語を含む現代日本語 7 万 5000 語の標準的なアクセントを標示。伝統を守りながら新しいアクセントを採り入れて新古の別を示している。動詞・形容詞には活用形のアクセントを示し、発音辞典を兼ねる。
　「神」はカミ（もとカミ）「新しい語の収集とアクセント調査で 10 年間にカードがざっと 2 万枚。個別の発音変化は『もと …』『古くは』『新は』と付けて古い東京アクセントも記録に残している」
『全国アクセント辞典』　1993　（東京堂出版）
　平山輝男編　10 万語収録。共通語の単語とそれを含んだ文や句、複合語、動詞、形容詞などの活用形にもアクセントを示す。
『固有名詞英語発音辞典』　1969　（三省堂）
　大塚高信他編　固有名詞の発音を組織的に扱った辞典。92,500 項目を収録。発音表記はジョーンズ式。
『NHK ことばのハンドブック』　第 2 版　2005　（日本放送出版協会）
　ことばを取り巻く状況は、数年で大きく変わっています。本書は前版の内容を全面的に改訂しています。
『新リトル和英辞典』　第 6 版　1994　（研究社）
　見出し語には、現代日本語の代表的なアクセントをひとつ付している。
『標準日本語発音大辞典』　改訂増補　1974　（大雅堂）
『外国地名発音辞典』　1956　（日本放送協会）
　『外国地名の呼び方』の改訂増補版、付録に世界の言語他 4 篇、南極の地名。

10－3　『大辞林』のアクセント表示

　見出し語のうち、現代語および現代でも使用されることのある語にアクセントを付しています。現在、テレビ・ラジオなどで用いられている全国共通語のアクセント。なお、「大辞林第 2 版電子ブック」には、代表的な日本語アクセントが音声で収録されているので参考になります。

10-4 アクセントについての扱い方

　音訳者は、発音やアクセント、音訳表現技術などの研修を受けた上で活動していますから、アクセントが多少異なっていても、<u>特別な場合</u>（＊）以外は原則として、校正ではとりあげません。理由は校正者によっても指摘に差異が生じ、アクセントが変化するものもあるので指摘するときりがないからです。NHKの地方放送局でも地名などのアクセントは、その地方のアクセントで放送することを許容するようになりました。
　全国視覚障害者情報提供協会の『録音図書校正基準』でもこのことをふまえ、次のように定めています。
　「アクセント、ポーズの指摘…アクセント、ポーズは校正の対象ではないが、文章の前後からその語句の意味がとれなくなる時、文意が変わってしまう時は、指摘する」

（＊）　①内容が発音・アクセントなど語学に関するもの
　　　　②一冊の本で、同一の語が異なるアクセントで読まれている場合など。

（付録）

漢検・漢字資料館（京都）

- ■アクセス　　地下鉄烏丸線「五条」北へ徒歩5分　地下鉄烏丸線「四条」南へ徒歩8分
　　　　　　　京阪京都線「烏丸」南へ徒歩8分　市バス「烏丸松原」南へ徒歩1分
- ■利用時間　　10：00～17：00／休日・祭・土は団体予約のみ
- ■利用条件　　資格　特になし　入館料　無料
- ■所在地　　〒600-8585　京都市烏丸通松原下る五条烏丸町398　日本漢字能力検定協会京都事務局

　京都駅から地下鉄で二つ目、五条駅からすぐの交通至便なところに日本漢字能力検定協会があり、その2階にオープンした「漢字資料館」を訪れる機会を得ました。日頃漢字の読みに苦労したり、調べた結果に一喜一憂したり、こんな読みがあったのかと漢字の難しさや、面白さに、わが身の不勉強を思い知らされたり、時のたつのも忘れて漢字の世界に浸ることができたひとときでした。ライブラリーには漢字・日本語に関する辞書、参考書や教養書など約500点が所蔵されており閲覧できます。1階の「漢検SHOP」では、出版物や楽しい漢検オリジナルグッズが販売されています。

諸橋轍次記念館（新潟）

- ■アクセス　　北陸高速道三条燕インターから車で50分　上越新幹線燕三条駅から車で40分
- ■利用時間　　9：00～17：00
- ■休館日：毎月曜日　12月29日～1月3日
- ■所在地　　〒955-0131　新潟県三条市庭月434－1

　『大漢和辞典』全14巻を完成させた諸橋轍次博士の偉業を顕彰し、併せて地域文化の振興のため、1992年新潟県下田村の郷里に開館。また、近くに生家、庭園、孫悟空像があり、周辺一帯が「漢字の里」として整備されている。諸橋轍次（1883－1982）は、東京文理科大学付属図書館長、國學院大學教授、東京帝国大学講師、都留文科大学学長、国語審議会委員などを歴任。1945年『大漢和辞典』第1巻を完成、1960年全13巻を完成させた。1946年には右眼を失明、左眼も視力が衰えるなか、数々の業績を残した。館内に図書室があり、遺品・遺墨約300点、図書約4,000冊、漢籍約3,000冊を所蔵。

専門図書館・資料館・記念館

(北海道・東北)
北海道立文学館（〒064-0931　北海道札幌市中央区中島公園1－4）
塩狩峠記念館（〒098-0125　北海道上川郡和寒町字塩狩543）
室蘭市民俗資料館（〒050-0067　北海道室蘭市陣屋町2－4－25）
函館市文学館（〒040-0053　北海道函館市末広町22－5）
三浦綾子記念文学館（〒070-8007　北海道旭川市神楽7条8－2－15）
斜陽館（〒037-0202　青森県五所川原市金木町朝日山189－3）
宮沢賢治記念館・イーハトーブ館（〒025-0011　岩手県花巻市高松1－1－1）
日本現代詩歌文学館（〒024-0093　岩手県北上市本石町2－5－60）
斎藤茂吉記念館（〒999-3101　山形県上山市北町字弁天1421）
仙台文学館（〒981-0902　宮城県仙台市青葉区北根2－7－1）
智恵子記念館（〒969-1404　福島県二本松市油井漆原町36）

(関東)
古河文学館（〒306-0033　茨城県古河市中央町3－10－21）
萩原朔太郎・水と緑と詩のまち前橋文学館（〒371-0022　群馬県前橋市千代田町3－12－10）
鎌倉文学館（〒248-0016　神奈川県鎌倉市長谷1－5－3）
田山花袋記念文学館（〒374-0018　群馬県館林市城町1－3）
神奈川近代文学館（〒231-0862　神奈川県横浜市中区山手町110）
大仏次郎記念館（〒231-0862　神奈川県横浜市中区山手町113）
西村京太郎記念館（〒259-0314　神奈川県湯河原町宮上42－29）

(東京)
日本近代文学館（〒153-0041　東京都目黒区駒場4－3－55）
宮城道雄記念館（〒162-0835　東京都新宿区中町35）
俳句文学館（〒169-8521　東京都新宿区百人町3－28－10）
林芙美子記念館（〒161-0035　東京都新宿区中井2－20－1）
一葉記念館（〒110-0012　東京都台東区竜泉3－18－4）
池波正太郎記念文庫（〒111-8621　東京都台東区西浅草3－25－16）
江東区芭蕉記念館（〒135-0006　東京都江東区常盤1－6－3）
相撲博物館図書室（〒130-0015　東京都墨田区横網1－3－28）
野球体育博物館図書室（〒112-0004　東京都文京区後楽1－3－61）
聖書図書館（〒104-0061　東京都中央区銀座4－5－1）
羽村市郷土博物館（〒205-0012　東京都羽村市羽741）
吉川英治記念館（〒198-0064　東京都青梅市柚木町1－101－1）
山本有三記念館（〒181-0013　東京都三鷹市下連雀2－12－27）

(甲信越・北陸)
石川近代文学館（〒920-0962　石川県金沢市広坂2-2-5）
泉鏡花記念館（〒920-0910　石川県金沢市下新町2-3）
山梨県立文学館（〒400-0065　山梨県甲府市貢川1-5-35）
喬木村立椋鳩十記念図書館（〒395-1101　長野県下伊那郡喬木村1459-2）
池波正太郎真田太平記館（〒386-0012　長野県上田市中央3-7-3）
一茶記念館（〒389-1305　長野県上水内郡信濃町柏原2437-2）

(東海)
芹沢光治良記念館（〒410-0823　静岡県沼津市我入道字蔓陀ヶ原517-1）
伊豆近代文学博物館（〒410-3206　静岡県伊豆市湯ヶ島892-6）
新美南吉記念館（〒475-0966　愛知県半田市岩滑西町1-10-1）
藤村記念館（〒508-0502　岐阜県中津川市馬籠4256-1）

(近畿)
与謝野晶子文芸館（〒590-0014　大阪府堺市堺区出井町1-2-200）
司馬遼太郎記念館（〒577-0803　大阪府東大阪市下小阪3-11-18）
川端康成文学館（〒567-0881　大阪府茨木市上中条2-11-25）
ネットミュージアム兵庫文学館 http://www.bungaku.pref.hyogo.jp/
　兵庫県が2002年開設したネット上の文学館。施設を持たず、ネット上だけで運営される公立文学館。
　県立美術館美術情報センターには専用のパソコンがあり、ここからも訪問ができる。
谷崎潤一郎記念館（〒659-0052　兵庫県芦屋市伊勢町12-15）
山田風太郎記念館（〒667-1105　兵庫県養父市関宮605-1）
南方熊楠記念館（〒649-2211　和歌山県西牟婁郡白浜町3601-1）

(中国・四国)
小泉八雲記念館（〒690-0872　島根県松江市奥谷町322）
金子みすゞ記念館（〒759-4106　山口県長門市仙崎1308）
菊池寛記念館（〒760-0014　香川県高松市昭和町1-2-20）
徳島県立文学書道館（〒770-0807　徳島県徳島市中前川町2-22-1）
松山市立子規記念博物館（〒790-0857　愛媛県松山市道後公園1-30）

(九州)
松本清張記念館（〒803-0813　福岡県北九州市小倉北区城内2-3）
北原白秋生家・記念館（〒832-0065　福岡県柳川市沖端町55-1）
熊本近代文学館（〒862-8612　熊本県熊本市中央区出水2-5-1）
遠藤周作記念館（〒851-2327　長崎県長崎市東出津町77）
かごしま近代文学館（〒892-0853　鹿児島県鹿児島市城山町5-1）

第 2 部

人名・地名編

第 1 章　人名

1－1　人名とは

　人名とは「人の名前」のことで「姓（苗字）」と「名（名前）」を指しています。本書では現代の「姓と名」の読みについて解説し、「歴史人名」については、その一部と参考文献を挙げるにとどめています。

1－2　人名と地名の関係

　人名は地名・法人名とともに理屈のない世界であり、音訳・点訳にあたっては、少しでも疑わしかったら調べることが必要です。特に苗字は、地名と深くかかわっており、およそ85％の姓が地名に由来していると言われています。

　明治8年の太政官布告で、全国民がすべて苗字を名乗ることを義務づけられたさい、近・現代の人名（苗字）は苦労してつけたもの、あるいは楽しんでつけたと思われるものもあり、読みにくいものとなっています。

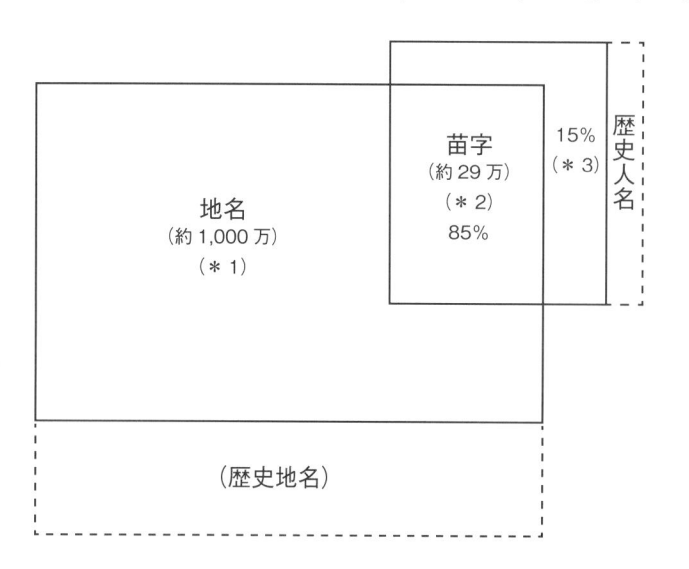

（＊1）『角川日本地名大事典』各都道府県別
　　　（北海道・京都府は2分冊）に収録地名の概数。
（＊2）丹羽基二『日本苗字大辞典』
（＊3）地名と関係のない苗字

1−3 苗字はどのくらいあるか

現在、姓（苗字）は29万ほどあるといわれていますが、この数がわかったのは、姓名研究家の丹羽基二さんらの研究によるもので、つい最近のことです。

編集者（発見者）	辞典名　発行所	発行年	収録苗字
丹羽基二	日本の苗字　表音編・表記編 全2巻　初版　丹羽基二監修 日本ユニパック編（日本経済新聞社）	1972	約110,000
丹羽基二	日本の苗字　表音編・表記編・解説編 全2巻　改訂増補版　丹羽基二監修 日本ユニパック編（日本経済新聞社）	1975	約120,000
丹羽基二	日本姓氏大辞典　全3巻　丹羽基二編 （角川書店）	1985	約133,000 （133.700）
河野元宥（しげる）（札幌）	15万種を確認（＊1）	1991	約150,000 （147.073）
丹羽基二	日本苗字大辞典　全3巻　丹羽基二編 （芳文館）（＊2）	1997	約290,000 （291.129）
森下恒博（千葉）	＋α（約70）（＊3）	2001・2012	

（＊1）「15万種の名字を集めた札幌の男性。新聞から拾い13年、出版に意欲」（朝日新聞1991.9.6）
（＊2）「集めた名字29万余。調査に50余年 85％は地名にちなむ」
　　　「典拠のなぞ解き私のロマン。苗字大辞典を完成丹羽基二さん」（朝日新聞1997.2.14）
（＊3）「珍・印章派・千葉のはんこ店在庫が10万程　森下印章店」（東京新聞2012.4.3）
　　　「蘭・十…珍名印鑑10万種」（森下恒博）（日経2012.3.6）

1−4 人名の種類

本名	【ほんみょう】 【ほんめい】	筆名、芸名、偽名、号などに対して本当の名。
実名	【じつめい】 【じつみょう】	本当の名前、本名。
仮名	【かめい】	本名を伏せてかりにつける名。
偽名	【ぎめい】	氏名をいつわること。にせの名。
匿名	【とくめい】	自分の実名を隠してあらわさないこと。 また、実名を隠して別の名前を用いること。
筆名	【ひつめい】	文章などを発表するときに用いる本名以外の名。ペンネーム。
芸名	【げいめい】	芸能人がその仕事の上で用いる名前。
変名	【へんめい】	名を変えること。改名。本名を隠して別に姓名を名のること。また、その姓名。
あだ名	【あだな】	渾名・綽名。本名のほかに、その人の容姿、性行などの特徴をとらえて つけた別の名前。愛称や別称としてつけた名。ニックネーム。
幼名	【ようみょう】 【ようめい】 【おさなな】	おさない時の名前。武家時代、元服前に名乗った名前。童名（わらじな）。
通称（名）	【つうしょう（な）】	（正式の名ではなく）世間一般に通用している名前。 また、一般に言いならわすこと。またその名。例）源為朝　通称　鎮西八郎
字	【あざな】	中国で男子が成人後、実名のほかにつける名。 実名を知られることを忌む風習により生じ、字がつくと実名は諱（いみな）と いってあまり使わなかった。日本でも漢学者などが用いた。字名（あざな）。

第2部　人名・地名編

号	【ごう】	画家、文人、学者などが、本名のほかにつける名。雅号。
雅号	【がごう】	著述家、画家、書家などが本名以外につける風流風雅な別名。
別名	【べつめい】	本名以外の名。異名。
	【べつみょう】	
異名	【いめい】	本名とは別につけられた名。あだな。
	【いみょう】	
俗称	【ぞくしょう】	俗世間で言い習わしている名称。
俗名	【ぞくみょう】	通称。俗称。僧の出家する前の名。
法名	【ほうみょう】	仏門に入って僧となる人に、その宗門で授ける名。また、在家仏教徒に、多くの場合死後におくる名。戒名。
戒名	【かいみょう】	受戒の際に、出家者あるいは在家信者に与えられる名。本来生前に与えられるものであるが、中世末期から死者に対して与えられるようになった。法名。

1－5　同字異読の人名

　同じ字でも読み方が幾通りもある人名、やさしい字でも読み方が幾通りもある人名、変わった読み方をするもの、難読人名など一筋縄ではいかない人名が数多くあります。

吉川	よしかわ	吉川　英治（よしかわ　えいじ）	作家
	きっかわ	吉川　晃司（きっかわ　こうじ）	俳優・歌手
	きちかわ	吉川　保正（きちかわ　やすまさ）	著者
	きつかわ	吉川　文雄（きつかわ　ふみお）	白菊会理事長
上村	うえむら	上村　明広（うえむら　あきひろ）	岡山大学教授
	かみむら	上村　巌（かみむら　いわお）	翻訳家
中条	なかじょう	中条　明（なかじょう　あきら）	俳人
	ちゅうじょう	中条　百合子（ちゅうじょう　ゆりこ）	作家
新村	にいむら	新村　和子（にいむら　かずこ）	ピアニスト
	しんむら	新村　出（しんむら　いずる）	国語学者
	しむら	新村　陽一（しむら　よういち）	大阪大教授
東海林	しょうじ	東海林　太郎（しょうじ　たろう）	歌手
	とうかいりん	東海林　静男（とうかいりん　しずお）	著者
七五三	しめ	七五三　月窓（しめ　げつそう）	著者
	しめき		
二木	にき	二木　宏明（にき　ひろあき）	東京大学教授
	ふたき	二木　啓子（ふたき　けいこ）	ソプラノ歌手
	ふたぎ	二木　一一（ふたぎ　かずいち）	ジャスコ相談役
	ふたつぎ	二木　雄策（ふたつぎ　ゆうさく）	神戸大学教授
	ふたつき		
若王子	わかおうじ	若王子　信行（わかおうじ　のぶゆき）	三井物産
	にゃくおうじ		
	なこうじ		
	にゅうおうじ		
神代	かしろ	神代　武男（かしろ　たけお）	下野新聞社取締役
	かじろ	神代　博（かじろ　ひろし）	著者
	かみよ	神代　錦（かみよ　にしき）	女優
	くましろ	神代　麻子（くましろ　あさこ）	ピアニスト

第1章　人名

	こうしろ	神代　昭（こうしろ　あきら）山口大学教授
	こうじろ	神代　峻通（こうじろ　たかみち）倫理学者
	じんだい	神代　充史（じんだい　みつし）作曲家
	かみしろ	
	かこみ	
立木	たき	立木　稠子（たき　しげこ）フェリス女学院講師
	たちき	立木　浩二（たちき　こうじ）本田技研
	たちぎ	立木　恵章（たちぎ　けいしょう）作家
	たつき	立木　大泉（たつき　だいせん）俳人
	ついき	立木　茂（ついき　しげる）著者
	たっき	
五島	ごしま	五島　正（ごしま　ただし）園芸家
	ごじま	五島　功（ごじま　いさお）TOKAI常務
	ごとう	五島　昭（ごとう　あきら）著者
木幡	きばた	木幡　泰（きばた　やすし）タレント
	こばた	木幡　陽（こばた　あきら）東京大学教授
	こはた	木幡　昭（こはた　あきら）産業能率大学
	こわた	木幡　昭七（こわた　しょうしち）駐シリア大使
	きはた	
東大路	とうだいじ	東大路　義明（とうだいじ　よしあき）著者
	ひがしおおじ	東大路　鐸（ひがしおおじ　たく）美術工芸
東田	あずまだ	東田　健二（あずまだ　けんじ）著者
	とうだ	東田　保（とうだ　たもつ）大阪府議
	とうでん	東田　政治（とうでん　まさはる）日産化学工業
	ひがしだ	東田　千秋（ひがしだ　ちあき）大阪女子大教授

（誤読しやすい人名）
1　西田　幾多郎　にしだ　きたろう
2　清水　幾太郎　しみず　いくたろう
3　柳田　國男　やなぎた　くにお
4　笹川　良一　ささかわ　りょういち
5　折口　信夫　おりくち　しのぶ

1－6　同音異字の人名

読みが同じで表記が幾通りもある人名も数多くあります。

たくみ	内匠	内匠　慶子（たくみ　けいこ）著者
	匠	匠　秀夫（たくみ　ひでお）美術評論家
	侘美	侘美　光彦（たくみ　みつひこ）東大教授
	卓美	卓美　涼（たくみ　りょう）著者
	宅見	宅見　春雄（たくみ　はるお）仏教大教授
	宅美	宅美　由太郎（たくみ　よしたろう）世界救世教参与
	※その他の「たくみ」宅味　工造　拓美　田汲　託美　工首　巧　大工　工美　工匠　工能　多久美	
あべ	安部	安部　明宏（あべ　あきひろ）東工大教授
	阿部	阿部　明子（あべ　あきこ）著者
	安倍	安倍　郁二（あべ　いくじ）漆芸家

第2部　人名・地名編

	安辺	安辺　浩（あべ　ひろし）中華航空総裁
	※その他の「あべ」阿倍　阿辺　阿陪　阿閑　阿発　阿閉　阿閠　阿拝　安陪　安閑	
やまと	大和	大和　明（やまと　あきら）ジャズ評論家
		大和さくら（やまと　さくら）歌手・本名　片山美紀
	山戸	山戸　嘉市（やまと　かいち）著者
	山登	山登　松和（やまと　しょうわ）箏曲家
	倭	倭　俊二（やまと　しゅんじ）著者
じょうだい	城台	城台　巖（じょうだい　いわお）写真家
	上代	上代　琢禅（じょうだい　たかよし）弁護士

1-7　同一人で二通り以上の読みのある人名

（1）時代によって変わる人名
本人の意向に拘らず、異なる読みが定着する場合があります。人気作家に多くみられます。

	（初期）	（現在）
山田風太郎	やまだ　かぜたろう　＝	やまだ　ふうたろう
西村　寿行	にしむら　としゆき　＝	にしむら　じゅこう
古谷　一行	ふるや　かずゆき　＝	ふるや　いっこう
川上　宗薫	かわかみ　むねしげ　＝	かわかみ　そうくん
細川　隆元	ほそかわ　ちかもと　＝	ほそかわ　たかもと＝ほそかわ　りゅうげん
水上　勉	みなかみ　つとむ　＝	みずかみ　つとむ
石森章太郎	いしもり　しょうたろう　＝	石ノ森章太郎　いしのもり　しょうたろう

（2）読みが一定しない人名
読みが安定していない人名もあります。これは本人の意向なのか、出版社の意向なのか、誤植なのか不明。

坂村　真民　さかむら	またみ	1961	『あかね雲の流るるとき』
	しんみん	1959	『泉の春』
	またみ	1963	『川は海に向かって』
	しんみん	1981	『生きてゆく力がなくなる時』
	しんみん	1991	朝日新聞

1-8　同一人で異なる名を使う人名

同一人で執筆する内容などによって本名、筆名（ペンネーム）、芸名などを使い分ける場合があります。

宇田　一紘（うだ　かずひろ）＝　宇田　和熙（うだ　かずひろ）
池田　宣政（いけだ　のぶまさ）＝　南　洋一郎（みなみ　よういちろう）
岩田　豊雄（いわた　とよお）＝　獅子　文六（しし　ぶんろく）
折口　信夫（おりくち　しのぶ）＝　釈　超空（しゃく　ちょうくう）
小泉　八雲（こいずみ　やくも）＝　L・ハーン（ラフカジオ　ハーン）
杉山　良斎（すぎやま　りょうさい）＝杉山　勉（すぎやま　つとむ）
瀬戸内　晴美（せとうち　はるみ）＝　瀬戸内　寂聴（せとうち　じゃくちょう）
徳富　猪一郎（とくとみ　いいちろう）＝徳富　蘇峰（とくとみ　そほう）
林　髞（はやし　たかし）＝　木々　高太郎（きぎ　たかたろう）
林　不忘（はやし　ふぼう）＝　谷　譲次（たに　じょうじ）＝　牧　逸馬（まき　いつま）
杉森　信盛（すぎもり　のぶもり）＝　近松　門左衛門（ちかまつ　もんざえもん）
美濃部　孝蔵（みのべ　こうぞう）＝　古今亭　志ん生（ここんてい　しんしょう）

清水　三十六（しみず　さとむ）＝　山本　周五郎（やまもと　しゅうごろう）
山田　誠也（やまだ　せいや）＝　山田　風太郎（やまだ　ふうたろう）
吉本　真秀子（よしもと　まほこ）＝　吉本　ばなな（よしもと　ばなな）
☆西川　潔（にしかわ　きよし）＝　西川　きよし（にしかわ　きよし）
☆西川　玲子（にしかわ　れいこ）＝　松　あきら（まつ　あきら）
☆山崎　順子（やまざき　じゅんこ）＝　円　より子（まどか　よりこ）
☆鈴木　栄治（すずき　えいじ）＝　森田　健作（もりた　けんさく）
☆波田　和泰（なみた　かずやす）＝　旭道山　和泰（きょくどうざん　かずやす）
☆前島　英三郎（まえじま　えいざぶろう＝　八代　英太（やしろ　えいた）
☆上田　健二郎（うえだ　けんじろう）＝　不破　哲三（ふわ　てつぞう）

☆国会議員名。衆議院は通称名を認めているが、参議院は認めていない。
（参考：朝日新聞　「天声人語」1997.2.6）

> **Column　新訂　人物記念館事典　2002　（日外アソシエーツ）**
> 地域ゆかりの人物を記念して建てられた個人記念館の事典。沿革、概要、展示内容、開館時間、入館料などの新しいデータおよび外観写真、案内地図等を掲載。
> Ⅰ　文学・歴史編　作家・歌人・俳人・武将・先哲を記念する243館を収録。
> Ⅱ　美術・芸能編　芸術家・歌手・スポーツ選手を記念する230館を収録。

第2部　人名・地名編

> **Column**　身近に発見「八月一日さん」

人名と地名にはそれぞれ深い関係と意味と隠された由来があるものです。そんな中に最近読みの調査に手間取った「八月一日さん」「八月朔日さん」があります。人名辞典によると「ほずみ」「ほづみ」とあります。

きっかけは、朝日新聞（1999年）の芸能欄の連載コラム「名セリフ名場面」記事の最後に（八月一日　教宏）とあったことです。ある音訳者はこれをてっきり八月一日に教宏さんが書いたものと思いそのまま音訳していたらしいのです。ところが9月になっても10月になっても「八月一日　教宏」とあるため疑問に感じていたといいます。そんな時、今度は点訳者から次のようなお便りが私に寄せられました。『朝日新聞夕刊の演劇欄担当の評論家の一人に「八月一日」という人がいましたが、いかにしても読みの調べがつかず、新聞社に問い合わせた結果「ほずみみちひろ」と読むことを知りました。点訳に携わる以上仕方のないことですが、今年も読みで悩まされることでしょう。でも苦労して読み方がわかったときは、「ヤッタ！」と一瞬嬉しくなります。』

この話には、お便りをいただいた点訳者から更に次の後日談が寄せられました。『半月後に丸括弧内に仮名で（ほずみ　みちひろ）と書かれました。それまでは私は「八月一日」がフルネームだと信じ込んでいました。確かに数字を使った人名は知る限りでは姓に使われていることに気がついたからです。早速インターネットや演劇誌などで調べてみたのですが、今のところ分かりません。最近は新聞にもついぞこの名を見かけませんし、朝日新聞の担当もしていないようです。果たして本名なのでしょうか。疑いは深まっていきます。』

このお便りを読みながら、私は千葉に「どんな姓でもあります」と自負しているはんこ屋さんがあることを思い出しました。早速私の「新聞切抜ファイル」を探してみたところ「珍名さん来たれ！はんこ屋店主　実際売れた　煙草さん・狼さん・留守さん」（朝日新聞千葉版・2001年9月1日付）を発見。その冒頭に「近所に八月一日（ほずみ）さんという珍しい名字の人がいた」とあり、私の住む身近な地元にいることに更に興味と関心を抱きました。因にこのはんこ屋さんは千葉市若葉区にある「モリシタ」というお店で、半ば意地で10万種を収集しているといいます。私も早速千葉市の電話帳を繰ってみたところ「あった！」。「八月朔日哲雄さん」、しかも私の隣の区（美浜区）でした。「ほずみ」は「穂積」に由来すると思っていたが、そうなら「ほづみ」となるはずですが八月一日姓は「ほずみ」なのはどうしてでしょうか。ちなみに「穂積」姓は、多くは「ほずみ」のようですが…。法学者の穂積重遠は「ほづみ」（広辞苑・大辞林）、「ほずみ」（人名辞典）とあります。疑問は更に深まり、点訳者は「づ」か「ず」か、表記に悩むことになりそうです。

（「KITAGAWA通信」NO.24　2003.4.1）

第1章　人名

1－9　難読人名

　人の姓名の読みは難しい。個を個と区別するために敢えて特殊な読みを付ける傾向が多いからではないかと思われます。

　人の名前に用いる漢字は、昭和23年施行の戸籍法で「常用平易な文字を用いなければならない」とされ、当用漢字に制限されました。しかし、「これだけでは希望の名前がつけられない」という意見が多く、少しずつ増やされてゆき、当用漢字と常用漢字をあわせて2,229字となり、更に追加されています。以下、項目にわけて難読人名（姓と名）について、実際に音訳、点訳上で苦労した例を中心に例示します。

（1）当用漢字、常用漢字にない人名

秋山　虔	あきやま　けん	『国立国会図書館著者名典拠録』
	あきやま　まさし	『名乗辞典』（参考図書によって読みが異なっている）
渡辺　侃	わたなべ　ただし	北大名誉教授
榊原　仟	さかきばら　しげる	心臓外科の権威
正木　昊	まさき　ひろし	弁護士（本の奥付にはひらがな表記となっている）
永井　或男	ながい　いくお	日本特殊塗料常務
桑木　或男	くわき　あやお	物理学者　科学史家　九大名誉教授
グレーフエ　或子	グレーフエ　あやこ	著者

（2）特殊な読み（汎用されていない）の人名

姓

柘	つげ	柘　哲郎（つげ　てつろう）（著者）
十	つじ	十　一三（つじ　かずみ）（著者）
十七	とな	十七　巳之助（とな　みのすけ）（大阪）
平安名	へんな	平安名　由美子（へんな　ゆみこ）（歌手）

名

道雄	どうゆう	小沢　道雄（おざわ　どうゆう）（著者）
		古屋　道雄（ふるや　どうゆう）（著者）
一	つかさ	西出　一（にしで　つかさ）（歌人）
士	つかさ	山崎　士（やまざき　つかさ）（東京女子大体育監督）
	といち	井上　士（いのうえ　といち）（香川県議）
	つこう	中村　士（なかむら　つこう）（著者）
仕	つこう	三苫　仕（みとま　つこう）（鹿島建設専務）
侍	つこう	小串　侍（おぐし　つこう）（著者）
郎	つかさ	畠沢　郎（はたざわ　つかさ）（東京学芸大講師）

（3）名の読みは千差万別

　①「理」と「理子」

> 「理」　おさむ・さだむ・さとし・さとる・たかし・ただし
> 　　　まこと・まさし・り

三浦　理	みうら　おさむ	（有朋堂文庫編集者）
西条　理	さいじょう　さだむ	（宮城県　北上町長）
亀井　理	かめい　おさむ	（お茶の水女子大学講師）
内藤　理	ないとう　さとる	（著者）
辻　理	つじ　まこと	（映画監督）
佐藤　理	さとう　まさし	（著者）

第2部　人名・地名編

> 「理子」さとこ・みちこ・のりこ・りこ・あやこ・としこ
> まさこ・よりこ・さとりこ・こずえ・なおこ

馬場　理子　　ばば　さとこ　　　　（日新製鋼）
中　　理子　　なか　みちこ　　　　（著者）
香西　理子　　こうざい　のりこ　　（バイオリニスト）
鈴木　理子　　すずき　りこ　　　　（詩人）

②「ただし」の漢字表記は実に多い

「ただし」（男）と読む名にあてられる漢字で最も多いのは「正」「忠」であるが「大漢和辞典」によると62文字もある。その中から実際にある名前を拾ってみます。

大井　正　　　おおい　ただし　　　（明治大学教授）
酒井　格　　　さかい　ただし　　　（著者）
永井　忠　　　ながい　ただし　　　（著者）
笠井　貞　　　かさい　ただし　　　（群馬大学教授）
逆井　督　　　さかさい　ただし　　（茨城県議）
藤井　公　　　ふじい　ただし　　　（舞踊家）
松居　直　　　まつい　ただし　　　（児童文学者）
由井　質　　　ゆい　ただし　　　　（七高校長）
河合　紀　　　かわい　ただし　　　（陶芸家）
久郷　準　　　くごう　ただし　　　（日本大学教授）
佐藤　方　　　さとう　ただし　　　（フラワービュー・ガーデン店主）
斎藤　禎　　　さいとう　ただし　　（雑誌編集長）
斎藤　斉　　　さいとう　ただし　　（北海道放送副社長）
斎藤　義　　　さいとう　ただし　　（建築家）
兵頭　精　　　ひょうどう　ただし　（女流飛行家）
加藤　嘉　　　かとう　ただし　　　（俳優・本名　かとう　よし）
工藤　侃　　　くどう　ただし　　　（不二サッシ取締役）
佐藤　匡　　　さとう　ただし　　　（早稲田大教授）
佐藤　淳　　　さとう　ただし　　　（岩手大教授）
井上　尹　　　いのうえ　ただし　　（群馬大教授）
井上　規　　　いのうえ　ただし　　（陶芸家）
井上　端　　　いのうえ　ただし　　（神戸市教育委員会主事）
田上　征　　　たのうえ　ただし　　（能美防災次長）
杉江　佶　　　すぎえ　ただし　　　（宇都宮大学講師）
田尾　将　　　たお　ただし　　　　（著者）
寺尾　雅　　　てらお　ただし　　　（岡山県経済連会長）
堀尾　憲　　　ほりお　ただし　　　（著者）
岡　　中　　　おか　ただし　　　　（日本電設社長）
飯塚　糾　　　いいずか　ただし　　（著者）
徳永　律　　　とくなが　ただし　　（著者）
松永　是　　　まつなが　ただし　　（東京農工大助教授）
佐々木理　　　ささき　ただし　　　（名古屋大教授）
篠崎　凡　　　しのざき　ただし　　（著者）
山崎　唯　　　やまざき　ただし　　（ピアニスト）
鈴木　董　　　すずき　ただし　　　（日展参与）

第1章　人名

醍醐　政　　　だいご　ただし　　（最高検事）
唐牛　誠　　　かろうじ　ただし　（著者）
土橋　貴　　　どばし　ただし　　（中央大講師）
大藤　真　　　おおふじ　ただし　（岡山大学長）
清水　乞　　　しみず　ただし　　（東洋大助教授）
白勢　恭　　　しろせ　ただし　　（しろせ楽器取締役）
前田　允　　　まえだ　ただし　　（日本大学教授）
福田　儀　　　ふくだ　ただし　　（栃木県議）
池田　誉　　　いけだ　ただし　　（三菱電機）
池田　維　　　いけだ　ただし　　（外務省審議官）
米田　徳　　　よねだ　ただし　　（著者）
灘本　整　　　なだもと　ただし　（イラストレーター）
高橋　典　　　たかはし　ただし　（映画監督）
池田　重　　　いけだ　ただし　　（青山学院大教授）

（4）判じ物めいた姓（→数の人名）
　字の意味で読んだり、あて字をしたり、クイズのような名前がかなりあります。

小鳥遊　　たかなし　　小鳥遊　友則（たかなし　とものり）（和歌山）
　　　　　　　　　　　小鳥遊　千代（たかなし　ちよ）　　（和歌山）
四十八願　よいなら　　四十八願　好夫（よいなら　よしお）（左官業　栃木）
月見里　　やまなし　　月見里　礼次郎（やまなし　れいじろう）（凸版印刷相談役）
四十物　　あいもの　　四十物　文夫（あいもの　ふみお）（日本経済新聞取締役）
　　　　　　　　　　　四十物　光男（あいもの　みつお）（放送作家）
面　　　　おもて　　　面　甚左衛門（おもて　じんざえもん）（社会運動家）
　　　　　ほおずき
春夏秋冬　ひととせ
薬袋　　　みない　　　薬袋　秀樹（みない　ひでき）（筑波大教授）
　　　　　みなえ　　　薬袋　義一（みなえ　ぎいち）（政治家）
　　　　　いしゃなし
腰坂　　　さおとめざか
男全　　　おまた　　　男全　正三（おまた　しょうぞう）（医師）
鴨脚　　　いちょう
杠　　　　ゆずりは　　杠　勝海（ゆずりは　かつみ）（著者）
寿　　　　ことぶき　　寿　寿一（ことぶき　じゅいち）（岩手）
　　　　　　　　　　　寿　ひずる（ことぶき　ひずる）（宝塚スター）
四月咲　　つぼみ
目　　　　さかん　　　目　明（さかん　あきら）（生化学者）
　　　　　　　　　　　目　邦雄（さかん　くにお）
日明　　　たちもり　　日明　恩（たちもり　めぐみ）（作家）
　　　　　　　　　　　日明　哲史（たちもり　てつじ）（野球選手）
官能　　　かんのう
色摩　　　しかま　　　色摩　辰雄（しかま　たつお）（著者）
　　　　　　　　　　　色摩　力夫（しかま　りきお）（駐コロンビア大使）

（5）職業・物品・事象名の姓
波　　　　なみ　　　　波　巖（なみ　いわお）（著者）
灘　　　　なだ　　　　灘　定男（なだ　さだお）（歌謡漫談家）

第2部　人名・地名編

小灘	こなだ	小灘　龍男（こなだ　たつお）	（同和鉱業所長）
小浪	こなみ	小浪　充（こなみ　たかし）	（東京外大教授）
漣	さざなみ	漣　正幸（さざなみ　まさゆき）	（マスヤ電機専務）
昆布	こんぶ	昆布　猛（こんぶ　たけし）	（三楽社長）
魚	うお	魚　義和（うお　よしかず）	（富山・新湊）
塩	しお	塩　光輝（しお　こうき）	（農業土木家）
		塩　敬（しお　たかし）	（著者）
海老	えび	海老　彰子（えび　あきこ）	（ピアニスト）
		海老　京一（えび　きょういち）	（兵庫女子短大教授）
菓子	かし	菓子　志野（かし　しの）	（東京）
飴	あめ	飴　尚泰（あめ　なおやす）	（ジャズマン）
米	こめ	米　治一（こめ　じいち）	（彫刻家）
貝	かい	貝　美代子（かい　ちよこ）	（国語学者）
煙草	たばこ	煙草　慶一（たばこ　けいいち）	（千葉）
桶	おけ	桶　あきら（おけ　あきら）	（画家）
風呂	ふろ	風呂　秀夫（ふろ　ひでお）	（富山・新湊）
網本	あみもと	網本　克己（あみもと　かつみ）	（東京モノレール社長）
網	あみ	網　正雄（あみ　まさお）	（著者）
		網　祐次（あみ　ゆうじ）	（お茶の水女子大名誉教授）
釣	つり	釣　仁三郎（つり　にさぶろう）	（北海道新聞次長）
		釣　洋一（つり　よういち）	（作家）
大工	だいく	大工　勝信（だいく　かつのぶ）	（細菌学者）
石灰	いしばい	石灰　友一（いしばい　ともいち）	（石灰木材社長）
石	いし	石　由芳太郎（いし　よしたろう）	（千葉・佐倉）
壁	かべ	壁　勝弘（かべ　かつひろ）	（著者）
		壁　真理子（かべ　まりこ）	（作曲家）
瓦	かわら	瓦　力（かわら　つとむ）	（政治家）
屋根	やね	屋根　二九美（やね　ふくみ）	（著者）
地蔵	じぞう	地蔵　慶護（じぞう　けいご）	（著者）
留守	るす	留守　二郎（るす　じろう）	（千葉・八街）
八百	やお	八百　千頭夫（やお　ちずお）	（広島市議）
横丁	よこちょう	横丁　郁朗（よこちょう　いくろう）	（著者）
鵜	う	鵜　宏（う　ひろし）	（富山・新湊）
狼	おおかみ	狼　嘉彰（おおかみ　よしあき）	（科技庁技官）
松	まつ	松　あきら（まつ　あきら）	（女優）
		松　国雄（まつ　くにお）	（河北新報部長）
菊	きく	菊　一子（きく　かずこ）	（著者）
		菊　ひろ子（きく　ひろこ）	（女優）
花	はな	花　かおる（はな　かおる）	（テレビレポーター）

（6）名前なのか戸惑う姓

南蛇井	なんじゃい		
要海	ようかい	要海　正夫（ようかい　まさお）	（著者）
		要海　三枝子（ようかい　みえこ）	（手芸家）
鉄矢	てつや	鉄矢　多美子（てつや　たみこ）	（雑誌編集長）
奥	おく	奥　彬（おく　あきら）	（著者）
		奥　うらら（おく　うらら）	（バイオリニスト）
浮気	うきぎ		

第1章　人名

（参考）その他次のような姓があります。

砂糖元（さともと）（宮崎）、胡麻（ごま）（広島）、鰻（うなぎ）（鹿児島）、酢（す）、錦（にしき）、水門（すいもん）、鼎（かなえ）、旅（たび）、飾（かざり）、山（やま）、四間丁（しけんちょう）、牛（うし）、鹿（しか）、草（くさ）、音頭（おんど）、蒸（むす）、折（おり）、紺（こん）、味噌（みそ）

Column　幽霊人名・架空人名

実際にない人名が難読名辞典に掲載されていることがあります。これは単純な理由から起きます。

①ルビのふり間違いと思われるもの（姓と名の区切り方の間違い）。

「皇至道」を姓として「すめらぎ」と採録したもの。正しくは「皇・至道」（すめらぎ・しどう）で、教育学者です。

「安里積」を姓として「あさとつみ」と採録したもの。正しくは「安里積千代」（あさと・つみちよ）政治家です。

「目明」を「さかんあきら」と採録したもの。正しくは「目・明」（さかん・あきら）生化学者です。

「西周」を姓として「にしあまね」と採録したもの。正しくは「西・周」（にし・あまね）思想家です。

「五百蔵」（いおろい）を「いおらい」と間違えたもの。これらは、校正ミスによるもの、自費出版などから採録したと思われる。

②言葉遊びから出た姓

室町時代の貴族たちの言葉遊びから出たと思われるもので、姓が一人歩きしたもの。問題を出し合っていろいろな読みを競ったもの。しかし、この類の姓には、「小鳥遊」（たかなし）、「月見里」（やまなし）、「一口」（いもあらい、いっこう）など、実在する姓もあるので要注意。このような名字は実際にない姓のため、幽霊人名などと呼ばれています。

③架空人名

小説などに登場する人名の中には、実在しない姓名がでてきます。これらは小説上の人物ですから、幽霊人名とは区別しなければなりませんが、実在しないということに変わりありません。

読みを調べるためには、『架空人名辞典　日本編』『日本架空・伝承人名事典』などがあります。

Column　名字四天王

名字の四天王　→　佐藤（200万人）鈴木（175万人）高橋（145万人）田中（135万人）

名字ベスト10　→　①佐藤　②鈴木　③高橋　④田中　⑤渡辺
　　　　　　　　⑥伊藤　⑦山本　⑧小林　⑨中村　⑩加藤

名字の種類　①藤原姓　藤原家から。伊藤・藤田・藤森・藤山
　　　　　　②職業姓　東海林（庄司）・鈴木（寿々木）・釣・菓子
　　　　　　③地名（地形）姓　高橋・今田・田中・中田・浜名
　　　　　　④方位姓　山下・北川・西川
　　　　　　⑤主君姓　徳川・源・平・北条
　　　　　　⑥基本姓（豪族名）安倍・大伴・物部
　　　　　　⑦僧侶名　釈

佐藤さん　藤原鎌足の末裔

鈴木さん　熊野・神官・山伏の姓。熊野のことば「寿々木」から。
　　　　　徳川家康の家臣鈴木重吉は熊野信仰（熊野三山を中心とする信仰）を広めた。

高橋さん　江戸時代は「橋」がなかった。高い橋（つり橋）から。

田中さん　百姓の名。唯一、田中吉政（武士）32万石。西日本特に柳川に多い姓。
　　　　　日系アメリカ人に田中姓が多いという。「ザ・日本人」と呼ばれる。

第2部　人名・地名編

> **Column**　珍しい名「彧」
>
> まずこの漢字を辞書で引くまでに苦労する。この漢字を初めて見る人も多いようだ。総画は10画であるが、10画の漢字はあまりにも多い。「彡」（さんづくり）から引くと、字音「イク」、漢音「オク」、呉音「入る」（総画10画　部首　彡部）。
> （解字）戈（ほこ）会意文字。地域をくぎって守ること。域の原字。「彧」はひとこまごとにわくがついて、全体として模様をなすこと。（意味）「彧彧」（いくいく）とは、それぞれにわくどりが浮き出て模様をなして美しいさま。ものごとの盛んなさま。
> 永井彧男（ながい・いくお）会社員
> グレーフエ・彧子（―――あやこ）著者
> 桑本彧男（くわもと・あやお）九大名誉教授

1－10　数の人名

(1) 姓

　(*)＿＿＿は『日本姓名よみふり辞典』の最も頻度の多い読みのものです。
◎一　いち　ひともんじ　いちもんじ　かず　かずと　はじめ
　　　一　零（かずと　れい）（著者）
　　　一　宗雄（はじめ　むねお）（宇土市）
◎一二三　ひふみ　いじみ　うたかね　うたたね　ひおみ
　　　一二三　重夫（ひふみ　しげお）（千葉）
◎一口　いっこう　いもあら　もろくち　もろぐち　いもあらい
　　　一口　甲子（いっこう　きね）（技研工業取締役）
◎一尺二寸　かまつか
◎一尺二寸五分　かのまえ
◎一尺八寸　かまつか
◎二木　<u>にき</u>　にっき　ふたき　ふたつぎ　ふたぎ　ふたっき
　　　二木　彰（にき　あきら）（日鉄コンピュータ）
　　　二木　一郎（ふたつぎ　いちろう）（会社社長）
　　　二木　啓子（ふたき　けいこ）（ソプラノ歌手）
◎三田　<u>みた</u>　みだ　さんだ　さんた
　　　三田　美代子（さんだ　みよこ）（舞踊家）
◎三水　さみず　さんみず　みつつき　みみず　みつき
　　　三水　弘（みみず　ひろし）（彫刻家）
◎三枝　さいぐさ　さいくさ　みえだ　さえだ　みつえ　<u>さえぐさ</u>
　　　三枝　一雄（さいぐさ　かずお）（明大教授）
　　　三枝　ますみ（みえだ　ますみ）（童謡作家）
◎四月一日（朔日）わたぬき　つぼみ
　　　四月朔日　丈次（わたぬき　じょうじ）（宇奈月通運取締役）
◎四十物　あいもの
　　　四十物　光男（あいもの　みつお）（放送作家）
◎四十九院　つるしいん
　　　四十九院　科峰（つるしいん　かほう）（作家）

第1章　人名

◎四十万　あいまん　しじま　しじゅうまん　ししや
　　四十万　稔（しじま　みのる）（富士電気）
◎五　いさみ　かず
◎五月一日　あお　さつき
　　五月　一朗（さつき　いちろう）（浪曲家）
◎五月　さつき　ごがつ
　　五月日　陽一（ごがつび　よういち）（軍人）
◎五十　いい　いそ　いわ
　　五十崎　恒（いそざき　ひさし）（岐阜大教授）
◎六月一日　うりはり　うりわり　さいぐさ　むりはり　くさか
◎七寸五分　くずはた　くずわた　くつはた　はしわた　ともかわ　みつつき　はしかた　くろわだ
◎七五三　しめ
　　七五三　月窓（しめ　げっそう）（華道）
　　七五三　久雄（しめ　ひさお）（千葉）
◎八月一日（朔日）ほずみ　ほづみ
　　八月朔日　哲雄（ほずみ　てつお）（千葉）
◎八田　はた　はちだ　はった　やつだ　やた
　　八田　一郎（はった　いちろう）（明大教授）
　　八田　耕治（はちだ　こうじ）（大阪フイル）
　　八田　恭昌（やつだ　やすまさ）（同志社大）
◎八生　はぶ　やぶ
◎八十八間　はとやま　やそはま　やとやま　やそやま
◎八戸　はちと　はちのえ　やえ　やへ　やべ　はちのへ
　　八戸　かおり（はちのへ　かおり）（柔道選手）
　　八戸　澄江（やえ　すみえ）（アカデミー学園）
◎九　いちじく　いちのく　くちのく
◎九十九　つくも　くしふく
　　九十九　一（つくも　はじめ）（漫談家）
　　九十九　一子（つくも　かずこ）（女優）
◎十　つじ　つなし　ももき　よこたて
　　十　一三（つじ　かずみ）（著者）
◎十一　とかず
　　十一　美博（とかず　よしひろ）（京都新聞）
◎十二月田　しわすだ
◎十八女　さかり　そやきみ　わかいろ　わかいそ
◎百目鬼　どうめき　どうぬき　とどめき　どめき　ひゃくめき　もめき　どうみき
　　百目鬼　恭三郎（どうめき　きょうさぶろう）（評論家）
◎百々　どど　とど　もも
　　百々　俊次（どど　しゅんじ）（写真家）
　　百々登美子（どど　とみこ）（歌人）
　　百々佑利子（もも　ゆりこ）（児童文学者）
◎千頭　せんず　ちがしら　ちがみ　ちはや　ちかみ
　　千頭　剛（ちかみ　ごう）（文芸評論論家）
◎万　ばん　まん　よろず
　　万　真智子（よろず　まちこ）（料理家）

67

第2部　人名・地名編

　　　万　英子（まん　えいこ）（音楽家）
◎万城目　ひえぬき　まきめ　まんじょうのめ　まんじょうめ
　　　万城目　正（まんじょうめ　ただし）（作曲家）
◎万歳　ながとし　ながよ　ばんだい　まんざい　ばんざい
　　　万歳　典子（まんざい　のりこ）（武蔵野音大教授）
　　　万歳　憲重（ばんだい　のりしげ）（著者）
◎千万　ちま
　　　千万　卓丈（ちま　たくじょう）（著者）
◎千万億　つもり
◎百千万億　つもる

（2）名

数の名前はその組み合わせで無数にあります。ここでは「一」から「十」の一字の名前の読み方のみを示しておきます。「二」「四」「七」は見つかりませんでした。
◎一　いち　いつ　いる　おさむ　かず　かずえ　ひとつ　まこと　ひとし　すすむ　つかさ　はじむ　はじめ
　　　甲斐　一（かい　はじめ）（陶芸家）
　　　伊早坂一（いんさか　ひとつ）（著者）
　　　池田　一（いけだ　ひとし）（弁護士）
◎二　すすむ　たすく　つぐる　つづき
◎三　さん　ぞう　みたる
　　　安藤　三（あんどう　さん）（千葉大准教授）
◎四
◎五　あつむ
　　　細井　五（ほそい　あつむ）（東京経済大）
◎六　むつ　ろく
　　　曽我　六（そが　むつ）（俳優）
　　　長谷川六（はせがわ　ろく）（建築家）
◎七
◎八　ひらく
　　　大山　八（おおやま　ひらく）（著者）
◎九　あつみ　きゅう　ひさし　ちかし
　　　後藤　九（ごとう　あつみ）（写真家）
　　　瑛　九（えい　きゅう）（美術）
　　　坂本　九（さかもと　きゅう）（歌手）
◎十　ひさし　みつる
　　　守分　十（もりわけ　ひさし）（中銀頭取）
　　　太田　十（おおた　みつる）（大阪）

Column 難読の多い姓「五十」の読み

五十川　いかがわ・いかわ・いさかわ・いすずかわ・いそがわ・いらかわ
五十住　いおずみ・いずみ・いそずみ・いまずみ・いらずみ
五十河　いかが・いかがわ・いかわ・いさがわ・いそが・いそがわ
五十棲　いおずみ・いずみ・いそずみ・いまずみ・いらずみ・おほずみ
五十君　いきみ・いぎみ・いげみ・いしみ・いそきみ・いそぎみ
五十子　いおこ・いかご・いかしご・いかんこ・いそこ・いらこ
五十山　いすやま・いそやま・こすやま・よすやま
五十公野　いぎみの・いじみの・いずしの・いずみの
五十里　いかり・いそさと・いそり・いり
五十蔵　いおくら・いほろい・いよくら・いよろい
五十殿　いそとの・おみか・おむか・おもどの
五十村　いそむら・いぶら・いらむら　　五十集　いかば・いさば・いすさば
五十島　いがしま・いそじま・いそり　　五十　いい・いそ・いわ
五十畑　いかはた・いそはた　　　　　　五十谷　いかたに・いさたに
五十部　いそべ・よそべ　　　　　　　　五十土　いかずち・しかずち
五十崎　いかざき・いそざき　　　　　　五十沢　いかざわ・いそざわ
五十井　いかい・いがい　　　　　　　　五十目　いそめ・ごじゅうめ　　　五十字　いかこ・いそこ
五十曲　つづら・つつう　　　　　　　　五十幡　いかはた・いそはた　　　五十海　いかり
五十鈴　いすず　　　　　　　　　　　　五十市　いそいち　　　　　　　　五十猛　いそたけ
五十山田　いかいだ　　　　　　　　　　五十公　いきみ　　　　　　　　　五十公野　いきみの
五十分野　いずみ　　　　　　　　　　　五十代　いそしろ　　　　　　　　五十右　いそう
五十玉　いかだま　　　　　　　　　　　五十田　いそだ　　　　　　　　　五十君野　いくしの
五十利部　いおりべ　　　　　　　　　　五十村橋　ありうばし　　　　　　五十貝　いそがい
五十岡　いごおこ　　　　　　　　　　　五十波　いかわ　　　　　　　　　五十洲　いきす
五十狭茅　いさち　　　　　　　　　　　五十栖　いおすみ　　　　　　　　五十郡　いらこ
五十野　いその　　　　　　　　　　　　五十旗頭　いおきべ

第2部　人名・地名編

> **Column**　「斉藤　斎藤」さん？

斉藤斎藤さん（32歳）歌人。ずいぶん人を食っているが、実在の人物で、しかも本名。短歌の世界で注目を浴びる型破りの新人。本人によると「名前は一応、本名なんで。親も若気の至りだったんでしょう」。
「ものとものの間に、すき間がありますよね。すき間は普通、表現できないけど、表現できないそれをフレームでとらえるのが短歌だと、ぼくは思う」
「たとえば斎藤茂吉みたいにコッテリした『われ』でいける時代ではない。みんな剥き出しで放り出されて、『私って何？』を構築しなきゃならない」
「都内の大学をテキトーに卒業し、現在、ニートまでは行かない」アルバイト勤務で、正社員歴なし。まさにニート・フリーター200万人時代の前線に立つ歌人である。（朝日新聞　2005.5.11　抜粋）
「さいとう」さんには「斉藤」「斎藤」「齊藤」「齋藤」など字体が種々あるが、これは新旧字体の違い。「斉藤斎藤」さんは異字なのが唯一の救いでしょうか。
「斎藤」姓は東日本に多く、「斉藤」は西日本となぜか新潟県に多いといいます。また、北海道では東北と新潟からの移住者が多いため、全国で唯一「斉藤」と「斎藤」の両方が多い地域となっています。
「金子」「兼子」「恵美」「江美」「司」など、姓と名に共通する姓名は多いが、婚姻・養子縁組などで「兼子兼子」さんが現れても不思議ではないでしょう。
話は変わりますが、「一二三重夫」さんを電話帳でみつけましたが、「一二三　四五六」（ひふみ　しごろく）さんっていないでしょうか。

> **Column**　同姓同名同字　1人のGoethe　8人の鈴木健二

同姓同名同字の人物が、多くの分野で著作していたり、同一の人が異なった表記で活動している場合があり、混乱することが多いようだ。特に「鈴木」姓に顕著に遭遇する。例えば、球界で有名な「イチロー」は、選手だけでも15〜6人いるため、はっきりわかるようにと「イチロー」と改名したという。私の大学時代の級友に「吉田茂」というのがいた。当時の大臣と同姓同名同字なので良きにつけ悪しきにつけいつも話題にされた。「佐藤栄作」が首相になったとき、「佐藤栄作の会」ができて全国から25〜6人が首相官邸に集まり「大臣を囲んで発会式」を挙げたと当時の新聞は報じている。
平成4年に「1人のGoethe、8人の鈴木健二…名前をめぐる図書館の仕事」という第24回常設展示が国立国会図書館で開かれた。文献に見る名前の表記を展示したもの。外国人の表記特に「Goethe」は、日本語にない発音をカナ表記するため、時代によって微妙に異なっている。古い時代から列挙すると「グーテ」(1877)「ギョテ」(1892)「ゴェテー」(1893)「ゲョーテー」(1897)「ゲョエテ」(1935)「ギョオテ」(1948)「ゲエテ」(1956)「ゲーテ」(1955)となり、「ゲーテ」という表記が定着してから57年ほどしか経っていないことがわかる。
「鈴木健二」は著作で見るかぎりでも8人の同姓同名が確認される。これに異字を加えると耳から入る「すずきけんじ」は数え切れないほどいるのではないか。図書館の仕事でこれを区別するためには「鈴木健二　1924」のように「生年」を付記している。展示会では以下の8人の著作が展示されていた。（生年順）

「鈴木健二」東京芝浦電気勤務　　　　　「鈴木健二　1922」千葉大助教授・理博
「鈴木健二　1924」酪農学園大助教授　　「鈴木健二　1929」NHKアナウンサー
「鈴木健二　1929」九州芸術工科大教授　「鈴木健二　1942」毎日新聞社記者
「鈴木健二　1941」翻訳家　　　　　　　「鈴木健二　1957」小学校教諭
（肩書きは調査時点のもの）
因みに私（北川）の同姓同名は、立教大助教授、会社経営者（北海道）、社協職員、弁護士など20人ほどがパソコンで確認された。

1－11　一字一音の姓と長い姓

（1）一字一音の姓（鹿児島県西南諸島に多い）

井	い	井　いつよ	い	いつよ	（著者）熊本県阿蘇地方
		井　文男	い	ふみお	（鹿児島・徳之島）
		井　二三次	い	ふみつぐ	（千葉）井は西南諸島では「わかし」と読む
		井　莞爾	い	かんじ	（千葉）
紀	き	紀　俊嗣	きい	としつぐ	（神宮神司）
		紀　俊輔	きい	しゅんすけ ＊	（阪南大教授）
		※発音しにくいため「きい」となった			
胡	こ	胡　暁子	こ	あきこ ＊	（著者）
加	か	加　一郎	か	いちろう	（鹿児島・徳之島）
瀬	せ	瀬　照男	せ	てるお	（兵庫・淡路島）
野	の	野　忠明	の	ただあき	（富山・奈良）
何	が	何　礼之	が	れいし ＊	（貴族院議員）（長崎）
		何　初彦	が	はつひこ ＊	（東大名誉教授）
喜	き	喜　隆広	き	たかひろ	（鹿児島・徳之島）
伊	い	伊　千代子	い	ちよこ	（鹿児島・徳之島）
与	よ	与　政次郎	よ	せいじろう	（鹿児島・屋久島）
鵜	う	鵜　謹一	う	きんいち	（千葉・佐倉）
		鵜　宏	う	ひろし	（富山・射水市）
津	つ	津　和友	つ	かずとも	（富山・射水市）
区	く	区　祥景	く	しょうけい	（東京・世田谷区）
那	な	那　芳郎	な	よしろう	（東京・大田区）
場	ば	場　政治郎	ば	せいじろう	（京都市）
戸	と	戸　清一	と	せいいち	（名古屋市）
費	ひ	費　露	ひ	つゆ	（千葉・大網）
田	た	田　和夫	た	かずお	（富山・高岡市）
余	よ	余　貴美子	よ	きみこ	（女優）

（その他の姓）
- 記　き（鹿児島・奄美大島）
- 湯　ゆ（東京・函館）
- 史　し（千葉市）
- 尾　お（長崎・佐世保市）
- 古　こ（東京・杉並区）
- 都　と（名古屋市・大阪市）

（2）長い姓

勘解由小路	かでのこうじ	勘解由小路　資承（かでのこうじ　すけつぐ）貴族院議員　＊
武者小路	むしゃのこうじ	武者小路　実篤（むしゃのこうじ　さねあつ）作家　＊
左衛門三郎	さえもんさぶろう	左衛門三郎　八重（さえもんさぶろう　やえ）（さいたま市）
東坊城	ひがしぼうじょう	東坊城　徳長（ひがしぼうじょう　とくなが）歌人　＊
		東坊城　恭長（ひがしぼうじょう　やすなが）映画監督・俳優　＊
東四柳	ひがしよつやなぎ	東四柳　史明（ひがしよつやなぎ　ふみあき）石川県立図書館主任　＊
源五郎丸	げんごろうまる	源五郎丸　洋（げんごろうまる　ひろし）プロ野球選手　＊

第 2 部　人名・地名編

　（その他）
　　南坊城　　みなみぼうじょう
　　東三条　　ひがしさんじょう
　　東上別府　とうじょうべっぷ
（3）長い名
　　沢井・麿女鬼久寿老八重千代子　　さわい・まろめきくすろやえちよこ
　（朝日新聞「天声人語」2003.2.6 より）

（＊）＊印を除き典拠は電話帳のため、名の読みは一般読み。

1－12　人名の読みの決め方

（1）調べる方法のある人名を的確に判断して、効率的に調査することです。そのためには、常にどのような分野の人名辞典類があるかを、図書館・書店・新聞などでチェックする努力を怠らないことです。
（2）無名の人名の読みの決め方とその処理
　例えば福祉の本などにでてくる小学生の名前、新聞にでてくる市井の人名などは、ルビがないかぎり読みは不明です。「東」は（あずま、とう）があり、特定することはできません。
　このようなときの読みの決め方には次のような方法が考えられます。
　①一般的な読みと思われる読みで読む。
　　「一般的な読みと思われる読み」の判断は、『苗字 8 万よみかた辞典』（日外アソシエーツ）を参考にして下さい。
　②一般的な読みと思われる読みで読み、字の説明をする。
　③「録音図書凡例」「点訳図書凡例」でどのような方法で処理したかをコメントする。ただし、この例の場合は、字の説明は不要でしょうから、①の方法で十分でしょう。
　　要は、辞典類には採録されていない無名の人名の調査に、無駄な時間をかけないことです。

1－13　人名の参考図書

（1）一般人名
　『**日本姓氏大辞典**』3 巻　1985　（角川書店）
　　『日本の苗字』改訂増補版　表音編　表記編　解説編をもとに改題したもの。約 13 万件を収録
　『**日本苗字大辞典**』3 巻　1997　（芳文社）
　　現在の苗字を収録している辞典としては最大のもの。約 290,000 の姓が収録されているが、JIS 規格にもない字が約 13,000 に及んでいる。編者の丹羽基二さんによると調査に 50 年余、85％が地名に因むという
　『**コンサイス日本人名事典**』第 5 版　2009　（三省堂）
　　『コンサイス人名事典日本編』の改題改訂版　近・現代を中心に増補　作中人物・架空・伝承上の人名も含め、約 15,000 名を収録。付録に「7 世紀後半の官職表」「中世姓氏要覧（略系図）」「近代の外国人」総項目画引　漢字索引
　『**人名よみかた辞典　姓の部　新訂第 3 版**』 2004　（日外アソシエーツ）
　　幾通りにも読める姓、難読の姓を徹底採録、その読み方を実在の人物例で採録。姓 10,401 種、人物 27,104 人を収録。部首や総画数でも、音訓読みでも引ける。人物例には、職業・著作等を記載
　『**人名よみかた辞典　名の部　新訂第 3 版**』 2004　（日外アソシエーツ）
　　幾通りにも読める名、難読の名を徹底採録、その読み方を実在の人物例で採録。名 8,856 種、人物 30,969 人を収録。部首や総画数でも、音訓読みでも引ける。人物例には、職業・著作等を記載

第1章　人名

『名前10万よみかた辞典』　2002　（日外アソシエーツ）
　古代～現代の日本人の名106,000種とその読み137,000種を収録。実名だけでなく、筆名、雅号、芸名なども収録。先頭漢字から引ける表記編と、読みから引ける表音編で構成
『苗字8万よみかた辞典』　1998　（日外アソシエーツ）
　日本全国から収集した日本人の苗字84,000種と、読み方130,000種を収録。先頭漢字で引ける表記編と、耳で聞いた音から漢字がわかる表音編で構成。「音訓読みガイド」「総画順ガイド」付き

（2）歴史人名
『角川日本姓氏歴史人物大辞典』　1989～98　（角川書店）
　既刊13県1市（岩手・宮城・群馬・神奈川・富山・石川・静岡・山梨・長野・愛知・京都市・山口・鹿児島・沖縄）その他の県は刊行中止
『日本史人名よみかた辞典』　1999　（日外アソシエーツ）
　神代・上代から幕末までに至る日本人名の読み方辞典。古文書などに記録された人名を対象に、神名、架空・伝承名、一部の外国人を含む68,000件を収録。人物の同定識別に役立つ時代や身分なども掲載。親字音訓ガイド付き。「歴史人名よみかた辞典」（1989）の改訂版
『朝日日本歴史人物事典』　1994　（朝日新聞社）
　歴史上重要な神話・伝承・民話などの登場人物・実在のモデルが考えられる文学・芸能作品の人物・日本で活躍した外国人も含め、約11,300名を収録。人名索引（名引き項目・送り項目・異称項目も含む）、人名漢字画引き索引、欧文人名索引、事項索引付
『平安時代史事典』　全3巻　1994　（角川書店）
　古代学協会古代学研究所編　本編上・下　資料・索引編
　藤原定子（さだこ）、彰子（あきこ）俊成（としなり）定家（さだいえ）など、人名に訓読みを採用、音読みは僧侶だけとなっていて、反響を呼んでいる。CD-ROM版有（＊）
『新訂増補　名前から引く人名辞典』　2002　（日外アソシエーツ）
　名前（忌名・通称・筆名・雅号なども含む）だけを手掛かりに、姓名・生没年・身分・肩書・職業などが調べられる。公家・武将・僧侶・文人・芸術家など、古代から近代まで日本史上の70,000人を収録
『国書人名辞典』全5巻　1993～99　（岩波書店）
　「国書総目録」全8巻に収められた著編者のうち、伝記の判明するもの全て約30,000名を収録。生没・名号・家系・経歴および主要参考文献を掲載。古代より幕末までの人名の集大成。第5巻に補遺・索引

（＊）「歴史や国文学などそれぞれの研究者の立場や考えで人名の読み方が異なるのが学会の現状。一般的には音読みが多いが、史学関係では訓読みを使う人も多い。」（「訓読みが正解？」読売新聞　1994.5.13）

（3）近・現代の人名
　文化人名録、紳士録、執筆者名など
『国立国会図書館著者名典拠録（明治以降日本人名）』第2版　全6分冊　1991　（紀伊國屋書店）
　第1～5分冊　ア～Z　カタカナ表記五十音順　第6分冊　漢字索引画数順採録件数　211,637件
　昭和23年～平成3年3月末日まで収録
『文化人名録』（別書名・著作権台帳）第26版　2001　（日本著作権協議会）
　別冊「索引・資料」総画索引・人名索引他、本版で刊行終了
『日本書籍総目録　2004』　2冊＋CD-ROM　2004　（日本書籍出版協会）
　付属資料：CD-ROM 1枚　年刊
『現代日本執筆者大事典　第4期』　2003　（日外アソシエーツ）
　紀田順一郎・井上如・勝又弘・末吉哲郎編　「文献が語る人物事典」第4期。1992-2002年に発表された文献130万件を調査し、現代を代表する執筆者1万人を選定。職業・肩書・専門分野・連絡先など

第2部 人名・地名編

の人物紹介とともに、代表的な著作一覧を収載。本人への問い合わせによる、最新・正確な情報を採録。「索引CD-ROM」付き

『新訂増補　日本著者名・人名典拠録』　4分冊　2002　（日外アソシエーツ）

人名の正確な読みの調査に、人物確認に、同名異人の識別に欠かせない典拠。収録55.4万人。昭和以降平成13年までの間に刊行された図書の著者および明治以降の各界著名人や2002年現在活躍中の人物を収録。生没年、職業、著書など人物の識別に必要なデータを収載。画数順索引付き

『日本現代文学大事典』　2分冊　1994　（明治書院）

明治・大正・昭和の近・現代日本文学の作品・作家について引ける。作品3,394点、作家2,384人他

Column 「日本紳士録」 80版で休刊（交詢社）

明治22年、日本最初の人名録として初版を出し、2002年80版を数えて休刊した。休刊になった理由は、個人情報保護法の施行によって、掲載を辞退する人が続出したことにより、その使命を終了したと判断したことによる。

これまでは、2年ごとに改訂。活躍中の実業界・政界・官界・教育界・芸術界の人を収録してきた。巻頭に「姓氏検索の手引き」（難読・音違い・複数読み）現代かなづかい・50音順・姓名すべてにふりがなが付いていた。

（4）分野別の人名

多くの分野別・種類別辞典がありますが、ここではその一部を例示します。

『新訂増補　歌舞伎人名事典』　2002　（日外アソシエーツ）

野島寿三郎編　出雲のお国から現代までの役者、作者、座本、評論家など歌舞伎関係者4,000人を収録した人名事典。「収録人名一覧」「系図」「歌舞伎関連年表」ほか

『プロ野球人名事典　2003』　2003　（日外アソシエーツ）

森岡浩編著　日本プロ野球発足から2003年のルーキーまで、選手監督6,409人を収録。出身地、出身校、所属球団、ポジション、獲得タイトル、通算成績や経歴などを収録。「生涯記録上位者一覧」「タイトル獲得者一覧」「出身高校別選手一覧」「出身大学別選手一覧」付き

『スポーツ人名事典　新訂第3版』　2002　（日外アソシエーツ）

現役のスポーツ選手を中心に1995年以降活躍した選手・監督コーチ・評論家・キャスターなどスポーツ関係者・日本で活躍する在日外国人も含め、5,885人収録。姓名の音順配列

『テレビ・タレント人名事典　第6版』　2004　（日外アソシエーツ）

テレビ、ラジオ、映画、演劇、演芸、歌舞伎、音楽などの分野で活躍中の人物8,500人の情報を掲載。アナウンサーや文化人も収録。プロフィール、作品名、所属事務所、公式ホームページ。「グループ名・別名ガイド」付き

『デザイナー人名事典』　1996　（日外アソシエーツ）

服飾、グラフィック、工業、建築、インテリア、照明、宝石、ゲーム、装丁など様々なデザインの世界で活躍するデザイナー3,623人を収録

『日本のイラストレーター1000人　2001』　2000　（（株）アートバンク）

『戒名・法名・神名・洗礼名大事典』　1981　（鎌倉新書）

総論、戒名・法名の歴史、仏教と戒名・法名、神道と神名、諸教の霊号、キリスト教の洗礼名、イスラム教の信者名、菩提寺と戒名・法名、戒名・法名の実例と解説（約1,400名）、人名索引

『禅宗院号・道号・戒名字典』　1989　（図書刊行会）

戒名などに使われる文字の読み。呉音が多い

『医学研究者名簿』　年刊　（医学書院）

第1章　人名

(5) 架空人名
　『架空人名辞典　日本編』 1989（教育社）
　　日本文学・芸能作品に登場する人物約330作品から1,800名を収録。音順配列・作品別索引（難読音順一覧）
　『日本のミステリー小説登場人物索引』 3巻　2003　（DBジャパン）
　　単行本編（上・下）アンソロジー編
　『歴史・時代小説登場人物索引』 2000 〜 10　（DBジャパン）
　　単行本編　アンソロジー編
　『古典文学作中人物事典』 1990　（学灯社）　古事記から近世文学までを収録
　『日本文学作品人名辞典』 1956　（河出書房）

(6) 外国人名
　『岩波西洋人名辞典』増補版　1995　（岩波書店）
　　原綴索引、漢字名所有者の漢字名索引、巻末欧文索引から本文のカナ表記が引ける
　『岩波＝ケンブリッジ世界人名辞典』 1997　（岩波書店）
　　ミドルネームを含めたすべての名を片仮名で表記。爵位・別名・通称なども収録。収録人名15,000名
　『世界人名辞典　新版』3巻　1990 〜 94　西洋編・東洋編・日本編（東京堂出版）
　　西洋編　カナ見出しの五十音順排列、人名原綴索引
　　東洋編　日本語読みが原則。ひらがな見出し、漢字、ローマ字綴りの順
　『新訂増補　西洋人著者名レファレンス事典』 2009　（日外アソシエーツ）
　　明治〜 2007年に刊行された翻訳書の原著者13万人（アルファベット表記のある外国人）の原綴と、すべてのカナ表記（延べ17万件）およびそれぞれのカナ表記が使われている最新の図書を明示した著者名事典。索引巻により、異なるカナ表記から原綴を引ける。3分冊
　『カタカナから引く外国人名綴り方字典』 2002　（日外アソシエーツ）
　　外国人の姓や名のカタカナ表記から、アルファベット表記を確認できる字典。古今の実在する外国人名に基づきカタカナ表記110,000件、アルファベット表記137,000件を収録

（注）中国・朝鮮の人名については、『第6部　中国・朝鮮の人名・地名編』を参照。

第2章　地名

2−1　地名とは

　地名とは、辞典によると「土地の名称」と定義されています。
　『地名とはそもそも何であるかと言うと、要するに二人以上の人間の間に共同に使用せらるゞ符号である』（柳田國男「地名の研究」）

2−2　地名はどのくらいあるか

　地名は文明の発達と共にその種類が多くなっています。どの位の数があるかこれを数えた人は恐らくいないでしょう。したがって一つの辞典ですべてを網羅した辞典は存在しません。大地名（地域名）から小地名（停留場名等）まで、音訳・点訳の世界にはあらゆる地名が登場する上、人名同様、難読地名が数限りなく頻出します。正確を期するためには、それぞれ目的にあった地名辞典類にあたることが必要です。地名は自分の住んでいるところ以外は読めなくてあたりまえの世界です。調べまくりましょう。現在の日本の地名を例にとると、凡そ1,000万以上の地名が存在するといわれ、これに現存しない歴史地名を加えると、倍の2,000

第2部　人名・地名編

万以上の地名があると考えられています（『角川日本地名大事典』各都道府県別（北海道・京都府は2分冊）49巻に収録の地名の概数による）。

　また、地名は新しく生まれたり、廃止されたり、合併されて合成地名が生じたり、常に流動しているものです。

2－3　地名の種類

　地名は、その成立、大小、種類、時代等により、およそ次のように分類されます。
　①行政地名…国、州、県、郡、市、区、町、村
　②集落地名…都市、農村、山村、繁華街、団地
　③交通地名…道路、航路、鉄道、橋、トンネル、駅、茶屋、分岐点
　④産業地名…工業地名、農村漁村地帯、油田、鉱山
　⑤観光地名…名勝地、国立公園、国定公園、県立公園、自然公園、行楽地、遊歩道、ハイキングコース
　⑥自然地名…山、川、湖沼、島嶼、平野、半島、海洋、砂漠
　⑦歴史地名…遺跡、古墳、貝塚、古戦場、城郭
　⑧建物地名…神社、仏閣、遺産
　⑨停留所名…バス停名（交通地名のひとつ）
　⑩その他…分割地名、合併地名、合成地名、偽ブランド地名、架空地名

2－4　同字異読の地名

　同じ字を書いても読みが地域によって異なるものが多いのは、人名の場合と同様です。したがって必ず調べることが必要です。
　＊特記なきかぎり「町」「川」のつく地名は除く

神戸	こうべ（兵庫）
	ごうど（岐阜・静岡・神奈川・群馬・埼玉・山梨・愛知・長野）
	かんど（静岡）
	じんご（岡山）
	かんべ（三重・愛知）
	かのと（東京）
三田	みた（東京・福井・長野・三重・滋賀・和歌山・鳥取・広島）
	さんだ（千葉・神奈川・新潟・富山）
	さんでん（岡山）
大島	おおしま（秋田・群馬・千葉・京都・山口・愛媛・高知・熊本・東京・鹿児島・神奈川）
	おおじま（東京・岡山・富山・静岡・新潟）
	おしま（石川）
小島	おしま（兵庫）
	おじま（茨城・富山・長野）
	こしま（高知・鹿児島）
	こじま（新潟・長野・静岡）
新宿	あらじゅく（山形・栃木・埼玉）
	しんしく（埼玉）
	しんしゅく（静岡）
	しんじゅく（埼玉・千葉・富山・東京）
	にいじゅく（千葉）
城下	しろした（宮城・茨城・静岡・埼玉）

第 2 章　地名

	じょうか（大分）
	じょうした（まち）（熊本）
	ねごや（千葉）
女川	おながわ（宮城・富山）
	おんながわ（秋田・岩手・宮城・新潟）
山下	さんか（富山）
	さんげ（宮城・岡山（2ケ所））
	やました（神奈川・大分・鹿児島）
	やまのした（青森）
町田	ちょうだ（岐阜・京都・兵庫）
	まちだ（青森・福島・埼玉・千葉・東京）
新田原	しんでんはら（福島）
	にゅうたばる（＊1）（宮崎）
九十九島	つくもじま（長崎）
九十九島免	くじゅうくしまめん（長崎）
木下	きおろし（千葉）
	きくだし（愛知）
	きじた（秋田）
	きのした（富山・福岡）
	こじた（がわ）（栃木）
	このした（ちょう）（三重）
向島	むこうじま（東京・和歌山・山口）
	むかいじま（京都・岐阜・福岡）
	むかいしま（広島）
	むこうしま（山口）
	むくしま（佐賀）
馬場	ばば（福島・千葉・新潟・京都・大阪・和歌山・鳥取・福岡・大分）
	ばんば（埼玉・富山・石川・山梨）
	うまば（福島・兵庫）
	ばばん（ちょう）（静岡）
上馬場	かみばっぱ（長野）
入谷	いりたに（富山）
	いりたん（富山）
	いりや（宮城）
	にゅうだに（奈良）
金立	きんりゅう（＊2）（佐賀）
	かなたて（佐賀）
鶴舞	つるまい（名古屋・駅名）
	つるま（名古屋・公園・学校名）
十島村	としまむら（＊3）（鹿児島）
	じゅっとうそん（鹿児島）
安食	あじき（岐阜・茨城・千葉）
	あんじき（茨城）
日本橋	にほんばし（東京）
	にっぽんばし（大阪）

第2部　人名・地名編

観音寺	かんおんじ（滋賀・京都・兵庫・岡山・香川（市））
	かんのんじ（山形・新潟・滋賀・京都・兵庫・鳥取）
	かんのんじ（がわ）（福島・愛知・兵庫（円山川水系・観音寺川水系）・宮崎）
	かんのんじ（ちょう）（三重・京都・大阪・奈良）
上野	うわの（青森・秋田・新潟・富山・石川・福井・長野）
	かみの（岐阜・静岡・愛知・鳥取・宮崎）
	わの（宮城・山形）
	うえの（東京・埼玉・千葉他多数あり）
	こうずけ（ちょう）（奈良）
	こうずけ（まち）（熊本）
北大東島	きただいとうじま（きたおおあがりじま）（＊4）（沖縄）
光岳	ひかりだけ（てかりだけ）（＊5）（静岡・長野）

（＊1）ただし日豊本線の駅名は「しんでんばる」
（＊2）金立山（きんりゅうさん）金立県立自然公園（きんりゅうけんりつしぜんこうえん）金立神社（きんりゅうじんじゃ）金立町（きんりゅうまち）金立村（かなたてむら）金立（大字）（かなたて）
（＊3）鹿児島県トカラ列島の村。「としま」が正式名。
（＊4）沖縄の方言では「東」を「あがり」という。
（＊5）「てかり」は方言。

2－5　同読異字の地名

　読みは同じでも字が異なる地名も多数あります。音訳にあたって問題は生じませんが、区別する必要のある場合は字の説明がいるでしょう。同じ地域に同読異字の地名がある場合もあります。

とどろき	轟（宮城・秋田・兵庫・徳島・長崎・熊本）
	轟木（岩手）
	驫木（青森）
	二十六木（秋田）
	廿六木（山形）
	動木（和歌山）
	等々力（神奈川・山梨）
とどろく	轟（栃木・群馬）
あまるべ	余戸（福島・秋田・宮城・山形）
	余部（福島・山形）
せんぞく	千束（東京都大田区）
	洗足（東京都大田区）
つくも	津久毛（宮城）
	津久茂（広島）
	九十九（川）（群馬・埼玉）
	九十九（島）（長崎）
	九十九（湾）（石川）

2−6　助詞の入る地名・入らぬ地名

（1）『ノ』を書かないで『ノ』を読む地名
　　三戸　さんのへ　　石巻　いしのまき
　　九戸　くのへ　　　一関　いちのせき（JR駅名は「一ノ関」と表記）
（2）『ノ』『ガ』（が）『ケ』『ツ』が入る地名
　　丸ノ内　まるのうち　　御茶ノ水　おちゃのみず
　　一ッ橋　ひとつばし　　旭ケ丘　あさひがおか
　　鏡ケ池　かがみがいけ（「ケ」は「ガ」と読む）
（3）同じ地名で『ツ』『が』『ケ』などが入る地名と入らぬ地名
　　四谷　よつや（地名）
　　四ツ谷　よつや（JR駅名・地下鉄駅名）
　　霞関　かすみがせき（過去の表記）
　　霞ケ関　かすみがせき（地下鉄駅名・郵便局名＝霞ケ関郵便局）
　　霞が関　かすみがせき（地名・郵便局名＝霞が関ビル内郵便局）
　　下関　しものせき（山口県）
　　下関　しもせき（新潟県）
（4）**濁音か清音か**
　　溝口　みぞのぐち（熊本県球磨郡）
　　溝口　みぞのくち（川崎市高津区）
　　溝ノ口　みぞのくち（JR南武線）
　　溝の口　みぞのくち（田園都市線）
　　江古田　えこだ（西武池袋線）
　　新江古田　しんえごた（都営地下鉄大江戸線）本来の地名は「えごた」
　　八柱　やばしら（京成線の駅名）
　　新八柱　しんやはしら（JR武蔵野線の駅名）

2−7　時代によって変わる読み・表記

　同じ表記の地名でも、時代によって読みが変わる場合があります。
相染　そうぜん　　→　あいそめ（秋田）
月寒　つきさっぷ　→　つきさむ（北海道・札幌）　政令指定都市移行後に「つきさむ」となった。
小坂　おさか　　　→　大坂　→　大阪　「小坂」（室町時代）「大坂」（江戸時代）「大阪」（明治以降）
箱館　はこだて　　→　函館（北海道）

第2部　人名・地名編

> **Column**　全国難読町村サミット
>
> 読みにくい名前を持つ全国の町と村の首長が集まり、共通の課題や地域振興策などを話し合う「全国難読町村サミット」は第1回（1999年）が、島根県温泉津（ゆのつ）で開かれた。以後奈良県榛原町（はいばらちょう）、山口県きらら博覧会場由宇町（ゆうちょう）、長崎県東彼杵町（ひがしそのきちょう）と続き、2003年には新潟県聖籠町（せいろうまち）で開かれた。参加自治体は初回15県29町村だったが、年々増えている。地名は読み方の難しいものが多い。そんな弱点をデメリットからメリットに変えようとの発想で生まれた。
> 読めない地名で知名度アップを！！こんな町村名、読めますか？
>
> 1　聖籠（新潟）　2　鋸沢（山梨）　3　泰阜（長野）　4　足助（愛知）　5　八鹿（兵庫）　6　出石（兵庫）
> 7　榛原（奈良）　8　中辺路（和歌山）　9　上富田（和歌山）　10　南部（和歌山）　11　海士（島根）
> 12　都万（島根）　13　八束（島根）　14　木次（島根）　15　宍道（島根）　16　邑智（島根）
> 17　温泉津（島根）　18　日生（岡山）　19　御調（広島）　20　戸河内（広島）　21　吉舎（広島）
> 22　由宇（山口）　23　阿知須（山口）　24　久賀（山口）　25　頴田（福岡）　26　東彼杵（長崎）
> 27　日出（大分）　28　米水津（大分）　29　西米良（宮崎）（読みは103頁）

2-8　難読地名

　人名同様に地名にも特殊な読み、難読地名が数多くあります。しかし、ある一定の法則らしきものが、調べているうちに分かってくるものもあります。

(1) 音韻変化などによるもの
　①北海道の地名
　　サトホロ→サッポロ　ツキサップ→ツキサム
　　アイヌ語起源の地名に漢字の訓をあてたもの
　②その字の一般的な読みに同化
　　（初島）はしま→はつしま（初島）熱海
　③「ん」の字を発音しない
　　阿連　あれ（長崎）、六連　むつれ（愛知）、宇連川　うれがわ（愛知）、宇連野　うれの（愛知）、
　　久連　くれ（鳥取）、久連子　くれこ（熊本）、佐連　され（徳島）、沢連　され（富山）、仁連　にれ（茨城）
　④「ん」を挿入する
　　熊堂　くまんどう（福井）、伴堂　ともんどう（奈良）
　⑤後の字に影響され発音が変わった、または長いものを縮めたもの
　　垣内　かいと（三重・和歌山）、寒水川　そうずがわ（大分）

(2) 特有な読み方をするため、難読となったもの
　①谷
　　谷→たん
　　　読谷村　よみたんそん（沖縄）、谷田峠　たんだだわ（鳥取）、谷茶　たんちゃ（沖縄）、
　　　谷戸　たんど（島根）、北谷　ちゃたん（沖縄）、谷崎　たんざき（鹿児島）
　　谷→や
　　　谷浅見　やあざみ（栃木）、谷ケ　やが（神奈川）、谷川　やかわ（栃木）、伊谷　いや（長野）、
　　　谷貝　やかい（茨城）
　　谷→やつ
　　　堂谷　どうやつ（千葉）、長谷　ながやつ（埼玉）、大谷　おおやつ（千葉）、
　　　西の谷　にしのやつ（千葉）、小谷　おやつ（熊本）、川谷　かわやつ（千葉）

谷→たに
　　谷合　たにあい（岐阜）、初生谷　ういたに（和歌山）
　谷→さく
　　谷三倉　さくみくら（千葉）
　谷→た
　　谷上山　たがみさん（愛媛）
　谷→たり
　　小谷温泉　おたりおんせん（長野）
②城
　城→ぐしく
　　小城　こぐしく（沖縄）
　城→ぐすく
　　城　ぐすく（鹿児島）、宇江城　うえぐすく（沖縄）、城久　ぐすく（鹿児島）、
　　大城　おおぐすく（沖縄）、城の鼻　ぐすくのはな（鹿児島）、金城　かなぐすく（沖縄）、
　　城辺　ぐすくべ（沖縄）、与那城　よなぐすく（沖縄）、城間　ぐすくま（沖縄）
③原→ばる
　　飯原　いいばる（福岡）、境原　さかいばる（佐賀）、久井原　ひさいばる（熊本）、
　　田原坂　たばるざか（熊本）、屋宜原　やぎばる（沖縄）
　原→わら
　　石原　いしわら（岐阜・山口・京都他）
④東→あがり
　　東崎　あがりざき（沖縄）、東平安名崎　あがりへんなざき（沖縄）
⑤調→つか　つき
　　調月　つかつき（和歌山）、調殿　つきどの（宮崎）、調川川　つきのかわがわ（長崎）、
　　調川町　つきのかわちょう（長崎）
⑥前→さき
　　飯前　いいさき（茨城）、玉前　たまさき（千葉）、弘前　ひろさき（青森）、鴨前　かもさき（岡山）、
　　神前　こうさき（大阪）、村前　むらさき（愛媛）
⑦周→す　しゅ
　　周防町　すおうちょう（京都）、周防灘　すおうなだ（山口）、周枳　すき（京都）、周佐　すさ（岡山）、
　　周匝　すさい（岡山）、周布　しゅふ（愛媛）
⑧愛→あ　あたい　あたえ　おめで
　　愛栄町　あさかちょう（島根）、愛川　あたいがわ（和歌山）、愛戸町　あたどちょう（茨城）、
　　愛田川　えだかわ（三重）、愛知川　えちかわ（滋賀）、愛岳山　おだけやま（福岡）、愛島　めでしま（宮城）
⑨膳→かしわ　ぜ
　　膳部町　かしわべちょう（京都）、膳夫町　かしわてちょう（奈良）、膳所町　ぜぜちょう（滋賀）
⑩頭→あたま　かしら　がしら　とう　ずこ　ず　ちゃん　かみ　（94頁「山の読み」参照）
⑪十六→うっぷるい
　　十六島町　うっぷるいまち（島根）、十六鼻　うっぷるいばな（島根）
⑫一口→いもあらい
　　一口　いもあらい（京都）（84頁コラム参照）

（3）字の持つ意味から想像できるもの（読み方を知ると納得）
①十八女町（徳島）、②雄（徳島）、③笑内（秋田）、④面白内（北海道）、⑤笑ノ口（秋田）、
⑥笑路（京都）、⑦十二月田（埼玉）、⑧脚折（埼玉）、⑨膝折（埼玉）、⑩肘折（山形）、⑪剰水（秋田）、
⑫女陰（埼玉）、⑬乳母子（愛知）（読みは105頁）

第 2 部　人名・地名編

（4）女性名のような地名
ここに挙げたものは、人名ではありません。全部地名です。

幸子	こうじ（福岡）	愛子	あやし（宮城）	恵子	えこ（福岡）
長江	ながえ（福岡）	丁子	ようろご（千葉）	美登里	みどり（熊本）
美野里	みのり（茨城）	浜子	はまのこ（富山）	清子	せいご（山梨）
鷲子	とりのこ（茨城）	恵子	えこ（福岡）	孝子	ちょうし（大阪）
乙子	おとご（茨城・岡山）	新子	あたらし（奈良・和歌山）	節子	せつこ（鹿児島）
美加登	みかど（北海道）	美保里	みほのさと（兵庫）	綾子	あやこ（富山）
恵美子	えびす（徳島）	竜子	りゅうこ（兵庫）	真加子	まかこ（岡山）
迫子	はざこ（三重）	膝子	ひざこ（埼玉）	橋子	はしこ（京都）
片子	かたこ（千葉）	二子	ふたこ（長崎）	達子	たつこ（秋田）
猪子	いのこ（山形・滋賀・鳥取）	舟子	ふなこ（茨城）	船子	ふなこ（神奈川）
鳥子	とりこ（熊本）	鶴子	つるこ（山形）	久連子	くれこ（熊本）
栗子	くりご（岡山）	須子	すじ（熊本）	木子	きご（京都）
白子	しらこ（埼玉・千葉）／しろこ（福島）	神子	みこ（福井）／こうし（鹿児島）	砂子	いさご（岩手）／すなご（愛知）
美和	びわ（北海道）／みわ（鳥取・大分）	米子	よなこ（長野）／こめこ（新潟）	稲子	いなこ（長野）／いねご（宮城）／いなご（埼玉）
直江	なおえ（岐阜・福岡）				

（5）女性の怪

女体川	にょたいがわ（愛媛）	女神	めかみ（静岡）	女瀬ノ鼻	めせのはな（長崎）
山女	あけび（富山）	化女沼	けしょうぬま（宮城）	女遊戸	おなっぺ（岩手）
女遊部	おなっぺ（岩手）	女場	おなば（福島）	女化	おなばけ（茨城）
女の湯	めのゆ（東京）	女連	うなつら（長崎）	女布	にょう（京都）
女米木	めめき（秋田）	女亀山	めんがめやま（島根）	女方	おざかた（茨城）
女子岬	めっこざき（愛媛）	女郎花	おみなえし（京都）	女郎清水	じょろうしみず（秋田）
女原	みょうばる（福岡）	女影	おなかげ（埼玉）	女池	めいけ（新潟）
女夫山	めおとやま（北海道）	女子町	めごまち（宮城）	男女倉	おめぐら（長野）
産女	うぶめ（静岡）	宿女	やどめ（石川）	産女川	うぶすめがわ（岩手）
八女	やめ（福岡）	女陰	おんなかげ（埼玉）	元女	がんにょ（石川）
三女子	さんよし（富山）	新女島	しんめじま（大分）	乳母子	うばこ（愛知）
女島	めしま（熊本）／めじま（大分）	女子畑	おなごはた（大分）／おなごばた（広島）		
女川	おながわ（宮城・富山）／おんながわ（秋田・岩手・新潟）				

Column　難読「五十」地名

五十浦	いかうら（新潟）		五十原	いかはら（新潟）
五十谷	いかだに（富山・福井）		五十谷町	ごじゅうたにまち（石川）
五十土	いかづち（秋田・新潟）		五十海	いかるみ（静岡）
	いかづちちょう（千葉）		五十子	いかご（静岡）
五十部調	よべちょう（栃木）		五十里	いかり（栃木・富山・石川）
五十石	ごじっこく　駅・（北海道）		五十石川	ごじっこくがわ（大分）
五十石町	ごじっこくまち（青森）		五十猛	いそたけ　駅・（島根）
	ごじっこくちょう（宮崎）			いそたけちょう（島根）
五十崎	いかざき　駅・（愛媛）		五十沢	いかさわ（新潟・山形）
五十島	いがしま　駅・（新潟）		五十辺	いからべ（富山）
五十市	いそいち　駅・（宮崎）		五十母川	いそぼがわ（新潟）
五十目山町	ごじゅうめやまちょう（山口）		五十公野	いじみの（新潟）
五十嵐一の町	いがらしいちのちょう（北海道）		五十畑	いかばた（栃木）
五十嵐	いがらし（青森）		五十川	ごじっかわ（福岡）
	いかなし（愛媛）			いらがわ（山形）
	（五十嵐地名は、他にも多い）			
五十鈴	いすず（三重）（五十鈴地名は各地に多い。五十鈴川は、新潟・長野・山形・宮崎にもある）			
五十人町	ごじゅうにんまち（岩手・宮崎）			

Column　被災の鳴き浜　無事　天然記念物に（宮城）

　東日本大震災による津波で被災した宮城県気仙沼市の離島・大島の鳴き砂（鳴り砂）海岸「十八鳴浜」(くぐなりはま)と唐桑町の「九九鳴き浜」(くくなきはま)。文化庁の職員が震災後調査した結果、砂が以前のように鳴いていることを確認。歩くと「キュッキュッ」と音が鳴る砂浜で有名な観光名所。
　①「十八鳴浜」（くぐなりはま）〒988－0602　宮城県気仙沼市大初平(おおはつだいら)（大島）
　②「九九鳴き浜」（くくなきはま）〒988－0927　宮城県気仙沼市唐桑町西舞根(からくわちょうにしもうね)
　ちなみに同じ宮城県の石巻市にある　③「十八成浜」（くぐなりはま）は、20数年前までは「鳴いて」いたが今は鳴かず、浜の名とともにその辺一帯の地名となっている。
〒986－2527　宮城県石巻市十八成浜

> **Column** 「地名」(じな) と「一口」(いもあらい)
>
> 「地名」…「静岡県榛名郡(はいばらぐん)川根本町(かわねほんちょう)地名(じな)」大井川沿いの地名。昔は「地名村」で、地名小学校、地名郵便局もある。大井川鉄道の「地名トンネル」もある。この地名、駅名の表記どおり「じな」と読む。「じな」とは「土地、所」を表わす古語。川名(川奈)、山名、浜名などいずれも川の所、山の所、浜の所の意。「地名」は「土地の所」となるが、川沿いの地形で集落ができる場所が限られている。そんな地形のなかで「土地のある所」という意味でついた名と考えられる(『ランドジャポニカ』より)。
>
> 「一口」…「いもあらい」と読む。京都府久世(くぜ)郡久御山(くみやま)町の京阪バス停に「一口北口(いもあらいきたぐち)」がある。東京の九段坂にも、かつて「一口坂」という地名があって「いもあらいざか」とよばれていた。なぜ「いもあらい」と読むかについては、諸説あるらしいが、一は芋を洗うときに使用する洗棒をあらわし、口は芋を洗う桶を意味するという珍解釈もある。そういえば東京の九段坂付近は昔、小川が流れていたかも知れない。
> 京都のバス停付近には、芋を洗えるような川があったのかな?

「光町」(ひかりまち)は新幹線誕生の町

JR中央線の国立駅の北側に広がる東京都国分寺市に「光町」という地名がある。この地名が新幹線ひかり号に由来することをご存知だろうか。新幹線開業2年後の1966年2月、当時としては世界最速の210キロを誇った「ひかり号」の発祥の地として光町と名付けられた。もともとこの地一帯は地域を開墾した人にちなみ(平兵衛新田)と呼ばれていた地域。戦後の人口急増により町から市となり住民アンケートなどにより「光町」と決まったという。旧国鉄の鉄道総合技術研究所があり、ここで東海道新幹線の開発研究が行われた由緒ある地。平成3年研究所は国分寺市に無償譲渡され、新幹線資料館として開放されている。

2－9 数の地名

人名同様に数の地名も数多くあります。共通する法則のようなものも存在します。

(1) 計算の地名

①掛算地名

百々 どど(京都)、百々川 どうどうがわ(愛知)、百百川 どどがわ(三重)、百々ケ池 どどがいけ(京都)、百百 どうどう(群馬)、百目鬼 どうめき(栃木)、百目木 どうめきがわ(栃木)、百目木 どうめき(宮城・千葉)、百々 どうどう(岡山・山梨)、百々川 どどがわ(宮城・長野・三重・滋賀・奈良)

②足し算地名

二十六木 とどろき(秋田)、廿六木 とどろき(山形)、廿里町 とどりまち(東京)、十八引 くくびき(宮城)、十八成浜 くぐなりはま(宮城)、十八鳴浜 くくなりはま(宮城)

(2) 戯訓数字地名

二女子町 ににょしちょう(名古屋)、十八女町 さかりちょう(徳島)、四女子町 しじょしちょう(名古屋)、十八才 じゅうはっさい(山形)、五女子町 ごじょしちょう(名古屋)

(3) 辻と十文字

「十文字」地名は東北地方に多い。「辻」は国字。

市川道十文字 いちかわどうじゅうもんじ(青森)、十文字町 じゅうもんじまち(秋田)、西五辻 にしいつつじ(京都)、十文字川 じゅうもんじがわ(岩手・千葉・新潟・兵庫)

第2章　地名

（4）「つづら」の地名
九折　つづらおり（石川）、十九淵　つづらふち（和歌山）、九尾　つづらお（奈良）
（参考）数の地名以外の「つづら」には、次のものがあります。
葛　つづら（愛知）、葛尾　つづらお（兵庫）、葛籠川　つづらがわ（島根）、黒桂　つづら（山梨）、葛籠　つづら（島根・高知）、葛篭　つづら（静岡）、綴町　つづらまち（福島）

（5）市日の地名
市が開かれる定期の市日（いちび）を表わす地名は全国的に各地に存在します。

一日市　していち（富山）、ひといち（岩手・新潟・兵庫・岡山）
一日市場　ひといちば（岐阜）、一日市町　ひといちまち（秋田）
朔日市　ついたち（愛媛）
朔日町　ついたちまち（青森）
二日町　ふつかまち（宮城・新潟・山形）
二日市川　ふつかいちがわ（石川）
二日町　にのまち（熊本）
三日市町　みっかいちちょう（三重・大阪・広島）、みっかいちまち（石川）
四日市市　よっかいちし（三重）
五日市町　いつかいちちょう（広島）、いつかいちまち（東京）
六日市町　むいかいちちょう（福井）
六日町　むいかまち（青森・岩手・山形・新潟）
六日市場　むいかいちば（静岡）
七日市　なのかいち（群馬・岡山）
七日町　なのかまち（宮城・山形・福島・新潟・静岡）
七日市場　なのかいちば（山梨）
八日市市　ようかいちし（滋賀）
八日市町　ようかいちちょう（滋賀）
八日市場市　ようかいちばし（千葉）　匝瑳市（そうさし）に合併
八日市町　ようかいちまち（石川）
八日町　ようかまち（青森・山形・福島・東京・富山・岐阜）、ようかちょう（岩手）
十日市　とうかいち（青森・新潟・岡山）
十日町　とおかまち（新潟）
十日市町　とうかいちちょう（大阪）、とうかいちまち（広島）
十日町市　とおかまちし（新潟）
廿日市町　はつかいちちょう（広島）
廿九日　ひずめ（石川）
晦日町　みそかまち（山形）
元日町　がんじつちょう（京都）

○青森県八戸市には、市日の町名が10もあります。
三日町（みっかまち）、六日町（むいかまち）、八日町（ようかまち）、十日町（とうかまち）、十一日町（じゅういちにちまち）、十三日町（じゅうさんにちまち）、十六日町（じゅうろくにちまち）、十八日町（じゅうはちにちまち）、廿三日町（にじゅうさんにちまち）、廿六日町（にじゅうろくにちまち）

（6）通番地名
通番地名とは、一、二、三と順番に地名がつけられているものを言います。
例（兵庫）一の宮、二の宮、三の宮…（各地に存在する）
千葉県には一から十三までの通番地名があります。
初富（はつとみ）、二和（ふたわ）、三咲（みさき）、豊四季（とよしき）、五香（ごこう）、六実（むつみ）、

第2部　人名・地名編

七栄（ななえ）、八街（やちまた）、九美上（くみあげ）、十倉（とくら）、十余一（とよいち）、十余二（とよふた）、十余三（とよみ）

（7）熟字訓、慣用読み

数に関する地名のなかには、一筋縄では読めない難読の地名が多い。

一己町　いっちゃんちょう（北海道）、一口　いもあらい（京都）、一日市町　ひといちまち（青森）、一宮　いっく（高知）、十三　じゅうそう（大阪）、じゅうさん（青森）、彦三　ひこそ（滋賀）、八月十日　やかどか（福島）、八手庭　はでにわ（宮城）、八街　やちまた（千葉）、十川　そがわ（新潟・香川）、十六島町　うっぷるいちょう（島根）、十六所　じゅうろくせん（岐阜）、十六町　そうちょう（愛知）、十八女町　さかりちょう（徳島）、十八鳴浜　くくなりはま（宮城）、四十八願　よいなら（栃木）、四阿山　あずまやさん（長野）、四十物町　あいものまち（新潟）、五十里　いかり（富山）、五十海　いかるみ（静岡）、七五三　しめ（岐阜）、七五三場　しめば（茨城）、廿九日　ひずめ（石川）、九十九島　つくもじま（長崎）、廿五里　ついへいじ（千葉）

Column　川の別称

坂東太郎（ばんどう　たろう）
　「坂東にある第一の川」の意で、利根川の異称。人物には関係なさそうだが、実際には京阪の歌舞伎俳優中村鶴助（4代）の別名や、現代人（人名辞典）にも実在する。

筑紫次郎（つくし　じろう）
　筑後川の別称。筑後三郎とも。

四国三郎（しこく　さぶろう）
　吉野川の異称。四国次郎とも。

（参考）山の名にも人名と思われる「野口五郎岳」「黒部五郎岳」（北アルプス）があるが、岩場のことを「ゴーロ」と呼ぶことから、「野口」は野の入口を意味する小地名。その西にある黒部五郎も同様人名とは特に関係ないようだ。歌手の野口五郎はこの山名からつけたもの。

（8）「四条」「七条」地名

京都を中心に条理制の歴史的な地名が各地に存在します。一条、二条、三条・・・の地名の読みのうち、四条「しじょう」七条「しちじょう」という読み方が古くからの読みであるが、「よんじょう」「ななじょう」と読む地名があるので調査することが必要となります。傾向としては、京都をはじめ、全国的に「しじょう」「しちじょう」が圧倒的に多く、北海道では「よんじょう」「よじょう」「ななじょう」と読む地名が70％ほどを占めています。

（四　条）しじょう
　四条町　しじょうまち（大阪）、四条町　しじょうちょう（奈良）、
　四条通　しじょうどおり（京都）、しじょうどおり（大阪）、四条畷市　しじょうなわてし（大阪）、
　十四条　じゅうしじょう（岐阜）、四条　しじょう（香川）

（四　条）よんじょう
　四条　よんじょう（北海道・恵庭）、四条西　よじょうにし（北海道・旭川市）、
　四条通　よんじょうどうり（北海道・旭川市）、四条東　よんじょうひがし（北海道・岩見沢市）

（七　条）しちじょう
　七条町　しちじょうまち（熊本）

（七　条）ななじょう
　七条　ななじょう（北海道・旭川市・帯広市・砂川市・恵庭市・深川市）、
　七条西　ななじょうにし（北海道・旭川市・岩見沢市）

（9）戸数地名（集落地名）

　人間が住み、家が建ち地名が生まれます。これを戸数地名と呼んでいます。一軒から地名が始まってゆきます（旧地名を含む）。

　（一軒）　一軒立切　いっけんたてきり（愛知）、一ツ家　ひとつや（三重）、壱ツ屋　ひとつや（石川）
　（二軒）　二軒在家　にけんざいけ（福島・群馬・埼玉）、弐軒町　にけんちょう（秋田）、
　　　　　二軒茶屋　にけんぢゃや（宮城）、両家　りょうけ（大分）
　（三軒）　三軒茶屋　さんげんぢゃや（東京）、三軒家　さんげんや（千葉・大阪）、
　　　　　三軒屋　さんげんや（北海道・神奈川・京都・鳥取・徳島）、三軒家　さんけんや（青森）、
　　　　　三棟町　みつむねちょう（奈良）、三棟　みむね（秋田）、三人谷地　さんにんやち（山形）
　（四軒）　四軒家　しけんけ（兵庫）、四軒在家　しけんざいけ（埼玉・群馬）、
　　　　　四軒町　しけんちょう（栃木・京都・大阪・熊本）、四軒町　しけんまち（北海道）、
　　　　　四軒新田　しけんしんでん（千葉）、四ツ家町　よつやちょう（愛知）、
　　　　　四軒屋　しけんや（大分）、四軒家　しけんや（愛知）、四軒丁　しけんちょう（福島）
　（五軒）　五軒町　ごけんちょう（茨城・栃木・群馬・東京・新潟・石川・福井・長野・三重・京都・
　　　　　兵庫・奈良）、五軒小屋　ごけんごや（愛知）
　（六軒）　六軒町　ろっけんちょう（栃木・埼玉・東京・福井・愛知・京都・大阪・兵庫・奈良・岡山）
　（七軒）　七軒町　しちけんちょう（北海道・秋田・山形・茨城・栃木・東京・神奈川・新潟・福井・
　　　　　長野・静岡・愛知・滋賀・京都・奈良・岡山・熊本）
　（八軒）　八軒町　はちけんちょう（愛知・京都・群馬・東京・新潟・福井・長野・静岡・兵庫・滋賀）、
　　　　　八軒町　はちけんまち（奈良・山形・岐阜・福岡）、八ツ家　やえ（福岡）
　（九軒）　九軒ノ丁　くけのちょう（和歌山）、
　　　　　九軒町　くけんちょう（福島・東京・滋賀・大阪・広島）、きゅうけんちょう（京都）
　（十軒）　十家　といえ（徳島）、じゅうけ（茨城）、十軒裏　じゅっけんうら（愛知）、
　　　　　十軒町　じっけんちょう（岐阜・静岡・愛知）
　（十一軒）　十一屋町　じゅういちやちょう（愛知）、じゅういちやまち（石川）
　（十九軒）　十九軒屋　じゅうくけんや（広島）
　（二十軒）　廿軒屋　にじゅうけんや（愛知）
　（二十一軒）　廿一軒屋　にじゅういっけんちょう（京都）
　（百軒）　百戸町　ひゃっこちょう（北海道）、百家　ひゃっけ（茨城）
　（合併地名）三四軒屋　さんしけんや（兵庫・静岡）

第2部　人名・地名編

2-10　「小路」「大路」の読み

(1) **小路　しょうじ　こうじ**

しょうじ（西日本に多い）	こうじ（広く全国的に分布）
小路　しょうじ（大阪・徳島）	小路　こうじ（島根・長崎）
銭湯小路　せんとうしょうじ（山口）	向小路　むかいこうじ（長野）
中小路　なかしょうじ（熊本）	西小路　さいこうじ（愛媛）
北小路　きたしょうじ（京都）	虚空蔵小路　こくぞうこうじ（岩手）
南小路　みなみしょうじ（京都）	連坊小路　れんぼうこうじ（宮城）
下小路　しもしょうじ（大分）	道場小路　どうじょうこうじ（福島）
奥小路　おくしょうじ（広島）	鷹匠小路　たかしょうこうじ（青森）
市小路　いちしょうじ（和歌山）	大名小路　だいみょうこうじ（佐賀）
鹿小路　かしょうじ（宮崎）	中小路　なかこうじ（大阪）
羽生小路　はぶしょうじ（高知）	油小路町　あぶらのこうじちょう（京都）
久保小路　くぼしょうじ（山口）	油小路　あぶらこうじ（秋田）
対馬小路　つましょうじ（福岡）	中小路町　なかこうじちょう（京都・福井）
諸願小路　しょがんしょうじ（山口）	八軒小路　はちけんこうじ（京都）
楠右衛門小路　くすえもんしょうじ（和歌山）	武者小路通　むしゃのこうじどおり（京都）
東大小路町　ひがしおおしょうじちょう（鹿児島）	

★上野広小路　うえのひろこうじ（東京）、広小路通　ひろこうじどうり（名古屋）は明歴の大火（江戸）、万治3年の大火によって焼失の後、小路を拡張したのでこの名がついた。

★山口市は「しょうじ」「こうじ」が併存。山口市内には、「しょうじ」「こうじ」が17ケ所混在している。中世大内氏時代と近世毛利氏時代の呼び方が、改廃された町名のなかに残ったもので、二重構造の反映といわれている。
　上堅小路　かみたてこうじ、久保小路　くぼしょうじ、下堅小路　しもたてこうじ
　諸願小路　しょがんしょうじ、銭湯小路　せんとうしょうじ

(2) **小路　こじ**
　小路　こじ（愛知）、新小路　しんこじ（宮城）、新小路町　しんこじまち（熊本）、茶苑小路　ちゃえんこじ（鳥取）、南小路　みなみこじ（宮城）

(3) **小路　おじ　おろ**
　小路項　おじこう（兵庫）、小路口本町　おろぐちほんまち（長崎）、小路谷　おろだに（兵庫）

(4) **大路　おおじ　おおろ**
　万世大路　ばんせいおおじ（福島）、横大路　よこおおじ（京都）、西大路　にしおおじ（滋賀）、大和大路　やまとおおじ（京都）、大殿大路　おおどのおおじ（山口）、西大路町　にしおおじちょう（滋賀・京都・大阪）、中大路　なかおおろ（鳥取）、東大路　ひがしおおろ（鳥取）、西大路　にしおおろ（鳥取）

2-11　一字一音地名

　一字一音の地名として代表的な三重県の「津」。「つー」と読むか「つ」と読むか。よく議論になります。辞典は「つ」とでています。駅のアナウンスは「つー」とのばして発音しないと何とも様になりません。そこで他にも一字一音の地名があるかと調べたら、ぞくぞくと出てきました。イロハ地名は正に一音一字地名。十二支地名にも「子」「卯」「己」「亥」と4つ。

第2章　地名

　一字地名は数多くありますが、一音となると音訳ではどう読んだら正確に伝わるでしょうか。悩みはつきないようです。

（1）「イロハ地名」「いろは地名」

「イ」「ロ」「ハ」「ニ」
　千葉県旭市に「ニ」まであります。

「イ」「ロ」「ハ」「ニ」「ホ」
　千葉県匝瑳市と山武市蓮沼には「ホ」まであり、蓮沼には更に、「平」がありますが、読みは「ヘ」ではなく「ヒラ」となります。

「い」「ろ」「は」「に」「ほ」「へ」
　千葉県八街市八街

「い」「ろ」
　千葉県香取郡東庄町笹川

（2）十二支地名

「子」「卯」「巳」「亥」
　宮崎県東臼杵郡北方町。ここには十二支全部の地名が揃っています。

「亥」「子」「巳」「戊」
　新潟県十日町市

（3）甲乙丙地名

「戊」
　千葉県長生郡長生村一松。甲乙丙丁戊まであります。

「戊」「己」
　新潟市十日町市中条。ここには、「甲」「乙」「丙」「丁」「戊」「己」「庚」と揃っています。また、同市真田にも「甲」「乙」「丙」「丁」まであります。

「戊」「己」
　高知県高知市朝倉には「甲」「乙」「丙」「丁」「戊」「己」まで。

（4）「村」が昇格してできた一音地名

　村が合併や編入によってある市の大字になるとき「村」が削除されて妙な雰囲気の地名となる例があります。

「加」「木」「根」
　いずれも千葉県の一音地名。古くは「加村」「木村」「根村」と呼ばれていた地名。「大字加」＝「加」（現・白井市加）、「大字木」＝「木」（現・流山市木）、「根村」＝「現・白井市根」となりました。「木村」は現在もバス停として名残を留めています。

（5）その他の一字一音地名

「志」　し　新潟県妙高市・福岡県筑後市
「妹」　せ　岡山県倉敷市真備町
「田」　た　福岡県福岡市西区
「保」　ほ　埼玉県吉川市・山梨県南巨摩郡早川町
「野」　の　和歌山県橋本市
「箕」　み　茨城県常陸太田市
「飯」　い　滋賀県米原市
「余」　よ　滋賀県長浜市西浅井町
「麻」　お　長野県東筑摩郡麻績村
「和」　わ　鹿児島県大島郡和泊町
「日」　ひ　長野県東筑摩郡麻績村
「土」　ど　富山県富山市・岐阜県飛騨市神岡町・静岡県静岡市清水区
「賀」　か　滋賀県長浜市湖北町

第2部　人名・地名編

「玖」く　広島県広島市安佐北区
「佐」さ　茨城県つくば市
「渡」ど　静岡県静岡市葵区

> **Column**　「上中」「上下」「下」「上中下」地名
>
> 「上下」（じょうげちょうじょうげ）広島県府中市上下町上下
> 　　　　　　坂を上下して生活する意味？
> 「上下」（じょうげ）広島県（JR福塩線）駅名
> 「上中」（かみなか）新潟県妙高市
> 　　　　　　富山県中新川郡立山町
> 　　　　　　石川県鳳珠郡穴水町
> 　　　　　　福井県（JR小浜線）駅名
> 　　　　　　兵庫県加東市
> 　　　　　　奈良県香芝市
> 「下」（した）熊本県玉名市
> 「上中下」（かみなかしも）青森県のバス停

「温泉津町」（ゆのつまち）

「和名抄」の中に「温泉」とあるものが語源で、以来「温泉のある港（津）」の意味で「ゆのつ」と言われるようになった。難読地名のひとつとして、「全国難読町村サミット」（関連記事80頁参照）の開催の始まりとなった。発見されてから1300年の歴史を持ち、現在でもその効用から入湯客が絶えない。（島根県大田市温泉津町）

2－12　合併地名

（新地名）	（合併前）
国立市（くにたちし）	国分寺市と立川市の間にできた市（東京）
西東京市（にしとうきょうし）	保谷市と田無市（東京）
さいたま市（さいたまし）	大宮市・与野市・浦和市・岩槻市（埼玉）
津田沼（つだぬま）	谷津・久々田・鷺沼村（千葉）
七会村（ななかいむら）	七つの村の合併（茨城）
富　里（とみさと）	十三里（トミサト）十三村（静岡）
六合村（くにむら）	六村合併（クニという読みは日本書紀から）（群馬）現在の中之条町に合併
大泉町（おおいずみ）	大川村と小泉町合併（群馬）
二ツ井町（ふたついまち）	比井野と薄井合併（秋田）
日吉町（ひよしちょう）	日置村と吉利村合併（鹿児島）
豊科町（とよしなまち）	鳥羽・吉野・新田・成相の四村の頭文字（長野）
三郷市（みさとし）	東和・早稲田・彦成3町の合併（埼玉）
六　郷（ろくごう）	古川・町屋・雑色・高畑・八幡他の合併（東京）
三養基郡（みやきぐん）	三根（みね）・養父（やぶ）・基（きい）の3郡（佐賀）
大田区（おおたく）	大森区・蒲田区（東京）
山県市（やまがたし）	山県郡の伊自良村（いじらむら）・高富町（たかとみちょう）美山町（みやまちょう）の合併。郡名が消えた。（岐阜）

> **Column** 全国初のカタカナ市名「南アルプス市」誕生

2003年4月1日山梨県中巨摩郡西部の八田村（はったむら）・白根町（しらねまち）・芦安村（あしやむら）・若草町（わかくさちょう）・櫛形町（くしがたまち）・甲西町（こうさいまち）の6町村が合併して「南アルプス市」が誕生した。ヨーロッパ語を使ってカタカナで表記する初の市名となり、話題となった。

日本の外国語地名（カタカナ地名）こんなにある

郵便番号簿をみてみると意外に多いのがカタカナ（ひらがな）地名。その多くが外国地名や外国語。そこでそのいくつかを拾ってみました。

パルプ町（ぱるぷちょう）北海道・旭川市
パイロット　北海道・標津郡標津町茶志骨
ルークシュポール　北海道・厚岸郡厚岸町
オアシス　北海道・砂川市
シップ中島（しっぷなかじま）北海道・石狩市八幡町高岡
豊幌はみんぐ町（とよほろはみんぐちょう）北海道・江別市
ふらわー　北海道・石狩郡新篠津村
太美スターライト（ふとみすたーらいと）北海道・石狩郡当別町
ほっとゆだ　岩手県・和賀郡西和賀町
アルカディア　山形県・米沢市
須坂ハイランド町（すざかはいらんどまち）長野県・須坂市
ハイランド　神奈川県・横須賀市
セントレア　愛知県・常滑市
アスティ　福岡県・宗像市
くりえいと　福岡県・宗像市
ハウステンボス町　長崎県・佐世保市
エミネント葉山町（えみねんとはやままち）長崎県・長崎市
ダイヤランド　長崎県・長崎市
アイリス町　三重県・亀山市

2-13　瑞祥地名

本来の地名を改称し、縁起のいい地名に変えた地名を瑞祥地名という。

（新地名）	（旧地名）
喜多方市（きたかたし）	北方（きたかた）（福島）
生野（いくの）	死野（しにの）（兵庫）
千歳（ちとせ）	支笏（しこつ・現在湖名に残っている）（北海道）
大宮（おおみや）	部垂（へたれ）（茨城）
桃里（ももさと）	助兵衛新田　桃の産地（静岡）
浦安市（うらやすし）	猫実・当代島・堀江の村の合併（市内の地名になる）
寿（ことぶき）	「暮地」を「墓地」と誤読される為（鉄道の駅名）（山梨）

◆いまわしい事件を連想するため改称した地名「椎名町」

1948年1月28日、東京の帝国銀行椎名町支店で、行員らが青酸化合物を飲まされ、12人が死亡、4人が重態となり、現金などが奪われた事件があった。犯人とされた平沢貞通は犯行を否認したが死刑が

確定、未執行で 1987 年 95 歳で獄死した。
　以後、椎名町の町名はなくなり、南長崎となったが、「椎名町駅」(西武池袋線)だけが当時の事件を秘めて名を留めている。

> **Column** 「亀有」はかって …「亀無」だった
>
> 人気漫画「こちら葛飾区亀有公園前派出所」の舞台として知られる葛飾区亀有が、かつて「亀無」と呼ばれていたことをご存知でしょうか。「葛西御厨(みくりや)田数注文」(1398)によると現在の葛飾区亀有付近を指す記載は、「亀無」となっている。戦国時代、この地を支配した北条氏の年貢関連資料にも「亀梨」とあり、「かめなし」と呼ばれていた。しかし、江戸時代の図面(1644)では「亀有」と記載されている。亀無(梨)の由来については「かめ」は亀の背のように盛り上がった土地を意味し「なし」は肯定を意味する「なす」に通じる使い方という。
> 区郷土博物館によると『縁起のいい「亀」を「なし」にするのは縁起が悪いと地元が忌避し「亀有」に改められたようです』とのこと。
> このような地名は瑞祥地名と呼ばれ、日本の各地に見られます。
> かつて、神奈川県川崎市の「鶴見」と並んで「鶴は千年、亀は万年」と揃い、JR 鶴見・亀有両駅で記念切符が発行されたことを想いだしました。まずはめでたし、めでたし。

2－14 「町」「村」の読み

　平成の大合併で市町村の数と読みに変更が加えられ、新しい市町村が誕生しました。その特徴として、①「市」が大幅に増えたこと。②かな表記の市名・町名が増えたこと。③村が大幅に減ったこと。④沖縄県では「そん」と読むが、沖縄県以外では「そん」と読む村が激減した(5県で9村)、などが挙げられます。
　以下の表はその読みを一覧表にしたものです。
　☆「村なし」→　は以前から無かった県　「村が消滅」→　合併によって新たに村が消滅した県
　(注記)「市」は全国で 700 以上ありますが、市の中の町は除かれています。
　　　　　典拠は「全国市町村要覧　平成 23 年版」(発行　2011.11)(平成 23 年 11 月現在)(第一法規)

都道府県名	ちょう	まち	むら	そん	注記
北海道 (石狩振興局)	1	0	1	0	
(渡島総合振興局)	8	1 (☆)	0	0	☆森町
(檜山振興局)	7	0	0	0	
(後志総合振興局)	13	0	6	0	
(空知総合振興局)	14	0	0	0	
(上川総合振興局)	17	0	2	0	
(留萌振興局)	7	0	1	0	
(宗谷総合振興局)	8	0	1	0	
(網走総合振興局)	14	0	1	0	
(胆振総合振興局)	7	0	0	0	
(日高振興局)	7	0	0	0	
(十勝総合振興局)	16	0	2	0	
(釧路総合振興局)	6	0	1	0	
(根室総合振興局)	4	0	6	0	
青　森	3 (☆)	19	8	0	☆奥入瀬町・南部町・階上町
岩　手	9	6	5	0	
宮　城	9	12	1	0	
秋　田	3 (☆)	6	3	0	☆美郷町・三種町・八峰町
山　形	1	18	3	0	

福　島		0	31	15	0	
茨　城		0	10	2	0	
栃　木		0	12	0	0	「村」が消滅
群　馬		0	15	8	0	
埼　玉		0	23	1	0	
千　葉		0	17	1	0	
東　京		0	5	8	0	
神奈川		0	13	1	0	
新　潟		0	6	4	0	
富　山		0	4	1	0	
石　川		2 (☆)	7	0	0	☆能登町・宝達志町　「村」が消滅
福　井		8	0	0	0	☆「村」が消滅
山　梨		8	1	6	0	
長　野		1 (☆)	22	35	0	☆阿南町
岐　阜		19	0	32	0	
静　岡		11	1	0	0	☆森町　「村」が消滅
愛　知		15	0	2	0	
三　重		15	0	0	0	「村」が消滅
滋　賀		6	0	0	0	「村」が消滅
京　都		10	0	1	0	
大　阪		9	0	1	0	
兵　庫		12	0	0	0	「村」なし
奈　良		15	0	12	0	
和歌山		20	0	1	0	
鳥　取		14	0	0	1	
島　根		9	1	1	0	
岡　山		10	0	0	2	
広　島		9	0	0	0	「村」が消滅
山　口		6	0	0	0	「村」が消滅
徳　島		15	0	0	1	
香　川		9	0	0	0	「村」なし
愛　媛		9	0	0	0	「村」が消滅
高　知		17	0	6	0	
福　岡		1 (☆)	29	2	0	☆遠賀町
佐　賀		9	1 (☆)	0	0	☆江北町　「村」が消滅
長　崎		9	0	0	0	「村」が消滅
熊　本		3 (☆)	20	8	0	☆山都町・氷川町・あさぎり町
大　分		0	3	1	0	
宮　崎		14	0	0	3	
鹿児島		20	0	2	2	
沖　縄		11	0	0	19	

2－15 「町」と「丁」

和歌山市

　和歌山市には「十番丁」「鈴丸丁」といった「丁」のついた町名がたくさんあり、その理由は、「町」がかつての町人町、「丁」は武家屋敷町であったことによるものです。したがって「町」の町名も多くあるので「丁」は「ちょう」、「町」は「まち」と読むので一見読みに迷わないと思いがちです。しかし、最近では住居表示の実施で「町」を「ちょう」と読むものも出現しています。

第2部 人名・地名編

堺市の「丁」
　堺市は、住居表示整備区域に「丁」が堂々と使われている自治体です。しかし町を細かい区域に分けた際の単位の「丁目」を「丁」と使っています。しかし、「赤坂台5－15－2」「赤坂台（五）15－2」などと表示されるため「丁」が埋もれて目立たなくなっています。したがって音訳・点訳にあたっては「5－15－2」と読むより「5丁15－2」と読んだ方が正確かつ正しく伝わるでしょう。

その他の「丁」
　和歌山市、堺市以外で「丁」が残っているところは、仙台市・白石市（宮城）、島原市（長崎）、三番町・都町（福島）、五戸町（青森）、中津市（大分）、横手市（秋田）、大阪市（大阪）、竜王町（滋賀）、奥州市水沢区（岩手）、丸亀市（香川）などです。

> **Column　現地読み**
>
> 地名辞典にのっている読みと異なる読みを使っている場合がある。現地読みといって正式な読みが現地では通用しないことが多い。また全国的にも現地読みが流通されることもある。例として、埼玉県の調神社（つきじんじゃ）が、「つきのみや神社」と読まれているなど。逆に現地読みとのずれを是正するため、三重県尾鷲（おわせ）市のJR駅名「おわし」を「おわせ」に改名した例もある。和歌山熊野の新宮川も、地元で通用している熊野川に変更した。

2－16 「山」の読み

（1）「山」はどの位あるか
　約25,100項目（日本山名事典　三省堂　改訂版　2011）

（2）「山」の読み
①「山」（やま）（訓読み）一般的
②「山」（さん・ざん）（音読み・漢音）（訓読み・漢音）特別な感情をこめた場合・古代山岳信仰のご神体の山
③「山」（せん　ぜん）（音読み・呉音）
　地域性が強い　山陰に多い（主な山はほとんど「せん」）
　　大山　だいせん（鳥取）、氷ノ山　ひょうのせん（鳥取）、扇ノ山　おうぎのせん（鳥取）、人形仙　にんぎょうせん（鳥取）、大ケ山　だいがせん（岡山）、鼻高山　はなたかせん（島根）、四賀ノ山　しかのせん（兵庫）、沖ノ山　おきのせん（鳥取）
　山陰以外にもある「せん」
　　霊山　りょうぜん（福島）、金峰山　きんぷせん（奈良）

（3）「山」以外の名称
①「岳」（嶽）　たけ　だけ
　（高峰、中部地方に圧倒的に多く全体の半分を占める）
　　駒ヶ岳　こまがたけ（北海道）、計露岳　けろだけ（北海道）、尖岳　とんがりだけ（青森・北海道）
②「森」（東北・四国は山のことを「森」と呼ぶ風習が強い）　もり
　　東三方ケ森　ひがしさんぽうがもり（愛媛）、甚吉森　じんきちもり（高知）、善海森　ぜんかいもり（秋田）、万内森　まんないもり（秋田）、鶴松森　かくしょうもり（高知）、安家森　あっかもり（岩手）
③「峰」　みね　ほう　「嶺」　みね　れい
　　萱生峰　かやおいみね（山形）、鷲嶺　しゅうれい（三重）、名号峰　みょうごほう（山形）、三鈷峰　さんこほう（鳥取）

第 2 章　地名

④「頭」あたま　かしら　とう　ずこ
　赤抜ノ頭　あかぬけのあたま（山梨）、黒槐ノ頭　くろえんじゅあたま（山梨）、大水頭　おおみずかしら（福島）、馬込町頭　まごめまちかしら（宮城）、鷹頭　たかとう（岩手）、王ケ頭　おうがとう（長野）、割谷の頭　わりだんのずこ（富山）
⑤「塔」とう
　檜ノ塔　ひのきのとう（長野）
⑥「平」たいら　だいら　たい
　日本平　にほんだいら（静岡）、八幡平　はちまんたい（岩手）
⑦「丸」まる　「鼻」はな　「段」「壇」だん
　檜洞丸　ひのきぼらまる（神奈川）
⑧「辻」「窓」「塚」つじ　まど　つか…少ない
⑨「越」こえ　ごえ　こし　「乗越」のっこし
　見ノ越　みのこし（高知）、室堂乗越　むろどうのっこし（富山）
⑩「丘」「岡」おか
　向ケ丘　むかいがおか（宮城）、茶屋ケ岡　ちゃやがおか（鹿児島）
⑪「高原」「高地」こうげん　こうち
　上高地　かみこうち（長野）、清里高原　きよさとこうげん（山梨）
⑫「尾根」おね　「丘陵」きゅうりょう　「山脈」さんみゃく
　鎌尾根　かまおね（長野）、多摩丘陵　たまきゅうりょう（東京）、奥羽山脈　おううさんみゃく（岩手・宮城）
⑬「山地」さんち　「台地」だいち
　耳納山地　みのうさんち（福岡）、白神山地　しらかみさんち（青森）、倶土山台地　くどさんだいち（北海道）
⑭「ヌプリ」
　マツカリヌプリ（＝羊蹄山）（北海道）、ニセコアンヌプリ（北海道）
⑮その他
　小母屋　おもや（青森）
　○○富士（本来の山名あり）

（4）「峠」の読み

山の坂路を登りつめた所、山の上りから下りにかかる境を「峠」（とうげ）と読みます。通行者が道祖神に手向けをすることから、タムケ（手向け）の転といいます。「撓」（たわ、たお）、「乢」（だわ）ともいうところもあります。
①峠「とうげ」
　全国的に分布
　区界峠　くざかいとうげ（岩手）、日勝峠　にっしょうとうげ（北海道）、碓氷峠　うすいとうげ（群馬）、重阪峠　へさかとうげ（奈良）、朔日峠　ついたちとうげ（新潟）、京都峠　みやことうげ（福岡）、鯰峠　なまずとうげ（兵庫）、陸地峠　かちじとうげ（大分）、山ノ頭峠　やまんのととうげ（宮崎）、忍峠　しだとうげ（岩手）、山王峠　さんのうとうげ（福島・栃木）
②峠「たお」「だお」
　中国地方（広島、岡山、山口、島根に集中）
　己斐峠　こいたお（広島）、大峠　おおたお（山口）、参王峠　さんのうたお（広島）、砂利ケ峠　じゃりがたお（山口）、道祖ケ峠　さいがたお（山口）、上根ノ峠　かみねのたお（広島）、傍示ケ峠　ぼうしがたお・ぼうしがとうげ（島根）、戸坂峠　とっさかだお（広島）、光峠　ひかだお（島根）、河内峠　こうちだお（山口）、荷〆峠　にしめだお（島根）、金峰峠　みたけだお（山口）、蚊無峠　かなしだお・かなしとうげ（広島）

95

③峠「だわ」
　中国地方（広島、岡山、鳥取、島根に集中）
　王居峠　おういだわ（島根）、京坊峠　きょうぼうだわ（岡山）、真似男ケ峠　まねおがだわ（岡山）、谷田峠　たんだだわ（鳥取）、川面峠　こうもだわ（岡山）、椎谷峠　しいたにだわ（広島）、草峠　くさんだわ（島根）、栗屋峠　くりやだわ（広島）、五輪峠　ごりんだわ（鳥取）、王貫峠　おうぬきだわ・おいだわ（島根）

④峠「みね」
　熊野峠　くまのみね（福島）

⑤垰「たお」
　垰　たお（山口）

⑥乢「だわ」「たわ」
　内海乢　うつみだわ（岡山）、百乢　ももだわ（岡山）、傍示乢　ぼうじだわ（岡山）

（5）「金峰山」の読み
　きんぷうさん＝きんぷさん（山梨・長野）
　きんぶさん（きんぽうさん）（島根）
　きんぷさん＝御岳山（みたけさん）（東京）
　きんぷさん（きんぷぜん・きんぷせん・きんぷうさん・きんぽうさん・きんぷざん）＝幾日峰（いくひのみね）（＊）（山梨・長野）
　きんぷさん（きんぷせん）＝山上ケ岳（さんじょうがたけ）（奈良）
　きんぶせん＝きんぽうざん（鹿児島）
　きんぷせん（御金ノ岳）みかねのたけ（奈良）　きんぷぜん（きんぷせん）（山梨・長野）
　きんぽうざん（山形）
　きんぽうざん＝みたけやま（山口）
　きんぽうざん（きんぽうせん）（熊本）
　きんぽうざん（きんぶせん）（鹿児島）
　金峰　きんぽう＝金山（かなやま）（岡山）
　金峰群山　きんぽうぐんざん（鹿児島）

（6）読みの変更
　他の地名同様「山名」も時代によって変わることがあります。
　（最近の例）赤城山　あかぎ<u>さん</u>　＝　あかぎ<u>やま</u>

（＊）山梨側では「きんぷうさん」、長野側では「きんぽうさん」と呼ぶ。近年は「きんぷさん」に統一。
　　（参考）『コンサイス日本山名辞典』　修訂版　1979　（三省堂）

2－17　バスストップ（停留所名）

　旅をすると読めない地名に必ず遭遇するといえるでしょう。ニヤッと笑ってしまうお色気地名から、思わず拝みたくなる縁起もの地名・開運地名など。日本語だから成し得た「難読地名」まで多彩です。特にバス停留所名には古い伝統的な名前が残されている場合が多くみられます。例えば秋田のバス停「水口」は「みなぐち」と従来の古い読みを残しています。地名は「みずぐち」と変わっています。
　以下にその事例を挙げてみます。どれだけ読めますか。

	バス停名	読み記入欄	場所線名
1	雨降り		東京都西多摩郡・西東京バス
2	下り		東京都西多摩郡・西東京バス
3	矢場居		静岡県御殿場市・富士急行バス
4	ねぎ屋敷		岩手県岩手郡・岩手交通バス

第2章　地名

5	兵金山		神奈川県茅ケ崎市・神奈川中央交通バス
6	顔好		山形県西村山郡・大江町営バス
7	呑吐		兵庫県神戸市・神姫バス
8	昼寝		秋田県能代市・秋北バス
9	盆栽踏切		埼玉県大宮市東武鉄道バス
10	硫酸町		山口県小野田市・サンデン交通バス
11	須通		山口県玖珂郡・防長交通バス
12	途中		滋賀県大津市・江若交通バス
13	土居仲		愛媛県北宇和郡・宇和島自動車バス
14	乗越町		名古屋市中川区・名古屋市営バス
15	エデンの園		兵庫県宝塚市・阪急バス
16	お祭		山梨県丹波村・西東京バス
17	小豆餅		静岡県浜松市・遠州鉄道バス
18	機内食前		大阪府泉佐野市泉州空港・南海電鉄バス
19	和食		高知県安芸郡・土佐電鉄バス
20	銭取		静岡県浜松市・遠州鉄道バス
21	勝負谷		福岡県飯塚市・西鉄バス
22	大穴馬		福井県大野郡・JR東海バス
23	埋金		福岡県筑紫郡・西鉄バス
24	祝橋		山梨県甲州市・山梨交通バス
25	大当		鹿児島県川辺郡・鹿児島交通バス
26	三ツ星		山梨県笛吹市・富士急行バス
27	開運橋		新潟県見附市・越後交通バス
28	一番		大阪府門真市・京阪バス
29	目尾		福岡県飯塚市・西鉄バス
30	雫		福島県南相馬市・常磐交通バス
31	朝来帰		和歌山県西牟婁郡・明光バス
32	左手上		福岡県八女郡・堀川バス
33	一口北口		京都府久世郡・京阪バス
34	特牛		山口県豊浦郡・ブルーライン交通バス
35	大角豆		茨城県つくば市・関東鉄道バス
36	七五三石		山梨県笛吹市・山梨交通バス
37	新宮川岸		長野県駒ケ根市・伊那バス
38	恋路浜		石川県珠洲市・西日本JRバス
39	浮気		滋賀県守山市・近江鉄道バス鉄
40	十八才		山形県西村山郡・大江町営バス
41	二十		大阪府高槻市・高槻市バス
42	嫁威		福井県あわら市・金津町営バス
43	しばられ松		神奈川県川崎市・川崎市営バス
44	俟后阪		秋田県能代市・秋北バス
45	夫婦木神社		山梨県甲府市・山梨交通バス
46	夫婦坂		東京都大田区・東急バス
47	女体入口		長野県駒ケ根市・伊那バス
48	女の湯		東京都西多摩郡・西東京バス
49	女子畑		広島県豊田郡・芸陽バス
50	伯母様		神奈川県伊勢原市・神奈川中央交通バス
51	子産石		神奈川県横須賀市・京急バス
52	乙女橋		熊本県上益城郡・熊本バス
53	富士山入口		東京都西多摩郡・瑞穂町
54	夕焼小焼		東京都八王子市・西東京バス
55	将門		東京都西多摩郡・西東京バス

(読みは105頁)

第 2 部　人名・地名編

> **Column**　政令指定都市

	都道府県	都市名	指定日	人口
①	北海道	札幌市	1972.4.1	1,904,254
②	宮城県	仙台市	1989.4.1	1,033,515
③	埼玉県	さいたま市	2003.4.1	1,212,281
④	千葉県	千葉市	1992.4.1	955,279
⑤	神奈川県	横浜市	1956.9.1	3,671,776
⑥	〃	川崎市	1972.4.1	1,409,558
⑦	〃	相模原市	2010.4.1	712,318
⑧	新潟県	新潟市	2007.4.1	812,223
⑨	静岡県	静岡市	2005.4.1	717,198
⑩	〃	浜松市	2007.4.1	811,397
⑪	愛知県	名古屋市	1956.9.1	2,257,888
⑫	京都府	京都市	1956.9.1	1,465,816
⑬	大阪府	大阪市	1956.9.1	2,661,700
⑭	〃	堺市	2006.4.1	837,853
⑮	兵庫県	神戸市	1956.9.1	1,536,685
⑯	岡山市	岡山市	2009.4.1	704,189
⑰	広島県	広島市	1980.4.1	1,170,642
⑱	福岡県	北九州市	1963.4.1	982,805
⑲	〃	福岡市	1972.4.1	1,450,838
☆⑳	熊本県	熊本市	2012.4.1	728,000

（☆）熊本市は 2010 年 3 月、隣接する植木町、城南町と合併し、新しい熊本市が誕生。2012 年 4 月に政令市へ移行。（人口は　2009.10.1　推定人口）

2－18　地名の読みの決め方

①原則として新しい地名辞典類を使うことです。読みや表記は変更されることがあります。
　例1　札幌市の「月寒」（つきさっぷ）は、政令指定都市移行後「つきさむ」となりました。
　　　（浦河郡の「月寒」は「つきさっぷ」）
　例2　相染（そうぜん）は、「あいそめ」と改名。（秋田）
②現地読みの取扱に注意すること。
　地名辞典類の読みと異なることがあります。
　例1　「調神社」（埼玉）は、「つきじんじゃ」ですが、地元では「つきのみやじんじゃ」（別称）と読んでいます。各地にこのような例は多く、現地読みと呼んでいます。全国流通を製作基準として作る場合は、辞典の読みを優先しますが、「市政だより」「県政だより」「社協だより」などの利用者の範囲がその地域にかぎられる場合は、現地読みのほうが違和感がないでしょう。
　例2　「三」（み）（茨城）一字一音の地名のため、地元では「みむら」と読んでいます。
③辞典によって読みが異なる場合
　例　「十九」（滋賀）「じっく」十九とも書く。（角川地名辞典）
　　　　　　　　　　「じゅっく」（難読地名辞典・東京堂出版）
　　　　　　　　　　「じゅうく」（20万語よみ方書き方辞典）
・このように各辞典によって読みが一定していない場合は、所属施設・図書館の担当者と相談しましょう。ボランティアグループの場合は、グループ担当者で検討するか、図書館の担当者に相談して意見を求めてください。

第 2 章　地名

> **Column**　地名専門のライブラリー　神奈川県（川崎）に日本地名研究所を開設
>
> 正しくは「川崎市教育委員会・地名資料室」。おそらく日本で唯一の地名専門のライブラリーでしょう。地名に関する資料の収集、整理、保管・研究・展示・閲覧・情報サービス等の活動をとおして地域の地名に対する理解を深めるのが目的で誕生しました。開架の図書・閉架の図書の利用のほか、レファレンス・複写サービスを受けることもできます。
>
> 〒213-0001　神奈川県川崎市高津区溝口37－1　てくのかわさき（川崎生活文化会館）4階
> 休館日：月曜　祝日（月曜と重なる日は翌日）年末年始
> 開室時間：9：00～16：30
> 交通機関：JR南武線　武蔵溝ノ口駅　徒歩5分　東急田園都市線　溝の口駅　徒歩5分

> **Column**　地名が導いた地位「自由が丘」全国に多数!!
>
> 「CD-30万語よみ方書き方辞典」を検索してみると、「自由が丘」が北から南まで約20近く並んでいる。しかし、実際の地は必ずしも名は体を現してはいないところもあるようだ。期待を込めて名づけたのだろうか。
>
> | | | | |
> |---|---|---|---|
> | 北海道 | 帯広市・千歳市 | 青森県 | 青森市・弘前市 |
> | 宮城県 | 仙台市 | 福島県 | いわき市 |
> | 茨城県 | 水戸市・つくば市 | 東京都 | 目黒区 |
> | 福井県 | あわら市 | 愛知県 | 名古屋市千種区 |
> | 大阪府 | 河内長野市・泉南郡能取市 | 山口県 | 周南市・防府市・山陽小野田市 |
> | 高知県 | 宿毛市 | 福岡県 | 北九州市八幡西区・宗像市・田川郡糸田町 |
> | 鹿児島県 | 鹿児島市 | | |
> | <u>自由が丘西町</u> | 福岡県宗像市 | | |
> | <u>自由が丘本町</u> | 兵庫県三木市 | | |
> | <u>自由が丘南</u> | 福岡県宗像市 | | |

東京の自由が丘は、東急東横線と東急大井町線が交差する駅に代表される町だ。初めてこの駅に降り立つと「ん？」と思う。そんなイメージは感じないからだ。町のイメージは「自由が丘」という響きに負うところが大きい。旧字（あざ）名「衾」（ふすま）が駅名や地名になっていたら現在の地位はないだろう。「窓ぎわのトットちゃん」で有名なトモヱ学園の全身でもある「自由が丘学園」が地名の発祥であるのだ。この地が商業地として成功することとなったのは、偶然がもたらした幸運であろう。全国各地の「自由が丘」のイメージは如何に？

Column　JR駅名改称物語

国鉄が民営化されてから、JRの駅名が改められている。旧名に「温泉」「高原」を付したものが目立っている。その他「かな」書き駅名「鹿島サッカースタジアム」「ほっとゆだ」「みの」などユニークな駅名、新発見の遺跡から「吉野ケ里公園」も誕生した。集客目的で地元がJRに要望して実現したものがほとんどだ。JRによると、観光宣伝と連動させて駅名を変更したあとは、乗客が増えることが多いという。

以下は主な駅名。2004年には、上越新幹線熊谷－高崎間に新設される駅名に「本庄早稲田」が登場した。駅の南に早稲田大学の本庄キャンパスや付属高校があるためで、新幹線の駅名に大学名が使われるのは初めて。

会社	期日	線名	旧駅名	新駅名	備考
東日本	88.3.13	東北線	二枚橋	花巻空港	
	88.3.13	花輪線	岩手松尾	松尾八幡平	
	88.3.13	花輪線	龍ケ森	安比高原	
	88.3.13	仙山線	面白山	面白山高原	
	91.3.16	奥羽線	大鰐	大鰐温泉	
	91.3.16	津軽線	三厩（みうまや）	三厩（みんまや）	
	91.6.20	北上線	陸中大石	ゆだ錦秋湖	
	91.6.20	北上線	陸中川尻	ほっとゆだ	
	91.6.20	北上線	岩手湯田	ゆだ高原	
	91.12.1	吾妻線	長野原	長野原草津口	
	91.12.1	吾妻線	川原湯	川原湯温泉	
	92.3.14	京葉線	千葉港	千葉みなと	
	92.7.1	奥羽線	上の山	かみのやま温泉	
	92.7.1	奥羽線	北上ノ山	茂吉記念館前	
	93.4.1	中央線	初鹿野	甲斐大和	
	93.4.1	中央線	勝沼	勝沼ぶどう郷	
	93.4.1	中央線	別田	春日居町	
	93.4.1	中央線	石和	石和温泉	
	94.12.3	常磐線	平	いわき	
		鹿島線	北鹿島	鹿島サッカースタジアム	
北海道	88.3.13	釧網線	川湯	川湯温泉駅	
	90.11.20	釧網線	弟子屈	摩周	
	92.7.1	千歳線	千歳空港	南千歳	
東海	91.12.14	身延線	下部	下部温泉	
	91.12.14	飯田線	湯谷	湯谷温泉	
西日本	93.3.18	山陰線	知井宮	西出雲	
	93.3.18	山陰線	神西	出雲大社口	
		山陰線	嵯峨	嵯峨嵐山	
四国	94.12.	予讃線	高瀬大坊	みの	
九州	90.5.1	九大線	筑後千束	うきは	
	90.11.1	吉都線	京町	京町温泉	
	90.11.1	吉都線	加久藤	えびの	
	93.10.	長崎線	三田川	吉野ケ里公園	

> **Column**　「城下」と「城」

「城下」地名は「じょうか」「じょうした」「しろした」などの読みがありますが、「ねごや」と読む地名が千葉県にあります。県民すら読めない人が多い屈指の難読地名です。
(1)「じょうか」地名
　　城下東町（じょうかひがしまち）大分県佐伯市、城下西町（じょうかにしまち）大分県佐伯市、千秋城下町（せんしゅうじょうかまち）秋田県秋田市
(2)「じょうした」地名
　　城下町（じょうしたまち）熊本県天草市、城下郵便局（じょうしたゆうびんきょく）兵庫県宍粟（しそう）市
(3)「しろした」地名
　　城下町（しろしたちょう）愛知県名古屋市・豊橋市、城下（しろした）静岡県掛川市、城下川（しろしたがわ）茨城県利根川水系・新潟県信濃川水系、城下（しろした）岡山県電気鉄道東山本線・長野県上田電気電鉄別所線
　　城下町（しろしたまち）埼玉県川越市
　　　ここはバス停留所が先にでき、町名があとからできた珍しい例。三地区の一部を統合した新地名で「しろしたまち」と読む。新地名ができたのは1995年、一帯は1457年に太田道灌が築いた川越城の下にあり、明治までお城下と呼ばれていた。地元では、いにしえの地名に愛着が強く、1980年ごろにバス会社に働きかけ「城下町」のバス停留所が実現している。地元では川越にあるから、誰だって「じょうかまち」と読んでしまうのではと心配している。

2－19　地名の参考図書

(1) 一般地名
『角川日本地名大事典』全47巻　別巻2巻　1978～90　（角川書店）
　　各県別仮名見出しの五十音順、画引索引（歴史地名、行政地名、自然地名、人文地名等）、別巻1 日本地名資料集成、別巻2　日本地名総覧・総索引（総説・分類索引）
『日本地名大事典』全7巻　1967～68　（朝倉書店）
　　第1巻　九州　第2巻　中国・四国　第3巻　近畿　第4巻　中部　第5巻　関東　第6巻　東北　第7巻　北海道とその周辺　各巻ごとに索引　第7巻に付表　全国市区町村別人口・面積、全国主要道路、国立・国定・都道府県立自然公園
『コンサイス日本地名事典』第5版　2007　（三省堂）
　　ハンディな地名事典として最大21,000項目を収録。最新の地理的記述に加えて別称・旧称、地名の由来、歴史上のエピソードや文学作品、目的地への交通手段なども収録。市町村名、山、川、海、鉄道、公園、温泉名。別称・旧称の呼び方、地名の由来なども収録。『コンサイス地名辞典　日本編』の改題改訂版
『難読異読地名辞典』　1999　（東京堂出版）
　　読めない、間違いやすい地名を町村名から大学・集落名まで収録
『日本地名大百科（ランドジャポニカ）』　1996　（小学館）
　　見出項目地名約10,000　寺院・神社など約5,000　検索項目約30,000　難読地名索引（画数引き）

(2) 自然地名
『日本地図地名事典』　1991　（三省堂）
　　『大きな活字の日本地名事典』と4色地図を1冊にまとめた地名事典。日本地図編は、『コンサイス日本地名事典』をベースに20,000余の地名を収録。日本地図編は県別地図のほか、主要地域・都市図からなる。地名と地図が対照できる

第2部　人名・地名編

『島嶼大事典』　1991　（日外アソシエーツ）
　日本全国約5,000の島々について面積、人口から歴史、産業、文化財、伝統行事や動植物の生息まで総覧できる事典。参考文献、収録地形図名、問合せ先など調査に役立つデータも収録

『新日本地名索引』全3巻　1994　（アボック社）
　国土地理院1/25,000地形図から、全地名380,000余件を収録した最大級の地図地名資料。地名の有無と位置を確認できるだけでなく、地名と姓氏の関係から名前のルーツ調べまでできる。読みと漢字の両方から検索可能。五十音順、画引索引

『日本山名事典』　改訂版　2011　（三省堂）
　初版より約200データを追加。開発等により平地化されたものの削除、剣岳の標高2998→2999へ改測など。東日本大震災後の2011年8月刊

『日本山名総覧』　1999　（白山書房）
　サブタイトル「18,000山の住所録」。総体山名・富士を含む山など、39の山名データを収録。読みは地元で呼んでいる読みを基本としているので、登山界・国土地理院の読みと異なる読み方の山がある

『河川・湖沼名よみかた辞典　新訂版』　2004　（日外アソシエーツ）
　日本全国26,557の河川・湖沼名の読み仮名と所在地（都道府県・水系または市町村）収録。読み方は各都道府県河川担当課作成の資料に基づく。一文字目の漢字の総画数または単純な音訓読みから簡単に調べられる

『日本自然地名辞典』　1983（東京堂出版）
『日本の島事典』　1995　（三交社）
　管田正昭編著　日本島嶼一覧の改訂版
『新日本地名索引』　3巻　1994　（アボック社）
　国土地理院20万分の1地勢図の全地名、上巻　五十音順、下巻　画引索引

Column　日本一低い山

日本一低い山と称している山が二つある。
天保山（てんぽうざん）大阪市港区安治川河口南岸にある小丘。1831（天保2）安治川浚渫（しゅんせつ）の土砂を盛って築き、灯台を設けて河口の標識とした。旧称目印山。高さ4・5m　江戸時代の人工山。
弁天山（べんてんやま）徳島県にある高さ6.1mの自然の山。
　ともに国土地理院の地図に記載されているため、人工の山と自然の山だが、低い山はどちらかで、ともに譲らないようだ。2002年10月には、TVでも放映され話題を呼んだ。

（3）行政地名

『全国市町村要覧』　昭和60年版　1985　（第一法規）
　年刊　市区郡町村名索引（①市区郡町村名の第1音の五十音順、②市区郡町村名の第1漢字を画数、訓読み、音読み、部首の順に配列、③市区郡町村名の同一第一漢字グループ内の順位は、画数、訓読み、音読み、部首、市区郡町村の順）

『はやしらべ！平成の大合併　全国市区町村便覧』　2009　（日本加除出版）
　全1969件を掲載。発刊～平成22年10月1日までの市町村一覧追補付。

『日本分県地図地名総覧』（人文社）
　付録に自然地名索引あり　毎年発行

『全国市町村名変遷総覧　全訂』　2006　（日本加除出版）
　明治22年～平成18年8月までの変遷を各都道府県ごとに収録。発刊から2010年10月までの追補版付。

（4）歴史地名

『日本歴史地名大系』 1979～2005 （平凡社）
　県別　五十音順排列　画引難読地名索引

『日本古代史地名事典』 2007 （雄山閣）

『日本歴史地名辞典』 1981 （東京堂出版）

『古代地名語源辞典』 1981 （東京堂出版）
　コンパクト版　新仮名・現代読み索引・国郡郷名索引

（5）観光地名・交通地名

『新訂　全国地名駅名よみかた辞典―平成の市町村大合併対応』 2006 （日外アソシエーツ）
　全国の市区町村名、郡名、町域名（町名、大字）など118,900件の地名と、JR・私鉄・公営鉄道線の駅名9,000件の読み方を収録。難読地名を多数掲載。音訳・点訳ボランティア活動を意識して、町「まち」「ちょう」、村「むら」「そん」の区別も明記。「平成の大合併」以降の名称にも対応。「頭字音訓ガイド」「検字表」付き

『停車場変遷大事典　国鉄・JR編』 1998 （JTB）
　明治5年の鉄道開業以来の駅名・線名・距離の変遷全データを採録。旅客駅の他、貨物駅、信号場、仮乗降場なども網羅。巻末に「五十音順駅名・線名索引」「廃線駅名地図」付

『日本の鉄道全駅　駅名漢字事典』 （日本交通公社）
　「旅」1995.4　別冊付録　JR、私鉄から地下鉄、路面電車、モノレール、ケーブルカーに至るまで、日本全国すべての旅客鉄道の駅9453を網羅。駅の名称を1文字ごとに整理し、駅名に使われている全ての漢字ごとに検索したり、その漢字の読みごとの使用頻度も分かる便利な事典

『駅名事典』（第6版） 2000 （中央書院）
　中央書院編集部編　付・同字・類似駅名　頭字画数順　五十音順駅名索引

（80頁の答）

1	せいろう	2	かじかざわ	3	やすおか	4	あすけ	5	ようか
6	いずし	7	はいばら	8	なかへち	9	かみどんだ		
10	みなべ	11	あま	12	つま	13	やつか	14	きすき
15	しんじ	16	おおち	17	ゆのつ	18	ひなせ	19	みつぎ
20	とごうち	21	きさ	22	ゆう	23	あじす	24	くか
25	かいた	26	ひがしそのぎ	27	ひじ	28	よのうづ	29	にしめら

Column　壱尺八寸山

壱尺八寸山（みおさん）と読む。大分県日田市と中津市山国町の境にある、高さ706.7mの山。猟師が三頭の猪の尾をつないだら、一尺八寸（約55cm）だったことから、三尾山とも呼ばれたという。それが、草刈り場を意味する「一尺八寸（かまつか）の三尾山」が縮まったもの。鎌の柄は、普通一尺八寸なので「かまつか」とも読む。近くに三尾母（みおも）、三尾母川、三尾谷川がある。

第2部　人名・地名編

> **Column** 土地の分割地名と姓
>
> 中世荘園地主が子に土地を相続させると土地分割の割合から地名となり、相続者の苗字となった。
> （地名）　　　　　　　　　　　　　　　　　　　（苗字）
> 三分一　さんぶいち（福井）　　　　　　　　　四分一　進（しぶいち　すすむ）著者
> 四分一　しぶいち（福井）
> 四歩一　しぶいち（徳島）
> 五分一　ごぶいち（栃木）
> 　〃　　　　　（新潟）　　　　　　　　　　　五分一　啓治（ごぶいち　けいじ）著者
> 五分一町　ごぶいちちょう（福井）
> 七分一　しちぶいち（富山）

（6）建物地名

『全国寺院名鑑』 1969　（全日本仏教寺院名鑑刊行会）
　　地域別、本文ルビあり、音訓引き索引付

『大日本寺院総覧　上・下巻』 1974　（名著刊行会）
　　大正時代に発行の復刻版

『神社・寺院名よみかた辞典　普及版』 2004　（日外アソシエーツ）
　　全国の様々な神社・寺院名の中から、読みにくいもの、誤読の恐れのあるもの、比較的著名なものなど、23,661件を収録し、読み仮名を付した辞典。それぞれの所在地、別称、祭神、本尊、教団、宗派などを併記

『古寺名刹大辞典』 1992　（東京堂出版）
　　ルビ付県別目録、寺院名索引、寺院俗称索引があるが読めなければ引けない

『全国神社名鑑　上・下巻』 1977　（全国神社名鑑刊行会史学センター）
　　地域別ルビ付

『神社辞典』 新装普及版　1997　（東京堂出版）
　　大社、古社から郷社、村社まで崇敬の篤い社、歴史上重要な社、重要文化財や祭礼を持つ社など2,000を収録。ルビ付概括神社一覧（同名社・同系統の神社を一括して解説）　府県別一覧

（7）外国地名辞典

『外国地名よみかた辞典』 2008　（日外アソシエーツ）
　　外国地名のアルファベット表記からカタカナ表記を、カタカナ表記からアルファベット表記を確認できる。国名・都市名・河川名・山岳名など世界の地名約44,000件を収録

『コンサイス外国地名事典』 第3版　1998　（三省堂）
　　ソ連崩壊後の世界の地名の変化を網羅。21,000項目。ラテン文字索引・漢字索引も有

『世界地名辞典』 3巻　1980　（東京堂出版）
　　西洋編　アルファベット索引　ロシア語索引
　　東洋編　漢字画引索引　漢字簡化表　アルファベット索引

第2章　地名

> **Column**　「廿五里」（ついへいじ）
>
> 千葉県市原市廿五里。「ついへいじ」と読む。この読みは訛ったもので、原訓は「ついひじ」「ついじ」。この土地から、鎌倉まで廿五里あり、廿五里塚があった、と地元では言われている。ここを流れる養老川は古くから洪水が多く、その度に村が全滅の危機にさらされた。農民は土嚢や砂礫を築き、土堤を築き修理し、低湿地をならしてきた。それで築地（ついじ）と呼んだ。土石流で埋まった土地なので「ゴリゴリの築地」ともよばれた。ゴリゴリを五里五里と当て、さらに、五・五・廿五里に変わった。昔から日本人は、このような表記を無数に創作している。「廿五里」（ついへいじ）という苗字もあったが、今はほとんど消滅しかかっているようで、確認できない。

(81頁の答)
1　十八女（さかり）　　　2　雄（おんどり）　　　3　笑内（おかしない）
4　面白内（おもしろない）　5　笑ノ口（えみのくち）　6　笑路（わろうじ）
7　十二月田（しわすだ）　　8　脚折（すねおり）　　　9　膝折（ひざおり）
10　肘折（ひじおり）　　　11　剰水（せせなぎ）　　　12　女陰（おんなかげ）
13　乳母子（うばこ）

(96頁の答)
1　あめふり　　　　　　2　くだり　　　　　　3　やばい　　　　　　4　ねぎやしき
5　ひょうきんやま　　　6　かおよし　　　　　7　どんと　　　　　　8　ひるね
9　ぽんさいふみきり　　10　りゅうさんまち　　11　すどうり
12　とちゅう　　　　　13　どいなか　　　　　14　のっこしちょう　　15　エデンのその
16　おまつり　　　　　17　あずきもち　　　　18　きないしょくまえ　19　わじき
20　ぜにとり　　　　　21　しょうぶだに　　　22　おおあなま　　　　23　うめがね
24　いわいばし　　　　25　おおと　　　　　　26　みつぼし　　　　　27　かいうんばし
28　いちばん　　　　　29　しゃかのお　　　　30　しどけ　　　　　　31　あさらぎ
32　さんじゃき　　　　33　いまらいきたぐち　34　こっとい　　　　　35　ささぎ
36　しめいし　　　　　37　しんがし　　　　　38　こいじはま　　　　39　ふけ
40　じゅうはっさい　　41　はたち　　　　　　42　よめおどし　　　　43　しばられまつ
44　きみまちざか　　　45　めおとぎじんじゃ　46　めおとざか
47　にょたいいりぐち　48　めのゆ　　　　　　49　おなごはだ　　　　50　おばさま
51　こうみいし　　　　52　おとめばし　　　　53　ふじやまいりぐち
54　ゆうやけこやけ　　55　まさかど

第2部　人名・地名編

> **Column** 「ウソ読みで引ける難読地名」（小学館）
>
> 間違った読み方から難読地名が引けるユニークな辞典。日本の難読地名やあて字の外国地名約2,000を収録。例えば「放出」を「ほうしゅつ」と引くと「はなてん」（大阪）、「垣生」を「がきなま」「かきなま」「かきせい」「かきしょう」などと引くと「垣生」（はぶ）（福岡県北部、中間市）が出てきます。あてずっぽうの読み方から、正しい読みのわかる難読地名辞典です。類書に『ウソ読みで引ける難読語辞典』2006（小学館）があります。

（付録1）歴史上の人物で姓と名の間に「の」が入る人名と「の」が入らない人名

「平将門（たいらのまさかど）や紀貫之（きのつらゆき）のように『の』を入れて読む人名と、織田信長、徳川家康のように『の』を入れないで読む人名の区別というか決まりのようなものがあるのでしょうか」という質問を受けました。調べてみましたら複雑な経緯がありました。

（1）古代・飛鳥・奈良・平安時代中期

　古代の支配層を形成する豪族を「氏」（うじ）といいます。一般に言う「氏」ではなく、天皇家に仕える有力者を中心とする父系の集団を指します。この「氏」には①職業を氏の名にした「物部」（もののべ）、「中臣」（なかとみ）、「土師」など。②居住地の地名によるもので「蘇我」（そが）、「平群」（へぐり）、「巨勢」（こせ）などがあります。いずれも五世紀頃までに「氏」が成立したものと思われます。そこで奈良時代以後の貴族男子の名前と個人の名とが結びつくとき「の」が入ることになりました。

（2）平安時代後期から室町時代後期

　「氏」が衰え「家」（いえ）が強くなりつつある時代です。このため名字（後に苗字と書く）に「家」の名が生じました。「家」の由来は、①地名によるもの（例：足利）②動植物名によるもの（例：楠）③その他の名によるものなどです。この場合はもっとも直接的に結びつくため「の」がつかなくなります。したがって、京極為兼（きょうごくためかね）は「氏」の名で名乗るときは「藤原為兼」（ふじわらのためかね）となります。

（3）室町時代後期～江戸時代

　「家」の名による呼び方が大勢となったため、一般にいう「氏」に個人の名がつくときも「の」を入れなくなりました。豊臣（とよとみ）は新たな「氏」とはいえ、源平藤橘（げんぺいとうきつ）（＊1）と並ぶ「氏」でした。が「とよとみのひでよし」と「の」をいれて呼ばないのはこのためです。

（＊1）「源平藤橘」：一門がそれぞれ繁栄した、源氏、平氏、藤原氏、橘氏の四氏をあわせて呼ぶ称。四姓。

　以下にいくつかを例示します。

（1）「氏」の時代　「の」が入る

　飛鳥時代（～710）
　　橘奈良麻呂（たちばなのならまろ）（？～757）
　　阿倍仲麻呂（あべのなかまろ）（698～770）
　奈良時代（711～784）
　　橘諸兄（たちばなのもろえ）（684～757）
　　和気清麻呂（わけのきよまろ）（733～799）
　平安時代（前期）（784～894）
　　坂上田村麻呂（さかのうえのたむらまろ）（758～811）

紀貫之（きのつらゆき）（866?～945?）
　平安時代（中期）（894～1086）
　　菅原道真（すがわらのみちざね）（845～903）
（2）「氏」から「家」の移行期「の」ありとなし
　平安時代（後期）（1086～1185）
　　藤原顕輔（ふじわらのあきすけ）（1090～1155）
　　平清盛（たいらのきよもり）（1118～1181）
　　源為朝（みなもとのためとも）（1139～1170）
　鎌倉時代（前期）（1185～1219）
　　橘成季（たちばなのなりすえ）（？～1282 ?）
　　北条重時（ほうじょうしげとき）（1198～1261）
　鎌倉時代（中期）（1219～1280）
　　高師直（こうのもろなお）（？～1351）
　鎌倉時代（後期）（1281～1336）
　　楠正成（くすのきまさしげ）（1294～1336）
　　北条高時（ほうじょうたかとき）（1303～1333）
　南北朝時代（1336～1392）
　　足利尊氏（あしかがたかうじ）（1305～1358）
　室町時代（前期）（1392～1422）
　　足利義満（あしかがよしみつ）（1358～1408）
　室町時代（中期）（1422～1477）
　　北条早雲（ほうじょうそううん）（1432～1519）
　室町時代（後期）（1477～1573）
　　織田信長（おだのぶなが）（1534～1582）
　　北条氏綱（ほうじょううじつな）（1486～1541）
　安土桃山時代（1573～1600）
　　千利休（せん**の**りきゅう）（1522～1591）（＊2）
　江戸時代（前期）（1661～1687）
　　徳川家綱（とくがわいえつな）（1641～1680）
　江戸時代（中期）（1687～1782）
　　徳川家重（とくがわいえしげ）（1711～1761）
　江戸時代（後期）（1782～1853）
　　熊谷直好（くまがいなおよし）（1782～1862）
　末期・幕末（1853～1868）
　　徳川慶喜（とくがわよしのぶ）（1837～1913）

（＊2）千利休は、安土桃山時代の茶人。利休のみ「の」が入る。千少庵（せんしょうあん・茶人・利休の女婿）、千道安（せんどうあん・茶人・利休の長男）など通常千氏一族に「の」ははいらない。なお、千宗易（せんそうえき）は、千利休の法名なので「の」は入れない。

《参考文献》
「この国のかたち　1-24　苗字と姓」（司馬遼太郎全集　第66巻）（文藝春秋）、「丸谷才一の日本語相談」（朝日新聞社）、『広辞苑』、『大辞林』などを参考にしました。時代区分は『広辞苑』『大辞林』、例示人名は『大辞林』によりました。

第2部　人名・地名編

（付録2）「日本国」という名の山

　山形県点字図書館のボランティア研修会に行く機会があり、山形県の地図をひろげて地名の読みを調べていたら「日本国」という山の名を発見しました。なぜ「日本国」なのか？山登りの好きな人には当然知られた山名でしょうが、私には初耳でした。しかも「日本国山」でなくそのものずばり「日本国」なのです。最初は誤植？と疑い、いくつかの資料に当たってみましたが、厳然と存在し、しかもその読みがまちまち。謎は深まるばかりでした。山名のよみは4通りもあり、しかも同一出版社の辞書でも読みがわかれていました。下の表は調べた結果をまとめたものです。

（1）「日本国」の読み
　　①にほんこく　②にほんごく　③にっぽんこく　④にっぽんごく
　　日本歴史地名大系6（山形県の地名）　①にほんこく
　　日本歴史地名大系15（新潟県の地名）　④にっぽんごく
　　角川日本地名大辞典6（山形県）　④にっぽんごく
　　角川日本地名大辞典15（新潟県）　①にほんこく
　　コンサイス日本山名辞典　④にっぽんごく
　　日本山名総覧〔白山書房　1999〕　①（＊）②にほんごく
　　自然地名集（20万分の1地勢図基準）〔建設省国土地理院　平成3年3月〕　③にっぽんこく
　　山形百山〔無明舎出版　1991〕　②にほんごく
　　山形県鶴岡市観光協会連盟　①にほんこく
　　新潟県日本国麓郵便局　①にほんこく
　　山形県小名部郵便局　①にほんこく
　　現地〔地元集落〕での読み　②にほんごく
　　（＊）は併記

（2）「日本国」の山名と由来
　「日本国」は、山形県鶴岡市と新潟県村上市の県境にある標高555mの山。山名の由来はいくつかの説があり、定かでないようです。①その昔、阿倍比羅夫（あべのひらふ）の大和朝廷軍が東征の折、苦戦を重ねながらここまで進行し、この付近の頑強な蝦夷（えみし）勢力の平定に一応成功したことから、だれいうこともなく感慨をこめて、ここまでが「日本国」（日本国と蝦夷地との境）としたことが「日本国」の起源ではないかといわれています。②飛鳥時代のころ、朝廷を追われた蜂子王子（はちこのおうじ）が「上隠し小屋」（現在の日本国）に隠れ住んだと伝えられています。③江戸時代、大代集落の太郎次という狩の名人が堀切峠の頂上でみごとな鷹を生け捕り、これを庄内藩の酒井候に献上したところ、この鷹を見た当時の将軍が「捕れた山は今後、日本国と名付けよ」とおおせられた。など…。数々の歴史とロマンを秘めた山です。

（3）さまざまな行事
　山名の珍しさから、訪れる人が多いそうです。年中行事としては、新潟県村上市では山の標高に因んで、5月5日午前5時55分に登山する人が多いとのことです。また、地元には、日本国を愛する会・山北町山の会などがあり、日本国ふれあいパークを中心にさまざまなイベントで賑わいます。地酒「日本国」はどんな味わいのお酒でしょうか。

（4）山名以外の「日本国」地名
　　山形県鶴岡市大宝寺（字日本国）「にほんこく」
　　新潟県村上市日本国麓郵便局　「にほんこくふもと」
　　新潟県村上市日本国トンネル　「にほんこくトンネル」
　　新潟県村上市日本国橋　「にほんこくばし」
　　新潟県村上市日本国ふれあいパーク「にほんこくふれあいぱーく」

付録

（5）その他の「日本」地名（含む：神社仏閣名）

「日本」と付く地名は全国に数多くありますが、そのほとんどが「にほん」と読みます。

① 「にほん」と読む

　日本アルプス平（山梨）、日本平（静岡・新潟）、日本堤（東京）、日本ライン（岐阜・愛知）、日本アルプス市（山梨）、日本海（海洋名）、日本海溝（海洋名）、日本コバ（滋賀）、日本平山（新潟）、日本橋（東京）、日本ヶ塚山（愛知）、日本鼻（奈良）、日本原広原（岡山）、日本ヶ岳（奈良）、日本神社（埼玉）（＊）、日本寺（千葉・鋸南町）、日本三大稲荷（佐賀・香取市）、日本三体永谷天満宮（神奈川・横浜市）

② 「にっぽん」と読む

　日本橋（大阪）、日本一（福島・郡山市）、日本神宮（北海道・帯広市）

③ 「にちほん」と読む

　日本寺（千葉・多古町）

④ 「やまと」と読む

　日本神社（山口）

⑤ 「ひもと」と読む

　日本山　ひもとやま（長崎・松浦市）

（＊）日本神社（にほんじんじゃ）

神社名では唯一。埼玉県本庄市小玉町小平。標高160mの頂上にある。791年蝦夷平定帰りの坂上田村麻呂の創建。当初は「神武神社」。明治に入り近隣の神社を合祀、「合社さま」と呼ばれた。1881（明治14）年の火災を機に「日本神社」と改名。だるま贈呈が報道された影響もあり、神社を訪れる人が増え一躍有名となった。

第3部

略語・記号・単位編

第1章　略語・記号・単位の定義

　ワードプロセッサーやパーソナルコンピュータが普及した現在、これらはワープロ、パソコンとしか呼ばれなくなっています。また、映倫、セクハラ…など、漢字熟語、短縮外来語やPKO、CISなどの欧文略語が溢れています。

　ことばの簡略化は何も今にはじまったことではありませんが、高度情報化社会にあっては、情報の高度化とともに、ますます盛んになってきています。効率的に情報の伝達を図ろうとすれば、ことばが簡略化されるのは必然的だとさえいえます。

　ことばを活字にする場合でも、簡略化した形で使われます。視覚に訴え、スペースを節約し限られた紙（誌）面に多くの情報を盛り込むため、これを略記したり、記号化することが日常茶飯事のように行なわれています。しかし、音声や点字に変えるとそのままでは意味が通じなくなるものが数多く出てきます。

　この章では、これらの種類について一応の定義付けをしますが、明確に区別できるものではありませんので、便宜上、略語、記号、単位、コードに大別して解説します。

（1）略語　語形の一部を省略して簡略にした語。「国民体育大会」を「国体」、「ストライキ」を「スト」という類。

（2）略号　簡略に表わすために定めた記号。

（3）記号（＊）（sign；symbol）一定の事柄を指し示すために用いる知覚の対象物。言語・文字などがその代表的なもので、交通信号のようなものから高度の象徴までが含まれる。また、文字に対して特に符号類を指す。

（4）単位

　①ある量を表すとき、比較の基準とする同種の量の名。長さの単位のメートル、質量の単位のグラムの類。

　②一般に、組織・運動などを構成する基本となる要素。「組合〜で加入する」など。

　③一定の学習量。一般に学習時間を基準とし定める。大学などでは履修科目と単位数とによって進級、卒業が認定される。

　④＜仏＞禅宗で、僧堂における座位。座席の上に名単（名札）を貼付してある。

（5）符号

　①しるし。記号。あいじるし。

②特に、数の正負を示す記号。すなわち「＋」あるいは「－」。
③情報を伝えるため一定の規則にもとづいて作られた信号の体系的な組み合わせ。「モールス～」など。
　（参考）符号通信…情報をすべて符号化して行う通信。
（6）マーク（mark）
　①しるし。記号。標章。印をつけること。
　②記録を出すこと。「最高点を～する」。
　③目をつけること。継続して注目すること。「彼を～する」など。
（7）シンボル（マーク）和製語。ある団体・運動などを象徴する図案。任意に作られた意味をもつ記号。「象徴」に同じ。
（8）象徴（symbole　フランス語の訳語）中江兆民の訳書「維氏美学」（1883年刊）に初出。語源であるギリシャ語シュンボロン symbolon は割符の意。
　①あるものを指示する目印。
　②本来かかわりのない二つのもの。具体的なものと抽象的なものを何らかの類似性をもとに関連づける作用。例えば、白色が純潔を、黒色が悲しみを表すなど。シンボル。
（9）略記　簡単に記すこと。またその記したもの。「いきさつを～する」など。
（10）略称　名前を省略して呼ぶこと。また省略して呼ぶ名前。「国際連合」を「国連」と呼ぶ類。
（11）コード（code）
　①規定。準則。「プレス～」など。
　②情報を表現する記号・符号の体系。また情報伝達の効率・信頼性・守秘性を向上させるために変換された情報の表現、または変換の規則。変換を行なうものをエンコーダー。情報を復元するものをデコーダーという。
（12）絵文字
　①表意文字の一種。絵を簡略化して文字として用いたもの。
　②携帯電話で用いるイラスト風の記号。
　③文字に近い機能を果たすマーク。ピクトグラム。ピクトグラフとも。

他に短縮語などの用語も使われています。
また、集団語（業界）、隠語、俗語、スラングなどには多くの略語や、特殊な読みが用いられています。

（＊）ことば以外の記号に次のようなものがある。①ローマ字の組合せ（例：NTT、JAL、ANA）
　　②身振り（例：手話、手旗）③音の記号（例：モールス）④色の記号（例：信号）

Column　（参考）ことばの簡略化

「公用文作成の要領」（昭和27年　国語審議会）には、「漢語をいくつもつないでできている長いことばは、むりのない略し方をきめる」とあり、次の2例をあげています。
　経済安定本部　→　経本　中央連絡調整事務局　→　連調
しかし、実際には「経本」ではなく「安本」が使われていました。「国電区間」を「E電区間」と決めたことがありましたが、ほとんど使われませんでした。簡略読みは、自然に発生するものがかなり多くあります。

第2章　略語

2－1　略し方の種類

語を省略する方法としてアポストロフィ（'）、ピリオド（.）が使われる外、スラッシュ（／）、ハイフン（－）も使われるのが通例です。

2－1－1　略語の成り立ち
（1）語の最初の1字または数文字をとったもの
　　（例）P.　→　page
　　　　U.S.A（または）USA　→　the United States of America
　　　　JAMA　→　The Journal of the American Medical Association
　　　　No.1　→　ラテン語 Numero の略字。No. を数字の前につけて
　　　　　　　　　第○番（号、巻、部、番地）
　　　　USA　JAMA のようなものを特に頭文字語（initialism）と呼んでいます。
（2）語の最初と最後の字を書いて中間を省略するもの
　　中間を全部省略するもの
　　　（例）hr.　→　hour　　　Mr.　→　Mister
　　中間の主な字を残すもの
　　　（例）Ltd.　→　Limited
（3）最初の字と語中の主な子音を残すもの
　　（例）cf　→　confer　　　Ms　→　manuscript
　　この場合ピリオドをつけることは稀で、残った字を大文字にすることも多い。
（4）省略を示すのにピリオド以外によるもの
　　（例）a/c　→　account　　　B/L　→　bill of lading
（5）頭文字語（initialism）ではあるが、完全な1語のように見え略語であることを忘れさせるもの。
　　（例）radar　→　radio detecting and ranging　レーダー
　　　　unesco　→　the United Nations Educational Scientific and Cultural Organization　ユネスコ
　　このような語を特に頭字語（アクロニム　acronym）という。頭字語は前記の頭文字語の一部に属するものです。
（6）短縮語（clipped word）
　　（例）イラスト　→　イラストレーション　illustration
　　　　エアロビ　→　エアロビクスダンス　aerobic dancing
　　　　カンパ　→　カンパニア　kampanija（ロシア語）
　　　　モーテル　→　モーテル　motel（motor hotel）
　　　　nuke　→　nuclear
　　　　ジュク　→　新宿
　　合成語（compound）、混成語（blend）、複合語（synthesis）などは2語以上の各語の一部をクリッピングして結合したものです。
（7）コード名
　　コード名も略語の仲間といえます。州名（アメリカなど）を表わす郵便番号記号、国際空港名、航空会社名、商品名（数字の場合もある）など。
　　（例）JAL　Japan Air Lines　→　JL.
　　　　ANA　All Nippon Airways Co., Ltd. →　NH.
　　　　KLM　KLM Royal Dutch Airlines　→　KL.

第2章　略語

（8）数字（ローマ数字）

数字もコードであり、商品のバーコードも元は各商品を示す13桁のJAN（Japanese Article Number）という標準化された数字コードです。一般的には略語には入れにくいものです。しかし、ローマ数字は下表の如く略語の中に入れてもよいでしょう。

1	Ⅰ	8	Ⅷ	20	ⅩⅩ	70	LⅩⅩ	600	DC	10,000	X̄
2	Ⅱ	9	Ⅸ	21	ⅩⅩⅠ	80	LⅩⅩⅩ	900	CM	100,000	C̄
3	Ⅲ	10	Ⅹ	25	ⅩⅩⅤ	90	ⅩC	1,000	M	1,000,000	M̄
4	Ⅳ	11	ⅩⅠ	30	ⅩⅩⅩ	100	C	2,000	MM		
5	Ⅴ	12	ⅩⅡ	40	ⅩL	200	CC	3,000	MMM		
6	Ⅵ	13	ⅩⅢ	50	L	400	CD	4,000	MV̄		
7	Ⅶ	14	ⅩⅣ	60	LⅩ	500	D	5,000	V̄		

（Tape recording manual 3rd ed. National Braille Association）

（例）MCMXCIII → 1993　MCMLXXXIII → 1983　MMI → 2001

しゃれた例として「MM21」→「みなとみらい21」（横浜）

（9）記号（略号に準ずるもの）

（例）O → 酸素 Oxygen　　H_2O → 水　　　　m → メートル
　　　kg → キログラム　　m^2 → 平方メートル

これらの記号はピリオドを付さないのが普通です。

（10）ギリシャ文字

ギリシャ文字は略記号として使われる場合があります。

（例）$α$線 → アルファー　セン　　$β$線 → ベーター　セン
　　　X'mas → クリスマス

（11）略語のようで略語でないもの

（例）SOS → エスオーエス　遭難（救難）信号　　　z旗 → ゼットキ

SOSは1906年に制定されたモールス符号で、文字自体には意味がありません。無線電信の遭難信号。転じて一般に救助を求める合図。Z旗も万国信号による26個のローマ字信号の一つ。

2－1－2　略語の複数形・所有格

（1）略語に「-s」を付して複数形を示したもの

（例）hrs. → hours
　　　vols.5 → 1カン　カラ　5カン　マデ、ゼン　5カン

（2）その他の複数形の示しかた

（例）pp.5-10 → 5ページ　カラ　10ページ　マデ

（3）単・複同形のもの（主として単位記号）

（例）m　メートル → 5m、10m
　　　kg　キログラム → 5kg、10kg

2－1－3　略語であることの忘却

略語と思わないで日常使われているものが意外に多い。

（例）アド　ad → advertisement　広告
　　　バス　bus → omnibus　オムニバス　バス
　　　ファン　fan → fantastic　ファンタスチック　ファン
　　　ケアレスミス → careless mistake　ケアレスミステーク
　　　口コミ → 口 + コミュニケーション　クチコミュニケーション（「マスコミ」のもじり）

113

第3部　略語・記号・単位編

2-1-4　アクロニム（頭字語）

アクロニム（acronym）は頭字語と訳されており、頭文字語（initialism）の一部です。略語から普通語に転化しやすいものです。

（例）　SALT　→　Strategic Arms Limitation Talks（戦略兵器削減交渉）
　　　　AMeDAS　→　automated meteorological data acquisition system（アメダス　地球気象観測システム）
　　　　GATT　→　General Agreement on Tariffs and Trade（ガット　関税及び貿易に関する一般協定）
　　　　CIS　→　the Commonwealth of Independent States（シーアイエス　独立国家共同体）

2-1-5　和製欧文略語

欧米では通用しない横文字略語が氾濫しています。

（例）　エレベーター　ガール　→　elevator girl
　　　　オーエル　→　OL（office lady）女性事務員
　　　　ユーフォー　→　UFO（正しくは　ユー　エフ　オーと発音する）
　　　　イメチェン　→　イメージチェンジ　image+change
　　　　シーズンオフ　→　オフシーズン「シーズンオフ」は　和製英語
　　　　キャバクラ　→　cabaret ＋ club
　　　　トレパン　→　トレーニングパンツ　正しくは「sweat pants」もしくは「training pants」
　　　　　　　　　　（英）では、オムツをはずした乳幼児にはかせる用便練習用のパンツ
　　　　フリーター　→　フリーアルバイター　free ＋ Arbeiter
　　　　ロリコン　→　ロリータコンプレックス　Lolita ＋ complex
　　　　　　　　　　ウラジミール・ナボコフの小説「ロリータ」に由来
　　　　ガードマン　→　セキュリティマン
　　　　コンポ　→　ミニ　ステレオ　システム　mini stereo system
　　　　コンセント　→　outlet
　　　　ダイニングキッチン　→　キッチン　ダイニングルーム
　　　　ガステーブル　→　gas stove
　　　　ペアルック　→　matching outfits
　　　　ワンピース　→　dress

2-1-6　隠語

略語は隠語としてしばしば使われています。

（例）　XYZ　→　Examine your zipper
　　　　MMK　→　もててもてて困る（旧海軍）

2-1-7　文献参照・参考文献

日本語の文献には欧文の引用が多く見られます。特に専門書には文献参照、参考文献が頻出します。これらは略語で示されるのが常で、そのまま読んだのでは意味が解らない場合が多くあります。これについては、第4部を参照して下さい。

Column　ライフライン

和製英語ではありません。1971年のサンフェルナンド地震後に、米国の一部の学者が造語した専門用語で、その後第1回米国ライフライン地震工学会議（1977）以後広く使われる用語となりました。読みは「ライフ・ライン」ではなく「ライフライン」とひと続きです。

第2章　略語

2-2　略語の種類

2-2-1　時事略語
　新聞・雑誌類には新しい略語・略記が数多く使われます。これらは頻出するものを除いて略記どおりに読んだのでは意味が通じないものが数多くあります。前後の関係から判断して読みを決めることが必要です。特に新聞では限られたスペースに多くの情報が詰め込まれてあり、初出以外は略記されるのが通例です。新聞の「今日の言葉」「新語解説」などのコラム欄によく注意しておくと役立ちます。

（1）略記のままでよいもの。
　　（例）ASEAN（アセアン）、AIDS（エイズ）、CM（シーエム）、UNTAC（アンタック）、YMCA（ワイエムシーエー）

（2）そのままでは意味が通じないもの。
　　（例）　国名…豪（オーストラリア）
　　　　　団体名…政労協（政府関係特殊法人労働組合協議会）
　　　　　新聞名…ジャパタイ（ジャパンタイムス）
　　　　　言葉…時短（時間短縮）次期防（次期防衛整備計画）
　　　　　駅コン（駅のコンサート）
　　　　（新聞などには初出以外の略記と、略語として通用しているものとがある）

（3）前後の関係からわかる場合もあるもの。
　　（例）自公民　社公民　終電　重文　映倫　駅コン

2-2-2　逐次刊行物（雑誌類）の略記
　逐次刊行物（雑誌類）に限らず、文献名、資料名は略記される場合が多くあります。音訳・点訳する場合、次のような方法が考えられます。
　○略記をそのまま音訳（点訳）する。
　○略記をもとのフルタイトルに戻して音訳（点訳）する。
　○初出の場合のみフルタイトルで読み、以降略記で読む。
　○頻出する場合は、音訳（点訳）者凡例（または音訳（点訳）者注）でその旨を断り略記を使う。一般的には、略記で読むとわかりにくい場合が多いが、これらの方法を音訳（点訳）する図書・資料とその利用者を考慮して方法を選択する。

（1）新聞名
　　主として新聞を読む場合の処理方法です。
　　①全国紙（＊1）の場合は、略記のまま読む。
　　　（例）『…朝日の5月1日付の記事によれば…』
　　　（読み方）『…アサヒノ　ゴガツツイタチヅケノ　キジニヨレバ…』
　　②地方紙（＊2）・業界紙・趣味紙などの場合はフルタイトルで読む。
　　　（例）『…山梨、新潟の5月1日付の記事によれば…』
　　　（読み方）『…ヤマナシニチニチシンブン　ニイガタニッポウノ　ゴガツツイタチヅケノ　キジニヨレバ…』
　　③新聞名には『○○新聞』のほか次のような紙名がある。
　　　（例）　『○○日日新聞』『○○日報』『○○新報』『○○中央新報』『新○○』
　　　　　　『○○タイムス』『日刊○○』
　　④スポーツ紙名など日常テレビ・ラジオなどで略称が頻繁に使われている紙名は略称のまま読んでもよい。
　　　（例）　『スポニチ』　→　スポーツニッポン
　　　　　　『サンスポ』　→　サンケイスポーツ
　　　　　　『トースポ』　→　東京スポーツ

第3部　略語・記号・単位編

　　　　『デイリー』　→　デイリースポーツ
　新聞名は、『国立国会図書館所蔵　国内逐次刊行物目録』『新聞年鑑』などで調べられます。

（＊1）通常、朝日新聞・読売新聞・毎日新聞・産経新聞・日本経済新聞を指す。
（＊2）北海道新聞・西日本新聞・奈良新聞など、県（地域）紙と呼ばれている新聞を指す。

（2）雑誌名

　雑誌類（定期・不定期）の誌名は、略記される場合が多いです。特に専門書に引用される文献参照には略記されることが通例となっています。慣例としてことわる必要のないものを除いて、原則としてフルタイトルに戻して読まないと聴きにくいものとなってしまいます。

①和文雑誌

　日本の雑誌の略誌名については、統一されたものはありません。参考になる目録類にあたり、各目録の「凡例」「索引」などに示されているものを参考にしてください。

　『国立国会図書館所蔵　国内逐次刊行物目録』（国立国会図書館）
　『医学中央雑誌　収載誌目録』（年刊）（医学中央雑誌刊行会）
　『医学雑誌総合目録　国内雑誌編』　第7版　1990　（日本医学図書館協会）
　『医学雑誌総合目録　和文編・国内欧文編・華韓編』　第6版　1980　（日本医学図書館協会）
　『現行医学雑誌所在目録　医・歯・薬学及関係誌』（日本医学図書館会）

②欧文雑誌

　欧文雑誌名は国際的慣例にしたがって略誌名で表わされる場合が多いです。

　○誌名中の冠詞・前置詞・接続詞は省かれています。
　○誌名が一般的な総称語（bulletin, Journal, annual report, yearbook）の場合は識別のため、先ず団体名が示され、それに誌名がつづきますが、ISDS 運営指針では、総称語を冒頭におき、刊行団体をつづけてとる形となっています。
　　　（例）Bulletin…American Physical Society
　○同一誌名を識別するため、誌名のあとに出版地が（　）に入れて付加される場合があります。
　　　（例）Natura（Amsterdam）　　Natura（Milano）
　○参考文献欄などに独自の略誌名表がついている場合は、それにしたがって読んでください。
　○ title word の省略形から完全なかたちにもどすには、まず、「ISO」の資料を参考にしてください。
　　　ISO-4　Documentation…International code for abbreviation of title of periodicals.

完全形がある程度類推できたさいの誌名の同定（確認）には次の資料が役立ちます。

　『国立国会図書館所蔵　外国逐次刊行物目録』（国立国会図書館）
　　1991年末現在　39,540タイトル　追録　1991年　1-6月
　『学術雑誌総合目録　自然科学欧文編』
　『学術雑誌総合目録　人文・社会科学欧文編』
　『学術雑誌総合目録　欧文編（総合補遺編）』
　Coden for periodical titles.
　New serial titles（Wilson）全米逐次刊行物総合目録 1990　4分冊
　Uirich's international periodicals directory（Bowker serials directory）1990-91 29版　3分冊
　International list of periodical titles word abbreviation.
　List of serial word abbreviations（ISDS）
　KWIST: Keyword index to serial titles.（in microfiche）
　ISDS base file（in microfiche）
　Periodical title abbreviations : by abbreviation. vol. 1 Fifth ed. 1986
　Periodical title abbreviations : by title vol. 2 Fifth ed. 1986

> **Column**　「医学中央雑誌収録誌目録」より（抜粋）

誌名	雑誌名
リハ心理研	リハビリテーション心理学研究
リンパ学	リンパ学
理学診療	理学診療
理学療法	理学療法
理研報	理化学研究所報告
理療（技と研）	理学療法—技術と研究—
理療研	理学療法研究
琉球大農学報	琉球大学農学部学術報告
陸自札幌病研所年報	陸上自衛隊札幌地区病院研究年報
臨小児放線研会誌	臨床小児放射線研究会雑誌
臨床麻酔	臨床麻酔（臨床麻酔懇話会）
臨消内科	臨床消化器内科
臨針灸	臨床針灸

2-2-3　聖書の略語

（典拠）聖書名　①『新共同訳聖書　聖書辞典』　2001　（新教出版社）
　　　　　　　　②『聖書学用語辞典』　2008　（日本キリスト教団出版局）

旧約聖書

聖書名①②	①②	聖書名①②	①②
創世記	創	コヘレトの言葉	コヘ
出エジプト記	出	雅歌	雅
レビ記	レビ	イザヤ書	イザ
民数記	民	エレミヤ書	エレ
申命記	申	哀歌	哀
ヨシュア記	ヨシュ	エゼキエル書	エゼ
士師記	士	ダニエル書	ダニ
ルツ記	ルツ	ホセア書	ホセ
サムエル記上	サム上	ヨエル書	ヨエ
サムエル記下	サム下	アモス書	アモ
列王記上	王上	オバデヤ書	オバ
列王記下	王下	ヨナ書	ヨナ
歴代誌上	代上	ミカ書	ミカ
歴代誌下	代下	ナホム書	ナホ
エズラ記	エズ	ハバクク書	ハバ
ネヘミヤ記	ネヘ	ゼファニヤ書	ゼファ
エステル記	エス	ハガイ書	ハガ
ヨブ記	ヨブ	ゼカリヤ書	ゼカ
詩編	詩	マラキ書	マラ
箴言	箴		

旧約聖書続編

聖書名①	聖書名②	①②
トビト記		トビ

第3部　略語・記号・単位編

ユディト記		ユディ
エステル記（ギリシャ語）	ギリシャ語エステル記	エス・ギ
マカバイ記一		Ⅰマカ
マカバイ記二		Ⅱマカ
知恵の書		知
シラ書（集会の書）		シラ
バルク書		バル
エレミヤの手紙		エレ・手
アザルヤの祈りと三人の若者の賛歌		アザ
スザンナ		スザ
ベルと竜		ベル
エズラ記（ギリシャ語）	ギリシャ語エズラ記	エズ・ギ
エズラ記（ラテン語）	ラテン語エズラ記	エズ・ラ
マナセの祈り		①マナ　②マナセ

新約聖書

聖書名①	聖書名②	①②
マタイによる福音書	マタイ福音書	マタ
マルコによる福音書	マルコ福音書	マコ
ルカによる福音書	ルカ福音書	ルカ
ヨハネによる福音書	ヨハネ福音書	ヨハ
使徒行伝	使徒言行録	使
ローマの信徒への手紙	ローマ書	ロマ
コリントの信徒への手紙一	第一コリント書	Ⅰコリ
コリントの信徒への手紙二	第二コリント書	Ⅱコリ
ガラテヤの信徒への手紙	ガラテヤ書	ガラ
エフェソの信徒への手紙	エフェソ書	エフェ
フィリピの信徒への手紙	フィリピ書	フィリ
コロサイの信徒への手紙	コロサイ書	コロ
テサロニケの信徒への手紙一	第一テサロニケ書	Ⅰテサ
テサロニケの信徒への手紙二	第二テサロニケ書	Ⅱテサ
テモテへの手紙一	第一テモテ書	Ⅰテモ
テモテへの手紙二	第二テモテ書	Ⅱテモ
テトスへの手紙	テトス書	テト
フィレモンへの手紙	フィレモン書	フィレ
ヘブライ人への手紙	ヘブライ書	ヘブ
ヤコブの手紙	ヤコブ書	ヤコ
ペトロの手紙一	第一ペトロ書	Ⅰペト
ペトロの手紙二	第二ペトロ書	Ⅱペト
ヨハネの手紙一	第一ヨハネ書	Ⅰヨハ
ヨハネの手紙二	第二ヨハネ書	Ⅱヨハ
ヨハネの手紙三	第三ヨハネ書	Ⅲヨハ
ユダの手紙	ユダ書	ユダ
ヨハネの黙示録	ヨハネ黙示録	黙

Column 「人」の読み方

使われる読み	使用聖書	出版社
書名・本文ともローマジン、エジプトジン、ナザレジン（＝イエス・キリストを指す）など概ねジン。ただし、パリサイビト、サドカイビトなどはビト。	新改訳聖書 （日本聖書刊行会）	いのちのことば社
「ローマビトへの手紙」など書名はすべてビト。本文中ではローマジン、エジプトジンなど概ねジン。ただし、ナザレビト、パリサイビト、サドカイビトなどはビト。	口語訳聖書 （日本聖書協会）	日本基督教団出版局 キリスト新聞社
ローマジン。エジプトジンなど概ねジン、ビトはほとんど使わない。ただしナザレのヒト、サドカイ派のヒトなどはヒト。	新共同訳聖書 （日本聖書協会）	教文館

2－2－4　生没年の略記

　生没年は姓名のあとに（　）を入れ生年と没年をハイフン、ダッシュなどで結んで表記されるのが普通です。生没年が不詳の場合などもあり、その表記方法もいろいろ見られます。また、在世期間（在位期、活躍期）を表わした場合などもあり、音訳、点訳にあたっては注意をして下さい。

使われる略語・略記・記号

?　生　死　頃　＋　Ca　ca.　C.　c.　floruit　flor.　fl.　†

（1）生没年（月日）が示されているもの

表記	読み方と例
(1905-1991)	センキュウヒャクゴネン　ウマレ　センキュウヒャクキュウジュウイチネン　ボツ
(1905.3.1-1991.12.12)	センキュウヒャクゴネン　サンガツ　ツイタチ　ウマレ センキュウヒャクキュウジュウイチネン　ジュウニガツ　ジュウニニチ　ボツ

（2）生年または没年の不明のもの

表記	読み方と例
(　-1992)	セイネン　フメイ（クーハク）ボツネン　センキュウヒャク　キュウジュウニネン
(1720?-1769?)	セイネン　センナナヒャクニジュウネン　ギモンフ　ボツネン　センナナヒャクロクジュウクネン　ギモンフ

（3）没年のみ表記のもの

表記	読み方と例
(+856)	ボツネン　ハッピャクゴジュウロクネン
(+111 頃)	ボツネン　ヒャクジュウイチネン　ゴロ
(1204 死)	センニヒャクヨネン　シボウ

（4）生没年がはっきりせず、おおよその年を表記したもの

表記	読み方と例
(1210/15-1292/94)	セイネン　センニヒャクジュウネン　カラ　ジュウゴネン　ゴロ　ボツネン　センニヒャクキュウジュウニネン　カラ　キュウジュウヨネン　ゴロ
(c.1021-c.1070)	センニジュウイチネン　ゴロ　ウマレ　センナナジュウネン　ゴロ　ボツ
(ca.1215-1286)	センニヒャクジュウゴネン　ゴロ　ウマレ　センニヒャクハチジュウロクネン　ボツ
(ca.1300-1345/50)	センサンビャクネン　ゴロ　ウマレ　センサンビャクヨンジュウゴネン　カラ　ゴジュウネンノ　アイダニボツ

（5）在世期、活躍期を示したもの

表記	読み方と例
(floruit　c.847.AD)	セイレキ　ハッピャクヨンジュウナナネン　ゴロ　カツヤク
(flor.c.847　AD)	
(fl.c.847　AD)	

（6）現存者の表記

表記	読み方と例
(1945-)	センキュウヒャクヨンジュウゴ　ネン　ウマレ
(1950 生)	センキュウヒャクゴジュウネン　ウマレ

第3部 略語・記号・単位編

（7）系図などでの表記

系図などで氏名に「†」（短剣符）が付してあるのは死亡を示しています。

C. Ca. ca.···chronological age

floruit flor. fl.··· 在世期、活躍期、特に出生死亡年月不明の場合に用いる。

（事例）
① 聖 Bonaventura（ボナベンツラ）（1221-1274）
② フリッツ・オナッシュ　Fritz Onasch（1945 死）
③ カール　神学者カール・バルト　Karl Barth（1886 生）
④ アヴィセブロン（Salomon ibn Gabirol c. 1021-c. 1071）
⑤ Johannes Scotus Eriugena（ヨハネス スコトス エリウグナ）（floruit c. 847 A.D.）
⑥ 博学の聞こえ高きアルクイヌス（735-804 頃）
⑦ ラバヌス・マウルス（+856）やランスのヒンクマル（+882）等に···
⑧ Avempace（Ibn Badija +1138）や Abubacer（Ibn Tofail +1185）の如き··
⑨ はんとした Al Gazali（+1111 頃）の没後···
⑩ 最後には Guillaume de Moerbecke（ギョーム ド メールベック）（ca 1215-1286）の···
⑪ 英国人たるスコトス（1266/74-1308）やオカム（c.1300-1349/50）を···
⑫ Rogerius Bacon（1210/1292/94）
⑬ コルドヴァのマイニデス（Moise ben Maimon 1135-1204）

第3章　記号

3-1　約物記号

　文字・数字以外の各種の記号活字を印刷用語で約物（やくもの）と呼んでいます。文章や語句などを区切ったり、省略や強調を示したりするための一種の約束記号。句読点、括弧などの記述記号の他、数学や医学などの特定分野で用いられる記号などがあります。この項では記述記号を中心に主なものを示しました。特定分野のものについては、それぞれの項を参照してください。

　なお、情報処理記号の多くは印刷用語を使っています。

	記号	記号の名称・意味	読みと例
1	、	点、読点、句とう、チョボ、受点	テン
2	。	句点、丸、はし丸、終止符、とめてん、受丸、はじまる	マル
3	・	中黒、中点、中ぽつ、ぽつ、中丸	ナカテン　文字と文字の間に使う
4	．	ピリオド	ピリオド、ポイント、フルストップ、フルポーズ
5	，	コンマ、カンマ	コンマ、カンマ
6	:	コロン、ふたつてん、かさねてん	
7	;	二重句点、セミコロン、テンコンマ、半二重句点	セミコロン
8	?	疑問符、抑揚符、耳だれ、耳、クエスチョンマーク、インターロゲーションマーク	ギモンフ、クエスチョンマーク、インターロゲーションマーク、ピリオドを含んだ句読点で、終止符としての機能を持つ
9	⸮	ななめ疑問符	ナナメギモンフ
10	??	二重疑問符、重ね疑問符、ふたつ耳、ふたつ耳だれ	ニジュウギモンフ
11	!	感嘆符、雨だれ、しずく、エクスクラメーションマーク	カンタンフ、エクスクラメーションマーク

第3章　記号

12	╱	ななめ感嘆符	ナナメカンタンフ
13	‼	二重感嘆符、重ね感嘆符、ふたつ雨だれ	ニジュウカンタンフ
14	‼!	三重感嘆符	サンジュウカンタンフ　劇画で多用されている。
15	?! !?	ダブルだれ	ダブルダレ　「!?」が3割位「?!」が7割位使われている
16	丶	いちの字点　ひとつ点、平仮名送り、送り点平仮名がえし点、ひらがながえし	
17	ゞ	にの字点　にの字送り　ぴりぴり	
18	〱	くの字点　大返し　二倍送り	二字の「かな」をくり返すときに使う 18、19、20は踊字、畳字、重字ともいう
19	々	同の字点、漢字送り　漢くり	
20	〃	チョンチョン、ノの字点	
21	-	ハイフン、つなぎ、つなぎてん　連字符、接辞符	ハイフンは「分割」と「つなぎ」の機能を持つ
22	━	太ハイフン	ハイフン
23	＝	二重ハイフン	例　ナポレオン＝ボナパルド
24	―	ダッシュ、ダッシ、なか線、中棒、単柱	
25	＝	二重ダッシュ	二重ダッシュ、双ケイ　ニジュウダッシュ
26	〜	波形、波ダッシュ、スワンダッシュ、波	ナミセン、〜から〜まで省略を示す。
27	‥	二点リーダー、二連点	テンテン
28	…	三点リーダー、三連点	テンテンテン
29	‥‥	四点リーダー、四連点	テンテンテンテン
30	……	六点リーダー、六連点、テンテン	テンテンテン、テンセン 27-32は、特に区別する必要がないことが多い
31	………	リーダー、テンテンテン	テンテンテン、テンセン
32	- - - -	テンセン、ミシン罫、リーダー	テンテンテン、テンセン
33	†	ダガー、短剣符、剣標、剣じるし、短剣標	タンケンフ、ダガー
34	††、‡	ダブルダガー、二重短剣符、二重短剣標、二重剣じるし	ニジュウタンケンフ、ダブルダガー 「33〜40」は、注・脚注・頭注などの記号として使われる
35	※	米じるし	コメジルシ
36	＊	アステリスク、スター、こんぺいとう、星じるし、星標	アステリスク、ホシジルシ
37	∴	アステリズム、三星標	アステリズム
38	§	セクション、セクションマーク、章標、節標、ナワ	セクション
39	§§	ダブルセクション、二重章標、二重節標	ダブルセクション
40	→ ← ↑ ↓	指差し記号	サンショウ
41	‖	パラレル、並行符	パラレル
42	¶	パラグラフ、段落記号	パラグラフキュー
43	ℙ	パラグラフ、段標記号	パラグラフピー
44	＃	番号符、ナンバー、シャープ	ナンバー、シャープ　例）＃567 例）＃67 ロクジュウナナバン
45	☆	白星印、白スター	ホシジルシ、シロホシジルシ
46	★	黒星印、黒スター	ホシジルシ、クロボシジルシ
47	○	丸印、白丸	マル、シロマル
48	●	太丸印	マル、フトマル
49	◎	二重丸印	マル、ニジュウマル
50	◉	蛇の目印	ジャノメジルシ
51	●	黒丸	マル、クロマル
52	□	白四角	シカク、シロシカク
53	■	黒四角	シカク、クロシカク

第3部　略語・記号・単位編

54	△	白三角	サンカク、シロサンカク
55	▲	黒三角	サンカク、クロサンカク
56	◇	白菱形	シロビシ
57	◆	黒菱形	クロビシ
58	卍	まんじ	マンジ
59	→	矢印	ヤジルシ、ミギムキヤジルシ
60	←	矢印	ヤジルシ、ヒダリムキヤジルシ
61	↑	矢印	ヤジルシ、ウエムキヤジルシ
62	↓	矢印	ヤジルシ、シタムキヤジルシ
63	⇔	両矢印	リョウヤジルシ、リョウムキヤジルシ
64	⇒	白抜き矢印	ヤジルシ、シロヌキヤジルシ
65	〳	唄記号	ウタキゴウ
66	①	丸中数字	イチ、マルイチ
67	❶	白抜き数字	イチ、マルイチ、シロヌキイチ
68	㋑	丸中片カナ	イ、マルイ
69	ⓐ	丸中欧文	エー、マルエー
70	(a)	パーレン付	エー、カッコエー
71	＋	加算記号	プラス、タス
72	−	減算記号	マイナス、ヒク
73	／	斜線	シャセン、スラッシュ
74	○| ○| ○|	傍線、ワキセン	ワキセン、ボウセン　アンダーラインのタテ書き版
75	○、 ○、 ○、	傍点	ワキテン、ボウテン
76	○○○	アンダーライン	アンダーライン 欧文やヨコ書きの場合に使う。1本ものや2本もの、波線（wavy line）がある
77	〒	郵便マーク、郵便番号	ユービンバンゴウ 例）〒 262-0019　読み方（粒読み）
78	TEL	電話マーク	デンワバンゴウ TEL 043-272-3276　読み方「デンワ　レイ　ヨンサン　ニーナナニー　サンニーナナロク」
79	( )	括弧、丸括弧、パーレン、挿入符	カッコ、マルカッコ
80	《 》	二重括弧、二重パーレン、二重弓形かっこ	ニジュウカッコ、ニジュウマルカッコ
81	【 】	亀甲括弧、太亀甲、すみつきパーレン、 太キッコー、ブラケット、ゴシックパーレン	キッコウ、キッコウカッコ
82	[ ]	角がっこ、ブラケット、太がっこ、箱パーレン	カクガッコ
83	〖 〗	二重亀甲括弧、二重そでかっこ	キッコウ、ニジュウキッコウ、キッコウカッコ、ニジュウキッコウカッコ
84	〔 〕	亀甲括弧、キッコー、そでかっこ、 亀甲パーレン、ブラケット	キッコウガッコ
85	「 」	鍵括弧、かぎ、ひっかけ、一重かぎ	カギ、カギカッコ
86	『 』	二重鍵括弧、二重ひっかけ	ニジュウカギ、ニジュウカギカッコ
87	〈 〉	山形括弧、ギュメ、アングルブラケット、 フランスパーレン、山パーレン	ヤマガタ、ヤマガタカッコ
88	《 》	二重山形、二重ギュメ	ヤマガタ、ヤマガタカッコ、ニジュウヤマガタ、ニジュウヤマガタカッコ
89	{ }	中括弧、ブレース	チュウカッコ
90	)	半かっこ	ハンガッコ

91	'	アポストロフィ、アポ、省略符	アポ 文字等の右肩につける。引用や会話を閉じる符号にも用いる
92	' '	クオーテーションマーク、引用符、アポ、逆アポ	クオーテーション
93	" "	ダブルクオーテーションマーク、 ダブルアポ、二重引用符、二重逆アポ	クオーテーション、ダブルクオーテーション
94	〃 〃	ちょんちょんがっこ、ダブルミニュート、ノのかぎ、ひげ、鷹の爪、猫の爪	チョンチョンカッコ

3-2 数学記号

3-2-1 読みの原則

　数学記号については、1つの記号で異なった読みをする場合があります。内容または主題、程度を考慮し読み分ける必要が生じます。
（1）記号をそのまま読む。（例）π　パイ
（2）記号をその意味で読む。（例）π　円周率
（3）記号を日本語で読む。（例）≡　合同
（4）記号を原語で読む。（例）≡　イクイヴァレントなり
　「読み」は原則として、利用者が点訳することを考慮し、点訳の手順（＊）を尊重して読むように努めます。記号をどのように読むかの考え方には次の二通りがあります。
①その記号のもつ概念や定義に忠実な読み方、またはその記号のもつ意味や内容をより明確にする読み方。
②もっぱらその記号の形や形式から見た読み方。
　本稿では、その双方をとりあげますが、音訳にあたっては点訳されることを考慮し、原則として②の考え方で処理する方がどちらかといえば良い方法ではないかと考えます。
　「△abc」の読みは「三角形マークabc」と「三角形abc」の二通りが考えられます。「マーク」という語を追加した方が、記述文としての「三角形」と、記号・マークとしての「△」が区別できるようになります。

（＊）『点字数字記号解説　暫定改訂版』（日本点字委員会）

3-2-2 数式の読みの原則

（1）式は定まった順序（点字表記の順序）にしたがって読む。
（2）大文字は、「ラージ（またはキャピタル）」、「大文字」を添えて読む。
（3）分数の読み方
　　○「$1\frac{1}{2}$」①イッカ　ニブンノ　イチ
　　　　　　②イチト　ニブンノ　イチ
　　○「2/3、3/4、b/a」は　サンブンノ　ニ、ヨンブンノ　サン、エーブン　ノ　ビー
　　○「$\frac{c+d}{a+b}$」は　ブンスウ　ブンシ　シー　プラス　デイー　ブンボ　エー　プラス　ビー
　　（注意）「エー　プラス　ビーブンノ　シー　プラス　デイー」と読むと「$a+\frac{c}{b}+d$」と混同します。
（4）二乗の読み方
　「5^2」「a^2」①ゴノ　ジジョウ
　　　　　　②エーノ　ニジョウ（現在は②の読み方が一般的）

第3部　略語・記号・単位編

3－2－3　添え字（数）の読み

文字、数字につけられた添え字（数字）は、下から上の順に読みます。

（例）　$\int_1^2 \int_a^b$　インテグラル　イチ　カラ　ニ　マデ
　　　　　　　　　インテグラル　エー　カラ　ビー　マデ

③A②
④　①

① 1、サフィックス　…　サフィックスオワリ
　 2、ミギシタニ　…　モドッテ（マデ）
② 1、インデックス　…　インデックスオワリ
　 2、ミギウエニ　…　モドッテ（マデ）
③ 1、プレインデックス　…　プレインデックスオワリ
　 2、ヒダリウエニ　…　モドッテ（マデ）
④ 1、プレサフィックス　…　プレサフィックスオワリ
　 2、ヒダリシタニ　…　モドッテ（マデ）

（注1）「上付数字」「下付数字」とも読まれる。
（注2）行列および行列式の添え字は、別の簡略読みによることが便利なときはそれによります。

《参考文献》

『録音図書制作の実際…朗読ボランティアのために…』　第7版　2004（日本点字図書館）
『音訳マニュアル　視覚障害者用録音図書製作のために　音訳・調査編』　改訂版　2006（全国視覚障害者情報提供施設協会）
『岩波数学辞典　第4版』　2007　（岩波書店）
『岩波数学入門辞典』　2005　（岩波書店）

3－2－4　算術および代数記号

	記号	記号の名称・意味	読みと例
1	＋	加算記号、加	タス、プラス　5+5=10　ゴ　タス　ゴ　ワ　ジュウ 　　　　　　　　　　　ゴ　プラス　ゴ　ワ　ジュウ
2	－	減算記号、負	ヒク、マイナス　10-7=3　ジュウ　ヒク　ナナ　ワ　サン 　　　　　　　　　　　ジュウ　マイナス　ナナ　ワ　サン
3	÷	除算記号、割る	ワル　10÷5=2　ジュウ　ワル　ゴ　ワ　ニ
4	×	乗算記号、掛ける	カケル　a×3=3a　エー　カケル　サン　ワ　サンエー
5 6	― ／	分数記号、 分数記号	ブンスウ、…ブンノ…、オーバー、タイ、 　$\frac{2}{3}$　サンブンノニ 　b/a　エーブンノビー、 　（分子・分母ともに一つの数、文字の時） 　a/2b + 3c 　エー　オーバー　ニビー　プラス　サンシー、 　エー　オーバー　ブンボガ　ニビー　プラス　サンシー （注）「分数」と表示し、つづいて分子を、次に分母を読む。 　　読み終ったら　「まで」または「終り」と読む。
7	＝	等号記号	イコール、ヒトシイ　論理記号では「パラレル」 　a + b=c　エー　プラス　ビー　イコール　シー
8	≠	不等号記号	ノットイコール、イコールナラズ、ヒトシクナイ 　a ≠ b　エー　ヒトシカラズ　ビー 　　　　　エー　ノットイコール　ビー
9	≡	合同記号	ツネニヒトシイ、幾何記号では「ゴウドウ」
10	≢	不合同記号	ツネニヒトシクナイ、

第3章　記号

11	≒		ホトンドヒトシイ、ホボヒトシイ、ホボイコール、ニアリーイコール、
12	±	加減	プラスマイナス　a±b　エー　プラスマイナス　ビー
13	＞	不等号記号	オオキイ、ダイナリ、ヨリオオキイ 　　A＞B　エー　ワ　ビーヨリ　オオキイ
14	≯	同上	ダイデナイ　a≯5　エー　ワ　ゴヨリ　ダイデナイ
15	＜	同上	チイサイ、ショウナリ、ヨリチイサイ
16	≮	同上	ショウデナイ
17	≧		ダイナリイコール、オオキイイコール、ヨリオオキイカヒトシイ
18	≦		ショウナリイコール、チイサイイコール、ヨリチイサイカヒトシイ
19	≫		ヒジョウニオオキイ
20	≪		ヒジョウニチイサイ
21	：	比例記号、比	タイ　a:b　エー　タイ　ビー
22	∽	相似記号	ソウジ
23	∞	無限大記号	ムゲン、ムゲンダイ
24	！　L	階乗記号	カイジョウ　n!　エヌ　カイジョウ
25	a^n		エーノエヌジョウ
26	√	根号記号、平方根	ヘイホウコン、ルート　$\sqrt{a+b}$　ルート　エー　プラス　ビー
27	$\sqrt[3]{\ }$	根号記号、立方根	リッポウコン
28	$\sqrt[n]{\ }$	根号記号、n乗根	エヌジョウコン
29	|a|	絶対値	ゼッタイチ、ゼッタイチエー
30	π	円周率記号	エンシュウリツ、パイ
31	（　）	くくり記号、括弧	カッコ（ショウカッコ）…トジ
32	｛　｝	くくり記号、括弧	チュウカッコ…トジ
33	［　］	くくり記号、括弧	ダイカッコ…トジ
34	・	中点	ドット、ナカテン
35	；	セミコロン	セミコロン
36	|　|	行列	ギョウレツ　行列A＝$\begin{vmatrix} 1, & -3 \\ 3, & 7 \end{vmatrix}$ ギョウレツ　エーイコール　ギョウレツノタテセン　ヒラク　イチ　マイナスサン　カイギョウ　サン　ナナ　ギョウレツノタテセン　トジル
37		行列式	ギョウレツ $\begin{bmatrix} a_{11} & a_{12} \cdots a_{1n} \\ a_{21} & a_{22} \cdots a_{2n} \\ & \cdots \\ & \cdots \\ a_{n1} & a_{n2} \cdots a_{nn} \end{bmatrix}$ ギョウレツノ　カッコ　ヒラク　エー　イチイチ　エー　イチ　ニ　テンテンテン　エー　イチエヌ　カイギョウ　エー　ニーイチ　エー　ニーニー　テンテンテン　エー　ニエヌ　カイギョウ　テンテンテン　カイギョウ　エー　エヌイチ　エー　エヌニ　テンテンテン　エー　エヌエヌ　ギョウレツノ　カッコ　トジル
38	…	等	テンテンテン 　　π＝3.14159…… 　　パイ　イコール　サンテン　イチヨンイチゴキュー 　　テンテンテン 　　{1, 2, 3, …∞} 　　チューカッコ　ヒラク　イチ　ニー　サン　テンテン　テンテンテン　ムゲンダイ　チュウカッコ　トジル
39	∴	故に	ユエニ　∴a^2=b　ユエニ　エーノ　ニジョウ　イコール　ビー

125

第3部　略語・記号・単位編

40	∵	何故なら	ナゼナラバ　∵a=√b　ナゼナラバ　エー　イコール　ルート　ビー
41	⇒ →	示す、矢印	ヤジルシ　a→b　エー　ヤジルシ　ビー
42	→	近づく、矢印	A $\xrightarrow{f}$ B　ラージ　エー　ヤジルシ　ウエニ　エフ　ヤジルシ　オワリ　ラージ　ビー
43	↔	矢印	リョウヤジルシ、リョウムキヤジルシ
44	‖	即ち	スナワチ
45	∶	即ち	スナワチ
46	∝	比例	

$2ax = \dfrac{y}{b} + \dfrac{4+cz}{d}$
ニー　エー　エックス　イコール　ビーブンノ　ワイ　プラス　ブンスウ　ブンシガ　ヨン　プラス　シー　ゼット　ブンボガ　デイー　マデ（オワリ）

$\dfrac{a+b}{2} \geq \sqrt{a+b}$
ブンスウ　ブンシガ　エー　プラス　ビー　ブンボガ　ニ　ブンボオワリ　ダイナリ　イコール　ルート　エー　プラス　ビー　ルートオワリ

$A_1 \leq A_{n-1}$
キャピタル　エー　サフィックス　イチ　サフィックス　オワリ　ショウナリ　アンダーバー　キャピタル　エー　サフィックス　エヌ　マイナス　イチ　サフィックス　オワリ

$\alpha \geq x \geq \beta$
アルファー　ダイナリ　アンダーバー　エックス　ダイナリ　アンダーバー　ベータ

$a \times b = a \cdot b$
エー　カケル　ビー　イコール　エー　ナカドット　ビー

3-2-5　幾何記号

	記号	記号の名称・意味	読みと例
1	⎴	線分	センブン　$\overline{AB}$　センブン　エービー
2	∠	角記号	カク　∠AOB　カク　エーオービー
3	⌒	角記号	カク　$\overset{\frown}{AOB}$　カク　エーオービー
4	⊥	垂直記号	スイチョク、チョッコウマーク 　　AH⊥BC　エーエイチ　スイチュク　ビーシー 　　AB⊥CD　エービー　チョッコウマーク　シーデイー
5	⌐	直角記号	チョッカク
6	∠R	〃	チョッカク
7	‖	平行記号	ヘイコウ、ヘイコウナリ　l‖m　エル　ヘイコウナリ　エム
8	⫫	平行で長さが等しい	ヘイコウナリ　チョッカクナリ、パラレル
9	△	三角形記号	サンカクケイ、サンカクケイマーク 　　△ABC　サンカクケイ（マーク）エービーシー
10	□	正方形記号	セイホウケイ、セイホウケイマーク 　　□ABCD　セイホウイケイ（マーク）エービーシーデイー
11	▱	平行四辺形記号	ヘイコウシヘンケイ、ヘイコウシヘンケイマーク 　　▱ABCD　ヘイコウシヘンケイ（マーク）エービーシーデイー
12	▭	四角形記号	シカクケイ、シカクケイマーク 　　▭ABCD　シカクケイ（マーク）エービーシーデイー
13	⌒	弧記号	コ　$\overset{\frown}{AB}$　コ　エービー
14	≡	合同記号	ゴードー　△ABC≡△DEF 　　サンカクケイ（マーク）エービーシー　ゴウドウ 　　サンカクケイ（マーク）デイーイーエフ

第3章　記号

15	∽	相似記号	ソウジ、ソウジナリ 　　△ABC∽△DEF 　サンカクケイ（マーク）エービーシー　ソウジナリ 　サンカクケイ（マーク）ディーイーエフ
16	∴		ユエニ、ユエニマーク
17	∵		ナゼナラバ、ナゼナラバマーク
18	□°	度	ド　60°　ロクジュウド
19	□′	分	フン　5′　ゴフン
20	□″	秒	ビョウ　30″　サンジュウビョウ
21	φ	直径	チョッケイ、ファイ
22	R	半径	ハンケイ

3−2−6　関数、微分・積分記号

	記　号	記号の名称・意味	読　み　と　例
1	log	対数	ログ、ロガリズム　（注）エルオージー　とは読まない 　　$\log_{10}(x+y)$ 　　ログ　ミギシタニ　ジュウ　モドッテ　カッコヒライテ 　　エックス　プラス　ワイ　トジル、 　　ログ　ジュウノ　カッコ　ヒライテ　エックス　プラス 　　ワイ　トジル
2	ln	自然対数	エルヌ
3	colog	余対数	シーオーログ　$\operatorname{colog}_a x = \log_a \frac{1}{x}$ 　　シーオーログ　エーノ　エックス　イコール 　　ログ　エーノ　エックスブンノ　イチ
4	antilog	逆対数	エーエヌティーアイ　ログ
5	exp	指数関数	イー　エックス　ピー、エクスポネンシャル、
6	sup	上限	エス　ユー　ピー、スープ
7	inf	下限	アイ　エヌ　エフ
8	$\overrightarrow{□}$	矢印、ベクトル	ヤジルシ、ベクトル ウエニヤジルシ…ヤジルシ　オワリ（2つ以上の文字、式のとき） アッパーヤジルシ（1つの文字のときに限る） 　$\overrightarrow{AB}$　キャピタル　エービー　ベクトル 　$A \to B$　エー　ヤジルシ　ビー 　$\overrightarrow{AB} = -\vec{a}$ 　　ウエニ　ヤジルシ　エービー　ヤジルシオワリ 　　イコール　マイナス　エー　アッパーバー
9	／	斜線	シャセン
10	|a|	絶対値	タテセン　エー　タテセン、ゼッタイチ…ゼッタイチオワリ、 スリバ…スリバ、 　y=|a|　ワイ　イコール　スリバ　エー　スリバ 　|a-b|　ゼッタイチ　エー　マイナス　ビー　ゼッタイチ　オワリ
11	sin	正弦	サイン　sin 30°　サイン　サンジュウド
12	cos	余弦	コサイン　cos π　コサイン　パイ
13	tan	正接	タンジェント　tan α + tan β 　タンジェント　アルファー　プラス　タンジェント　ベータ
14	cot	余接	コタンジェント　$1 + \cot^2 \theta$ 　イチ　プラス　コタンジェントノ　ニジョウ　シーター
15	sec	正割	セカント

127

第3部　略語・記号・単位編

16	cosec	余割	コセカント　$\csc\theta = \dfrac{1}{\sin\theta}$ 　　コセカント　シーター　イコール　ブンスウ　ブンシ　イチ　ブンボ　サイン　シーター　マデ（ブンスウ　オワリ）
17	arcsin	逆正弦	エーアールシー　サイン、アーク　サイン
18	arccos	逆余弦	エーアールシー　コサイン、アーク　コサイン
19	$\sqrt{\ }$	根号	ルート ルート　ナカガ…ルート　オワリ、 　　（ルートの中が2つ以上の文字、式のとき） $\sqrt{5}$　ルート　ゴ $\sqrt{a}+h$　ルートノナカニ　エー　プラス　エイチ
20	$\sqrt[n]{\ }$	累乗根	エヌジョウコン　ナカガ…ルートオワリ、 ルート　ミギウエニ　エヌ　モドッテ…マデ $\sqrt[n]{a}$　ルート　ミギウエニ　エヌ　モドッテ　ルートエー
21	$\sqrt{\sqrt{\ }}$	二重根号	ルート　ナカガ…ルート　ナカガ…ルート　オワリ　ルート　オワリ $1-\sqrt{x}=\sqrt{x-\sqrt{1-x}}$ 　　イチ　マイナス　ルート　エックス　イコール　ルート　ナカガ　エックス　マイナス　ルート　ナカガ　イチ　マイナス　エックス　ルート　オワリ　ルート　オワリ
22	lim	極限	リミット　$\lim a_n = \alpha$ 　　リミット　エー　サフィックス　エヌ　サフィックス　オワリ 　　イコール　アルファー
23	$\lim_{n\to\infty}$	極限値	リミット　シタニ　エヌ　ヤジルシ　ムゲンダイ　シタ　オワリ
24	∞	無限大	ムゲンダイ
25	f（x）	導関数	エフ　カッコ　エックス　カッコトジ、エフエックス
26	Δ	変分	デルタ（マーク）、デルタ　Δt →0 デルタ　ティー　ヤジルシ　ゼロ $\Delta = \dfrac{\partial^2}{\partial x^2} + \dfrac{\partial^2}{\partial y^2}$ ①デルタ（マーク）イコール　ラウンドデイ　ノ　ニジョウ　バイ　ラウンドデイ　エックス　ノ　ニジョウ　プラス　ラウンドデイ　ノ　ニジョウ　バイ　ラウンドデイ　ワイノ　ニジョウ ②デルタ（マーク）イコール　ブンスウ　ブンシ　ラウンドデイ　ニ　ジョウ　ブンボ　ラウンドデイ　エックスノ　ニジョウ　マデ　プラス　ブンスウ　ブンシ　ラウンドデイノ　ニジョウ　ブンボ　ラウンドデイ　ワイノ　ニジョウ　マデ
27	Σ	総和	シグマ $\sum_{n=1}^{\infty} a_n$　キャピタル　シグマ　シタニ　エヌ　マイナス　イチ　ウエニ　ムゲンダイ　モドッテ　エー　ミギシタニ　エヌ
28	π　Π	パイ	パイ　円周率記号　相乗積記号
29	∫	積分　インテグラル	インテグラル
30	$\int_a^b$	定積分	インテグラル　エー　カラ　ビー　マデ インテグラル　ミギシタニ　エー　ミギウエニ　ビー
31	$\int_C$		インテグラル　サフィックス　キャピタル　シー　サフィックス　オワリ
32	∬	積分2つ、 インテグラル2つ	インテグラル　インテグラル

第3章　記号

33	$\iint_D$		インテグラル　インテグラル　シタニ　キャピタル　デイー　シタ　オワリ
34	$\oint$		インテグラル　ニ　シロマルマーク
35	dx	微分	デイー　エックス
36	dy		デイー　ワイ
37	∂y	偏微分	ラウンド　デイ　ワイ
38	!	階乗　階乗マーク	カイジョウ　　n!　エヌ　カイジョウ

$\int_1^3 x^2 dx = [\frac{1}{3}x^3]_1^3 = \frac{1}{3}(3^3-1^3)$
インテグラル　イチカラ　サンマデ　エックスノ　ニジョウ　デイー　エックス　イコール　ダイカッコ　サンブンノイチ　エックスノ　サンジョウ　ダイカッコトジ　サフィックス　イチ　サフィックス　オワリ　インデックス　サン　オワリ　イコール　サンブンノイチ　カッコ　サンノ　サンジョウ　マイナス　イチノ　サンジョウ　カッコトジ

$\iint_D (x^2+y^2)dxdy = \int_0^1 dx \int_x^{\sqrt{x}} (x^2+y^2)dy$
インテグラル　インテグラル　サフィックス　キャピタル　デイー　サフィックス　オワリ　カッコ　エックスノニジョウ　プラス　ワイノニジョウ　カッコトジ　デイー　エックス　デイーワイ　イコール　インテグラル　ゼロカラ　イチマデ　デイー　エックス　インテグラル　エックスカラ　ルートエックス　マデ　カッコ　エックスノ　ニジョウ　プラス　ワイノ　ニジョウ　カッコトジ　デイーワイ

3-2-7　集合記号

	記号	記号の名称・意味	読み と 例
1	⊂	部分集合	フクマレル、サブセットナリ 　B⊂A　キャピタル　ビー　サブセットナリ　キャピタル　エー 　A₁=A₂⊂A₃ 　キャピタル　エー　サフィックス　イチ　サフィックス　オワリ　イコール　キャピタル　エー　サフィックス　ニ　サフィックス　オワリ　サブセットナリ　キャピタル　エー　サフィックス　サン　サフィックス　オワリ
2	⊃	部分集合	フクム、インクルードナリ 　A⊃B　キャピタル　エー　インクルードナリ　キャピタル　ビー
3	⊆		サブセットイコール（マーク） 　A⊆B　キャピタル　エー　サブセット　イコール　マーク　キャピタル　ビー
4	⊇		インクルード（イコール）マーク 　A⊇B　キャピタル　エー　インクルード　イコール（マーク）キャピタル　ビー
5	∩	積集合　共通部分	キャップ、ミート 　A∩B　キャピタル　エー　ミート（キャップ）キャピタル　ビー
6	∪	和集合　合体集合	カップ、ジョイント 　A∪B　キャピタル　エー　ジョイント（カップ）キャピタル　ビー
7	∈	集合の元（要素）	ゾクスル、フクマレル、ビロングナリ 　a∈A　エー　ビロングナリ（フクマレル）キャピタル　エー
8	∋	要素として含む	コンテインナリ

第 3 部　略語・記号・単位編

9	$\forall$	全称記号　任意	オールマーク 　　$\forall x\ (x \in F \rightarrow x \in G)$ 　　オールマーク　エックス　カッコ　エックス　ビロングナリ 　　エフ　ヤジルシ　エックス　ビロングナリ　ジー　カッコトジ
10	$\exists$	存在する	ソンザイスル、イグジストマーク
11	$\Rightarrow$		ナラバ
12	ϕ	空集合	ファイ
13	$\bar{\phi}$		ファイ　アッパー　バー
14	$\bar{M}$	補集合	ラージ　エム　アッパーバー
15	M'		ラージ　エム　ダッシュ
16	M^c		ラージ　エム　インデックス　シー　インデックス　オワリ
17	$\overline{\Box}$	バー	バー、アッパーバー 　　$\bar{A}$　キャピタル　エー　バー 　　$\bar{A} \cap \bar{B}$　キャピタル　エー　キャップ　キャピタル　ビー　アッパーバー
18	$\underline{\Box}$	下線、アンダーバー	カセン、アンダーバー 　　$\bar{a} + \underline{b}$　エー　バー　モドッテ　プラス　ビー　カセン 　　（アンダーバー）
19	$\mid$	整除	スリバ　a+b | m-n　エー　プラス　ビー　スリバ　エム　マイナス　エヌ
20	$\nmid$		スリバナラズ　a $\nmid$ b　エー　スリバナラズ　ビー

$A \setminus B = A - (A \cap B)$
　キャピタル　エー　スラッシュ　キャピタル　ビー　イコール　キャピタル　エー　マイナス　カッコ　キャピタル　エー　キャップ（ミート）キャピタル　ビー　トジ
$\bar{A} = \{x \mid x \in U,\ x \in A\}$
　キャピタル　エー　アッパーバー　イコール　チュウカッコ　エックス　スリバ　エックス　ビロングナリ（ゾクスル）キャピタル　ユー　カンマ　エックス　ビロングナラズ（ゾクセズ）キャピタル　エー　トジ
$[R\bar{A}_E] \cap [R\bar{B}_E] = \{\phi, \{b\}\}$
　ダイカッコ　キャピタル　アール　キャピタル　エー　アッパーバー　サフィックス　キャピタル　イー　サフィックスオワリ　ダイカッコトジ　ミートナリ（キャップ）ダイカッコ　キャピタル　アール　キャピタル　ビー　アッパーバー　サフィックス　キャピタル　イー　サフィックスオワリ　ダイカッコ　トジ　イコール　チュウカッコ　ファイ　カンマ　チュウカッコ　ビー　チュウカッコトジ　チュウカッコトジ

第3章 記号

3-3 電気関係図記号

　電気回路の接続関係を示す図面などに使用される図記号として、1949年日本標準規格で電気関係図記号が制定されました。また、これとは別に電気通信その他の特殊図記号が1951年にJISで定められています。1965年これらの2記号の統合をはかり、現行のものはその後1975年訂正されたものです（図記号で2つあるものは併記しました）。

図記号	意味・読み	図記号	意味・読み
	直流		プレイト（陽極）
	交流		カソード（陰極）
	高周波		Y接続（三相交流）
	導線		デルタ接続（三相交流）
	導線の分岐		抵抗（抵抗器）
	導線の交わり		抵抗（インピーダンス）
	導線の交わり（接続）		可変抵抗
	導線の交わり（接続）		コンデンサ
	接地（アース）		可変コンデンサ
	可変		インダクタンス（コイル）
	半固定		インダクタンス
	タップ切替え		鉄心入りインダクタンス
	運動、遮閉		電池（直流電源）
	PN接合		スイッチ
	切り替えスイッチ		ダイポールアンテナ
	押しボタンスイッチ		おりかえしダイポールアンテナ
	ヒューズ		八木アンテナ
	変圧器		パラボラアンテナ

第3部　略語・記号・単位編

記号	名称	記号	名称
ダイオード記号	ダイオード	変圧器記号	変圧器（単相）
ツェナダイオード記号	ツェナダイオード	発電所記号	発電所
定電流ダイオード記号	定電流ダイオード	水力発電所記号	水力発電所
スピーカ記号	スピーカ	火力発電所記号	火力発電所
ピックアップ記号	ピックアップ	原子力発電所記号	原子力発電所
磁気ヘッド記号	磁気ヘッド	天井隠蔽配線記号	天井隠蔽歯配線
否定回路記号	否定回路	露出配線記号	露出配線
and回路記号	and 回路	配線用遮断器記号	配線用遮断器
増幅器記号	増幅器	壁付きコンセント記号	壁付きコンセント
変圧器（単巻線）記号	変圧器（単巻線）	コードペンダント記号	コードペンダント
変圧器（3巻線）記号	変圧器（3巻線）	埋込み器具記号	埋込み器具
ブラウン管記号	ブラウン管	アンテナ記号	アンテナ

《参考文献》
『記号の事典セレクト版』　第三版　1996　（三省堂）

3-4　商用記号

商取引、記帳などの経済活動で使用される記号・略号です。経済・商業関係の文献の他 Soc.　Co.　Co.Ltd.　c　のように図書の奥付に頻出する記号・略号が多くあります。

3-4-1　簿記・伝票記号

	記号	記号の名称・意味	読みと例
1	@	単位当たり	イッコアタリ　@￥100.
2	@￥	単位円	タンカ　ヒャクエン、イッコアタリ　ヒャクエン
3	AG	株式会社（ドイツ）	カブシキガイシャ
4	B/C	代金取立て手形（代手）	
5	B/L	船荷証券	ビーエル
6	B/S	貸借対照表（バランスシート）	ビーエス
7	©	C記号　マルC　著作権	マルシー　マーク、チョサクケン、コピーライト © 山田風太郎 チョサクケンシャ　ヤマダ　フータロウ
8	C/B	傭船契約で（チャーターベース）	チャーターベース
9	Co.	会社（カンパニー）	カンパニー
10	Co.Ltd.	有限会社	カンパニー　リミテッド

第3章　記号

11	Co-op	協同消費組合（コープ）	コープ
12	C/P	傭船契約	
13	Cr.	貸し方	
14	C/T	電信（電報）為替	
15	DM	ダイレクトメール	ダイレクトメール、ディーエム
16	Dr.	借り方	
17	E.&O.E.	誤記、脱字はこの限りでない	
18	Inc.	株式会社（アメリカ）	インコーポレーテッド
19	IOC	借用証書（I owe you）	
20	KK	株式会社（日本）	カブシキガイシャ
21	L/C	信用状	エルシー
22	Ltd.	株式会社（イギリス）	リミテッド
23	MIS	経営情報システム	
24	n/c	変更事項なし	
25	No.	番　ナンバー	ナンバー
26	pat.	特許（パテント）	パテント
27	P/L	損益計算書	
28	PO	私募（取引所外取引）	
29	PR	広報活動（ピー・アール）	ピーアール
30	P.T.O.	裏面参照（please turn over）	プリーズ　ターン　オーバー
31	QC	品質管理	
32	®	登録商標	マルアール、トーロクショウヒョウ
33	S.A.	株式会社（フランスなど）	カブシキガイシャ
34	Soc.	会、協会	ソサイェティー、キョウカイ
35	T/B	試算表	
36	T/C	旅行者用小切手	
37	TOB	株式公開買付け制度（トブ）	トブ
38	W/S	精算表	
39	ZD	無欠点運動（Zero Defects）	
40	㊝	マル優（少額貯蓄非課税制度）	マルユー
41	#	ナンバー	イゲタマーク、ナンバー
42	✓	照合（引合い）済み　チェックマーク	チェックズミ、チェックマーク
43	〃	同上	ウエニオナジ、ドージョー（または上の事項を繰り返す）
44	+	増加	プラス、ゾウカ
45	−	減少	マイナス、ゲンショウ
46	△	赤字、マイナス	マイナス、シロサンカク
47	=	誤記の修正	テイセイマーク、シュウセイマーク
48	▽	甲種電気用品	コーシュ　デンキヨーヒン
49	㊃	乙種電気用品	オツシュ　デンキヨーヒン

3-4-2 株式記号

	記号	記号の名称・意味	読みと例
1	△	高	ダカ　△0.50　ゴジュッセンダカ
2	▲または▼	安	ヤス▼　0.40　ヨンジュッセンヤス
3	○	もちあい（変わらず）	カワラズ
4	−	商い　出来ず	
5	□	新株落ち	
6	◆または◇	高　配当落ち	
7	◆または◇	安　配当落ち	
8	◇	もちあい　配当落ち	モチアイ
9	□	新株配当落ち	シンカブ　ハイトウ　オチ
10	・	貸借銘柄	
11	X	額面500円	ガクメン　ゴヒャクエン
12	Z	額面20円	ガクメン　ニジュウエン
13	Y	無額面	ムガクメン

（注）株式欄の記号は新聞社・出版社等によって若干異なることがあります。

Column　化学記号・化学式

（化学記号）物質を化学的に表した記号。主として元素（原子）記号を指す。
（化学式）化学式は元素記号を組み合わせて物質の構成を示す式で、分子式・実験式・構造式・示性式がある。
① 分子式　元素や化合物中の一分子を構成する原子の種類と、その数を表す式。
② 実験式（組成式）一分子の形では存在しない物質を表す。例：食塩。
③ 構造式　物質中での各原子間の結合関係の図式的表現。
④ 示性式　構造式を簡略化したもの。
（参考文献）『化学・化学記号の読み方・書き方』　1978　（オーム社）
　　　　　　『化学の単位・命名・物性早わかり』　改訂版　1992　（オーム社）

3-5　化学記号

元素記号	原子番号	原語	日本名の読み
Ac	89	Actinium	アクチニウム
Ag	47	Argentum（silver）	銀
Al	13	Aluminium	アルミニウム
Am	95	Americium	アメリシウム
Ar	18	Argon	アルゴン
As	33	Arsenic	ヒ素
At	85	Astatine	アスタチン
Au	79	Aurum（gold）	金
B	5	Boron	ホウ素
Ba	56	Barium	バリウム
Be	4	Beryllium	ベリリウム
Bi	83	Bismuth	ビスマス（蒼鉛）
Bk	97	Berkelium	バークリウム
Br	35	Bromine	臭素
C	6	Carbon	炭素
Ca	20	Calcium	カルシウム

第 3 章　記号

Cd	48	Cadmium	カドミウム
Ce	58	Cerium	セリウム
Cf	98	Californium	カルホルニウム
Cl	17	Chlorine	塩素
Cm	96	Curium	キュリウム
Co	27	Cobalt	コバルト
Cr	24	Chromium	クロム
Cs	55	Cesium	セシウム
Cu	29	Cuprum（copper）	銅
Dy	66	Dysprosium	シスプロシウム
Er	68	Erbium	エルビウム
Es	99	Einsteiniumu	アインスタイニウム
Eu	63	Europium	ユウロピウム（ユーロピウム）
F	9	Fluorine	フッ素
Fe	26	Ferrum（iron）	鉄
Fm	100	Fermium	フェルミウム
Fr	87	Francium	フランシウム
Ga	31	Gallium	ガリウム
Gd	64	Gadolinium	ガドリニウム
Ge	32	Germanium	ゲルマニウム
H	1	Hydrogen	水素
He	2	Helium	ヘリウム
Hf	72	Hafnium	ハフニウム
Hg	80	Hydrargyrum（mercury）	水銀
Ho	67	Holmium	ホルミウム
I	53	Iodine	ヨウ素
In	49	Indium	インジウム
Ir	77	Iridium	イリジウム
K	19	Kalium	カリウム
Kr	36	Krypton	クリプトン
La	57	Lanthanum	ランタン
Li	3	Lithium	リチウム
Lr	103	Lawrencium	ローレンシウム
Lu	71	Lutecium	ルテチウム
Md	101	Mendelevium	メンデレビウム
Mg	12	Magnesium	マグネシウム
Mn	25	Manganese	マンガン
Mo	42	Molybdenum	モリブデン
N	7	Nitrogen	窒素
Na	11	Natrium（sodium）	ナトリウム
Nb	41	Niobium	ニオブ
Nd	60	Neodymium	ネオジム
Ne	10	Neon	ネオン
Ni	28	Nickel	ニッケル
No	102	Nobelium	ノーベリウム
Np	93	Neptunium	ネプツニウム
O	8	Oxygen	酸素
Os	76	Osmium	オスミウム
P	15	Phosphorus	リン（燐）
Pa	91	Protactinium	プロトアクチニウム
Pb	82	Plumbum（lead）	鉛
Pd	46	Palladium	パラジウム

Pm	61	Promethium	プロメチウム
Po	84	Polonium	ポロニウム
Pr	59	Praseodymium	プラセオジム
Pt	78	Platinum	白金
Pu	94	Plutonium	プルトニウム
Ra	88	Radium	ラジウム
Rb	37	Rubidium	ルビジウム
Re	75	Rhenium	レニウム
Rh	45	Rhodium	ロジウム
Rn	86	Radon	ラドン
Ru	44	Ruthenium	ルテニウム
S	16	Sulfur	イオウ（硫黄）
Sb	51	Stibium（antimony）	アンチモン
Sc	21	Scandium	スカンジウム
Se	34	Selenium	セレン
Si	14	Silicon	ケイ素
Sm	62	Samarium	サマリウム
Sn	50	Stannum（tin）	スズ（錫）
Sr	38	Strontium	ストロンチウム
Ta	73	Tantalum	タンタル
Tb	65	Terbium	テルビウム
Tc	43	Technetium	テクネチウム
Te	52	Tellurium	テルル
Th	90	Thorium	トリウム
Ti	22	Titanium	チタン
Tl	81	Thallium	タリウム
Tm	69	Thulium	ツリウム
U	92	Uranium	ウラン
V	23	Vanadium	バナジウム
W	74	Wolframium（tungsten）	タングステン
Xe	54	Xenon	キセノン
Y	39	Yttrium	イットリウム
Yb	70	Ytterbium	イッテルビウム
Zn	30	Zinc	亜鉛
Zr	40	Zirconium	ジルコニウム

3－6 通貨単位

　各国政府が発行し、通用している貨幣の単位を表わす略記号。通貨単位には、基本単位と補助単位があります（例えば円と銭）。ここでは基本単位の略記号のみを示してあります。（※ユーロ（€）公式導入国）

	略号	使用国名	通貨単位の読み方
1	Af	アフガニスタン	アフガニ
2	A＄（＄A）	オーストラリア	オーストラリアドル
3	P	アルゼンチン	アルゼンチンペソ
4	B	タイ	バーツ
5	B	パナマ	バルボア
6	BF（B.Fr）※	ベルギー	ベルギーフラン
7	Can＄（C＄）	カナダ	カナダドル
8	Ch＄	チリ	ペソ
9	Col＄	コロンビア	ペソ
10	R	ブラジル	レアル

第3章 記号

11	D	ガンビア	ダラシ
12	D	チュニジア	チュニジアディナール
13	D	ベトナム	ドン
14	D. Gl.（f）※	オランダ	ギルダー
15	DKr	デンマーク	デンマーククローネ
16	DM（D.M）※	ドイツ	マルク
17	F（F.Fr）※	フランス	フラン
18	Ft	ハンガリー	フォリント
19	G	パラグアイ	グアラニー
20	HK $	香港	ホンコンドル
21	ID	イラク	イラクディナール
22	Kcs	チェコ	チェココルナ
23	KN	ラオス	キープ
24	KR	カンボジア	リエル
25	KZ	アンゴラ	クワンザ
26	L	ルーマニア	レイ
27	L	アルバニア	レク
28	L	ホンジュラス	レンピーラ
29	£C ※	キプロス	ポンド
30	Lit ※	イタリア	リラ
31	LL	レバノン	レバノンポンド
32	LM ※	マルタ	マルタリラ
33	LS	シリアアラブ	シリアポンド
34	L $	リベリア	リベリアドル
35	LSd	スーダン	スーダンディナール
36	£Stg.	イギリス	スターリングポンド
37	LT	トルコ	トルコリラ
38	Mex $	メキシコ	ヌエボペソ
39	M $	マレーシア	リンギト
40	N	ナイジェリア	ナイラ
41	NKr	ノルウェー	ノルウェークローネ
42	P	フィリピン	ペソ
43	Po	キューバ	ペソ
44	P. Re（PRs）	パキスタン	パキスタンルピー
45	Ptas ※	スペイン	ペセタ
46	Rbl.	ロシア	ルーブル
47	RMB ¥（Y）	中国	元
48	Rp	インドネシア	ルピア
49	Rs（I.Re）	インド	ルピー
50	S. Fr.（SwF）	スイス	スイスフラン
51	SKr	スウェーデン	スウェーデンクローナ
52	$ NZ	ニュージーランド	ニュージーランドドル
53	S $	シンガポール	シンガポールドル
54	Tug	モンゴル	ドグログ
55	US $	アメリカ合衆国	米ドル
56	W	韓国	ウォン
57	W	北朝鮮	ウォン
58	¥	日本	エン
59	Zl	ポーランド	ズロチ

（注）①この表にない国については『記号の事典　セレクト版』（三省堂）ほかの文献で調べて下さい。
　　　②通貨単位のうち（　）のなかの記号は通貨呼称または表記が複数あるものです。

ユーロ公式導入国

オーストリア、ベルギー、キプロス、ドイツ、スペイン、エストニア、フィンランド、フランス、ギリシャ、イタリア、アイルランド、ルクセンブルグ、マルタ、オランダ、ポルトガル、スロバキア、スロベニア

3－7　情報処理記号

情報処理記号の読み方
（1）スペース、空白は「無」としません。文字として扱います。表記上も　SPSP SPC NULL　等の記号を用います。
（2）アポストロフィ「'」、シングルクオーテーション「'」は、同じ記号を用います。音訳上、読みを統一してください。
（3）ハイフン「－」と、マイナス「－」も同じ記号を用います。プログラムリストに限り区別する必要はありません。音訳上、読みの統一に注意してください。
（4）「｜」と「¦」は同じ「縦線」の記号です。コンピュータのディスプレイに表示される書体は「¦」です。
（5）まぎらわしい記号に注意してください。
　　　①「0」…ゼロ（数字）
　　　　「O」…オー
　　　　「D」…ディー
　　　②「8」…ハチ（数字）
　　　　「B」…ビー
　　　③「1」…イチ（数字）
　　　　「I」…アイ（iの大文字）
　　　　「l」…エル（Lの小文字）
　　　　「!」…エクスクラメーション
　　　④「2」…ニ（数字）
　　　　「z」…ゼット
　　　⑤「6」…ロク（数字）
　　　　「b」…ビー（Bの小文字）
　　　⑥「9」…キュー（数字）
　　　　「q」…キュー（Qの小文字）
（6）「改行」された場合は、改行したことを明らかにする必要があります。記号としては、「↓」「←」「⏎」などが使われています。
（7）「大文字」「小文字」の区別をすることが必要です。音訳の方法は、一般書の場合と同様、最初の文字のみ「大文字」（「小文字」）と読み、それ以後は同一文字種が連続する間は「大文字」「小文字」の表現は不要です。
（8）数字の読み方
　　　①数量を表わすもの…「何千何百何十何」と読む。
　　　②記号を表わすもの…文字と同じように1桁よみ。
　　　　「0」は「れい」「ゼロ」「まる」などと読む。

第3章　記号

	記号	記号の名称・意味	読みと例
1	」	スペース、空白	スペース、クウハク
2	SP　spc　[SP]		
3	NULL		
4	○		
5	=	等号	イコール、トウゴウ
6	=	二重ハイフン	ニジュウ　ハイフン
7	+	加算	プラス
8	−	減算	マイナス、ハイフン
9	*	乗算	アステリスク
10	/	除算	スラッシュ、シャセン
11	,	コンマ	コンマ
12	.	点、小数点、ピリオド	テン、ピリオド
13	'	クオーテーション、アポストロフィ	クオーテーション、アポストロフィ
14	(	括弧	カッコ　ヒラク、ショウガッコヒラク
15	)	括弧	カッコ　トジ、ショウガッコトジ
16	{	中括弧	チューカッコ　ヒラク、ナカカッコ　ヒラク
17	}	中括弧	チューカッコトジ、ナカカッコトジ
18	[	大括弧	ダイカッコ　ヒラク
19	]	大括弧	ダイカッコ　トジ
20	%	パーセント	パーセント
21	;	セミコロン	セミコロン
22	:	コロン	コロン
23	&	アンドマーク	アンパサンド、アンド
24	|	たて棒	タテボウ、タテセン
25	_	アンダーライン、下線	アンダーライン、アンダーバー
26	⟨	縦の波線	ナミセン、ナミガタ、ナミダッシュ（読まない場合もある）
27	~	横の波線	ナミセン、ナミガタ、ナミダッシュ（読まない場合もある）
28	?	疑問符、耳だれ	クエスチョンマーク、ギモンフ
29	??	二重疑問符、ふたつ耳だれ	ダブル　クエスチョンマーク、ニジュウギモンフ、
30	!	感嘆符、雨だれ	エクスクラメーションマーク、カンタンフ
31	!!	二重感嘆符、ふたつ雨だれ	ダブルエクスクラメーション、ニジュウカンタンフ
32	!?	ダブル　ダレ	ダブルダレ、カンタンフ　ギモンフ
33	$	ドル記号	ドル、ドルマーク、ドルキゴウ、ダラー
34	¥	円記号	エンマーク、エン、エンキゴウ
35	@	単価記号	アットマーク、アット、タンカ、タンカキゴウ
36	#	番号記号	イゲタ、シャープ、バンゴウキゴウ
37	"	引用符	ダブルクオーテーションマーク、インヨウフ
38	>	大なり	ダイナリ、ヤマカッコトジル
39	<	小なり	ショウナリ、ヤマカッコヒラク
40	⌐	否定記号	ヒテイキゴウ
41	−>		ポインタ　ソウショク
42	⌐>		ヒテイキゴウダイナリ
43	>=　≧		ダイナリイコール
44	⌐=		ヒテイキゴウイコール
45	<=　≦		ショウナリイコール
46	≠		イコールデナイ、ヒトシクナイ、ノット・イコール

第3部　略語・記号・単位編

47	⊕	論理演算　A⊕B	マルノナカニプラス
48	・	論理演算　A・B	ドット、ナカテン
49	○		マル
50	×		バツ
51	/	スラッシュ、斜線	スラッシュ
52	―	ハイフン	ハイフン スラッシュ、ハイフンは読まない場合がある I/O　アイオー、MS-DOS　エムエスドス、 RS-232C　アールエス　ニーサンニーシー
53	《	二重括弧	ニジュウカッコ　ヒラク
54	》	二重括弧	ニジュウカッコ　トジ
55	《	二重角括弧、ギュメ	ニジュウカク（ヤマ）カッコ　ヒラク
56	》	二重角括弧、ギュメ	ニジュウカク（ヤマ）カッコ　トジ
57	A^c	Aの補集合	エーノホシュウゴウ
58	n !	nの階乗	エヌノカイジョウ
59	¶	段標、段落記号	パラグラフピー、パラグラフキュー
60	々	漢字がえし、同の字点	踊り字、畳字、送り字、重ね字ともいう
61	∧	べき乗	ベキジョウ
62	、	読点	テン
63	。	句点	マル
64	↓ ↵ ⏎	改行マーク	リターン、リターンマーク、カイギョウマーク、カイギョウ
65	▼	引用符	リテラル

3-8　フローチャート図記号

　情報処理における操作の系列、データの流れ、作業の進行などを表わすための図形や記号。「情報処理用流れ図」「プログラム網図」「システム資源記号」などとも呼ばれています。「一般流れ図」と「詳細流れ図」の2種があります。

　1968年にアムステルダムで開かれたISO（国際標準化機構）の総会で承認をされ、翌1969年、推薦規格となり、1973年に国際規格となりました。

　日本も1969年、JISとして制定。現行のものはISOの改定に準じて1986年改定されたものです。

　読み方の原則は、幹から枝（上から下）へ流れにそって読みすすめます。

	記号		読み
1	▱	データ (data)	データ
2		記憶データ (stored data)	データ、オンラインキオク
3		内部記憶 (internal　storage) 磁心	ナイブキオク、ジシン
4	○	順次アクセス記憶 (sequential access storage)	ジキテープ、カセットテープ
5		直接アクセス記憶 (direct access storage)	ジキディスク、ジキドラム
6		書類・文書 (document)	ショルイ、ブンショ
7		手操作入力 (manual input)	テソウサニュウリョク

8		カード (card)	ジキカード、マークヨミトリカード、カミカード
9		せん孔テープ (punched tape)	センコウテープ、カミテープ
10		表示 (display)	ヒョウジ
11		処理 (process)	ショリ
12		定義済処理 (specific process symbol)	テイギズミショリ
13		手作業 (manual operation)	テサギョウ、テソウサ
14		準備 (preparation)	ジュンビ
15		判断 (decision)	ハンダン
16		並列処理 (parallel mode)	ヘイレツショリ
17		ループ 端（始端） (loop limit)	シタン
18		ループ 端（終端） (loop limit)	シュウタン
19		ライン (line)	ライン
20		制御移行 (control transfer)	セイギョイコウ
21		通信 (communication link)	ツウシンセツゾク
22		破線 (dashed line)	ハセン
23		結合子 (connector)	ケツゴウシ
24		端子 (terminator)	タンシ
25		注釈 (annotation)	チュウシャク
26		省略・3つ点 (ellipsis)	ショウリャク

《参考文献》『情報処理関連略語辞典』 第2版 1985 （総研出版）

第3部　略語・記号・単位編

第4章　単位

4-1　単位記号とは

　物象の量を表わすとき、その基準量の単位名称の代りに用いられる約束的記号、または略語を単位記号と呼びます。計量の根幹となる基本単位と、それから派生する諸単位の群を単位系と言います。近年国際的統一単位系として作成された SI（System International d'Unites）（＊）が重視されるようになっています。

　（＊）SI 以外では、尺貫法・CGS・FPS・MKSA などの単位系があります。

4-2　国際単位系（SI）

　国際単位系（SI）は 1960 年、MKS 単位系を基にして作成され、現行のものは 1977 年に改訂されています。なお、ISO（国際標準化機構）では、これを受けて単位の改正を図るため、規格を作って各国に推薦しており、日本でも ISO に準拠して、1974 年制定の JIS で SI が採択されています。
　国際単位系の構成
　国際単位系（SI）は、基本単位、補助単位、組立単位、接頭語から成っています。

（1）基本単位
　　長さ（m）、質量（kg）、時間（s）、電流（A）、熱力学（K）、光度（cd）、および物質量（mol）

（2）補助単位
　　通常は基本単位の倍量、分量にあたる単位

（3）組立単位
　　基本単位と補助単位と組み合わせ、積または商の形で表わした単位
　　　（例）　N・m　または　Nm　読み方　→　ニュートン・メートル
　　　　　　 m/s　読み方　→　メートル・マイビョウ

（4）接頭語
　　単位記号に前置し、その量の 10 の整数乗倍を表わすもの
　　　（例）　K　キロ（kilo）10^3　　G　ギガ（giga）10^9　　h　ヘクト（hecto）10^2

4-3　単位記号の表わし方

（1）直立体（ローマン）文字とし、量を表わす数字の後に活字幅の2分の1の間隔を置いて示されます。
　　 ただし、リットルの記号「l」は、数字と誤りやすいので「ℓ」を使います。
　　 また、物理定数や量記号はイタリック体を使っています。
（2）一般に小文字で示しますが、単位名称が固有名詞由来のものは頭文字のみ大文字で表わされます。
（3）単位記号には「ピリオド」は付けません。また、複数形も用いません（ただし完全な形で記されるときは複数形を使用する場合があります）。

> **Column** 「-」（ハイフン）「――」（ダッシュ）「'」（ダッシュ）の読み分け

普通①「-」は[ハイフン] ②「――」は[ダッシュ]と使い分けているようですが「-」も「――」も「ダッシュ」と呼ぶことがあります。そこで辞典からその定義を拾ってみました。

ダッシュ（dash）
　①句と句の間に入れ、接続することを示す「――」の符号。ダーシ。
　②数字・文字などの右肩につける符号。「A'」「2'」のように用いる。
　③角度の目盛り「25'」、数字の「A'」、アクセント符号などを英語ではプライム符号（prime）と呼ぶ。
　④モールス信号の長音。「－」

ハイフン（hyphen）
　①英語などで、二語を連結して一語相当の語としたり、一語が二行にまたがって書かれたりするときに用いる符号。
　②「＝」または「-;」→ダブルハイフン
　③＜談話中において＞音節間の短い休止。

ダブルハイフン（Double hyphen）
　行末に用いる ＝; 語本来のハイフンであることを示すのが普通。

このような定義からすれば、「-」「――」の区別は必ずしも明確に読み分けなければならないとは限らない。また、連字符として使われる場合、「東京―大阪」などの場合、音訳表現技術で処理する場合が多いでしょう。

4-4 接頭語の記号

	記号	名称（読み）	大きさ	原義
1	E	エクサ（exa）	10^{18}	6 [$(10^3)^6$の意] ギリシア語
2	P	ペタ（peta）	10^{15}	5 [$(10^3)^5$の意] ギリシア語
3	T	テラ（tera）	10^{12}	怪物　ギリシア語
4	G	ギガ（giga）	10^{9}	巨人　ギリシア語
5	M	メガ（mega）	10^{6}	大量　ギリシア語
6	k	キロ（kilo）	10^{3}	1000　ギリシア語
7	h	ヘクト（hecto）	10^{2}	100　ギリシア語
8	da	デカ（deca）	10	10　ギリシア語
9	d	デシ（deci）	10^{-1}	10分の1　ラテン語
10	c	センチ（centi）	10^{-2}	100　ラテン語
11	m	ミリ（milli）	10^{-3}	1000　ラテン語
12	μ	マイクロ（micro）	10^{-6}	少量　ラテン語
13	n	ナノ（nano）	10^{-9}	小人　ラテン語
14	p	ピコ（pico）	10^{-12}	きつつき　ラテン語
15	f	フエムト（femto）	10^{-15}	15　ケルト語
16	a	アト（ato）	10^{-18}	18　ケルト語

接頭語は、SI 単位の頭に用いられます。

4-5 単位記号

	記号	記号の名称・意味	量	読みと例
1	A	アンペア (ampere)	電流	アンペア
2	Å	オングストローム (angstrom)	長さ　光学	オングストローム
3	a	アール (are)	面積	アール
4	ac	エーカー (acre)	面積	エーカー
5	atm	アトム	圧力	アトム
6	b	バーン (barn)	面積	バーン
7	bar	バール (bar)	液体の圧力	バール
8	Bi	ビオ (biot)	電流	ビオ
9	Bq	ベクレル (becquerel)	放射能	ベクレル
10	C	クーロン (coulomb)	電荷　電気量	クーロン
11	℃	摂氏 (セルシウス) 度	温度	
12	Cal	大カロリー	熱量	カロリー、ダイカロリー
13	cal	カロリー	熱量	カロリー　Cal = kcal
14	car	カラット (carat)	質量	カラット
	car	→ K (カラット)	(宝石)	
15	cc	→ cm^3		シーシー
16	cd	カンデラ (candela)	光度	カンデラ
17	Ci	キューリー (curie)	放射線量	キューリー
18	cm	センチメートル	長さ	センチ、センチメートル
19	cm^2	平方センチメートル	面積	ヘイホウセンチ、ヘイホウセンチメートル
20	cm^3	立方センチメートル	体積	リッポウセンチ、リッポウセンチメートル
21	c/s	サイクル (毎秒)	周波数	サイクル、マイビョウ
22	d	日 (day)	時間	
23	dB	デシベル (decibel)	強さ (音・電流)	デシベル
24	deg	度 (degree)	温度、角度、濃度	ド、ディグリー
25	dl	デシリットル	体積	デシリットル、デシリッター
26	dyn	ダイン (dyne)	力の大きさ	ダイン
27	F	ファラド (farad)	静電容量 キャパシタンス	ファラド
28	F	華氏度	温度	カシ
29	ft	フート (foot) / フィート (feet)	長さ	フィート
30	G	ガウス (gauss)	電気誘導　磁気密度	ガウス
31	g	グラム (gram, gramme)	質量	グラム
32	Gal	ガル (gal)	加速度の大きさ	ガル
33	gal	ガロン (gallon)	体積	ガロン
34	Gy	グレイ (gray)	吸収線量	グレイ
35	H	ヘンリー (henry)	インダクタンス	ヘンリー
36	h	時 (hour)	時間	アワー、ジカン ex) 5 52 9" ゴジカン　ゴジュウニフン　キュービョウ (h, min, sec とも略記)
37	ha	ヘクタール (hectare)	面積	ヘクタール
38	hpa	ヘクトパスカル (気圧)	圧力	ヘクトパスカル
39	hr	→ h		

第4章 単位

40	Hz	ヘルツ（herz）	周波数	ヘルツ
41	in	インチ（inch）	長さ	インチ
42	J	ジュール（joule）	エネルギー、仕事、熱量	ジュール
43	K	ケルビン（kelvin）	熱力学温度	ケルビン
44	K	カラット（carat）	金 純度	カラット
45	kcal	キロカロリー	熱量	キロカロリー
46	Kc/s	キロサイクル（毎秒）	周波数	キロ、キロサイクル　マイビョウ
47	kg	キログラム	質量	キロ、キログラム ex）5kgの大猫　ゴキロノ　オオネコ
48	kgW	重量キログラム	力の大きさ	ジュウリョウキログラム
49	kHz	キロヘルツ	周波数	キロヘルツ
50	kJ	キロジュール	仕事熱量	キロジュール
51	kl	キロリットル	体積	キロリットル　キロリッター
52	km	キロメートル	長さ	キロ、キロメートル ex）50km　ゴジュッキロ
53	km^2	ヘイホウキロメートル	面積	ヘイホウキロ、ヘイホウキロメートル （ヘイベイとも）
54	km^3	リッポウキロメートル	体積	リッポウキロ、リッポウキロメートル （リュウベイとも）
55	km/h	キロメートル（毎時）	早さ	キロメートル　マイジ ex）80km/hのスピード 　　　ハチジュッキロノ　スピード
56	kn	ノット→kt		
57	kt	ノット	早さ	ノット
58	kW	キロワット	工率	キロワット
59	kWh, kw/h	キロワット時	仕事	キロワット　ジ、キロワット　パーアワー ex）今月は50kw/hつかった 　　　コンゲツハ　ゴジュッキロ　ツカッタ
60	kΩ	キロオーム	電気抵抗	キロオーム
61	l	リットル（litre,liter）	体積	リットル、リッター
62	1b	ポンド（pound）	質量	ポンド
63	lm	ルーメン（lumen）	光束	ルーメン
64	ln	新リットル　→l		
65	l/s	リットル　毎秒	流量	リットル　ビョウ
66	lx	ルックス（lux）	照度	ルックス
67	M	モル→mol,		
68	m	メートル（meter,metre）	長さ	メートル
69	m	→min,mol		
70	m^2	平方メートル	面積	ヘイホウメートル
71	m^3	立方メートル	体積	リッポウメートル
72	mAq	→mH$_2$O		
73	mb	→mbar		
74	mbar	ミリバール	圧力（気圧）	ミリバール→（1992・12・1よりhpa）
75	Mc	→Mc/s		
76	mCi	ミリキュウリー	放射線物質量	ミリキュウリー
77	Mc/s	メガサイクル	周波数	メガ、メガサイクル　マイビョウ
78	mg	ミリグラム	質量	ミリグラム
79	mGal	ミリガル	加速度	ミリガル
80	mHg	水銀柱メートル	圧力	メートル　エイチジー、 スイギンチュウ　メートル

第3部　略語・記号・単位編

81	mH$_2$O	水柱メートル	圧力	メートル　エイチツーオー、スイチュウ　メートル
82	MHz	メガヘルツ	周波数	メガヘルツ
83	mil	マイル（mile）	長さ	マイル
84	min	分（minute）	時間	フン、ミニッツ
85	ml	ミリリットル	体積	ミリリットル、ミリ、ミリリッター
86	mm	ミリメートル	長さ	ミリ、ミリメートル
87	mmHg, mm/Hg	水銀柱ミリメートル	圧力	ミリ、ミリメートル（バー）エイチジー　85mmHg　シタガ　ハチジュウゴ　デ、ハチジュウゴ　ミリ　エイチジー、ハチジュウゴ　ミリ　スイギンチュウ
88	mol	モル（mol）	物質量	モル
89	mol%	モルパーセント	濃度	モルパーセント
90	MT	→ T（容積トン）		
91	MΩ	メガオーム	電気抵抗	メガ、メガオーム
92	N	ニュートン（newton）	力の大きさ	ニュートン
93	N	規定（normal）	濃度	
94	N・m	→ j		
95	N/m^2	→ Pa		
96	nm	海里（nautical）	長さ	
97	oz	オンス（ounce）	質量	オンス
98	oz ap	薬用オンス	質量	オンス
99	P	ポアズ（poise）	粘度	ポアズ
100	P	→ phon		
101	Pa	パスカル（pascal）	圧力	パスカル
102	pc	パーセク（persec）	長さ（天文距離）	パーセク
103	ph	フォト　ホト（photo）	照度	フォン、ホト
104	phon	フォン、	音の大きさのレベル	フォン、ホン
105	PS	仏馬力	工率	
106	pt	点（point）	角度（航海航空）	ポイント
107	pz	ピエズ（pieze）	圧力	ピエズ
108	Q	キュー（Q）	エネルギー	
109	R	レントゲン	照射線量	
110	r	→ R		
111	rad	ラジアン（radian）	平面角	ラジアン
112	rad	ラド（rad）	吸収線量	ラド
113	rd	→ rad		
114	rpm	アール　ピー　エム、毎分（revolution）	周波数	アール　ピー　エム
115	s	秒（second）	時間	ビョウ
116	sec	→ s		
117	sr	ステラジアン（steradian）	立体角	ステラジアン
118	St	ストークス（stokes）	動粘度	ストークス
119	st	ステール（stere）	体積	ステール
120	T	テスラ（tesla）	磁気誘導	テスラ
121	T	容積トン	体積	トン
122	t	トン（ton,tonne）	質量	トン
123	Tor	→ Torr		
124	Torr	トル（torr），トリチェリー（torriceli）	圧力	トル、トリチェリー
125	tw	重量トン	力の大きさ	ジュウリョウトン
126	V	ボルト（bolt）	電圧	ボルト

127	V/A	→ Ω		
128	var	バール（var）	無効電力	バール
129	vol%	体積百分率	濃度	
130	W	ワット（watt）	電力	ワット
131	Wb	ウエーバ（weber）	磁束	ウエーバ
132	Wh	ワット時	仕事	
133	Wt%	質量百分率	濃度	
134	yd	ヤード（yard）	長さ	ヤード
135	Γ	→ G（ガウス）		
136	γ	ガンマ（gamma）	質量	ガンマ
137	γ	ガンマ	電気誘導	ガンマ
187	λ	ラムダ（lambda）	体積	ラムダ
139	μ	ミクロン（micron）	長さ	ミクロン
140	μbar	ミクロバール	圧力	ミクロバール
141	μCi	マイクロキューリー	放射性物質量	マイクロキューリー
142	μR	マイクロレントゲン	照射線量	マイクロレントゲン
143	φ	プサイ（psi）	圧力	プサイ
144	Ω	オーム（ohm）	電気抵抗	オーム

第5章　コード

　本を音訳する場合、先ず読まなければならないものに本の題名と奥付があります。本を開いて最初に印刷されているもの（書名や著者名、出版社などが書かれている部分）を表題紙といいます。逆にいちばん最後のページにあって書名、著者名、出版年、出版社などが書かれている部分を奥付と呼んでいます。（＊1）

　これらの部分をよく見ると、さまざまな記号（コード）が書かれています。これらの記号は、その本を他の本と識別するための役割を果たしています。

　これらの記号のうちで、ここでは「ISBN」「ISSN」「書籍コード」「著作権Cマーク」「JASRACマーク」「EYEマーク」の他「アスキー・コード」の示す意味と読み方について述べてゆきます。

5－1　国際標準図書番号（ISBN）

　国際標準図書番号（ISBN=International Standard Book Number）は、世界中で刊行される本の在庫と流通の管理を合理化し、コンピュータの利用促進をはかることを目的として国際標準化機構（ISO）によって制定され、管理されているコードです。

　この本に関する国際標準コードは、1967年英国で導入され、日本でも1981年から使われています。

　コードは13桁の数字からなり、ISBNの4文字の後に、OCR-B型活字（＊2）で印刷されています。これは光学式文字読み取り器で機械的に読み取り、電子計算機処理を行うためです。

　このISBNは、奥付とカバーに表示されており、奥付を読むときに忘れずに定価とともに読むようにしてください。

　　　　　①　　②　③　　④　　⑤
　　ISBN978-4-883-92727-2
　　　①管理番号　②国別記号　③出版社記号　④書名　⑤チェック数字

　　　　⑥　　　　⑦　　　⑧
　　C0025　￥952　E
　　　⑥分類コード　⑦定価　⑧光学読み取りマーク

第3部　略語・記号・単位編

①管理番号
②国別記号　国別・言語別のコードで、国際ISBN機関から割り当てられた1～3桁の数字。日本は1桁で「4」。
③出版者記号　各国のISBN機関（日本「日本図書コード管理委員会」）が各出版社に割り当てる2～7桁の数字。桁数は各出版社の出版点数を基準としています。1の桁数も同様。
④書名記号　割り当てられた番号（6－1桁）の範囲で、各出版社が独自に与える記号。
⑤チェック数字　（978から始まる）ＩＳＢＮの各奇数の桁の数字×1の合計＋ＩＳＢＮの各偶数の桁の数字×3の合計の和の下一桁を10から引いた数字。
⑥分類コード　Cの後の4桁の数字は書籍コードの「分類コード」に一致しています。
⑦「¥」の後の数字は定価。「¥」のほか「P」も使われています。
⑧「E」は光学読み取り終了マーク。音訳では読まなくてもよいでしょう。

ISBN　の読み方
ISBN978-4-883-92727-2（C0025　¥952　E）
アイエスビーエヌ　キュウナナハチ　ノ　ヨン　ノ　ハチハチサン　ノ　キュウニーナナニーナナ　ノ　ニ　キュウヒャクゴジュウニエン
☆（　）内は、定価のみ読む

（＊1）「録音図書製作基準」（全国視覚障害者情報提供施設協会）では奥付は最初に読むと定めています。
（＊2）ISBN978-4-123-45678-X C0123 ¥4567E

5－2　国際逐次刊行物番号（ISSN）

　国際逐次刊行物データ・システム（ISDS = International Serial Data System）によって管理している逐次刊行物の国際的なコード番号をISSN（= International Standard Serial Number）と呼んでいます。パリに本部を置くISO（国際標準化機構）によってつくられています。
　ISSNは個々の逐次刊行物に与えられる簡単で唯一の識別番号で、7桁の数字に1桁のチェック用数字を加えた8桁の数字からなり、アラビア数字を使用し、8桁の数字を4桁ずつハイフンで分離して2つのグループとして、頭にISSNを冠し、次のようなかたちで表わします。
　その維持・管理は、ユネスコ傘下の国際逐次刊行物データシステム（ISDS）が担当しており、日本では国立国会図書館がナショナル・センターとなっています。

↓チェック用数字
ISSN　　0027 － 915　3

　この番号はISBN（国際標準図書番号）とは異なり、単なる固有番号であって、番号数字による特殊な意味づけはまったくありません。なお、8桁目のチェック用数字は不正確な転記等による間違いを防ぐためにあります。

（計算例）　0　0　2　7　－　9　1　5　　3→チェック用数字
　　　　　×　×　×　×　　　×　×　×
　　　　　8　7　6　5　　　4　3　2…この数列をWeightsといいます。
　　　　　0 + 0 + 12 + 35 + 36 + 3 + 10 = 96
　　　　　　96 ÷ 11 = 8 余り8　この11をModulusといいます。
　　　　　11 － 8 = 3

　この3がチェック用数字となります。一致しない時はISSNに誤記があるか、または計算違いがあります。なお、11で割切れる時は、チェック用数字は0、1から1を減じた10となりますが、この場合はチェック用数字はXとします。

5-3 書籍コード

　少し古い本を見るとISBNと明示していませんが、12〜14桁で構成された一連のアラビア数字が表記されています。これは書籍流通業務の迅速化、特に機械処理のために定められた商品コードです。日本独自に日本書籍出版協会と日本出版取次協会とが設定し、1970年1月から全面実施した書籍コードです。分類・製品・出版社のコードからなり、雑誌・教科書などを除く市販書籍の所定箇所に表示されています。分類コード・出版社コードは業界で統一されていますが、製品コードは版元独自に定められます。ここでは、分類コードのうち、販売対象・発行形態コードのみを示しました。なお、内容コードは日本十進分類法の上位2桁に準拠して定められています。

（書籍コードの形態）

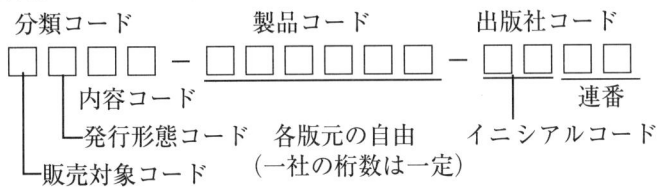

```
   分類コード        製品コード          出版社コード
   □□□□ーー□□□□□□ーー□□□□
     │└内容コード                     │└連番
     └発行形態コード  各版元の自由    └イニシアルコード
   └販売対象コード  （一社の桁数は一定）
```

（販売対象・発行形態コードの内容）

	販売対象コード	発行形態コード
0	一般	単行本
1	教養	文庫本
2	実用	新書本
3	専門	全集・双書
4	（予備欄）	（予備欄）
5	婦人	事典・辞典
6	小・中学生対象　学参Ⅰ	図鑑
7	高校生対象　学参Ⅱ	絵本
8	中学生以下対象　児童	（予備欄）
9	（予備欄）	（予備欄）

第3部　略語・記号・単位編

5－4　著作権マーク

5－4－1　©マーク

著作権（Copyright）を意味する記号。著作権は、著作権者に対してその著作物から発生する経済的利益を一定期間保護することを目的にした財産権です。

著作権法第37条2項の規定により、政令によって指定された施設以外で本を録音する場合は、著作権者の許諾を必要とします。

奥付に表示され、著者・編者・出版社などの表示のまえ、またはあとに付されています。

（読み方）①マルシー　②マルシーマーク　③チョサクケンシャ　④コピーライト

パソコン記号辞典

発　行	2011年1月26日
著　者	日本太郎
編　集	（株）ABC
装丁デザイン	富士山高志
発行人	山川　清
発行所	凸凹書房
	〒123-456　東京都○○区
	××町1-2-3
	TEL.000-000-1234
印　刷	XYZ印刷株式会社

ISBN978-4-123-4567-2

Copyright ©2011 by ××× all right reserved
Printed in Japan

第5章　コード

5－4－2　JASRAC（音楽著作権マーク）

　音楽著作権を意味する記号。日本音楽著作権協会（Japanese Society for Rights of Authors Composers and Publishers　略称JASRAC　ジャスラック）は、音楽著作物の著作権者の権利を擁護し、音楽著作物の利用の円滑化を図ることを目的として1939年（昭和14）に設立された音楽著作権仲介団体です。

　楽譜、歌集、CDやレコード、テープなどにマークが示されています。

出版物への表示（例）②③

奥付にマーク・証紙などで表示されます。

　（出）許諾第〇〇〇〇〇〇〇〇号（JASRAC）

（読み方）

　（出）は出版物、番号はジャスラックマーク第〇〇〇〇号と読む

出版物への表示（例）②③

　発行　〇〇株式会社
　制作　〇〇音楽図書株式会社
　日本音楽著作権協会（出）特許第1234567-101号
　ジャスラック（JASRAC）
（特許番号の対象は、当該出版物中，当協会が許諾することのできる著作物に限られます）

CD・レコードへの表示（例）①

　JASRAC　R－〇〇〇〇〇〇

テープへの表示

　JASRAC　T－〇〇〇〇〇〇

郵便切手への表示（例）④⑤⑥

　楽譜が描かれているものへの表示

151

5−5 著作物の自由利用マーク

5−5−1 EYEマーク

　著作権法で認められた団体・施設以外で著作物を音訳（録音図書・CD）拡大図書等にする場合は、著作権者の許諾が必要です。許諾を得るためには時間と手間がかかり、許諾を得られない場合もあります。著作権法を守れば、障がい者の権利が侵害されてしまいます。そこで法を守りつつ障がい者の権利を守る運動が「EYEマーク・音声訳推進協議会」の運動となって広がってきました。この趣旨に賛同した著作者・出版社の発行する図書類には、「福祉目的のための著作権の開放」を本の奥付等に明記した「許諾文」が掲載されています。これを分かりやすく表示したものが「EYEマーク」です。まだ多くはありませんが、街の本屋さんでみかけるようになりました。少しずつ著作者・出版社の協力が得られつつあります。

（許諾文例）★「営利を目的とする場合を除き、視覚障がい者等活字を読むのに困難な人のための利用を目的に電子媒体に複製することを認めます。製作後には著作権者・出版社までご報告ください」。

（問合先）EYEマーク・音声訳推進協議会
　　　　〒463-8521 名古屋市守山区大森2-1723
　　　　金城学院大学　研究室W4-305　磯野正典
　　　　TEL. 052-798-4924（直通）

5−5−2 自由利用マーク

　文化庁が制定したマーク。著作物を創った人（著作者）が、自分の著作物を他人に自由に使ってもらってよいと考える場合に、その意思を表示するためのマークで、利用目的によって3種のマークがあります。

① 「プリントアウト・コピー・無料配布」OKマーク
　「プリントアウト」「コピー」「無料配布」のみを認めるマーク（変更・改変・加工・切除・部分利用・要約・翻訳・変形・脚色・翻案などは含まれません。そのまま「プリントアウト」「コピー」「無料配布」をする場合に限る）。

② 「障害者のための非営利目的」OKマーク
　障害者が使うことを目的とする場合に限り、コピー・送信配布などあらゆる非営利目的利用を認めるマーク。

③ 「学校教育のための非営利目的利用」OKマーク
　学校の様々な活動で使うことを目的とする場合に限り、コピー、配布など、あらゆる非営利目的利用を認めるマーク（変更・改変・加工・切除・部分利用・要約・翻訳・変形・脚色・翻案なども含まれる）。

（問合先）http://www.bunka.go.jp/jiyuriyo

5－6 アスキー・コード

アスキー・コード（ASCII）とは、情報交換用米国標準符号（American Standard Cord for Information Interchange）の略で米国規格協会が定めたデータ通信用の符号体系です。発音符とそのための特別文字、数字、アルファベット、制御符号を7ビットで表わしています。ISO 符号や日本の JIS 符号のもととなり、コンピュータ用の標準コードとして最も普及しました。

ここでは、その名称と読み方を示しました。読みの事例が少ないので考えられるいくつかの読みを示しておきます。

	符号	符号の意味・名称	読み方と例
1	▢̣	ドット ビロウ キャラクター (dot below character) 下黒丸	シタニ ドット、シタニ クロマル
2	▢̇	スーパリア ドット、上黒丸 (superior dot)	ウエニ ドット、ウエニ クロマル
3	▢'	グロッタル ストップ (glottal stop) ハイコンマ センター (high comma centered)	グロッタル ストップ、 ハイコンマ センター（アラビア）
4	▢'	ハイコンマ オフセンター (high off center) 右コンマ、ライトコンマ、	ハイコンマ オフセンター、ライトコンマ
5	▢́ （ь）	ミャッキズナーク、軟音符 (miagkiy znak)	ミャッキズナーク イエル、ナンオンフ（露）
6	▢̈ （ъ）	トヴェルデイ ズナーク、 硬音符（tverdi znak）	トヴェルテイ ズナーク イエリ（露）
7	▢̊	サークル アバブ、上白丸	サークル アバブ、ウエニシロマル
8	▢̥	サークル ビロウ キャラクター (circle below character) 下白丸	サークル ビロウ キャラクター、 シタニシロマル
9	▢́	アキュート アクセント 抑揚符 (acute accent) アクサン テギュ	アキュート、アキュート アクセント、 アクサン テギュ アクサン・グラーブ、 アクサン・シルコンフレックス（仏） é エー アクサンテーギュ
10	▢̆ （й）	ブレーブ（breve）単音符 ショート	ブレーブ、ショート、 イークラットコイ（露）
11	▢̧	シディラ、セディーユ S字音符 (cedilla)	セデラ、シディラ、ショート、セディーユ（仏）
12	▢̧	ライトシディラ（right cedilla）	ライトシディラ、ライトセデラ
13	▢̈	ウムラウト（umlaut）	ウムラウト（独） Ä エーウムラート Ü ユー ウムラート Ö オー ウムラート
14	▢̈	オムード（omyud） デイエレシス（dieresis） 分音符	デイエレシス（スカンジナビア）
15	▢̀	グレーブアクセント 抑音符 (grave accent)	グレーブ、グレーブアクセント

153

第3部 略語・記号・単位編

16	ˇ☐	ウイング（wing） ハシェク（hacek） クリッカ（klicka）	ウイング（スラブ）（チェッコ） ハシェク クリッカ
17	ˆ☐	曲折アクセント（circumflex） アクサン　シルコンフレックス 抑揚音符	サーカムフレックス、キョクセツアクセント(仏) アクサン・シルコンフレックス 　â　エー　アクサンシルコンフレックス 　ê　イ　アクサンシルコンフレックス 　û　ユー　アクサンシルコンフレックス
18	˜☐	チルダ、チルド、チルデイ、(tilde) ウェーブ　波形符号	チルダ、チルド、 ウェーブ
19	˝☐	ダブルアキュート　二重抑揚符 (double acute)	ダブルアキュート
20	‾☐	マクロン（macron） ロング、長音符	マクロン、チョウオンフ 　ā　エー　マクロン、エー　チョウオンフ
21	☐	二重下線　ダブルアンダースコア (doble underscore)	ダブルアンダーライン、 ダブルアンダースコア
22	☐	下線　アンダースコア (underscore)	アンダースコア、アンダーライン
23	ß	エスツェット	エスツェット（独）
24	—	ダッシュ（dash）	ダッシュ
25	\	リバース　スラッシュ (reverse slash) バック　スラッシュ（back slash）	リバース　スラッシュ バック　スラッシュ、シャセン
26	/	スラッシュ（slash. virgule）	スラッシュ
27	Ø	スカンジナビアン　オー (scandinavian O) [ou]	スカンジナビアン　キャピタル　オー
28	ø	スカンジナビアン　オー (scandinavian o) [ou]	スカンジナビアン　スモール　オー
29	Đ	ディ　ウィズ　クロスバー (D with crossbar)	キャピタル　ディ　ウィズ　クロスバー
30	đ	ディ　ウィズ　クロスバー (d with crossbar)	スモール　ディ　ウィズ　クロスバー
31	Æ	ダイヤグラフ　エーイー (digraph A E)	ダイヤグラフ　キャピタル　エーイー
32	æ	ダイヤグラフ　エーイー (digraph a e)	ダイヤグラフ　スモール　エーイー
33	Œ	ダイヤグラフ　オーイー (digraph O E)	ダイヤグラフ　キャピタル　オーイー
34	œ	ダイヤグラフ　オーイー (digraph oe)	ダイヤグラフ　スモール　オーイー

5-7 シンボルマーク

『(和) Symbol + mark ある運動・団体などを象徴する図案』(大辞林) にはこう定義されています。国際的に認められたもの、日本で制定したものなどがあります。障がい者に関するものを紹介します。

①身体障害者標識(国家公安委員会承認。肢体不自由者が運転する車に表示する身体障がい者標識、障がい者マーク)。表示は義務。
②聴覚障がい者標識(聴覚障がい者が運転する車に表示)。表示は義務。
③障がい者のための国際シンボルマーク(国際リハビリテーション協会制定。障がい者が容易に利用できる施設を示すマーク)。
④視覚障がい者のための国際シンボルマーク(視覚障がい者を示す世界共通のシンボルマーク)。
⑤聴覚障がい者のためのシンボルマーク(国内;耳マーク。聴覚障がい者のコミュニケーションのために制定。胸にネームプレートを付ける)。
⑥聴覚障がい者を表示する国際シンボルマーク(世界ろう連盟(WFD)制定の国際シンボルマーク)。
⑦ほじょ犬マーク(身体障がい者補助犬同伴の啓発マーク。盲導犬・介助犬・聴導犬を示し、公共の施設・交通機関・デパート・ホテルなどで同伴できることを示している)。
⑧オストメイトマーク(人工肛門・人工膀胱使用者(オストメイト)のための施設があることを示すマーク。オストメイト対応のトイレの入り口・案内誘導プレートに表示)。
⑨ハート・プラスマーク(内部(身体の内部)障がい者であることを示すマーク。心臓・じん臓・呼吸器などの障がいは外見からは分かりにくいためこのマークを付けた人には理解が必要。マークは自発的に使用するもので、法的拘束力はない)。
⑩国際障害者年のシンボルマーク(国連の国際障害者年の行事に多く使用)。
⑪ボランティア国際年のシンボルマーク(2001年のボランティア国際年のシンボルマーク。21世紀の幕開けの年として地球規模で認められたもの。日本の提唱による)。
⑫盲導犬同伴可マーク(日本盲導犬協会作成マーク。大手スーパー・レストランなどで使用)。
⑬おもちゃに付けるマーク(晴盲共遊のシンボルマーク。1992年国際玩具協議会で『国際共通マーク』と認定された日本生まれのマーク)。
⑭おもちゃに付けるマーク(英国の玩具協会が付けたマーク)。
⑮障害者の日(日本)(障害者の日(12月9日)シンボルマーク。愛称グッピー君)。

第3部　略語・記号・単位編

5-8　地図記号

記号	名称	記号	名称	記号	名称
◎	市役所	○	町村役場	ö	官公処
⚐	裁判所	◇	税務署	※	森林管理所
T	気象台	Y	消防署	⊕	保険所
⊗	警察署	X	交番	〒	郵便局
文	小中学校	㊇	高等学校	(大)文	大学
(短大文)	短期大学	(専)文	高等専門学校	⊞	病院
⛩	神社	卍	寺院	🏛	博物館
📖	図書館	⚑	自衛隊	☼	工場
⚙	発電所	🏠	老人ホーム	🌀	風車
⊓	城跡	∴	史跡・名勝（天然記念物）	≡	噴火口・噴気口
♨	温泉	⚓	重要港	⚓	漁港
‖	田	V	畑	○	果実園
Y	桑畑	∴	茶畑	O	其他（樹木畑）
Q	広葉樹林	∧	針葉樹林	↓	ハイマツ地
⺍	竹林	⚒	採鉱地		

（注）国土地理院2万5千分の1地形図による。その他の詳細は図記号一覧（国土地理院）参照

> **Column　新地図記号に小学生の図案を採用**
>
> 「風車」と「老人ホーム」の地図記号のデザインが、初めて小・中学生からの公募で採用された。国土地理院の発表によると全国から約12万件の応募があり、審査の結果、「風車」は安見光平さん（中学1年）、「老人ホーム」は青木照恵さん（小学6年）の作品がそれぞれ選ばれた。2006年6月以降に発行する25,000分の1の地形図などに使われている。「風車」は3枚羽が廻る様をイメージ。「老人ホーム」は老人ホームの建物を描いている。

第6章　インターネットの略号・記号

6-1　電子メールアドレスとホームページのアドレス

　メールアドレスには、本人を識別するためのアカウントと、その人が所属する組織を示す「ドメイン名」と呼ばれる部分が必ず含まれています。メールアドレスの中の@より前の部分がアカウント、それより後の部分がドメイン名となります。組織が大きい場合は、ドメイン名の前にサブドメインと呼ばれる文字列が付け加えられることもあります。

　ドメイン名が会社名なら、サブドメイン名は部署名です。ドメイン名は、「．（ピリオド）」記号で区切られた英文の文字列で構成され、この区切られた部分がそれぞれ後ろから順に国名、組織の種類、組織の名称となっています。このルールは万国共通ですが、唯一例外として米国の場合は国名が省略され、組織の種類を示す略号も異なっています。

電子メールアドレス

　　　　　　　　　　　　　　　　　　　　ドメイン名
E － mail：rutarou @ npc. nikkeibp. co. jp
　　　　　　アカウント　サブドメイン名　組織の名称　組織の種類　国名

- （読み方）　イーメール　コロン　アールユーティーエーアールオーユー　アットマーク　エヌピーシー　ドット　エヌアイケイケイイーアイビーピー　ドット　シーオー　ドット　ジェイピー
- @（At-mark）　情報交換用符号の一つ。「アットマーク」と読む。電子メールアドレスを示すときに＜ユーザー名＞@＜ホスト名＞のように、ユーザー名とホスト名の間に入れる。
一般には商品などの単位。

インターネット・ホームページのアドレス

　　　URL　　http://www2s. biglobe. ne. jp. /~ dokusyo/eyemark/
　　　　①　　　②　　　　③　　　④　　⑤　⑥　⑦　　⑧

① URL ＝ Uniform Resouce Locators
　インターネット上の「オブジェクト」の場所を示すための表示方法。通常はWWWブラウザなどでホームページにアクセスする際、コンテンツの置かれたサーバを指定するのに使われる。

② http＝ hyper text transfer protocol ＝ HTML文書を送受するためにWWWサーバとクライアントの間で用いるプロトコル。これを使用してクライアントから他のサーバにリンクする。

③ WWW ＝ world wide web　ネットワーク上の複数の独立した情報を変更することなく総合し、ハイパーテキストとして提供するシステム。単にウエブということが多い。WWWあるいはW3と書く。ダブリュースリー

④ プロバイダー

⑤ ネットワーク

⑥ 国　名

⑦ Tilde「~」　情報交換用符号の一つ。「チルダ」と読む。ホームページのURLの中で＜プロバイダーのドメイン名＞／＜~ホームページ名＞のように、ホームページを示すのに使うことがある。

⑧ ユーザ名

- （読み方）　ユーアールエル　エイチティティピー　コロン　スラッシュ　スラッシュ　ダブリュー　ダブリュー　ダブリュー　ツーエス　ドット　ビーアイジー　エルオービーイー　ドット　エヌイー　ドット　ジェイピー　ドット　スラッシュ　チルダ　ディオーケイユーエス　ワイオー　スラッシュ　イーワイイーエムエーアール　ケイ　スラッシュ

第3部　略語・記号・単位編

組織の種類	日本の場合	米国の場合
企業・法人	co	com
プロバイダーなど	ne or	net
団体	or	org
教育機関 （大学・専門学校）	ac	edu
政府機関	go	gov

ドメイン名に利用される主な組織名

（国名とその略号は、「6 - 3　160頁　国別コード」を参照

6 - 2　省略記号（abbreviations）

AFAIC	As Far As I'm Concerned
AFK	Away From Keyboard
AISI	As I See It
aKa	Also known As
ASAP	As Soon As Possible
AWGTHTGTATA	Are We Going To Have To Go Through ALL This Again?
AWGTHTGTTA	Are We Going To Have To Go Through This Again?
B4	Before
BBIB	Be Back In A Bit
BBL	Be Back Later
BCNU	Be Seeing You
BNF	Big Name Fan
BOT	Back On Topic
BTW	By The Way
CIAO	goodbye（Italian）
CPP	C Plus Plus
CPU	Central Processor Unit
CU	See you
CUL	Catch You Later
CUL	See You Later
CULSR	See You Later
CWYL	Chat With You Later
DDD	Direct Distance Dial（as in the phone system）
FD	Floppy Disk
FD	Front Door
FDC	Floppy Drive Controller
FDD	Floppy Disk Drive
FTL	Faster Than Light
FWIW	For What Its Worth
FYI	For Your Information
GIGO	Garbage In, Garbage Out
GIWIST	Gee, I Wish I'd Said That
GUI	Graphical User interface

HAK	Hugs And Kisses
HD	Hard Disk
HDC	Hard Disk Controller
HDD	Hard Disk Drive
HHO 1/2K	Ha, Ha, Only Half Kidding
HHOK	Ha, Ha, Only Kidding
HIH	Hope It Helps!
HTH	Hope This Helps!
HUA	Heads Up, Ace
IAC	I Any Case
IANAL	I Am Not A Lawyer
IBTD	I Beg To Differ
IITYWIMWYBMAD	If I Tell You What It Means Will You Buy Me A Drink?
IITYWTMWYKM	If I Tell You What This Means Will You Kiss Me?
IIWM	If It Were Me（Mine）
ILSHIBAMF	I Laughed So Hard I Broke All My Furniture！
IMHO	In My Humble Opinion
IMNSHO	In My Not So Humble Opinion
IMO	IN My Opinion
INPO	In No Particular Order
IOW	In Other Words
JAUA	Just Another Useless Answer
KBD	Keyboard
KISS	Keep It Simple, Stupid
LD	Long Distance
LLTA	Lost and Lost Thunderous（or Thundering）Applause
LOL	Laughing Out Loud
LTIP	Laughing Til I Puke
MC	Machine Code
MSC	Microsoft C
Msg	Message
NINO	No Input, No Output
OATUS	On A Totally Unrelated Subject
OAUS	On An Unrelated Subject
OBTW	Oh, By The Way
ONNA	Oh No, Not Again
ONNTA	Oh No, Not This Again
OOTC	Obligatory On Topic Comment
OTOH	On The Other Hand
OTOOH	On The Other Other Hard
OTTOMH	Off The Top Of My Head
OWTTE	Or Words To That Effect
OZ	Australia
P.S.	Post Scriptum
PMIGBOM	Put Mind In Gear, Before Opening Mouth

POTS	Plain Old Telephone Service
POV	Point Of View
PS	Postscript/Post Scriptum
Ptr	Pointer
QP	Quick Pascal
ROFL	Rolling On Floor Laughing!
ROFLASTC	Rolling On Floor Laughing And Scaring The Cat!
ROFLGO	Rolling On Floor Laughing Guts Out!
ROFLMAO	Rolling On Floor Laughing My A** Off
ROTFL	Rolling On The Floor, Laughing
RSN	Real Soon Now
RTEM	Read The F* cking Manual!
RTFMA	Read The Friggin Manual Again
RTWFQ	Read The Whole Friggin' Question
RYS	Read Your Screen
SF	Science Fiction
SICS	Sitting In Chair Snickering
SNAFU	Situation Normal, All F* cked Up
Snail Mail	The U. S. Postal Service
SWAG Super	Wild A** Guess
TANSTAAFL	There Ain't No Such Thing As A Free Lunch
THANX	Thanks
TNX	Thanks
TOYM	Turn On Your Mind!
TTFN	Ta Ta For Now
TTYAWFN	Talk To You A While From Now
TTYL	Talk To You Later
TYCLO	Turn Your Caps Lock Off（Quit Shouting）
UAE	Unrecoverable Application Error（windows）
WT	Without Thinking
WTTM	Without Thinking Too Much

6－3　国別記号

配列は、①地域別（北米・中南米・アジア・ヨーロッパ・中東・アフリカ・大洋州）②国別記号　③英語による名称　④日本読みの通称・略称（「広辞苑」「大辞林」）の音順

＜典拠：外務省資料（★は日本の未承認国）＞

〈北米〉

US	United States of America	アメリカ（米国）
CA	Canada	カナダ

〈中南米〉

AR	Argentina Republic	アルゼンチン
AG	Antigua and Barbuda	アンティグア・バーブーダ

UY	Oriental Republic of Uruguay	ウルグアイ
EC	Republic of Ecuador	エクアドル
SV	Republic of El Salvador	エルサルバドル
GY	Republic of Guyana	ガイアナ
CU	Republic of Cuba	キューバ
GT	Republic of Guatemala	グアテマラ
GD	Grenada	グレナダ
CR	Republic of Costa Rica	コスタリカ
CO	Republic of Colombia	コロンビア
JM	Jamaica	ジャマイカ
SR	Republic of Suriname	スリナム
KN	Saint Christopher and Nevis	セントクリストファー・ネーヴィス
VS	Saint Vincent and the Grenadines	セントビンセント及びグレナディーン諸島
LC	Saint Lucia	セントルシア
CL	Republic of Chile	チリ
DM	Dominican Republic	ドミニカ
DO	Common w ealth of Dominica	ドミニカ共和国
TT	Republic of Trinidad and Tobago	トリニダード・トバゴ
NI	Republic of Nicaragua	ニカラグア
HT	Republic of Hait	ハイチ
PA	Republic of Panama	パナマ
BS	Commonwealth of The Bahamas	バハマ
PY	Republic of Paraguay	パラグアイ
BB	Barbados	バルバドス
BR	Federative Republic of Brazil	ブラジル
VE	Bolivarian Republic of Venezuela	ベネズエラ・ボリバル
BZ	Belize	ベリーズ
PE	Republic of Peru	ペルー
BO	Plurinational State of Bolivia	ボリビア
HN	Republic of Honduras	ホンジュラス
MX	United Mexican States	メキシコ

〈アジア〉

IN	India	インド
ID	Republic of Indonesia	インドネシア
KH	Kingdom of Cambodia	カンボジア
SG	Republic of Singapore	シンガポール
LK	Democratic Socialist Pepublic of Sri Lanka	スリランカ
TH	Kingdom of Thiland	タイ
KR	Republic of Korea	大韓民国
CN	Pepple's Republic of China	中華人民共和国
KP	(North Korea=Democratic People's Pepublic of korea)	（北朝鮮・朝鮮民主主義人民共和国★）
JP	Japan	日本
NP	Federal Democratic Republic of Nepal	ネパール
PK	Islamic Republic of Pakistan	パキスタン

BD	People's Republic of Bangladesh	バングラデシュ
TP	The Democratic Republic of Timor-Leste	東ティモール
PH	Republic of the Philippines	フィリピン
BT	Kingdom of Bhutan	ブータン
BN	Brunei Darussalam	ブルネイ
VN	Socialist Republic of Viet Nam	ベトナム
MY	Malaysia	マレーシア
MM	Union of Myanmar	ミャンマー
MV	Republic of Maldives	モルディブ
MN	Mongolia	モンゴル
LA	Lao People's Democratic Republic	ラオス

〈ヨーロッパ（NIS 諸国を含む）〉

IS	Republic of Iceland	アイスランド
EI	Ireland	アイルランド
AZ	Republic of Azerbaijan	アゼルバイジャン
AL	Republic of Albania	アルバニア
AR	Republic of Armenia	アルメニア
AD	Principality of Andorra	アンドラ
IT	Republic of Italy	イタリア
UA	Ukraine	ウクライナ
UZ	Republic of Uzbekistan	ウズベキスタン
UK	United Kingdom of Great Britain and Northern Ireland	イギリス（英国）
EE	Republic of Estonia	エストニア
AT	Republic of Austria	オーストリア
NL	Kingdom of the Netherlands	オランダ
KZ	Republic of Kazakhstan	カザフスタン
CY	Republic of Cyprus	キプロス
GR	Hellenic Republic	ギリシャ
KG	Kyrgyz Repulic	キルギス
GE	Georgia	グルジア
HR	Republic of Croatia	クロアチア
CS	Republic of Kosovo	コソボ
SM	Republic of San Marino	サンマリノ
CH	Swiss Confederation	スイス
SE	Kingdom of Sweden	スウェーデン
ES	Spain	スペイン
SK	Slovak Republic	スロバキア
SI	Republic of Slovenia	スロベニア
RS	Republic of Serbia	セルビア
TJ	Republic of Tajikistan	タジキスタン
CZ	Czech Republic	チェコ
DK	Kingdom of Denmark	デンマーク
DE	Federal Republic of Germany	ドイツ
TM	Turkmenistan	トルクメニスタン

NO	Kingdom of Norway	ノルウェー
VA	State of the City of Vatican	バチカン
HU	Hungary	ハンガリー
FI	Republic of Finland	フインランド
FR	French Republic	フランス（仏国）
BG	Republic of Bulgaria	ブルガリア
BY	Republic of Belarus	ベラルーシ
BE	kingdom of Belgium	ベルギー
BA	Bosnia and Herzegovina	ボスニア・ヘルツェゴビナ
PL	Republic of Poland	ポーランド
PT	Portuguese Republic	ポルトガル
YU	Former Yugoslav Republic of Macedonia	マケドニア旧ユーゴスラビア
MT	Republic of Malta	マルタ
MC	Principality of Monaco	モナコ
MD	Republic of Moldova	モルドバ
ME	Montenegro	モンテネグロ
LV	Republic of Latvia	ラトビア
LT	Republic of Lithuania	リトアニア
LI	Principality of Liechtenstein	リヒテンシュタイン
LU	Grand Duchy of Luxembourg	ルクセンブルグ
RO	Romania	ルーマニア
RU	Russia	ロシア

〈中　東〉

AF	Islamic Republic of Afghanistan	アフガニスタン
AE	United Arab Emirates	アラブ首長国連邦
YE	Republic of Yemen	イエメン
IL	State of Israel	イスラエル
IQ	Republic of Iraq	イラク
IR	Islamic Republic of Iran	イラン
OM	Sultanate of Oman	オマーン
QA	State of Qatar	カタール
KW	State of Kuwait	クウェート
SA	Kingdom of Saudi Arabia	サウジアラビア
SY	Syrian Arab Republic	シリア
TR	Republic of Turkey	トルコ
BH	Kingdom of Bahrain	バーレーン
JO	Hashemite Kingdon of Jordan	ヨルダン
LB	Republic of Lebanon	レバノン

〈アフリカ〉

DZ	People's Democratic Republic of Algeria	アルジェリア
AO	Republic of Angola	アンゴラ
UG	Republic of Uganda	ウガンダ
EG	Arab Republic of Egypt	エジプト

第3部　略語・記号・単位編

ET	Federal Democratic Republic of Ethiopia	エチオピア
ER	State of Eritorea	エリトリア
GH	Republic of Ghana	ガーナ
CV	Republic of Cape Verde	カーボヴェルデ
GA	Gabonese Republic	ガボン
CM	Republic of Cameroon	カメルーン
GM	Republic of The Ganbia	ガンビア
GN	Republic of Guinea	ギニア
GW	Republic of Guinea-Bissau	ギニアビサウ
KE	Republic of Kenya	ケニア
CI	Republic of Cote d'Ivoire	コートジボワール
KM	Union of Comoros	コモロ
CG	Republic of Congo	コンゴ
CD	Democratic Republic of the Congo	コンゴ民主共和国
ST	Democratic Republic of Sao Tome and Principe	サントメ・プリンシペ
ZM	Republic of Zambia	ザンビア
SL	Republic of Sierra Leone	シェラレオネ
DJ	Republic of Djibouti	ジブチ
ZW	Republic of Zimbabwe	ジンバブエ
SD	The Republic of the Sudan	スーダン
SZ	Kingdom of Swaziland	スワジランド
GQ	Republic of Equatorial Guinea	赤道ギニア
SC	Republic of Seychelles	セーシェル
SN	Republic of Senegal	セネガル
SO	Somali Democratic Republic	ソマリア
TZ	United Republic of Tanzania	タンザニア
TD	Republic of Chad	チャド
CF	Central African Republic	中央アフリカ
TN	Republic of Tunisia	チュニジア
TG	Republic of Togo	トーゴー
NG	Federal Republic of Nigeria	ナイジェリア
NA	Republic of Namibia	ナミビア
NE	Republic of Niger	ニジェール
BF	Burkina Faso	ブルキナファソ
BI	Republic of Brundi	ブルンジ
BJ	Republic of Benin	ベナン
BW	Republic of Botswana	ボツワナ
MG	Republic of Madagascar	マダガスカル
MW	Republic of Malawi	マラウイ
ML	Republic of Mali	マリ
ZA	Republic of South Africa	南アフリカ
SS	The Republic of South Sudan	南スーダン
MZ	Republic of Mozambique	モザンビーク
MU	Republic of Mauritius	モーリシャス
MR	Isulamic Republic of Mauritania	モーリタニア

MA	Kingdom of Morocco	モロッコ
LY	Libya	リビア
LR	Republic of Liberia	リベリア
RW	Republic of Rwanda	ルワンダ
LS	Kingdom of Lesotho	レソト

〈大洋州〉

AU	Commonwealth of Australia	オーストラリア
KI	Republic of Kiribati	キリバス
CK	Cook Islands	クック諸島
WS	Independent State of Samoa	サモア
SB	Solomon Islands	ソロモン諸島
TV	Tuvalu	ツバル
TO	Kingdom of Tonga	トンガ
NR	Repiblic of Nauru	ナウル
NZ	New Zealand	ニュージーランド
VU	Repulic of Vanuatu	バヌアツ
PG	Independent State of Papua New Guinea	パプアニューギニア
PW	Republic of Palau	パラオ
FJ	Republic of the Fiji Islands	フィジー諸島
MH	Republic of the Marshall Island	マーシャル諸島
FM	Federated States of Micronesia	ミクロネシア

～～～～～～～～～～～～～～～～～～～～～～～～～～～～～～～～～～～～～～～

（注）本稿では、地域名の記号等は省略しましたが、下記について,「ＩＳＯ」資料により追記しておきます。
　　ＴＷ　台湾（台湾省／中華民国）Taiwan,Province of China
　　ＨＫ　香港（特別行政区）Hongkong
　　ＭＯ　澳門（特別行政区）Macao

6－4　フェイスマーク

　パソコンの文字でいちばん基本的なのは、コンマ・コロンなどの記号群です。その組み合わせで感情を表現する「フェイスマーク」がｅメールなどで今を盛りとばかり溢れかえっています。フェイスマーク（顔文字）はインターネットでは、スマイリーマーク（smiley mark, emoticon, 顔文字、フェイスマーク、顔マーク）などと呼ばれ、書き手の感情を表現したネットワーク時代の象形文字となっています。

　米国の電子メールなどで使われ、1970年代に流行したスマイリーマークをパソコン上で表そうとしたのが、その始まりといわれています。

　日本のフェイスマークとの違いは、顔が90度傾き、横に寝ていること。基本となる笑顔は両目をコロン、鼻を横棒、口は丸カッコの右側であらわしています。また、笑いを表現するのは、米国が口の部分、日本の

第3部　略語・記号・単位編

は目という違いもあります。

　パソコンやワープロの日本語変換ソフトにフェイスマークが辞書登録されているのは、これが定着した証拠でしょうか？『ジーニアス英和辞典（第4版）』（大修館書店）にも次の様に記載されています。

「emoticon、顔文字、Eメールなどで使う感情表現のマーク。英語圏では、横から見る形を使う」と。

　例　右側を下にして見る（米国流）　　:-)　笑顔　　:-(　渋面

　最近は、パソコン上のみならず、一般の新聞や雑誌にも、フェイスマークがよく使われています。

　点訳・音訳ではどのようにしたらよいのでしょうか。今のところ、事例があまり多くないので、「記号の名称（意味）＋マーク」「えがお」（笑顔）「悲しい」（泣顔）などと処理しているようです。

（例）　(^_^)！　　(^^)！　　(^^)！　　（＊^。^＊）
　　　　(~o~)　　(^_^)　　！(^^)！
　　　記号を組み合わせてみました　↓
　　　　m（＿＿）m　ごめん　　（＞0＜）いや！
　　　　超♥！　ちょうラッキー、ちょうハッピー

顔文字で感情を伝えよう！

　短い文章で分かりやすく。メールでは言葉のセンスも必要です。嬉しいとき、悲しいときに感情を楽しく伝えるため、記号類を組み合わせた顔文字を使ってみましょう（＊^。^＊）。組み合わせでオリジナルを作ってみては！（＊^。^＊）

6-4-1　米国流フェイスマーク

※右側を下にして見て下さい。

:-)	regular smile	通常の笑顔
:)	happy	小さい笑顔／幸せ
:-))	very happy	とっても幸せ
:D	laughter	あっはっは
:]	gleeful	陽気、お友達になろう
|-)	hee hee	ヒヒヒ
:I	hmmm…	なるほど／そうかなあ
:-(	sad	悲しい
:(	sad	悲しい
:-|	grim	不機嫌
~~:-(	net. flame	侮辱は許さん
:-||	anger	怒っている
-<	mad	おこったぞ
8-)	smile with glasses	眼鏡をかけている人の笑顔
:-e	disappointed	失望
:-/	undecided	どうかなあ
:-o	WOW！	わー！びっくりした
:^)	happy Face	幸福な顔
:,(-	crying	なきべそ
;-)	wink	ウインクする
:=|	baboon（feeling foolish）	ヒヒ（自分がばかでした）
:-V	shouting	大声で叫ぶ
:-r	sticking tongue out	舌を出している
:-p	sticking tongue out	舌を出している（えへへ）

第6章　インターネットの略号・記号

:O	yelling	おーい
:*	kisses	キス
[ ]	hugs	抱擁
|I	asleep	いねむり
|^o	snoring	いびき
:-$	mouth wired shut	何も言いません
:-&	tongue tied	何も言いません
:-x	"my lips are sealed"	何も言いません
:-*	eating something bitter	おおにがい
|-D	ho ho	へえ〜
:-O	uh uh	おっと
:>-	what?	えっ
:@	what?	えっ
:<-	what?	えっ
:{	what?	えっ
8-)	smiley swimmer	水泳好き
)8-)	scuba smiley	スキューバ
:-%	smiley banker	銀行員
=:-)	punk rocker	パンク
=:-(	punk rockers don't smile	パンクは笑わない
+:-)	smiley priest	牧師様
:-o	singing national anthem	国歌斉唱
{:-)	hair parted in the middle	センター分け髪形
:-}	beard	あごひげ
:-{	mustache	口ひげ
:-#|	bushy mustache	濃いヒゲ
:-?	smoking a pipe	パイプをくわえて
}:~^#})	updrafted bushy mustached	バック、濃いひげ
>:-I	net. startrek	スタートレック
:-X	bow tie	蝶ネクタイ
:-Q	smoker	喫煙者
(:I	egghead	卵あたま
@:I	turban	ターバン
8-)	glasses	眼鏡

６－４－２　日本式フェイスマーク

(^.˘)	普通の笑顔
(˘o˘;>)	おっと失礼
(˘˘;)	冷や汗が出る、おはずかしい
(˘o˘)	嬉しい
＼(^o˘)／	ばんざ〜い
w（〜0〜）w	ばんざ〜い
(＊^o^＊)	興奮している。赤ら顔
(-o-)	本当にすみません
(^.^)	少女の笑い、オホッ

167

第3部　略語・記号・単位編

(;_;)	泣いている
(＊^-^＊;	ごめんなさい
(^-^;;	ぎこちない
(^.^;	恥ずかしい
〔 ;;	やばい、恥ずかしい
(T.T)	涙がちょちょ切れる
(?o?)	感激の涙
(谷)	ああ〜っ
m (＿) m	お願いします。平にご容赦を
Φ ^-^	おっ、メモメモ…。
^_ ＊;	ウインク
(=^^=)	エヘヘ
¥ (^o^)	Vサイン
<g>	にやっ

6-4-3　絵文字

　パソコン上で文字の代わりに使うフェイスマークの他、フェイス（顔）以外のもので文字に近い機能を果たすものを絵文字（pictograph）と呼んでいます。簡略化した形で、記号や言葉の代わりとするもので、パソコン上のみならず、手洗い、非常口などのシンボルマークとして広く使われているものも絵文字の種類の一つといえるでしょう。その他にも、絵を用いた統計図表（pictograph）も絵文字の一種です。

　絵文字の例

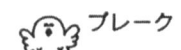

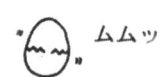

> **Column**　絵文字（辞典の定義）
>
> 絵文字…①表意文字の一種。絵を簡略化して文字として用いたもの。クレタ島のミノア期、イースター島、メキシコのザポテカ族などにみられる。②簡略な絵を文字や言葉の代わりとするもの。公共の案内表示に用いるマークなど。ピクトグラム。ピクトグラフ。（広六）
> ①文字に近い機能を果たす絵。文字のつくられる以前、通信・記録などに使われたもので、古代文字のつくられた源となった。ピクトグラフ。②絵画化した装飾文字。③携帯電話で用いる文字のうち、イラスト風の記号の総称。（大三）
> ピクトグラム（pictogram）→　絵文字。また、絵を使った図表。（広六）
> 　　　　　　　　　　　　　　ピクトグラフに同じ。（大三）
> ピクトグラフ（pictograph）→①絵文字。象形文字。ピクトグラム
> 　　　　　　　　　　　　　　②絵を用いた統計図表。ピクトグラム（大三）
>
> 　　　　　　　　　　　　　　　　　　　　　　　（広六）…広辞苑第6版
> 　　　　　　　　　　　　　　　　　　　　　　　（大三）…大辞林3版

Column 「卍」の読み 「卐」（右まんじ）は記号

『まんじ（卍・卍字・万字）①［仏］もとインドのビシュヌ神の胸に現れた好善なることのしるし。仏菩薩の 32 神の一つで、体毛が右旋していることをいう。万徳が集まることの表徴とされ、仏心のしるしともする。日本の地図上では寺院の記号。右廻り左廻りの区別は厳密ではなかったが、現在では右廻りとする。②紋所の一つ。①を図案化したもので、右廻りと左廻りがある。』（大辞林）

漢和辞典には「十部の 4 画」にあり、呉音で「マン」、「まんじ」。字義はまんじ。仏書に用いる万の字。＜国訓＞まんじ。雪の舞い降るさま。卍巴とあります。「卍」は、「ひだりまんじ」と呼ばれ、「卐」（みぎまんじ）と区別しますが「みぎまんじ」は漢字ではありません。これに類したものがいくつかありますが、すべて記号です。また、「ひだりまんじ」も記号としても使われています。

『日本では仏教や寺院の記号として一般に用いられているが、元来は仏心・万徳の象徴。万字・徳字。その起源はヒンズー教のビシュヌ神の胸の旋毛とされ、右旋の「卐」は太陽・昼・男性の、左旋の「卍」は、夜・女性の象徴とされ、後に仏教で仏陀の胸や手足・頭髪に現われる 32 吉相の一つとなった。また、この標は仏足や寺堂などの勾欄ないしは衣服の文様など吉祥文として広く使用されてきた。なお、卍は仏教世界以外でも世界各地で工芸の柄として、または十字架の一種として用いられており、とりわけドイツのハーケンクロイツとよばれる「卐」が有名である。』（『記号の事典 セレクト版』）

ハーケンクロイツ（Hakenkreuz）は「かぎ十字」「さかさまんじ」とも呼ばれ、ナチスが「卐」の形で党章に採用し、1935 〜 1945 年はドイツ国旗にも用いられた紋章ですのであまりにも有名です。

（参考）地図上では、神社は「⛩」、墓地は「⊥」、墓は「∩」として使われています。

（「卍」の話題）
① 金剛禅総本山少林寺のシンボルマーク「卍」から「双円」へ
　少林寺拳法（総本部・香川県）は、長年使用してきたシンボルマーク「卍」を 2005 年 4 月に廃止し、二つの円を重ねた「双円」に変更した。卍は、同拳法創始者が採用したものだが、ナチスのハーケンクロイツ「卐」を連想させると欧州の一部で商標登録が認められないなど、海外での普及に支障をきたしていた。新マークは「永遠の発展を象徴する」もの。
② 弘前市の市章は「卍」
　青森県弘前市は、青森県西部を支配していた津軽氏 10 万石の領地だった。津軽藩の旗印が卍だったことに由来する。
③ 「さかさ卍」が多い京都
　京の街角のお地蔵さんは 5 千から 8 千体といわれているが、20 分の 1 の割合で「卐」があるという。ちょうちんには通常の『卍』なのにほこらの台座は逆さ卍が。

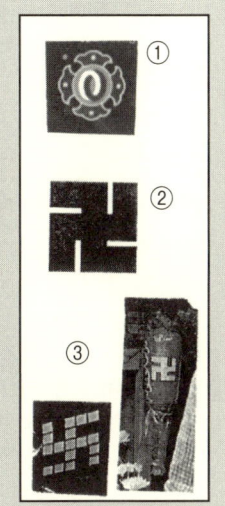

> **Column** 疑問符・感嘆符の読み

① 「？」
　(方法1) 音訳表現技術を使う（記号を無視する）。
　(方法2) 記号の名称を読む。→「ぎもんふ」「クエスチョンマーク」等。
　(方法3) 語尾上げする。→「…か↗」「…でしょうか」等。
　(方法4) ゴビ下げする。→「…か↘」
　(方法5) 読み替える。
　(方法6) 半クエスチョン（名詞の語尾を上げる）を使う。
　　　　　使用例：「ん？」「⸮」「⸮⸮」（斜め疑問符）
　　　　　　　　　「え？」「2×3＝？」

② 「！」
　(方法1) 音訳表現技術を使う（記号を無視する）。
　(方法2) 記号の名称を読む。→「かんたんふ」「にじゅうかんたんふ」
　(方法3) 語尾上げする。
　(方法4) 語尾下げする。
　(方法5) 読み替える。
　(方法6) 朗読表現技術を使う。
　　　　　使用例：「嗚呼！」「噫！」「❢」（斜め感嘆符）

③ 「？」と「！」の併用
　(方法1) 音訳表現技術を使う（記号を無視する）。
　(方法2) 記号の名称を読む。→「だぶるだれ」
　(方法3) 語尾上げする。
　(方法4) 語尾下げする。
　(方法5) 読み替える。
　(方法6) 朗読表現技術を使う。
　　　　　使用例：数字の読みが不統一！？
　　　　　　　　　「？」（インフォメーション・デスク。案内カウンター）
　　　　　　　　　「！鳥さん！？」

④問題点
　漫画・劇画の吹き出し等に「!!!」「???」「!?」「?!」が頻出しています。感嘆や疑問の入り混じった表現に使われていますが、音訳表現（朗読表現）に一工夫することが求められていることでしょう。

⑤その他
　倒置疑問符（倒立疑問符・逆疑問符）
　　スペイン語・ガリシア語で、末尾の疑問符と一対のものとして、疑問を表す文の最初と最後に書かれるもの。
　　使用例：¿Que horaes?（何時ですか）
　倒置感嘆符（倒立感嘆符・逆感嘆符）
　　スペイン語・ガリシア語で、末尾の感嘆符と一対のものとして、感動・興奮・驚き・怒りなどを表す文の最初と最後に書かれるもの。
　　使用例：¡Felicidades!（おめでとう）

（参考文献）『句読点、記号・符号活用辞典』 2007 （小学館）
　　　　　　『記号の事典　セレクト版』第3版　1996　（三省堂）

第7章　よく利用される略語・記号・単位類の参考図書

（1）『**JIS工業用語大辞典**』　第5版　2001　（日本規格協会）
第5版　日本規格協会編　A4判
118,000語収録　収録範囲（土木・建築／一般機械／電子・電気／自動車／鉄道／船舶／鉄鋼／非鉄金属／化学／繊維／鉱山／パルプ・紙／管理システム／窯業／日用品／医療安全用具／航空／情報技術／その他略語、記号、量記号、単位記号及び図・表を収録。

（2）『**世界の規格事典**』　第2版　1999　（日本規格協会）
第2版　日本規格協会編　A5判　収録略号　国際規格／地域規格：ISO（国際標準化機構）、IEC（国際電気標準会議）等。国家規格：BS（イギリス規格協会）、DIN（ドイツ規格協会）等。官公庁規格／仕様書：MIL（アメリカ軍用規格）。FS（アメリカ連邦規格）等。海外団体規格：ASME（アメリカ機械学会）、ASTM（アメリカ材料試験協会）等。その他、規格や仕様書及び規格カタログ等の中でよく使われる略号。

（3）『**世界の規格・基準・認証ガイドブック**』　2004　（日本規格協会）
日本規格協会編　A5判

（4）『**JIS記号・略号大辞典**』　1985　（日本規格協会）
日本規格協会編　1985　B5判
科学・技術に関する記号・略号のうち、規格・基準に関する最大の専門辞典。
11万の記号・略号を収録。

（5）『**記号の事典**』　第3版　1996　（三省堂）
江川清・青木隆・平田嘉男編　B5判
①身体でつくられる記号　②音声・文字の代替記号　③数量を表す記号　④科学・技術の記号　⑤分類・識別のための記号　⑥所属・階級を表す記号　⑦作業・動作の指示記号　⑧空間・時間を示す記号　⑨図像と象徴記号

（6）『**記号の事典　セレクト版**』　第3版　1996（三省堂）
江川清・青木隆・平田嘉男編　B5判

（7）『**現代科学技術略語辞典**』　1991　（丸善）
加藤大典編　B6判　軍事・通信・コンピュータ・医学・化学生物学・半導体デバイス・複合材料・光などの先端分野で使用される略語について語源・分野・用例・関連語を併載、定義や参考となる数値例などの資料的データも掲載。

（8）『**略語大辞典**』　第2版　2002　（丸善）
加藤大典・山崎永編　A5判　「現代科学技術略語辞典」をベースに増補改訂、総合的な「略語大辞典」となった。約36,000語収録。

（9）『**グラフィックシンボル辞典**』　1985　（丸善）
(The International Dictionary of Graphic Symbols) Joel Arnstein（ジョエル・アーンスタイン）著
村越愛策訳　菊判　今日、人や物資の国際交流の活発な動きの中で、言葉を補うための情報交換の一手段として、様々な形で、記号・表示・標識等が使われている。本書は具体的な絵から抽象的な記号・文字まで採録した「図記号」の辞典。

（10）『**コンサイスABC略語辞典**』　1994　（三省堂）
三省堂編修所編　B6判　テレビ・新聞などで目にするアルファベット略語約4,500語。慣用的な読みや関連語なども記載。

（11）『**ビジネスマンのための欧文略語情報辞典**』　1985　（日刊工業新聞社）
竹野万雪編　①欧文略語（A-X）②ギリシャ文字略語　③特殊記号難読記号他
「A」の項目だけで48項目、「A、A＋数字」の項で81項目採録。

第3部　略語・記号・単位編

(12)『情報・通信略語辞典』　第2版　1994　（日刊工業出版社）
　　竹野万雪編
(13)『科学技術略語大辞典』　2003　（日外アソシエーツ）
　　科学技術略語大辞典編集委員会編　医学・航空・化学・電気・電子・情報・物理・数学・建築・機械など科学技術分野で使われる略語8万語を収録した総合的対訳辞典。略語見出し数37,000件。JIS用語・学術用語にはすべて制定年と名称を明記。
(14)『おもしろくてためになる単位と記号雑額事典』　2001　（日本実業出版社）
　　白鳥敬著
(15)『SI単位ポケットブック』　2003　（日刊工業新聞社）
　　国際単位研究会・中井多喜雄編著
(16)『SI単位活用事典』　1999　（日本規格協会）
　　SI単位研究会編
(17)『記号図記号便覧』　増補4訂版　1991　（開発社）
　　片岡徳昌編
(18)『図記号のおはなし　国際共通語としてのグラフィックシンボル』　1987　（日本規格協会）
　　村越愛策著　（付）参考文献
(19)『単位小事典』　1977　（共立出版）
　　H.G.ジェラード、D.B.マックニール共著　瀬谷正男訳
(20)『化学の単位・命名・物性早わかり　化学工業技術データ活用マニュアル』　1992　（オーム社）
　　改訂版　岡田功編　A5判　単位編　命名編　物性編
(21)『化学式・化学記号の読み方書き方』　1969　（オーム社）
　　山本績・藤谷正一共著
(22)『単位の小辞典　SI換算早わかり　新版』　1994　（講談社）
　　海老原寛著
(23)『略語辞典』（オックスフオード出版局）
　　英文雑誌、新聞の略語・記号・省略語・校正記号・音符・科学記号・英語以外の略語など。
(24)『英語略語辞典』　第3版　1993　（研究社出版）
　　広永周三郎編　略語に似た記号も収録
(25)『マスコミによく出る短縮語・略語解読辞典』　1992　（創拓社）
　　石野博史（監修）　新書判
　　短縮語編・欧文略語編・主題別短縮語索引・欧文略語・日本語索引・コラムによる各種略語便利帳。
(26)『岩波数学辞典』　第4版　2007　（岩波書店）
　　日本数学会編　付属：第3版と第4版の全項目を収めたCD-ROM　1枚（12cm）数学の全分野の基礎から最先端までを一望する辞典
(27)『商用単位事典』　1974　（実業之日本社）
　　篠崎晃雄編　A5判　数の単位・数の表示方法・度量衡単位の解説・度量衡単位の換算表・暦と時間・産業関係の単位・世界の通貨と国名索引。付録に外国の地名・単位名称の借字・日本元号一覧表・日本の旧国名・中国王朝一覧表・各種記号の意味・マーク図枠の呼称。
(28)『NHKことばのハンドブック』　第2版　2005　（日本放送出版協会）
　　NHK放送文化研究所編　①用語集　②外国語・外来語のカナ表記－基本方針と原則　③外国語、外来語の－用例集　④外国語略語集　⑤数字の発音　⑥助数詞の使い方・ことばQ&A
(29)『文章は、句読点で決まる！』　1999　（ぎょうせい）
　　大類雅敏著　1999　B6判　①句読点の役割と種類　②タテ書き文・ヨコ書き文の句読法の原則　③公用文における句読法のポイント　④挨拶文における上手な句読法　⑤広告文における効果的な句読法　⑥短歌・詩・随筆文における上手な句読法　⑦小論文　レポート　作文における上手な句読法　⑧改行

第7章　よく利用される略語・記号・単位類の参考図書

の方法（段落の切り方　まとめ方　つなぎ方）⑨句読法から段落法へ　⑩句読法の基準（大類私案）付録　五十音索引

(30)『**句読点、記号。符号活用辞典。**』　2007　（小学館）
小学館編集部編
①区切り符号　②つなぎ符号　③括弧類　④くりかえし符号　⑤音声符号　⑥強調符号　⑦矢印類　⑧目印　装飾類　⑨商品記号　⑩音楽記号　⑪数学・科学記号　⑫単位記号　⑬準記号（準記号→〆（しめ）＆（アンバサント）（ます）（こと）（より）etc. ; &c.（エトセトラ）€（ユーロ）（庵点）

(31)『**マークを読む　JIS からエコマークまで**』　2005　（日本放送出版局）
中井有造著　日常的に使う電気製品、食品、衣料品などの「生活マーク」。どんな基準で何のため？改定される JIS マークを始め、あらゆるマークを集めた集大成を文庫型にまとめたもの。（序）生活マークはいつ生まれた　①損害賠償制度のあるマーク　②食品に関するマーク　③家庭用品に関するマーク　④環境・リサイクル・省エネ・福祉に関するマーク　⑤衣類に関するマーク　⑥住宅・家具に関するマーク　⑦メディア・ホビーに関するマーク。索引

(32)『**3 行でわかる　現代新語情報辞典**』　2008　（学習研究社）
第 6 版　テレビ・新聞・雑誌などで話題のことばを収録。IT 関連用語から国際・政治・文化・スポーツまでの分野。

(33)『**デジタル用語辞典**』　第 3 版　2002　（日経 BP 社）
2002 － 2003 年版　日経 BP 社出版局編　新企画：分野別動向
パソコン・インターネット・IT・e ビジネス・携帯電話まで 6,800 語。特定の読み・呼び方があるアルファベット用語には、解説文中にカタカナで表記。総索引には見出し語だけでなく、解説文中の「重要語」も収録。

(34)『**インターネット Email 英語用例辞典　改訂版**』　2003　（三修社）
塩沢正・グレゴリー・キング・スコット・シェフェルバイン編著　インターネット英語の特徴がわかる。

(35)『**最新標準パソコン事典　2011 － 2012 年版**』　2011　（秀和システム）
秀和システム第一出版編集部編　オールカラー（図解）

(36)『**最新パソコン用語事典　2008 － 2009 年版**』　2007　（技術評論社）

(37)『**インターネット・パソコン通信フェースマークガイド "99**』　1999　（ビレッジセンター出版局）
フェースマーク振興委員会編　B5 判　CD-ROM1 枚（12cm）

(38)『**スマイリー辞典**』　1993　（トッパン）
S. ゴディン編　スマイリー研究会訳　スマイリーの基本編・性格編・有名人編・意地悪編・挑戦編の他スマイリーを使わない表現編と索引。

(39)『**E メール顔文字 Dictionary**』　1999　（永岡書店）
永岡書店編集部編　50 音順・12 ジャンルで収録。

(40)『**絵文字顔文字フェイスマークハンドブック**』　2002　（頸文社）
絵文字製作委員会著　顔文字の作り方・いろいろあるよ楽しい顔文字・文字コード一覧

(41)『**欧文表記ハンドブック**』　1990　（日本エディタースクール出版部）
鈴木兼吉編　文庫判　オックスフォード・ルールなどを拠りどころにして具体的に示している。（参照　第 4 部 197 頁）

(42)『**読み方調査のために　参考図書の実例集**』　1993　（静岡県立中央図書館）
静岡県立中央図書館調査課調査相談係編集
「固有名詞の読み方調査のために」（朗読奉仕員講習参考資料　1992）の改訂増補版。「読み方をみつける」ことだけを主眼に参考図書を紹介、内容を解説。

(43)『**録音図書制作の実際　朗読ボランティアのために**』　第 7 版　2004　（日本点字図書館）
古澤敏雄編　B5 判　第 6 部に「図表・記号その他の読み方について」（「学術文献録音テープ作成の手引き」の改訂版）

第3部　略語・記号・単位編

(44)『**法学関係略語・略記便覧（法律書点訳・朗読マニュアルNo.2)**』1995（ユスティティアの会）
　　多田俊子・指田忠司共編　B5判　①判決・判例集等の略記・略称　②法令形式略語・法令名略語　③法学関係提起刊行物略語表　④外国語略語・略記表及び引用の具体例　⑤法令条文と略記例
(45)『**音訳マニュアル　視覚障害者用録音図書製作のために　音訳・調査編**』改訂版　2006（全国視覚障害者情報提供施設協会）
　　同協会録音委員会音訳マニュアル改訂プロジェクト委員会編
(46)『**カッコとルビ**』2004（第2版）
　　北川和彦編「ボランティア活動のために」モノグラフシリーズ No.2
(47)『**略語・記号の読み方　No.1**』第2版　2012（研修会テキスト）
　　北川和彦編

（逐次刊行物）
①！？などの記号は何と読む　月刊言語　Vol.34　No.1　2005.1
②「！」の嘆き〔変換キー〕　朝日新聞　1998.3.17
③英字の略語に何とか工夫を　朝日新聞　1999.10.16
④「◎」「☆」「／」！？（赤鉛筆）　朝日新聞　1993.6.19
⑤Nox（用語）　朝日新聞　1996.5.15
⑥コマーシャルの略語（天声人語）　朝日新聞　1996.7.3
⑦和製英語乱造　国際化に障害　朝日新聞　1995.3.2
⑧米国での造語　ライフライン　朝日新聞　1995.3.4
⑨切手のJASRAC（青鉛筆）　東京新聞　1954.6.26
⑩使いやすい通信機器　Uマーク表示　朝日新聞　2000.9.17
⑪「／」の1字も大切に（掲示板）　毎日新聞　1999.5.18

①カッコ・記号などの処理　「ろくおん通信」No.84　1996.7
②「？」の読み方　「ろくおん通信」No.93　1997.6
③カッコや記号のいろいろ（久保洋子）「ろくおん通信」No.132　2003.10
④カッコの文章の読み方について（久保洋子）「ろくおん通信」No.146　2007.3
⑤疑問符・感嘆符の読み方（久保洋子）「ろくおん通信」No.149　2007.6
⑥カッコの読み方・音声訳の基本を考える（久保洋子）「ろくおん通信」No.150　2007.7
⑦記号の読み方を考える（久保洋子）「ろくおん通信」No.153　2007.11
⑧「　」の読み方について（久保洋子）「ろくおん通信」No.157　2008.3
⑨カッコの読み方のバリエーション（福井哲也）「ろくおん通信」No.161　2008.7
⑩傍点は何のため？（福井哲也）「ろくおん通信」No.162　2008.9
⑪カッコ記号について（大林　緑）「ろくおん通信」No.164　2008.11
⑫記号の読みを決めるポイント（福井哲也）「ろくおん通信」No.171　2009.6
⑬インフルエンザと「／」（福井哲也）「ろくおん通信」No.175　2009.11
⑮略語はわかりにくい？（大林　緑）「ろくおん通信」No.184　2011.1
⑯（　）の処理（久保洋子）「ろくおん通信」No.189　2011.12
⑰（　）の処理　その2（久保洋子）「ろくおん通信」No.190　2012.2
（「ろくおん通信」は日本ライトハウス（盲人）情報文化センター発行）

第4部 書誌事項・文献参照編

第1章 文献参照（特に欧文）について

1−1 文献参照と参考文献

　文献類、特に専門書には他人の著書などからの引用や参考文献が多く掲載されています。それらの文献名は、欧文文献類では略記されるのが普通となっており、外国では国際的な慣習になっております。
　他人の著書または言葉を引用した場合に、その旨を記すものを「文献参照」と言い、自分の著書を出版するにあたって参考にした文献類を記すものを「参考文献」と本稿では定義しておきます。

1−2 文献参照・参考文献等の掲載される場所

（1）文中にそのつど組み込まれる場合。
（2）一文節のあとに。
（3）部、章、節などのあとに。
（4）巻末にまとめて。

1−3 本稿で用いる用語

（1）単行書

　　　　①　　　　　　　②　　　　　　　　　　　③　　　　④　　　⑤　　　　⑥
　　Esdaile, A.　A Student's Manual of Bibliography.　2nd. ed. , London.　1932.　pp. 178-196.
　　①著者名　②書名　③版次　④出版地　⑤出版年　⑥ページ
　　①②．．．．．．．著書に関する事項　③④⑤⑥．．．出版に関する事項

（2）逐次刊行物

　　　　　　　　　　　　　①　　　　　　　　　　　　　　　②　　　　③　　　　　④　　　　⑤
　　HOME ECONOMICS AND DOMESTIC SUBJECTS REVIEW.　London.　Vol.4, no.3.　March 1985.　£0.30
　　①逐次刊行物名　②出版地　③巻号　④発行年月　⑤定価
　　①．．．．．．．．著書に関する事項　②③④⑤．．．出版に関する事項

175

第4部　書誌事項・文献参照編

1－4　読み方の原則

著書に関する事項は原語で読み、出版に関する事項は日本語に直して読むことを原則とします。
ここで言う「原語」とは、英文は英語、仏文はフランス語、独文はドイツ語で読むことを指しています。

単行本　①②..........原語で読む。
　　　　③④⑤⑥......原則として日本語に直して読む。
逐次刊行物　①.........原語で読む。
　　　　　　②③④⑤...原則として日本語に直して読む。

Column　書誌

bibliography　個々の文献を明確に識別できるように、書誌的事項を一定の方式に従って記述し配列した文献リスト。

書誌（的）事項

bibliographic item　資料を識別し、特徴や性質を客観的に把握するために必要な事項。目録や書誌類、参考文献などに記載される。内容を分析した分類や件名は含まない。主なものは図書の場合、書名・編著者名・訳者名・版次・出版地・出版社（者）名・出版年・ページ数・大きさなど。内容面では、書誌・索引・その他の付録資料、図表・地図など。

第2章　文献参照の種類

(a) 書誌リストの部分として
(b) 書評・摘録の見出しとして
(c) テキストの末尾・ページの下の脚注として
(d) テキストの中に含まれる形で

2－1　単行本への参照

2－1－1　書物全体への参照

（エレメント）　著者名　標題（標題の翻訳）　版次　出版地（出版社）
　　　　　　　　出版年　その他　巻数　大きさ　ページ数　シリーズ名（番号）　など

（例）Esdaile, Arundell. A student's Manual of Bibliography, 2nd ed, London. 1932.

2－1－2　特定ページまたは特定部分への参照

（エレメント）　著者名　標題（標題の翻訳）　版表示
　　　　　　　　出版地（出版社）　出版年　参照部分のページ
　　　　　　　　最初と終わりのページまたは参照されている部・章・節

（例）Esdaile, Arundell. A student's Manual of Bibliography, 2nd ed, London. 1932. <u>pp178-196</u>

２−２　逐次刊行物への参照

２−２−１　逐次刊行物全体への参照
（エレメント）　標題　翻訳タイトル　刊期　出版地　出版社　創刊年（終刊年）　価格　その他
（例）　HOME ECONOMICS AND DOMESTIC SUBJECTS REVIEW.
　　　　Monthly London.: Forbes Publications Ltd. 1956 (1) ･･･ £0.30 per issue.

２−２−２　特定巻・号または一定期間の巻・号への参照
（エレメント）　標題　刊期　出版地　参照される巻・号（年月）の表示　価格
（例）　HOME ECONOMICS AND DOMESTIC SUBJECTS REVIEW. Monthly London. Vol.4 no.3. March 1985. £0.30

２−３　論文・記事への参照

２−３−１　単行本中の記事への参照
（論文そのものに関するエレメント）
　著者名　論文の標題　翻訳者名　その他
（論文を掲載している出版物に関するエレメント）
　掲載書の標題（著者・編者）　翻訳タイトル　版表示　巻表示
　出版地（出版社）　出版年　シリーズ名（番号）
　参照部分の特定ページ、最初と終わりのページ
（例）　CHAMRATH, G. C. : Die Rechte der Schallplatte und des Tonbandes.（Res.en fr.）
　　　　In : Congres int. des bibliotheques et des centres de doc.（Bruxelles. Sept. 1955）.
　　　　vol. II B. La Haye, Nijhoff, 1955. pp. 15-24.
　　　　In= 所収

２−３−２　逐次刊行物中の論文・記事への参照
（論文そのものに関するエレメント）
　著者名　論文の標題　翻訳名　その他
（論文を掲載している出版物に関するエレメント）
　出版地　巻号（年月）
　参照部分の特定ページ、最初と終わりのページ
（例）　Godfrey, G. Bernard. : Joints in Tubular Structures. The Structural Engineer. 37（4）April. 1959. p.126-135.
（例）　McKenna, E.A. : A Comment on Bowles and Gintis' Marxian Theory of Value.
　　　　Cambridge Journal of Economics. 5（3）1981. p.281-284.

第4部　書誌事項・文献参照編

第3章　参考文献の書誌的要素とその処理

3-1　著者に関する書誌的要素とその処理

3-1-1　個人著者名
（1）欧文著者名は普通姓、名の順に表記される。
　　（例）Schreger, H. L.　　Schreger, Howard. L.　　ROMANO, Georgio
　　（読み方）姓と名の間の（,）H. L. の full stop（.）は読まない。
（2）同姓同名を区別する必要があるときは、middle name のイニシャルとか、Jr.（Junior）や、生（没）年が付記される。
　　（例）Kennedy, Jr. John.　F. Keats, John（1925 -）
（3）位階・官職・地位等を表す称号の扱い。
　　（読み方）著者の同定を容易にするものなので、できるだけ完全なかたちにもどして読む。
　　　　　　但し、アクロニム（頭字語）の（.）は読まない。（3-4-4　189頁　略語（略記）参照）
　　（例）Balfour, Robert. Col.（Colonel）　大佐
　　　　　Rev.（Reverend）　師
　　　　　B.A.（Bachelor of arts）　文学士
　　　　　M.E.（Master of Engineering）　工業修士
　　　　　A.R.I.B.A.（Associate of the Royal Institute of British Architects）
（4）ペンネーム（雅号、pseudonym）の扱い。
　　（読み方）本名が雅号のあとに [ ] 入りで示されている場合がある。
　　　　　　「（プ）シュードニム」と読む。[ ] 内も読む。
　　（例）STENDHAL, pseud.　[Henri Beyle]
（5）名前（Personal. Given name）のイニシャル（頭文字）の読み方。
　　（読み方）名前のイニシャルは、著者の国籍、使用言語に関係なく英語読みにする。
　　（例）Gide, A.　ジッド、エイ　　Romano, G.　ロマノ、ジー
（6）姓の読みはできるだけ原語の発音に従う。
　　（読み方）原語で読むのを原則とする。但し、言語により、綴り、読みの違う表示がなされている場合はその通りに読む。発音が分からないものは、できるだけの発音をしたあと、スペルを読み、名前のイニシャルを読む前に「コンマ」を読む（姓・名とも同じ）。
　　（例）Zahn, T.　ツアーン、ティー
　　　　　Cicero,　キケロ
　　　　　Ciceron（キケロのフランス語綴り）

3-1-2　複数の著者名
（1）著者が2〜3名（A. B. C）の場合
　　（読み方）
　　　　A.（:）B … （.）は読まず、間にポーズをおく。
　　　　A and （&, und, et, y, など）B … 「and」はそのまま「アンド」と読む。
　　　　A, B, C … （,）は読まず、間にポーズをおく。
　　（例）Bowles, S., Gintis, H. : Labour Heterogeneity and the Labour Theory of value : a Reply.
　　　　　Cambridge Journal of Economics. 5（3）1981. p.285-288.
（2）著者が3名以上の場合の記述の短縮
　　（読み方）1名だけ表記され、その他を et al,（et alii）を用いて短縮してある。

　　　　　et al.（エト・アル）または　et alii（エト・アリ）と読む．
　　　　・……「ほか」　と読んでもよい．
（例1）Eldred, M., Hanlon, M., Kleiber, L., Roth, M. : Reconstructing Value-Form Analysis 1/2/3/4.
　　　　Thesis Eleven 4/7/9/11, 1982/83/84.
（例2）Churchman, C.W. et al. : Reconstructing …

3−1−3　編者名
（1）人名の後、または前に ed.（editor）、eds.（editors）、comp.（compiler）などの役割表示がなされている場合。
　　（読み方）ed.（editor）、eds.（editors）、comp.（compiler）はそれぞれエディター、エディターズ、コンパイラー、または「…編」と読む。英語以外の表記はそれぞれの言語に準じて読む。
　　　　　　　edition（版）の表示である　ed　と混同しないよう注意する。（3−3−1　184頁　版表示参照）
　　（例）Bethurum, M., ed., Critical approach to…
（2）図書中の一論文（章など）を参照する場合、その掲載図書の編著者名は書名のあとに表示されている。
　　（例）著者名、論文名、In: Annual Review of Fluid Mechanics. Van Dyke, M. et al., eds.
（3）ed. by, ed. par 等と表示されている場合は、それぞれ edited by… édité par …などと読む。

3−1−4　翻訳者名
（1）翻訳者は原著者のあと、または翻訳書名のあとに、tr.、trans.、transl. 等の役割表示と共に記されている。
　　（読み方）翻訳者は「トランスレーター」または「訳」と読む。英語以外の表記はそれぞれの言語に準じて読む。
　　（例1）Popov, A. (Lancaster, M. T. tr.), ... 書名...
　　（例2）Galileo, Great world systems（trns. T. Salsbury）, London...
（2）「tr. by... 人名」「trad. par... 人名」 等と表記されている場合。
　　（読み方）「translated by」または「traduit par」と読むか、または「... 訳」と読む。

3−1−5　改訂者名
（1）改訂者が原著者と異なる場合、改訂者は(版表示のあとに) rev.(reviser)の役割表示を付して表記される。
　　（読み方）「reviser... 人名」 または、... 人名「改訂」と読む。
　　（例）Aristotle : The Nichomachean Ethics, trans. J. A. K. Thompson. revised edn.
　　　　　Harmondsworth 1976.（この例は改訂版の意味）
（2）「rev.（revised）by... 人名」 と表記される場合。

3−1−6　その他の表記
（1）参照書名（標題）が前（はじめ）にくる場合、著者名があとになる。
　　参照（引用）が文中にくる場合と共に、著者名表記は、名前、姓の順になるのが普通。
　　（例）... 書名（標題）by R. C. Henderson（and C. C. Shepard）．

《参考文献》　著作者の読み
☆『岩波西洋人名辞典・増補版』　1995　（岩波書店）
　凡例中に23の言語の読み方（カナ表記）がでているほか、ギリシャ語、アラビア語などのローマ字以外の字母の読みがでている。巻末欧文索引から本文のカナ表記がひけるので便利。
☆『岩波＝ケンブリッジ　世界人名辞典』　1997　（岩波書店）
　ミドルネームも含めたすべての名をカタカナ表記。付録に大統領、首相、宗教指導者、ノーベル賞受賞者一覧。CD-ROM 版あり。

第4部　書誌事項・文献参照編

☆『**新スタンダード仏和辞典**』 1991 （大修館書店）　フランスの人名。
☆主要国の全国書誌（National bibliography）や販売書誌（Books in print）は、著作物や著作者の同定に役立つ。
☆『**世界各国の全国書誌－主要国を中心に－**』 改訂増補版　1995　（国立国会図書館）
☆ Webster's biographical dictionary, a dictionary of names of noteworthy persons with pronunciations and concise biographies, 1972.（4万人収録）
☆ The New Century Cyclopedia of names, ed.by C.L.Barnhart. 3 vols.
☆ Universal pronouncing dictionary of biography and mythology.（J.Thomas）
☆ Lippincott's pronouncing biographical dictionary.（J.Thomas）

Column　ISBN（国際標準図書番号）International Standard Book Number

世界中で刊行される本の在庫と流通の管理を合理化し、コンピュータの利用促進をはかることを目的として国際標準化機構（ISO）の国際規格によって制定され、管理されているコード。日本では1981年から使われている。
また、1988年には日本工業規格のJISX0305-1988　として定められた。本の奥付・タイトル頁の裏・カバー等に表示されている。
（例1）ISBN4 － 537 － 01089 － 4　C0276　¥680E
　　　　　①　　②　　　③　　　④　　⑤　　　⑥
（例2）ISBN978 － 4 － 342 － 62593 － 0　C0020　¥1800E
　　　　　＊　　①　　②　　③　　　④　　⑤　　　⑥
＊現在日本のISBNは（例2）にある様に13桁で運用されている。管理番号は次の通り。
　①国別記号　②出版社記号　③書名記号　④チェック数字　⑤分類コード
　⑥定価　Eは、光学読み取りマーク
（注）⑤と、⑥の「E」は、読まなくてもよい。

3－1－7　団体（著者）名

（1）著作に責任ある団体、または機関は著者とみなされる。
　　（例）Academie Francaise, Dictionnaire de l'Academie Francaise.
（2）著作機関の識別のため、ふつう、上位機関が先に示される。ただし、固有機関名だけで周知されている場合は直接その機関が示される。
　　（例）United States. Interstate Commerce Commission.
　　　　　WHO（World Health Organization）→ United Nations　の専門機関
　　　　　Carnegie Institution of Washington, Geophysical Laboratory.
（3）同名の機関を区別するため、所在地が付記される場合がある。
　　（例）Trinity College（Cambridge）/Trinity College（Dublin）
（4）機関名の略記（3－4－4　189頁　略語（略記）参照）
　　機関・団体のアクロニム（acronym.頭字語）が広く通用している場合はそれに従う。
　　（例）UNESCO ／ EURATOM ／ FAO ／ ASEAN ／ ESCAP
　　（読み方）ユネスコ ／ ユーラトム ／ ファオ ／ アセアン ／ エスカップ（エスキャップ）
　　　　　　　または英語の読み。
　　　　　　　　その他のアクロニムは、できればもと（full name）にもどして読む。
　　（例）C.N.R.S.（Centre National de la Recherche Scientifique）
　　　　　full name　が分からない場合は頭文字を英語読みにする。
　　（例）RAI　→　アール・エー・アイ

《参考文献》 学術団体名鑑
☆ World of Learning. ann.
☆ Buttress, F. A. : World guide to abbreviations of organizations. 7th ed.
☆ Spillner, P. : World guide to abbreviations. 3 vols.
　上記2点ともアクロニムからひける。他に Association directory もある。
☆時事的なもの：『**現代用語の基礎知識　2012**』　2012　（自由国民社）

3-2　標題に関する書誌的要素とその処理

3-2-1　論文名
（1）ふつう「2-3　論文・記事への参照」に示したような、2通りの形で示される。
（2）論文名は、メイン・タイトル、サブ・タイトルの形で示される場合がある。その区切はコロン（：）で示されるが、（：）は読まずにポーズをおく（3-4-5　189頁　活字記号（句読点・記号類）参照）。
　（例）Le Brigande en Macedonie : Un Rapport Confidentiel au Gouvernement Bulgare.
（3）論文名中の数字、記号、数式等は原語で読む。
　（例1）19^e siecle, 19th century, in 1945, 1963-1965
（4）単行書の中の論文（記事）の引用（2-3-1　177頁参照）の際の　In：は「イン」または掲載書名・出版事項を全部読んだあと、「所収」「所載」と読む。
　または、「イン」「所収」と読んだあと掲載書名などを読む。
　（例）Jersild, A. T. : Emotional Development, in Skinner, C. E.（ed.）: Educational Psychology, Prentice-Hall, 1951.
（5）論文全体が" "で囲まれている場合、" "は読まず、「イン」または「所収」を補って読む。
　（例）Abram, N, H., "How to do things text", Partisan Review…
（6）翻訳タイトルはふつう、原タイトルのあとに続けて、［　］または（　）に入れて示されている。この場合［　］および（　）は読み込む。
　（例）zarys dziejow bibliografii w Polsce [Outline of the history of bibliography in Poland]
（7）論文名が翻字されている場合、翻字されている部分は読まない。
　（例）Радиохимия（Radiohimija）
（8）長い論文名が省略されている場合。
　省略部分を示す……はフルタイトルで読む。

3-2-2　書名
（1）書名は上掲　2-1-1、2-1-2、2-3-1　に示された参照中に現われる。
（2）取り扱いはおおむね論文名と同様である。書名中の数字等は原語で読む。
　（例1）Paul Bastid, L'Assemblee nationale de 1789-1791 : Cours de doctorat, Paris, 1965, p. 156.
　（読み方）ポール　バスティー　ラサンブレ　ナショナル　ド　ミルセトキャトルヴァン　ヌフ　ア　ミルセトサンキャトルヴァン　オーンズ　クール　ド　ドクトラ
　　　　　×　ポール　バスティー　ラサンブレ　ナショナル　ド　センナナヒャク　ハチジュウク　ダーシ　センナナヒャク　キュージュー　イチ　クール　ド　ドクトラ
　（例2）Albjerg, Europe from 1914 to the Present. New York. 1951.
　（読み方）アルブジェルグ　ユーロペ　フロム　ナインティーンフォーティーン　トゥ　ザ　プレゼント
　（例3）Alexander Werth, France 1940-1955, London. 1956.
　（読み方）①アレキザンダー　ウエルス　フランス　ナインティーンフォーティ　ハイフン　ナインティーンフィフティファイブ
　　　　　②アレキザンダー　ウエルス　フランス　フロム　ナインティーンフォーティ　トゥ　ナイ

第4部　書誌事項・文献参照編

　　　　　　　ンティーンフィフティファイブ
（3）書名に含まれる略語は、そのまま読むか、またはフルにもどして読む。
　（例）J. M. Domenach, Camus-Sarrtre Debate, Rebellion vs. Revolution, The Nation, March 7, 1963.
　（読み方）…リヴェリオン　ヴァーセス　レヴォリューシオン（versus = V., VS.）
　　　　　　　リヴェリオン　ヴィエス　レヴォリューシオン
（4）会議報告書として出された資料に掲載された会議名、開催地、期間（日）、主催機関名などは書名とみなす。
　（例）CHAMRATH, G. C.：Die Rechte der Schallplatte und des Tonbandes. In：Congres inter.
　　　des Bibliotheques et des Centres de Doc.（Bruxelles, sept. 1955）.Vol. Ⅱ. B. …

3-2-3　誌名（逐次刊行物の表題）

（1）欧文誌名は国際的慣行（*1）に従って略誌名で表される場合が多い。略誌名の場合、誌名中の冠詞、前置詞、接続詞は省かれている。
（2）参考文献欄などに独自の略誌名表がついている場合はそれを参照し、完全誌名にして読むか、先に表をまとめて読み、テキスト中の略誌名はそのまま読む。
（3）誌名はできるだけ完全誌名にもどし、原語読みにする。
　（例）J. Amer. Folk. → Journal of American Folklore.
　　　　J. Phys. Chem. Solids → Journal of Physics and Chemistry of Solids.
　　　　Verh. Dtsch. Orthop. Gesel. → Verhandlungen der Deutschen Orthop dischen Gesellschaft.
　　　　Proc. Camb. Phil. Soc. → Proceedings Cambridge Philosophical Society.
　完全に戻せなくとも、もどせる部分については、もどして読む。
　（例）J. →　Journal.
　省略形を含む誌名が正式誌名の場合は、原則としてその略語形のまま読むものとする。
　（例）SIAM Review →　エスアイエーエム　レビュー
　　　　（＝ Society for Industrial Applied Mathematics Review）
　　　　JAMA　→　ジェイィエムェィ（ジャマ）（＝ Journal of American Medical Association）
（4）略誌名を綴りのまま読む場合。
　「以下略誌名」とし、読み終えたところで「誌名終り」とする。
　それぞれの省略形の間はポーズをおき、省略形のあとのピリオドは読まない。
　合成語中のハイフン（-）は省略形の場合も読む。
　（例）Proc. Roy. Soc. Med.　ピーアールオーシー（ポーズ）…
　　　　J. Bone Joint Surg.
　　　　Dtsch Schwesternztg.
　　　　Dsch. -ind. Rundsch.　→　Technisch-industrielle Rundschau
　英語以外の省略形のアルファベットの読みも、すべて英語読みにする。
（5）誌名が一般的な総称語（Bulletin, Journal, Annual report, Yearbook, Annales, Berichte,cahier 等）の場合は識別のため先ず団体名が示され、それに一般的な誌名がつづく。この全体を誌名とみなす。（*2）
　（例）Institut Arch ologique du Luxembourg. Bulletin trimestriel.
（6）同一誌名を識別するため、誌名のあとに出版地が（　）に入れて付加される場合がある。
　（例）Natura（Amsterdam）Natura（Milano）
　（読み方）（　）内をピッチを低くして読むか、（　）を読み込む。
（7）逐次刊行物が部・編に分かれて発行され、共通誌名のほかにその部・編が示される場合がある。
　（例）Physical Review, A, General physics.
　　　　省略形：PHYS. Rev., A.

第3章　参考文献の書誌的要素とその処理

（＊1）《参考文献》
☆ ISO-Documentation--International code for abbreviation of titles of periodicals. 1972. 省略タイトルのつくり方
☆ List of periodical title word abbreviation, 1979.（ISDS）
（List of serial title word abbreviation, 1985 ed.）（ISDS）
逐次刊行物の標題に現われる語の省略形を集成したもの。第1版は ISO-833（1974）

（＊2）《参考文献》
☆ 上例とは逆に「ISDS運営指針」では、総称語を冒頭におき、刊行団体をつづける形をとる。ISDSとは、逐次刊行物情報交換のための国際的ネットワーク
Bulletin American Physical Society

Column　ISO（イソ）International Organization for Standardization

国際標準化機構。工業・農業産品の規格化を目的とする国際機関。1947年設立。ジュネーブに本部を置く。欧文雑誌類の省略形は、この国際基準に準拠して表されている。

ISOによる欧文雑誌類の省略形と完全名の例

　　　　（略名）　　　　　　　（雑誌名）
J Gen Appl microbial -- The Journal general and Applied microbiology
J Hum Ergol -- Journal of Human Ergology
J Light Vis Environ -- Journal of Light & Visual Environment
J Nihon univ Sch Dent --The Journal of Nihon University School of Dentistry
J Nutr Sci Vitaminol -- Journal of Nutritional Science and Vitaminology
J Osaka Dent Univ -- Journal of Osaka Dental University
J Osaka Univ Dent Sch --The Journal of Osaka University Dental School
J Pharmacobio Dyn --Journal of Pharmacobio-Dynamics
Proc Asian Mult Scler Workshop --Proceeding of the Asian multiple Sclerosis Workshop

OPAC　On-line Public Access Catalogue

（図書館の）所蔵目録コンピュータ検索システム。オンライン閲覧目録。
利用者が使えるコンピュータ化された図書館の目録。
NDL-OPACは、国立国会図書館の所蔵目録。「洋雑誌新聞」から、欧文雑誌の完全名が検索できる。
検索の方法、①アルファベット1文字略語出だしからは検索できない。
　　　　　　　例；「J」は「Journal」で検索。
　　　　　②誌名中に含まれる冠詞・接続詞（the・of・and・on・of　the・&）は、
　　　　　　無視して検索する。
NDLは、National　Diet　Library（国立国会図書館）の略名。

《参考文献》　洋雑誌の省略形からフルネームの検索
☆ ISO-4 Documentation-International code for abbreviation of title periodicals.
☆ Coden for periodical Titles.
☆ New serial titles（Willson）全米逐次刊行総合目録 1990　4分冊　約28万タイトル
☆ Ulrich's international periodicals directory（Bowker serials directory）1990-1991 29th ed. 3分冊
☆ International list of periodical title word abbreviation.
☆ List of serial word abbreviations.（ISDS）

第4部　書誌事項・文献参照編

☆ KWIST Keyword index to serial titles.（in microfiche）
☆ ISDS Base file（in microfiche）
☆ 『**学術雑誌総合目録 Union Catalog of Serials CD-ROM 版**』　1998　（文部省学術情報センター編）
　　全国1,270館の参加機関が所蔵する約22万種類の雑誌約326万件の所蔵についての情報を収録
☆ 『**学術雑誌総合目録　欧文編**』　1998年版　（文部省学術情報センター編）　7分冊　A4判
　　日本国内の学術研究機関の図書館等が所蔵する学術雑誌の雑誌総合目録
　　収録タイトル　128,000件、所蔵データ件数 1,216,000件。前版（1994年版）より書誌・所蔵件数ともに15％以上増加（和文編　1996年版は8分冊で前版1985版より大幅に増加）
☆ National Diet Library Catalog of Foreign Serials（国立国会図書館所蔵逐次刊行物目録）1998

3－3　出版に関する書誌的要素とその処理

　この項の音訳の一般的方法として、できるだけ聞いて分かり易くするため、日本語に直して読んだ方がわかりやすい場合（部分）は、数字を含め、日本語に直して読むこととする（175頁　第1章参照）。

3－3－1　版表示

（例）Rultmann : Jesus, 5. Aufl. 1951, S. 16.　→第5版
　　　「第1版」「改訂版」などと日本語に直して読む。（原語で読んでもよい）
　　　2nd ed.　→　second edition 第2版
　　　2nd edn.　→　second edition 第2版
　　　2 eds.　→　second edition 第2版
　　　2e ed.　→　deuxi me edition.　第2版
　　　rev. ed.　→　revised edition 改訂版
　　　repr.　→　reprint. 再版　複製版
　　　Nachdruck : Darmstadt, 1967　複製版

3－3－2　巻数表示と巻表示

　多巻物（全集・双書等）または分冊ものの全部または一部を表示する場合（編、部、巻、号）で、<u>巻数表示（number of volumes）</u>と巻表示（volume number）とをとりちがえないよう注意する。

a　巻数表示　　　b　巻表示
　2　vols.　　　　vol. 2
　3　tomes　　　　Tome 3
　5　B nde　　　　5. B nd（B nd 5）
　3　Teile　　　　3. Teil（Teil 3）
　6　Hefte　　　　Heft 2
　vols. Ⅲ　　　　vol. Ⅲ

（読み方）　a「全○巻」「全○冊」など読む。
　　　　　　b「（第）○巻」「（第）○冊」などと読む。

（例）Terry, Ch. S., Bach. The Cantatas and Oratorios, <u>2 vols</u>. London. 1959
　　　Shanahan, W. O. : German protestants face the social question, <u>vol. 1</u>, p. 17.
　　　Troeltsch, E., Renaissance und Reformation, in : Gesammelte Schriften, <u>Bd. V</u>.
　　　Mies, P, Die geistlichen Kantaten J. S. Bachs…, <u>3 Teile</u>, Wiesbaden, 1959, …
　　　Eatwell, J., Mr. Staffa's Standard Commodity and the Rate of Exploitation. Quarterly Journal of Economics, <u>vol. LXXXIX</u>, 1975.

3-3-3　出版地
（1）出版地（都市名）はなるべく原地（語）読みに従う。
　　（例）Leipzig　→　ライプス（ズ）ィーグ　laips（z）ig（英）
　　　　　　　　　→　ライプツィッヒ　laiptsic（独）
（2）出版地が併記されている場合。
　　接続している句読点、記号は読まない。
　　（例）New York, Chicago, London
　　　　　Vienna　-　Leipzig
（3）同名の地名は（,）で区切って、国名、州名等が付記される。
　　（例）Alexandria, Egypt
　　　　　Alexandria, Va.

《参考文献》　外国地名の読み方
☆　The Columbia Lippincott Gazetteer of the World.
☆『コンサイス外国地名事典』　第3版　1998　（三省堂）
☆『外国地名発音辞典』　1957　（日本放送協会）
☆『固有名詞英語発音辞典』　1996　（三省堂）
　　人名・地名の約10,000項目について、英語と独語による発音を示している。知名度の低い人名・地名を調べるのに役立つ。

（4）特殊な地名の表示例。
　　（読み方）もとにもどして　full name　で読む。
　　　　a　オーデル河畔のフランクフルト
　　　　Frankfurt a. d. O.　→　Frankfurt an der Oder.（フランクフルト　アン　デァ　オーデル）
　　　　Frankfurt/O.　　　　　　　　〃　　　　　　　　　　　〃
　　　　b　マイン河畔のフランクフルト
　　　　Frankfurt a.M.　→　Frankfurt am Main.（フランクフルト　アム　マイン）
　　　　Frankfurt/M.　　　　　　〃　　　　　　　　　〃
　（例）Martin Heidegger, Uber den Humanismus, Vittorio Klostermann, Frankfurt a. M., 1917.
　　　　Ott, Heinrich : Die Bedeutung von M. Heideggers Denken für die
　　　　Methode der Theologie, in : Drehblicke. M. Heidegger zum 80.
　　　　Geburtstag, hrsg. v. V. Klostermann, Frankfurt/M. 1970. 27-38.

第4部　書誌事項・文献参照編

> **Column**　地名の郵便番号（Postal Abbreviations）
>
> ①アメリカ
>   AL（アラバマ）AZ（アリゾナ）AK（アラスカ）CO（コロラド）DC（コロンビア特別区）
>   GU（グアム）ID（アイダホ）IL（イリノイ）LA（ルイジアナ）MD（メリーランド）
>   MA（マサチューセッツ）MI（ミシガン）MO（ミズーリ）MT（モンタナ）Ne（ネブラスカ）
>   ND（ノースダゴダ）OK（オクラホマ）OR（オレゴン）UT（ユタ）VA（バージニア）
> ②カナダ
>   Alta.（アルバータ）Nfld.（ニューファンドランド）Ont.（オンタリオ）Que. or P.Q.（ケベック）
> ③イギリス
>   Ess.（エセックス）Hants.（ハンプシャー）Notts.（ノッティンガムシャー）Yorks.（ヨークシャー）

3-3-4　出版社（者）

略語形や頭字語で表わされたものが多い。できるだけ完全な形に直して読む（名前のイニシャルは別）。分からなければ綴りを英語読みにする。

（例）Cambridge U. P. → Cambridge University Press
　　　P. U. F. → Presses Universitaires de France
　　　J. and A. Churchill, Ltd.（Limited）
　　　The U. S. Steel Co., Inc.（Incorporated）
　　　HMSO（H. M. S. O）→ Her（His）Majesty's Stationary Office（英国政府印刷所）

3-3-5　出版（発行）年（月）

日本語で読み、「年」を添えてもよい。

（例）July-Sept., 1965　→　ハイフンを読む。
　　　1932
　　　1932 ～ 1938 → 「～」は「から」または「なみがた」と読む。（完結）
　　　1938 ～ →（未完結）
　　　ただし、年代が書名または論文名の一部をなす場合は原語読みにする。（3-2-2　181頁　書名参照）
　　　1952a → 1952年エー
　　　1952 → 1952年第1版

《参考文献》　出版所リスト
☆ Books in print（米）　　　☆ The Publishers' trade list annual（米）
☆ Les livres disponibles（仏）　　☆ Verzeichnis Lieferbarer Bucher（独）
これらの主要国の販売書誌所載のものを参照する。

3-3-6 逐次刊行物の巻号表示

（1）巻号を表わす語、数字はなるべく日本語に直して読むが、数字を含め、原語で読んでもよい。

表記された形	読み方	簡略形	読み方
Vol.2 no.2	Volume 2　number 2 2巻　2号	2（2） Ⅱ（2）	2　カッコ　2
Bd.5, Heft 2	Band 5, Heft 2 5巻　2号	2（2） V（2）	5　カッコ　2
no.27（1965） VOL.27（1965）	number　27　1965 Volume　27　1965 27巻（号）1965（年）	27（1965） 27（1965） XXVII（1965）	27（カッコ）1965（ネン・トジ） 27（カッコ）1965（ネン・トジ）
Jan. 1984 （巻号としての年月）	January　1984 1984年　1月（号）	Jan（'84）	January（カッコ）1984（トジ） 1984年　1月（号）
Vol.8, Suppl.	volume 8 Supplement 8巻補遺	8, Suppl.	8　Supplement 8　補遺
Pt. 2	Part　2 第2部		
V 5	5		

（2）巻号は大きい単位から小さい単位へ、次に年月につづく。
　　（例）3ᵉ serie,　tome 23,　no. 6.（June 1958）
（3）volume（巻）が誌名の前にくる場合がある。
　　（例）76 Mich. L. Rev. 1045, 1047（1978）
　　　　＝Michigan Law Review　1978年　76巻　1,045ページ　1,047ページ
（4）巻号はページ表示と区別するため、ゴシック体活字またはローマ数字で示されることが多い。（＊）
　　（例1）Eatwell, J.: Mr. Sraffa's Standard Commodity and the Rate of Exploitation.
　　　　　Quarterly Journal of Economics, vol. LXXXIX, 1975, p. 543-55.
　　（例2）FREUD, S., Gesammelte Werke, Vols. Ⅰ～Ⅲ, London. 1940-52

（＊）ローマ数字の表記（Roman numbers）
　　古代ローマ時代から西洋で用いられている数字。頁表示などの前だし、後だし表示に多く使用される他、時計の文字盤などに使われています。（第3部113頁参照）

3-3-7 ページ数・ページの表示

（1）単一のページを参照する場合。
　　P.S などをつける場合が最も多いが、つけない表示の場合もある。
　　（例）P.45.　S.45.　45.
　　（読み方）45ページ
（2）複数にわたるページの参照は、はじめと終わりのページをハイフン（-）で結んである。
　　（例）p.1234-1250.　pp.1234-1250.　ss.1234-1250.　1234-1250.
　　（読み方）1,234ページから　1,250ページ（まで）
　　Weintrab. E.R.: The Microfoundations of Macroeconomics: A Critical Survey.
　　Journal of Economic Literature. Vol.15. 1977. p. 1-23
（3）非連続的に複数箇所が参照されている場合。
　　（例）p.12-15,　22,　24-28.　12-15,　22,　24-28.
　　（読み方）12ページから15ページ、22ページ、24ページから28ページ
（4）資料の総ページ
　　（例）209P.　209pp.
　　（読み方）全209ページ

（5）ページに関連した略語
　　（例1）f.（S. 55. f.）
　　（読み方）55 ページ　および　次ページ
　　（例2）ff.（S.54　ff.）
　　（読み方）54 ページ　以下
　　（例3）pass.（＝passim）（p. 53, pass）
　　（読み方）53 ページ　passim　または　53 ページの各所に

3－3－8　叢書名
　叢書名に付された記号類は読まない。
　　（例）　Coll.《Figure》　Collection 《Mediation》　Coll.《Que sais-je?》

3－3－9　その他の書誌事項
（1）識別記号
　　（例）ISBN978-4-342-62592-3（読み方）アイエスビーエヌ……（数字は粒読みハイフンは読む）
　　　　ISSN0027-9135（読み方）アイエスエスエヌ（同上）……
　　　　CODEN : JACSAT（読み方）コーデン　ジェー　エー　シー……
　　　　CODEN : MNDGAK（読み方）コーデン　エム……（宮城県農業短期大学学術報告）
（2）学位論文
　　（例）Dissertation　　Ph. D. thesis　　Master's thesis
（3）使用言語表示
　　（例）Japanese　French
（4）媒体表示
　　（例）microfiche　microfilm　CD　FD　CD-ROM
（5）サマリー
　　Summary　要約（例）Summary reports　摘要報告
　　（例）Eng. sum.（English summary）
　　　　　Res. en fr.（Résumé en français）
（6）ペーパー
　　（例）Kurz, H. D. : Rent theory in a Multisectoral Model. <u>Oxford Economic Papers</u>, vol. 30, 1978, p. 16-37.

3－4　その他の事項

3－4－1　スペリング（綴字）
（1）著者、論文、書名中の固有名詞等の発音がはっきり分からない場合は、分かるだけの発音をしたのち、その綴字を英語のアルファベット読みにする。特殊言語で読みが分からない場合には、綴字のみを読む。
（2）略誌名の綴り読み（3－2－3（4）182 頁参照）

3－4－2　文字・字体
　Capitalization, 字体の別、数字（アラビア数字、ローマ数字等の別）などは、原則として無視して読む（区別する必要のある場合のみ注記して読む）。

3－4－3　翻字
　ローマ字以外の文字で書かれた語が翻字されて併記されている場合、その翻訳部分は読まない（3－2－1（7）181 頁参照）。

3-4-4 略語（略記）

（1）略語はできるだけ full にもどして読むが、非常に一般的な略語はそのまま読む。

（例）　B.C.　→　Before Christ
　　　　A.D.　→　Anno Domini
　　　　UNESCO

（2）もとにもどせない場合は、綴字を英語のアルファベット読みにし、末尾の「.」フルストップ、ピリオドは読む。

（3）本稿中の下記の関連箇所、その他の資料を参照する。

　　　誌名→3-2-3　　著者名→3-1-1（1）（3）　　機関名→3-1-7（4）　　略語集→5

3-4-5 活字記号（句読点・記号類）

（1）主たる書誌エレメント（著者・書名または論文名・出版事項）間の区切りの句読点の場所ではポーズをおき、要素内、要素間での区切り、末尾に用いる句読点は原則として読まない。

（2）"　"，（　），＜　＞，等の記号類の処理については、本稿中に特定したものをのぞき、第3部「略語・記号・単位編」を参照。

（3）アクセント記号

　　　読まない。

3-4-6 資料の大きさ

in-2　→　2° in-folio

　2ツ折判。書物の全紙1枚を1度折ったもの。（4ページ分）フォリオ版、books in folio 2ツ折紙。
　本の最大の判で高さ30cm以上のもの。

in-4　→　4° in-quarto

　4ツ折判。クォート版。製本用原紙を2回折り4葉で8ページにしたもの
　通例　241 × 305mm　quarto paper　4ツ折紙　略　4to

in-8°　→　8° in-octavo

　8ツ折判。オクタボ版。16ページ全紙を8ツ折り、即ち16ページに折って行なう印刷。
　約6×9インチ（15.24 × 22.86cm）略 8vo

第4章　文献参照音訳に際しての一般的注意事項

4-1　書誌・参考文献リスト

（1）本文に直接連動していない欧文だけの書誌、参考文献リストは原則として読まない。但し、和文文献だけのもの、および和洋まじりのものは、この限りでない。

（2）同一著者がつづけてリスト・アップされる場合は、その名をくり返すか、または「同じく」「同じ著者により」などと読む。

　　（例）　Brown, J. K., The Psychodynamics of ...
　　　　　　　... ,Psychology and the social order...

（3）著者名がカナ見出しで、原綴がそえられている場合は、原綴のみを読むか、カナ表記を読み、原綴のスペルを読む。

　　（例）　チョムスキー，ノーム（Chomsky, Noam）『文法の構造』勇康雄訳　研究社，1963.
　　　　　（Structures syntaxiques, traduit par Michel Bardeau, Seuil, 1969）.

第4部　書誌事項・文献参照編

4－2　参照文献リスト

参照文献リストは原則として読む。
（1）各章・各節のあとにまとめられた参照文献は、参照されるごとに個別に読み、リストの中でテキスト中に参照されなかった文献は、各章、各節を読んだあとで読む。
（2）リスト中、ibid.（同書＜所＞に）、op. cit.（前＜上＞掲書＜所＞に）、ditto（同上、同前）などで示された場合には、原則として該当参照事項をくり返して読む。
（3）注記だけを［(1)，(2)，(3)．．．］とつづけて読む場合には、(2)以下を同上と読んでさしつかえない。
　　（例）テキスト　MRC（1, 2）（英）の場合は......
　　　　　注記　(1) Brit. Med. Res. Council : Brit. Med. Journ., 769, 1948
　　　　　　　　(2) ditto., ditto, 1521, 1949

4－3　聖書の引用と参照

聖書の引用・参照は、ふつう聖書の書名、章、節から成り「Ex.40:16」と表示される。
（読み方）"Exodus chapter forty verse sixteen"　または
　　　　　"Exodus 第40章16節" と読む。
聖書の略号については、117頁を参照して下さい。

4－4　注（註）

（1）「注」を読む時点
　　「注記号」の付されている場所のいかんにかかわらず、その文の終わった直後に読む（ピリオドのあるところ）。
　　1つの文中に2つ以上の注記号が現われる場合も同じ（注：注記号の付された場所で「注記号」をピッチをさげて読み、文末で注を読む）。
（2）「注」の読み方
　　注（数）、注の内容を読み、注終り（注が長い場合は、本文にもどります）と読む。
　　「注記号」にはいろいろなものが使われているが、読みはすべて「注」「注1」などと読む。
　　「注」として使われている記号の例
　　　星印（★　☆）ダガー（†　‡　）
　　　シャープ（　♯　）米印（　※　）
　　　アステリスク（　＊　）その他（　§　）
　　　括弧類（（　）［　］「　」〔　〕〈　〉《　》【　】）

《参考文献》
『ボランティア活動のために』モノグラフ　No.1　注　読み方・入れ方　第2版　2007　北川和彦編著

第5章　書誌事項等関係用語・略語集

（独）…ドイツ語、（露）…ロシア語（ラ）…ラテン語
特に断らないものは、英語。

A

a.a.O	①am angefuhrten（od.angegebenen）Ort 引用した（上述の）箇所 章句において（独）
	②（稀）an anderen Orten（独）
Abb.	Abbildung　図解、挿絵（独）
Abt.	Abteilung　部分（独）
Abschn.	Abschnitt　章（独）
A. D.	Anno Domini　西暦（ラ）
ado loc.	ado locum　ここへ（に）（at this place）（ラ）
Adv.	advance copy　新刊書見本 予定原稿
&	ampersand（and）アンドと読む
Anh.	Anhang.　付録、補遺（独）
Anm.	Anmerkung　注（独）
ann. annu.	annual　年鑑 年報 年刊誌
anon.	anonymous　作者不明の
Arch.	Archives　資料集 資料（文書）保管所（独）
art., arts.	article　論文、記事、条、項、（法律 条約など）
	Artikel　　　〃　　　　　　　　　（独）
app.	appendix　付録 追加
Aufl.	Auflage　版（独）
Ausg.	Ausgabe　版、出版、刊行（独）

B

Bch.	Buch　本（独）
Bearb.	Bearbeiter.改訂者（独）
Bd（e）.	Band, Bande　巻、冊（同複数）（独）
	Bd. 1（Band eins）1. Bd.（erster Band）
	3 Bde　全3巻　Bd, Ⅲ　第3巻
bibliog.	bibliography.　文献目録
bis	〜まで（独）
bk., (bks)	book（　）本（複数）
bull.	bulletin　広報　告示　紀要
Bull	Bulletin　広報　公示　官報（独）

C

c	copy right	著作権表示　まるシー表示
c.	chapter	号（法律ナンバー）
c., ca., circ.	circa. circum.（about）	約、… 頃、およそ（ラ） ca.1500（およそ1500年頃）
c'-a-d.	c'est -dire	すなわち（仏）
cat.	catalogue	目録、一覧表
cf.	confer（compare）	参照、比較せよ
ch., chap.	chapter 章 chapitre（仏）	
cit.	citation. cited.	引用
cl.	calf leather	子牛皮綴
col., cols.	column	欄　コラム
comp,.	compiled. compiler.	編纂された、編纂者
C/O	care of	気付　方

D

d.	① date 日付　② died 故人、故	
diss.	dissertation	学位論文　博士論文
Diss.	Dissertation	学位論文　博士論文（独）
do., d. ditto.	the same	同上、同前．前述の、同断（独）
div.	division	部門　門（分類）
doz. dz,,	dozen	ダース
durchgesehene		改訂した、検閲した（独）
Dr., dr.	doctor　Doktor	博士
d. h.	das heißt	すなわち（独）

E

ebd.	ebenda	同書に、同文献に（独）
ency. encyc,	encyclopaedia	百科事典
ed. cit.	editio citata	前に引用した版（ラ）
ed., edn., edit.	editor, 編者　edition, edited, edition, edite. … 版	
e.g.	① exempli gratia 例えば（for example）（ラ） ②＜法＞ejusdem generis 同種の、同類の（ラ）	
Einl.	Einleitung	序（独）
enl.,	enlarged 増補された rev. and enl. ed. 増補改訂版	
esp.	especially	特に
et al.	et alibi（and elsewhere）	及び外の場所に（ラ）
et al	et alii（and others）	及びその他のもの、ほか（著者）（ラ）
etc.	et cetera	など、等々、&c. とも（ラ）
et seq., et sq.,	et sequens	及び‥以下参照（単）（ラ）
et seqq.,et sqq.,	et sequens	及び‥以下参照（複）（ラ）
ex.	example	例　実例　例題

F

f., ff.	the following (pages). 以下（の）（S. 55. f.）=55ページ および次ページ S. 55. ff　55ページ以下 = following (pages)（ページ）以下	
fac. facsim.	facsimile　翻刻版、複製版	
fas	fascicle　分冊	
fig., figs.	figure　図、挿絵	
f., fo., fol.	folio　二ツ折判、頁、丁数	
front,	frontispiece　口絵	
fn. (fnn.)	footnote (footnotes) 脚注	

G

GmbH	Gesellschaft mit beschrankter Haftung　有限会社（独）

H

H.	Heft (e) 分冊　第～号（独）
H. M. S. O.	Her (His) Majesty's Stationary Office 英国政府印刷所
Hrsg., Hg.	Herausgeber 発行者　編集者（独）
Hg., Hrsg.	Herausgegeben (von) 編集（発行）された（独）
herausg.	〃　（独）

I

ibid., ib (id).	ibidem　上掲書（資料・節）に（直前の場合）（ラ）
id., i-dem.	idem　同書、同資料　同上（の）、前述に同じ（ラ）
i. e.	id est　それは…である（this is）（ラ）
illus.	illustrated　図入の　図解の
in	…に所収（所載）also　in in-2, in-folio　二ツ折判　in-4, in-quarto 四ツ折判 in-8, in-octavo 八ツ折判
inf.	infra　以下に（later, below）（ラ） see inf. p.40　40ページ以下を見よ ride infra.　下を見よ、下記参照
ins.	=in das Italienischen ins Japanische イタリア語から日本語へ（独）
intro., introd.	introduction 序論　はしがき
insb.	insbesond (e) re 個々（別々）に（独）
i.q.	idem quod (the same as) …に同じ（ラ）
ISBN	International Standard Book Number 国際標準図書番号
ISSN	International Standard Serial Number　国際標準逐次刊行物番号
ISO	International Organization for Standardization　国際標準化機構。 工業・農業産品の規格化を目的とする国際機関。 欧文雑誌類の省略形はこれを準拠とする。

J

Jg. Jgg.	Jahrgang 巻（1年分の）（独）
J.	J. of… ① Japanese of…
	② Journal of…
JAMA	Journal of American Medical Association（アメリカ医学協会雑誌）
Jn. Jr. jr.	junior 弟、息子、同名生徒の年少者
	（通例 John Smith. Jr. と表記 カンマは略すことが多い）

K

Kap.	Kapitel 章（独）

L

l., (ll)	line (lines) 行（ぎょう）（複数）
Lat.	Latin ラテン語
Lfg.	Lieferung 分冊（独）
l.c., loc. cit.	loco citato (in the place cited) 前掲（上記）箇所に（ラ）
liv.	livre 本、巻

M

Mr	mister 様 氏
Mrs misiz	Mistress missus, missis 夫人
ms., mss.	manuscript (s) 写本、原本、原稿
MS., MSS.	manuscript (s) 写本、原本、原稿
Ms., Mss.	Manuscript (s) 写本、原本、原稿
Mt., mt., mtn、	mountain 山
mimeo.	mimeograph 謄写版 複写版

N

n. (nn.)	note (notes) 原稿 文案 備忘録 注 注釈
Nachdruck	複製版（独）
N. B. n.b,	nota bene……に注意 備考（ラ）
no. n. nos.	number (s)（番）号（numero の略）（ラ）
n. d.	no date 出版年号記載なし
n. p.	no place 出版地名記載なし
n. pag,	no pagination 頁付なし
Nr. Nrn,	Number (n) 番号（独）
NS.	New Series

O

orig.	original　原作、原版
op. cit.	opere citato　前掲書（論文）中に（ラ）
op. cit. supra	前掲書（論文）中に
OS.	old Series
o. J.	ohne Jahr　発行年の記載なし（独）
o, O	ohne Ort　発行地の記載なし（独）
o. p,.	out of print　絶版
OPAC	Online Public Access Catalog　（図書館）所蔵目録検索システム

P

p.	page　ページ　price　定価
par., parag.	paragraph　章　項　節（文章）
pl., pl（t）s.	plate　図版（別刷りの）
pp.	pages　ページ（複数）
	pp. 125-130 「125ページから130ページまで」と読む
pass.	passim（引用書の）箇所に、方々に（here and there）（ラ）
P.S.	postscript　追記　あとがき
P.T.O	please turn over　裏面参照
pt.	part　部
pseud.	pseudonym　雅号、変名、偽名
Proc.	Proceedings　議事録（学会などの）　会報　会議報告書

Q

q.v.	quod vide（which see）それ（その項）をみよ（ラ） …参照

R

repr., rpt., repn.	reprint reprinted　重版、複製版、リプリント版
rev. ed.	revised edition　改訂版
rev.	①revisor　改訂者　②review reviewed　書評
recto	頁の表面（横組みでは右頁、奇数頁）（ラ）

S

S.	Seite (n) ページ（独）
sec., sect.	section（書物などの項）
sic.	原文のまま　引用（誤りや疑いのある原文をそのまま引用した場合、その後に［sic］と付記する）（ラ）
s.d.	sans date　日付なし
see	見よ
seqq.	sequentes, sequentia ＝ the following ones.（ラ） p10（et）seqq. 10ページ以下の数ページ
ser.	series シリーズ
sub voce	＝under the specified……という見出しの下に
sup.,	supra　前掲書（above）上に　さきに　前に（ラ）
suppl., supp.	supplement　補遺
sq., sqq.	et sequentia（＝and what follows）（ラ）（以下引用参考箇所を示す） pp.10 sq. 10ページ　および　次ページ pp.10 sqq. 10ページ　以降数ページ（ラ）
st., sts.	stanza（詩の）節、連
s.v.	sub verbo ＝ under the word or heading 参照の指示として …という（見出し）の下に（ラ）

T

Taf.	Tafel　図解（表）、例証（独）
Teil (e)	巻、編、部、（独）
tr., trans.	translation, translated translator　訳、翻訳
t., tom (s)	TOM　巻（露） tome　巻

U

u.a.	等々、云々 ＝ und andere (s)（独）
u.a.m.	その他云々 ＝ und andere (s) mehr（独）
u.i.	ut infra（as shown or stated below）下記のように（ラ）
u.s	① ubi supra　上述の箇所に、前記の場所に 　　（引用の表記のくり返しをさけるための用語）（ラ） ② ut supra　上記のように、上述のように（as above） 　　（先行事項の再吟味を指示する裁判用語）
U.S.W,	und so weiter　云々　その他　以下同様（独）
u.ff.	und folgende　以下数頁（独）

V

v. vs.	versus	対（訴訟．競技など）
	verse	（詩、聖書、祈祷書の）節、連（→ stanza）
VS.	versus	対　A versus B
v.e.	vide etiam	……をも見よ（ラ）
v.g	verbi gratia	（for example）（ラ）
verbesserte Auflage		改訂版（独）
Verf.	Verfasser	著者（独）
Verl.	Verlag	出版社（独）
verso		頁の裏面（横組では左頁、偶数頁）（ラ）
vgl.	vergleich (e)	参照せよ（独）
vol.	volume	巻
vol (s).	volume (s)	巻　vol.5 ＝ 第5巻　vols. 5 ＝ 全5巻
vide.、V.		……を見よ　vide post（see after）後を見よ（ラ） vide supra（see above）上を見よ v.p. 50　50ページ　を見よ

X

x	①（ローマ数字の）10 Roman numerals 　ISBN番号の中では「10」の代用 ②誤の印（テストなどの） ③地図などで地点を示す×印

Y

y	year	年
Y　¥	yen	円

Z

Z.	Zeile	行（ぎょう）（独）
z. B.	zum Beispiel	例えば（独）
z. E.	zum Exempel	例えば（独）

《参考文献》　『欧文表記ハンドブック』　手帳判　1990　（日本エディタースクール出版部）
鈴木兼吉編
論文執筆・原稿整理・校正などの際に頭を悩ます文献の引用法や略語法、大文字・小文字の扱い・欧文の各種表記の基準をオックスフォード・ルールを拠りどころにして具体的に示している。次の項目で解説されている。
○原則　○書籍の体裁と構成　○著作記載の場合　○文献の引用（Citation of Authorities）
○聖書の略記法　○シラブルの切り方（Division of Words）　○数詞（Numeral）の扱い方
○その他数詞に関する注意　○句読法（Punctuation）と特殊記号（Special Signs Symbols）の扱い方
○その他の表記について　○略語法（Abbreviations）　○組み方について　○ © の表示について
○略語一覧表

第4部　書誌事項・文献参照編

第6章　事例演習

　文献参照・参考文献・引用文献は、本文の記述に関するデータや引用文などを詳しく調べてみたい人のために、そのデータや引用文などの出所を示したものです。これらの文献類は、欧文のものでは誌名などが略記されるのが慣例となっています。そこでこの章では、どこでどう読むかを考えてゆきます。

6－1　部・章・節・段落ごとの文献参照

（例1）主として「文献注」の形をとり、本文の該当箇所にマーク（数字・ローマ字）を付して参照するもの。
（読み方）注記号の付いている箇所の文末でそのつど読み込みます。

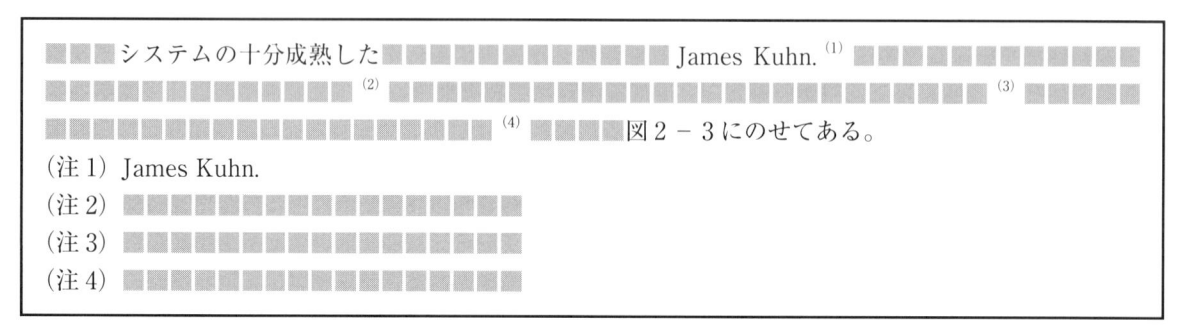

■■■システムの十分成熟した■■■■■■■■■■■■■■■■James Kuhn.[1]■■■■■■■■■■■■■■■■■■■[2]■■■■■■■■■■■■■■■■■■■■■■■■[3]■■■■
■■■■■■■■■■■[4]■■■■図2－3にのせてある。
（注1）James Kuhn.
（注2）■■■■■■■■■■■■■■■■■■■■■■■
（注3）■■■■■■■■■■■■■■■■■■■■■■■
（注4）■■■■■■■■■■■■■■■■■■■■■■■

（例2）「注」と「注記号」を区別して読む。
　注番号が一文章（句点まで）に複数あるもの。注が同一で複数出てくるものなど複雑な例です。
　したがって本文がとぎれてしまうため、注記号のあることをピッチを下げて読み、句点「。」まで読みすすんでから注を読むようにするなど、読みに工夫をこらして聞きやすいように配慮することが必要です。

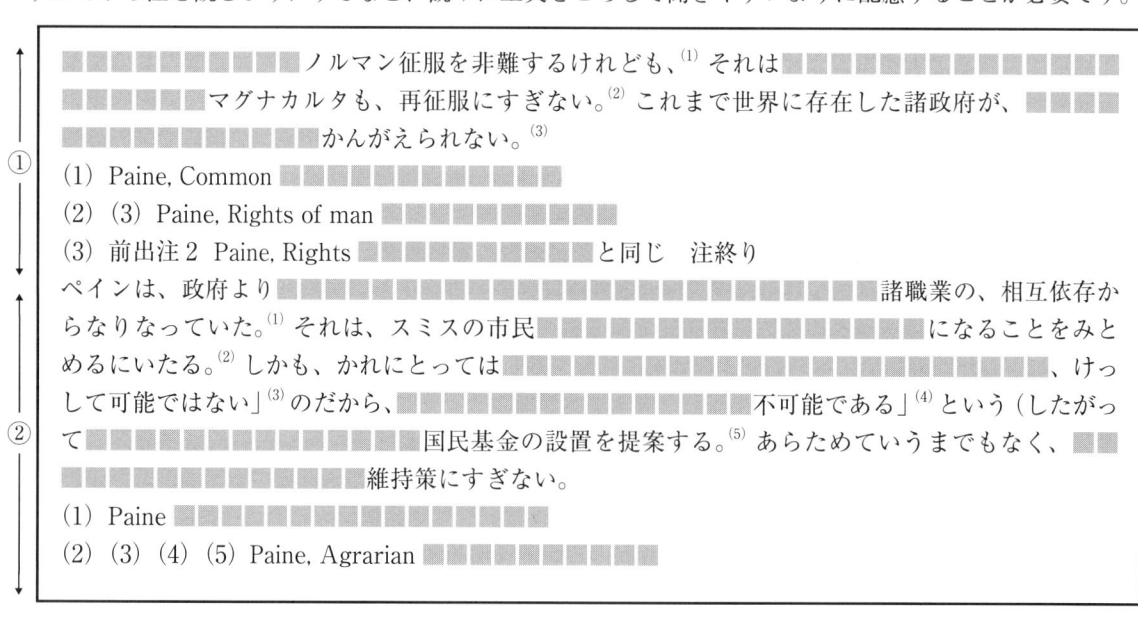

① ■■■■■■■■ノルマン征服を非難するけれども、[1] それは■■■■■■■■■■■■■■■■■■マグナカルタも、再征服にすぎない。[2] これまで世界に存在した諸政府が、■■■■■■■■■■■■■■■■■かんがえられない。[3]
　(1) Paine, Common ■■■■■■■■■■■■■
　(2) (3) Paine, Rights of man ■■■■■■■■■■
　(3) 前出注2　Paine, Rights ■■■■■■■■　と同じ　注終り

② ペインは、政府より■■■■■■■■■■■■■■■■■■■■■■■■■諸職業の、相互依存からなりなっていた。[1] それは、スミスの市民■■■■■■■■■■■■■■■■■■になることをみとめるにいたる。[2] しかも、かれにとっては■■■■■■■■■■■■■■■■■■■、けっして可能ではない」[3]のだから、■■■■■■■■■■■■■■■■不可能である」[4]という（したがって■■■■■■■■■国民基金の設置を提案する。[5] あらためていうまでもなく、■■■■■■■■■■■■■■■■維持策にすぎない。
　(1) Paine ■■■■■■■■■■■■■
　(2) (3) (4) (5) Paine, Agrarian ■■■■■■■■■

（読み方）（＿＿＿＿はピッチを下げて読みます）
① ･･･ノルマン征服を非難するけれども、<u>注番号1</u>　それは ･･･ マグナカルタも、再征服にすぎない。<u>注番号2</u>
　注1　Paine, Common sense, 1776. Basic writing of Thomas Paine, New York. 1942. 16ページ　邦訳、

岩波文庫、33 ページ
注 2　Paine, Rights of man,　パート 2　1792. Basic writings, 186 ページと 157 ページ　五十嵐豊作訳 79 ページと 33 ページ　注終わり　本文にもどります。
「これまで世界に存在した諸政府が、‥‥かんがえられない。注記号 3」
　前出　注 2　Paine, Rights of man,　と同じ　注終わり

（問題点）　注 3 は注 2 と同文同箇所の上、直前にあるので例のように略記して読んでよいでしょう。

② ‥‥相互依存からなりたっていた。注記号 1
　注 1　Paine, Rights of man.　パート 2　1792. Basic writings,　150 ページ
　五十嵐豊作訳　23 ページ　注終わり　本文にもどります。
　それはスミスの ‥‥ みとめるにいたる。注記号 2　しかも、かれにとっては ‥‥ けっして可能ではない」注記号 3 のだから、‥‥ 不可能である」
　注記号 4 という（したがって、‥‥ 国民基金の設置を提案する。注記号 5、あらためていうまでもなく、‥‥ 維持策にすぎない。
　注 2　注 3　注 4　注 5（または　注 2 から注 5 まで）
Paine, Agrarian justice 1796. Complete writings of Thomas Paine, edited by W. Foner（または Thomas Paine, 編）New York., 1945. 第 1 巻　610 ページ　606 ページ　614 ページ　注終わり　本文にもどります。

（問題点）　この例のように注が多く複雑なときは、本文を読んでいるのか、注を読んでいるのか、注記号を読んでいるのかをはっきり区別して読むことが必要です。そのため注記号を読むときはピッチを下げて読むことが不可欠となります。

6－2　本文中の参考文献・引用文献

参考文献・引用文献などを、本文中に組み込んであるものは、原本通りにその場で読みます。この場合「注」扱いせず、また、（　）の記号は読まないほうが聞きやすくなります。

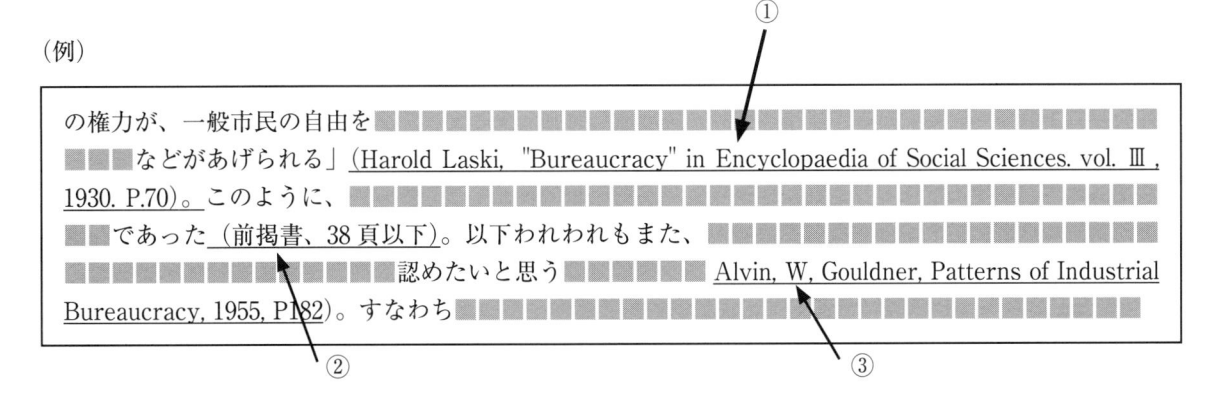

（例）

の権力が、一般市民の自由を▉▉▉▉▉▉▉▉▉▉▉▉▉▉▉▉▉▉▉▉▉▉▉▉▉▉▉▉①
▉▉▉などがあげられる」(Harold Laski, "Bureaucracy" in Encyclopaedia of Social Sciences. vol. Ⅲ, 1930. P.70)。このように、▉▉▉▉▉▉▉▉▉▉▉▉▉▉▉▉▉▉▉▉▉▉▉▉▉▉▉
▉▉であった（前掲書、38 頁以下）。以下われわれもまた、▉▉▉▉▉▉▉▉▉▉▉▉▉▉
▉▉▉▉▉▉▉▉▉▉▉認めたいと思う▉▉▉▉▉▉ Alvin, W, Gouldner, Patterns of Industrial Bureaucracy, 1955, P182)。すなわち▉▉▉▉▉▉▉▉▉▉▉▉▉▉▉▉▉▉▉

②　　　　　　　　　　　　　　　③

（読み方）
① Harold Laski, "Bureaucracy" Encyclopaedia of Social Sciences.
　第 3 巻 70 ページ 1930 年 所収
②（前掲書 38 頁以下）= Harold Laski, "Bureaucracy" Encyclopaedia of Social Sciences, 第 3 巻 38 頁以下
③ Alvin, W, Gouldner, Patterns of Industrial Bureaucracy, 1955 年 182 ページ注終わり。すなわち‥‥

第4部　書誌事項・文献参照編

6－3　図・表・グラフ等の引用文献

（方法1）図・表などのタイトルを読み、図・表などを読んだあとで引用文献を読みます。
（方法2）図・表などのタイトルを読み、引用文献を読んだあとで図・表などを読みます。

（例）読み方
　　引用誌名はフルタイトルで読む。
　　Bannermann. R. H. : World Health Organization Viewpoint on Acupuncture.
　　American Journal of Acupuncture 8　231 ページ
　　1980 年より引用
　　「8」は月か号か不明の場合は「ハチ」と読む。

表1．鍼灸の適応（1980．WHO＜47疾患＞）
Ⅰ　口部および気道上部
　歯痛・抜歯後の痛み、歯肉炎、急性および慢性咽頭炎、急性副鼻腔炎、急性鼻炎、鼻感冒（通常の風邪）、急性篇桃炎
Ⅱ　呼吸器系
　急性気管支炎、気管支ぜんそく（小児および合併症のない患者でもっとも有効）
Ⅲ　眼疾患
　急性結膜炎、中心性網膜炎、近視（小児の場合）、白内障（合併症のない場合）
Ⅳ　胃腸障害
　食道および噴門の痙攣、しゃっくり、胃下垂、急性および慢性胃炎、胃酸過多症、慢性十二指腸潰瘍（疼痛除去）、急性十二指腸潰瘍（合併症のない場合）、急性および慢性大腸炎、急性細菌性赤痢、便秘症、下痢、麻酔性腸閉塞症
Ⅴ　神経および筋骨格障害
　頭痛、片頭痛、三叉神経痛、顔面麻痺（初期すなわち6ヶ月以内）、発作後の不全麻痺、末梢神経障害、ポリオ後遺症（初期すなわち6ヶ月以内）、メニエール病、神経性帽高機能不全、夜尿症、肋間神経痛、頸腕症候群、五十肩、テニス肘、坐骨神経痛、腰痛症、変形性関節症
（Bannermann. R. H. : World Health Organization Viewpoint on Acupuncture, A. J. Acup. 8 : 231, 1980 より引用）

（方法2）の読み方
　表1．鍼灸の適応　1980　WHO　47疾患　Bannermann. R. H. : World Health Organization Viewpoint on Acupuncture, A. J. Acup. 8 : 231, 1980 より引用。表を読みます。
　Ⅰ口部および気道上部Ⅱ呼吸器系Ⅲ眼疾患Ⅳ胃腸障害Ⅴ神経および筋骨格障害　表終わり。本文に戻ります。

6－4　巻末に一括してある参照・引用文献

　本文中の指定箇所に参照するものと、本文中の部・章・節ごとに参照するものとの2通りの表示方法があります。
　以下の例は、部・章・節ごとに参照・引用文献を掲げてありますので、それぞれの章・節を読み終わったあとに一括して読みます。

```
　　　　　　　　　　　　参照・引用文献
■■■■■■■■■■■■■■■■■■■■■■■■■■■■■■■■■■■■■■■■■■■■■
■■■■■■■■■■■■■■■■■■■■■■■■■■■■■■■■■■■■■■■■■■■■■
■■■■■■■■■■■■■■■■■■■■■■■■■■■■■■■■■■■■■■■■■■■■■
［第Ⅰ部■■■■■■■■■■］
　第1章
　　◇ Herod, Charles, The Nation in the ■■■■■■■■■■■
　　◇■■■■■■■■■■■■■■■■■■■■■■■■■■■
　　◇■■■■■■■■■■■■■■■■■■■■■■■■■■■
［第Ⅱ部■■■■■■■■■■］
　第1章
　　◇■■■■■■■■■■■■■■■■■■■■■■■■■■■■■■
　　◇■■■■■■■■■■■■■■■■■■■■■■■■■■■■■■
```

6−5　巻末の参考文献

　図書を著述するにあたって、参考にした文献を列挙したもので、直接本文の該当箇所の指定がなく、引用・参照と特に関係なく、類書なども含めて読者の便宜を図るために掲載してあるものを指します。
　特に専門書の中には、10〜30ページにもわたってリストされているものが多くみられます。これらの文献リストは、次のような方法で処理することが一般的です。

（方法1）全部読む。
（方法2）参考文献リストが何ページから何頁まであることをコメントして省略する。

（方法2）の方法をとる場合の理由は、
　　①掲載された欧文文献は、実際には国内ではみることができないものが多く、必要とする場合入手不可能である。
　　②録音に時間がかかりすぎる上、聞き手に読まれることが極めて少ない。
　　③リクエストした利用者からの要望であることが多い。
　などが考えられます。
　なお、参考文献のリストが少ない場合は、「方法1」で全部読むことが望ましいと思います。

<u>問題点</u>
参考文献リストに欧文文献に混じって和文文献がリストされている場合は
　　①和文文献だけを読む。
　　②選択せずに全部よむ。
　　③翻訳タイトルが併記されてあるものは、欧文文献とともに読む。
　などの方法が考えられます。どの方法をとるかは、図書館所属の音（点）訳は図書館員と、ボランティア団体所属のグループはその代表者などと相談して決めるようにすることが望まれます。

第4部　書誌事項・文献参照編

（方法1）の例

《参考文献》
- ◎ Arrow, K. J. and R. C. Lind（1970）"Uncertainty and evaluation of Public Investment Decisions "American Economic Review 60, pp. 364-78.
- ◎ Asian Development Bank（1975）Appraisal of the Fisheries Develop-ment Project in Thailand Manila : Asian Development Bank.
- ◎ Ciriacy-Wantrrup, S. V.（1968）resource Conservation（2nd edn）. Berkely : University of California Press.

（読み方）全部読む。
◎印を1、2、3、…と置き換えて読むと聞きやすくなる上、音訳しやすくなるでしょう。

第5部 中国・朝鮮の人名・地名編

第1章　中国・朝鮮の人名・地名表記

1－1　人名・地名の漢字表記とカナ表記…その経緯

　外国の人名・地名表記は、時代と共に変化してきています。特に以前、中国・朝鮮の人名・地名は、原音読みが重視されていませんでした。新聞関係の要望からカナ書きが検討された時期が何度か過去にはありましたが、完全な実施にはいたりませんでした。現在はカナ表記がかなり普及してきてはいるものの、多くの問題点を含んでいます。以下、その経緯を時期を追って要約します。

（1）**『外国地名及人名取調』**（明治35年11月15日　官報第58号付録、明治36年12月26日官報増補訂正）
　　日本語中で読む場合、普通に用いる字音で読むのが一般的でした。特に人名については中国読みが全く考慮されずにきています。地名の場合には、天津（てんしん）、鞍山（あんざん）のような字音読みの他、上海（シャンハイ）、青島（チンタオ）のような現地読みのものも見られました。
　　①本邦人のとなえやすい範囲でその国のとなえ方による。
　　②慣用されているものは変更を加えない。
　　③中国・朝鮮の場合は「旧来の字音による」。但し「開港場およびその他人口に膾炙（かいしゃ）せる名称」については「この限りにあらず」。
　　旧来の慣習をそのまま認めたものでした。

（2）**『外国語の写し方　仮名遣改定案補則』**（官報第4113号付録、雑報146）
　　大正15年5月12日　臨時国語調査会

（3）**『常用漢字表（修正）』**（昭和6年6月3日　臨時国語調査会）
　　中国の人名・地名の仮名書きを考慮。特に新聞関係の要望をとり入れてまとめ直されたものですが、これは、満洲事変による地名・人名を含む漢字書きの報道により、漢字制限の実行が無意味になったためとされています。

（4）**『外国地名人名協議会』**（昭和17年　文部省）
　　「満洲国および中華民国のものを除く」となっています。

（5）**『外国の地名・人名の書き方（案）』**（昭和21年3月　文部省国語調査室）
　　教科書・新聞に用いる地名・人名の書き方についてまとめたもの。この案は（4）の審議の成果をまとめたものです。「案」として発表されましたが、広く教科書に用いられ公用文・新聞等の参考となりました。終戦後に発表されたにもかかわらず、中華民国の地名・人名は除くとなっています。

第5部　中国・朝鮮の人名・地名編

①中華民国の地名・人名を除き、原則として片仮名を用い、別表（＊）の範囲内で書く。
②なるべくその国のとなえ方によって書く。
③慣用の固定したものは、それにしたがって書く。
④発音しやすいように書く。

ここでいう地名とは、陸地・水域・都市・村落・地方・国の名称・地点・地線地域につけられた名称です。

（＊）『標準外国地名表』
〈審議の概要〉
①一般外国の地名
三つの原則　1　外国の地名は原則として片仮名で書く。
　　　　　　2　外国の地名はなるべくその国の呼び方によって書くが慣用の熟しているものについてはそれに従う。
　　　　　　3　外国の地名は、なるべくやさしく、親しみやすく書く。
②中国・朝鮮・樺太・千島の地名
③日本の自然地域の地名

〈解説〉
カタカナ書きを用いない書き方も行われていました。
①漢字で書くもの…亜細亜・土耳古・巴里・倫敦…不採用
②意味を翻訳して書くもの…真珠湾（パールハーバー）…不採用
　　　　　　　　　　　　新英州（ニューイングランド）…不採用
　　　　　　　　　　　　死海（デッドスィー）…採用
③接辞のみ翻訳…カスピ海・ペルシャ湾・マリアナ諸島・アメリカ合衆国・ソビエト連邦・中央アメリカ

（6）『**当用漢字表での扱い　当用漢字表**』（昭和21年11月16日　内閣告示）
現代表記の出発点となった「当用漢字表」にも、まえがきの後の「使用上の注意事項」の「ハ」で次のように書かれています。
「ハ」外国（中華民国を除く）の地名・人名は、かな書きにする。但し、「米国」「英米」等の用例は、従来の慣習にしたがってもさしつかえない。
オーストラリア「濠」は、当用漢字にないため、同音の漢字「豪」が一般化。
　　「亜」アジア…「ア」が一般化　　　　「泰」タイ…「タイ」が一般化
　　「阿」アフリカ…「ア」が一般化　　　「蘇」ソビエト…「ソ」が一般化

（7）『**かな書き中国人名・地名一覧**』（昭和23年　報道機関5社）
一般外国の地名・人名と同じく、その国の発音によってカタカナ書きにすべきとの論が生まれ、朝日・毎日・読売・放送・共同5社の協力によりまとめられた一覧。これにもとづいて国語審議会に対して実施の協力を申し入れました。

（8）『**中国地名・人名の書き方の表**』（昭和24年7月30日　国語審議会第17回総会建議）
中国の地名・人名のカタカナ書きについて定めたもの。
中国の地名・人名もカタカナで書くのが好ましいとし、それぞれの漢字の現代中国語音に基づくカタカナ書きを定めたもの。現地の読みに従うことが好ましいと考えられました。
問題点…中国音そのものをどのように片仮名で表わすか。
①中国音に近いこと。
②日本人として発音しやすいこと。
①②を折衷する方向で進められた
方法……①中国語特有の高低アクセント（四声）は表わさない。
　　　　②発音の強弱にもとづく有気音、無気音も区別しない。

第1章　中国・朝鮮の人名・地名表記

この結果、各音節の声母（頭字音）、韻母（尾音）の書き表わし方がまとめられその組み合わせによって400種近い音節の書き表わし方が定められました。それに基づき必要な388種の音節のカタカナ表記をまとめ、これをウェード式ローマ字引きに配列しました。

（9）『中国地名・人名の書き方の表・便覧』（昭和25年3月31日）（＊1）
　前項の国語審議会の建議は昭和24年7月30日に議決され、8月1日に文部大臣に提出されました。これを使いやすく組替え、ウェード式の他「かな（中国音）びき」と「日本字音びき」を加えたものです。しかし、時期尚早で内閣告示にまでは至らず全面的な実施には至りませんでした。

（10）『公用作成の要領』（昭和27年4月4日　内閣　閣甲第16号依命通知）

（11）『外来語の表記について』（昭和29年3月15日　国語審議会第20回総会での報告）

（12）『地名の呼び方と書き方』（社会科手びき書）（昭和33年　文部省）

（13）『地名の呼び方と書き方』（昭和33年12月　文部省）
　中国の地名をカタカナにする以上、朝鮮の地名も同様にするのが望まれました。そのため一般外国地名とは別に1章を設けそのカタカナ書きの原則・細則が掲げられました。

（14）『文部省社会科手引き書』（昭和34年2月11日　官報）
　昭和32・33年の教材等調査研究会中学校高等学校社会小委員会の審議を経て編集。単行本として昭和34年2月20日発行。
　この手引き書のうち、「一般外国語の地名」の部分はカタカナで書き表わす場合の標準を示しています。そのため、社会科教科書、地図などに広く用いられました。

（15）『中国朝鮮・人名表』　1964　（新聞用語懇話会）
　カナ書き原地音によるこの方式は新聞では全面的には採用されていませんが、将来実施のときはこれによることになっています。なお、日本新聞協会には新聞社115（日刊114、その他1）、通信社6、放送48（ラジオ7、テレビ26、兼営15）がこれに加入しています。（昭和52年10月現在）

（16）『国語表記実務提要』　1969　（ぎょうせい）　文化庁国語課監修（加除式）

（17）『改定現行の国語表記の基準』　1974　（ぎょうせい）　文化庁編集

（18）『地名表記の手引き』　1978　（教科書センター）（＊2）
　時代の進展とともに改定が必要となり、（9）を引き継いでまとめられました。
　①外国の地名の表記は原則としてカタカナを用いる。
　②カタカナ書きによる外国地名の表記は日本人にとってなるべく親しみやすいものとする。
　③小学校・中学校・高等学校を通じ、カナ書きの表記は一定とする。但し、必要に応じローマ字化した原音を書き添えてもよい。
　しかし、カタカナ書きは親しみにくいとの批判もあり、地図や社会科の教科書では漢字書きを併記するのが一般です。新聞などでは漢字書きを主とする方向に改められました。

（19）『外国地名の書き方　改訂版』　1989　（日本新聞協会）　新聞用語懇話会編
　日本新聞協会刊行の『新聞用語集』に収録されている「外国地名の書き方」を大幅に改訂したもので、約1,060の例があげられています。

（20）『外来語の表記』について（平成3年1月　国語審議会答申）

（21）『外来語の表記』（平成3年6月28日　内閣告示第2号　訓令）
　前書き（1～5項）本文（「外来語の表記」に用いるカナと符号の表と留意事項）付録（用例集・地名・人名の例）

（22）『学校教育における外来語の取扱いについて』（平成3年6月28日　文部省初等中等教育局長通知）

（23）『NHK ことばのハンドブック』　1992　（日本放送出版協会）　NHK 放送文化研究所編
　用語集、外国語・外来語のカナ表記－基本原則と用例集他。外国の地名の例約690を収録。

（24）『地名表記の手引・改訂版』報告書を答申（平成5年10月25日）

（25）『新地名表記の手引』　1994　（ぎょうせい）　教科書研究センター編著

第5部　中国・朝鮮の人名・地名編

(＊1)（9）の『中国地名・人名の書き方の表・便覧』まえがき
　①この表は、中国の地名・人名をかな書きにする場合に用いる中国標準音の書き方を示したものである。
　②四声の区別、語頭における有気・無気の区別、語尾におけるｎとngとの区別などは書き分けない。
　　ただし、必要な場合には、清音・濁音のかなをもって有気・無気の別を書き分けてもさしつかえない。
　③次の地名は、とくに国際的慣用の呼び方による。
　　アモイ（厦門）　カオルン（九竜）　カントン（広東）　シェンシー（陝西）　スワトウ（汕頭）
　　ナンキン（南京）　ホンコン（香港）　マカオ（澳門）
　④この表は、主として民国以後のものに適用する。
　⑤この表の実施にあたっては、当分の間、漢字をあわせ示してもさしつかえない。
　⑥満州・もうこ（蒙古）その他、辺境地域の原語名に漢字をあてたものについては、別に定める。

　「地名表記の手引き」の例示地名
　①原語名をカタカナで書く辺境の地名
　　アルタイ山　ウルムチ　ゴビ砂漠　シュンガリア盆地　タクラマカン砂漠
　　タリム盆地　ツァイダム盆地　ラサ
　②国際的な慣用による片仮名書きの地名
　　アモイ（厦門）　スワトウ（汕頭）　カオルン（九竜）　ナンキン（南京）　カントン（広東）
　　ペキン（北京）　キールン（基隆）　ホンコン（香港）　シェンシー（陝西）　マカオ（澳門）
　③漢字で書き日本の字音で読む地名
　　華北　華中　華南　黄河　長江（揚子江）　中国　朝鮮半島　台湾
　④行政単位名などを漢字で書く地名
　　キョンサン（慶尚）南道　シャオシン（紹興）県　ユンナン（雲南）省　アパグナル旗
　⑤自然地域を表わす接尾語の漢字書き
　　イムジン川（臨津江）　ウェイ川（渭水）　クムガン（金剛）山　スーチョワン（四川）盆地
　　ソーペク（小白）山脈　タイ（秦）山　タンショイ川（淡水河）　チャオチョウ（膠州）湾
　　チャンジン（長津）湖　チュオショイ河（濁水渓）　テンシャン（天山）山脈　トン川（東江）
　　ナンリン（南嶺）山脈　ハイナン（海南）島　ポーヤン（邯陽）湖　リャオトン（遼東）半島
　⑥漢語以外の原音で自然地域を表わす接尾語
　　アルチン山脈　ロブ湖
　⑦接尾語以外はなるべく漢字を用いない
　　（例外）　内モンゴル　大シンアンリン山脈

(＊2)（18）『地名表記の手引』の中国・朝鮮の地名表記の原則
　一般外国の地名の表記について挙げた原則は、この項についてもそのまま準用する。その上に更に留意すべき事項を含めると、次のとおりである。
　①中国・朝鮮の地名の呼び方は、それぞれの現地音による。ただし、それらは、日本の地名とともに長く漢字の伝統を受け継いできているので、慣用として広まっているものはそれに従う。また、必要に応じ併せ用いてもよい。
　②中国・朝鮮の地名は、片仮名で書く。ただし、慣用として広く使用されているもの、その他必要のあるものについては、漢字を付記する。

(＊2)（18）の例示地名
現地読みの慣用された中国地名

| アモイ | 厦門 | チチハル | 斉斉哈爾 | ウースン | 呉淞 |
| チャムス | 佳木斯 | ウルムチ | 烏魯木斉 | チンタオ | 青島 |

第1章　中国・朝鮮の人名・地名表記

カントン	広東	ナンキン	南京	キールン	基隆
ハイラル	海拉爾	クーロン	庫倫	ハルピン	哈爾浜
シャンハイ	上海	ハンカオ	漢口	スワトウ	汕頭
ペーピン	北平	タークー	大沽	ホンコン	香港
タンクー	糖沽	マイマイチン	買売城		

中国地名のカタカナ書きの例

アンシャン	鞍山	タンクー	糖沽	ウーソン	呉淞
チーナン	済南	ウーハン	武漢	チャンシャー	長沙
カイフォン	開封	チャンチュン	長春	シーアン	西安
チョンチン	重慶	シエンヤン	咸陽	チョンツー	成都
シエンヤン	瀋陽	チンタオ	青島	シャンハイ	上海
テンチン	天津	シュイチョウ	徐州	ハンコウ	漢口
スーチュウ	蘇州	ハンチョウ	杭州	タイペイ	台北
フーシュン	撫順	タイユワン	太原	リャオヤン	遼陽
タークー	大沽	リュイシュン	旅順	ターリエン	大連
ルオヤン	洛陽				

朝鮮地名のカタカナ書きの例

インチョン	仁川	チョルウォン	鉄原	ウォンサン	元山
チョンジン	清津	ウルサン	蔚山	テーク	大邱
カンスン	江陵	テージョン	大田	キョンジュ	慶州
ナジン	羅津	クンサン	郡山	ナムポ	南浦
ケーソン	開城	ハムフン	咸興	シンイジュ	新義州
パンムンジョム	板門店	スーウォン	水原	ピョンヤン	平壌
スーブン	水豊	プサン	釜山	スンチョン	順川
フンナム	興南	ソウル	京城	ホエニョン	会寧
チェリョン	載寧	マサン	馬山	チョナン	天安
モクポ	木浦				

1-2 「原音読み」等の用語について

　カナ表記の朝鮮読み・中国読みなどの用語は、いろいろな呼び方があり、それぞれ使い方によって微妙な意味の違いがあると思われる場合があります。本書では引用などの場合はその用語を尊重しており統一した用語を使っていません。強いて用語について定義をするとしたら下記のようになると思いますが、「原音読み」「原語読み」としたところで、中国語音、朝鮮語音を意味することに変りはありません。

（1）国名の呼び方

　国名は日本読みが定着して使われています。

「韓国」　→　「大韓民国」の略称
「北朝鮮」　→　「朝鮮民主主義人民共和国」の略称（＊）
「朝鮮」　→　1　朝鮮半島全体を指す場合に使われる　例）中国・朝鮮
　　　　　　 2　朝鮮民族を全体的に指す場合　例）朝鮮人
　　　　　　 3　帰属がはっきりしない場合　例）朝鮮の人
　　　　　　 4　在日韓国人・在日朝鮮人も上記に準ずる

（＊）ただし、「北朝鮮」は本来、朝鮮半島の北部を指す地域名なので、かつては国名として使う場合は、初出で必ず1回は正式名称を言うことが新聞・テレビでは守られていました。しかし、最近は国名を呼ぶときも略称で使われています。

207

第５部　中国・朝鮮の人名・地名編

　　「中国」　→　「中華人民共和国」の略称
　　「台湾」　→　「中華民国」（台中関係　両岸関係）
（２）「原音」の呼び方
　　「原音読み」　　→　中国語・朝鮮語音を指す
　　「原語読み」　　→　中国語・朝鮮語音を指す
　　「現地読み」　　→　中国語・朝鮮語音を指す
　　「母国語読み」　→　中国語・朝鮮語音を指す
　　「慣用読み」　　→　中国語・朝鮮語読みを主とし、その他の慣用される読み
　　「民族読み」　　→　朝鮮半島全体に対して使われる場合が多い
　　「朝鮮読み」　　→　朝鮮半島全体に対して使われる場合が多い
　　「北朝鮮読み」　→　北朝鮮と韓国とで読みが異なる場合に区別して使う
　　「韓国読み」　　→　北朝鮮と韓国とで読みが異なる場合に区別して使う
　　「中国読み」　　→　中国語音を指す
　　　　　　　　　　　台湾語　広東語　満州語　客家語　福建語（閩）　呉語（江蘇）
　　「日本読み」　　→　日本の漢字音などで読む場合を指す
　　　　　　　　　　　日本読みで読んだ場合、当然のことながら現地では通用しませんが、慣例として使
　　　　　　　　　　　われる場合が多い
　　　　　　　　　　　例）周恩来（しゅう　おんらい）　済州島（さいしゅうとう）　長春（ちょうしゅん）
　なお、本書では、原音読みはカタカナ、日本読みはひらがなで表記しました。

第２章　中国の人名・地名の調べ方・読み方

２−１　中国語と発音記号

　中国語はシナ・チベット諸語に属する言語の一つで、中国の公用語です。また、海外在住の華僑の間で話されています。主に単音節からなる単語に意味の弁別機能をもつ声調（四声）（＊）が伴っていること、単語の文法関係が語順や形式的補助語によって表示される孤立語であることなどが特徴です。
　発音の上で方言差が非常に大きく、北京語の他に粤（えつ）語（広東）、呉（江蘇）語、客家（はっか）語、閩（びん）語（福建）などがあります。
　現在の共通語（普通語）は北方語彙を中心に北京音で発音します。

　（＊）四声…中国語音韻学で、漢字音の四種の総称。平声(ひょうしょう)、上声(じょうしょう)、去声(きょしょう)、
　　　　入声（にっしょう）をいいます。日本語でも、音節の高低昇降の表示に利用されました。現代中国の
　　　　共通語では第一声、第二声、第三声、第四声をいいます。これを示すため漢字の四隅や中間に点を
　　　　つけます。これを声点（しょうてん）と呼びます。日本に伝わってからは、仮名に対して国語アクセン
　　　　トを示すのにも用いられ、さらに声点を二点並べて濁音を示すなど、濁音符の源ともなりました。
　　　有気音（ゆうきおん）…破裂音のうち、破裂の直後に強い気息を伴うもの。中国語・朝鮮語などでは
　　　　有気・無気を区別しますが、日本語では沖縄方言の一部を除いて一般的にはその区別がありません。
　　　　帯気音ともいいます。
　　　無気音（むきおん）…閉鎖を開放する際に、気息を伴わない子音。例えば、日本語では「シカ」（鹿）
　　　　の「カ」が無気音であるのに対し、語頭に立つ「カタ」（肩）の「カ」は有気音となります。

　中国語の発音記号は、現在は「拼音」（ピンイン）が広く使用されていますが、それまでは以下のようないくつかの記号が使われてきました。

第2章　中国の人名・地名の調べ方・読み方

2-1-1　トーマス・ウェード式（1871）

英国の清国駐在大使トーマス・ウェード（Thomas Francis Wade）が1867年に編纂した『語言自邇集』（ごげんじじしゅう）で用いた中国語のローマ字綴り。現在も英語圏の国々で中国の人名・地名を表わすために広く用いられています。

2-1-2　注音字母（1918）

注音字母（ちゅういんじぼ・ちゅうおんじぼ）注音符号（ちゅういんふごう）と呼ばれる中国語の発音符号で、1918年、中華民国政府により公布されました。北京官話音を標準とし、漢字の古形に基づいて作られた声符（子音）21と韻符（母音）16からなっています。現在は台湾や東南アジアで使われています。

2-1-3　ラテン化新文字表記（1931）

瞿秋白（く・しゅうはく〈チュイチュバイ〉）、呉玉章（ご・ぎょくしょう〈ウーユイザン〉）らが考案したラテン化新文字表記。これはその後の「漢字拼音方案」に大きな影響を与えました。

2-1-4　漢語ピンイン表記

北京語を標準とする普通語（中国語の共通語）をローマ字で表音化したもの。従来のトーマス・ウェード式ローマ字表記とは異なります。1958年2月、中華人民共和国第1期全国人民代表大会で批准された「漢語拼音方案」に準拠して漢字の発音教育などに広く用いられています。現在日本ではこの表記が広く用いられています。

この表記は　①ローマ字であることによって国際性をもつ。
　　　　　　②音素文字であるため、外国語の音訳上都合がよい。
　　　　　　③少数民族の文字改革・文字創造に共通の基盤を与える。

などの特長があるといわれています。
（ウェード式と漢語拼音表記の比較）
毛澤東　Mao Tsê-tung…ウェード式
　　　　Máo Zedong…漢語拼音式

2-2　現代中国の簡体字

現代中国で1956年以後使われている簡略にした漢字。漢字だけのお国柄なので略し方も日本の略字に比べて大胆に略されており、およそ2,000字ほどが使われています。

中国旅行の案内書などにも併記されている場合も多く、必要になることもあると思われますので、その特長を知っていると便利でしょう。造字のしかたで次のように分類されます。

（1）同音字	穀	→	谷	瀋	→	沈	幾	→	几	後	→	后
	鬭	→	斗	瞭	→	了						
（2）形声字	遠	→	远	園	→	园	運	→	运	雲	→	云
（3）特徴字	從	→	从	電	→	电	錄	→	录	雲	→	云
	飛	→	飞	産	→	产	兒	→	儿	際	→	际
（4）輪郭字	斎	→	斋	變	→	变	戀	→	恋	當	→	当
	傘	→	伞									
（5）草書楷化字	東	→	东	樂	→	乐	馬	→	马	鳥	→	鸟
	書	→	书									
（6）会意字	筆	→	笔	陽	→	阳						
（7）符号字	漢	→	汉	風	→	风	師	→	师			

第5部　中国・朝鮮の人名・地名編

《参考文献》
『早わかり中国簡体字』　1986　（国書刊行会）　遠藤紹徳著
『中国簡体字ハンドブック：ビジネスマン・旅行者必携』　2007　（岳陽舎）

2-3　表記の現状

2-3-1　日本読み

　中国の地名・人名は従来から原則として日本読みが定着していましたし、朝鮮のような問題（3-2 219頁参照）もおこっていません。それに中国が日本の人名・地名を中国読みにしていますから、日本でも中国読みする必要がないとされています。しかし、朝鮮の地名・人名を現地読みにするようになり、中国も同様に中国読みをするような動きがありました。が、結果はあまり進展しませんでした。その理由の一つとして現代中国語音には日本語にない多くの子音があり、発音しにくいということがあるのかもしれません。したがって、現状としては多くの読みは日本読みでかまいませんが、ルビが付いている場合はルビ優先に扱ってください。

日本読みの例（地名）

四川	しせん	黒竜江	こくりゅうこう	重慶	じゅうけい
松花江	しょうかこう	大連	だいれん	黄河	こうが
海南	かいなん	長江	ちょうこう＝揚子江	長春	ちょうしゅん
天山山脈	てんざんさんみゃく	済南	さいなん	大興安嶺	だいこうあんれい
延安	えんあん	深圳	しんせん		

日本読みの例（人名）

毛澤東	もう　たくとう（＊1）	江澤民	こう　たくみん（＊1）		
鄧小平	とう　しょうへい	耿直	こう　ちょく	孫文	そん　ぶん
高狄	こう　てき	周恩来	しゅう　おんらい	周富徳	しゅう　とみとく
蒋介石	しょう　かいせき	欧陽菲菲	おうやん　ふぃふぃ（＊2）	宋美齢	そう　びれい
江青	こう　せい	蒋経国	しょう　けいこく	李登輝	り　とうき

（＊1）日本では「沢」を使っていますが、人名ですので略字を使うのは正しくありません。
　　　「毛澤東」「江澤民」と表記されるべきものです。
（＊2）「オウヤン　フェイフェイ」は中国読み。「おうやん」は中国読み。「ふぃふぃ」の読みは？

2-3-2 中国読み（慣用読み）

　日本の漢字はもともと中国から来たものであり、読みも漢音・呉音など幾通りもの読みがあります。現在の中国音は全く異なった語音になっています。また、同じ漢字でも日本ではほとんど使われていない文字も多く使われています。例えば、「莎」「哈」「嫩」「绥」「狄」「聂」など。

　古くから歴史上有名になった地名には、中国読みが慣用されているものが多く、欧米の影響がみられます。以下の人名・地名は中国読みを主とした慣用読みが定着しています。

中国読み（慣用読み）の例（地名）

厦門	アモイ*	斉斉哈爾	チチハル	呉淞	ウースン	佳木斯	チャムス
烏魯木斉	ウルムチ	青島	チンタオ	広東	カントン*	南京	ナンキン*
基隆	キールン	海拉爾	ハイラル	庫倫	クーロン	哈爾浜	ハルビン
上海	シャンハイ*	漢口	ハンカオ	汕頭	スワトウ*	北平	ペーピン
大沽	タークー	香港	ホンコン*	塘沽	タンクー	買売城	マイマイチン
北京	ペキン	九竜	カオルン*（チュウロン）			台北	タイペイ
陝西	シェンシー*	澳門	マカオ*				

＊は特に国際的慣用の呼び方です

中国読み（慣用読み）の例（人名）

温　家宝	ウェン　ジャパオ（チアハオ）	胡　錦濤	フー　ジンタオ（チンタオ）	
梅　蘭芳	メィ　ランファン（＊1）	崔　健	ツゥイ　ジェン（＊2）	
郎　平	ラン　ピン（＊5）	那　英	ナー　イン（＊3）	
魯　大鳴	ルー　ダーミン（＊7）	黒　豹	ヘイ　パオ（＊4）	
聶　耳	ニエ　アル（＊8）	趙　薇	チャオ　ウエィ（＊6）	
チェン・ミン（＊9）漢字表記なし		ケリー・チャン（＊10）漢字表記なし		

（＊1）京劇俳優　（＊2）（＊3）（＊4）ロック歌手　崔　健　（＊5）五輪選手
（＊6）アイドル　（＊7）京劇役者　（＊8）中国国歌作曲者　（＊9）二胡奏者　（＊10）香港の歌手
朝日新聞では温家宝など主要閣僚にも中国読みのルビが付いている。

2-3-3 国名と行政区名

　国名の「中華人民共和国」は、日本読みが定着しています。行政区分も日本読みが定着しています。新聞なども漢字表記ルビなしが多いようです。しかし、地図帳の多くは中国音カナ表記（漢字併記）か、漢字表記（中国音カナ併記）が圧倒的に多いのが現状です。また、いずれの場合も、省・県・自治区などの名称はすべて日本読みとなっています。直轄市の読みは、北京　天津（日本読み）、上海（中国読み）と統一されていません。地図上では「天津」（テンチン）と中国読みに表記されています。

省　名	日本読み	中国読み
河　北　省	かほく　しょう	ホーペイ省
山　西　省	さんせい　しょう	シャンシー省
遼　寧　省	りょうねい　しょう	リャオニン省
吉　林　省	きつりん　しょう	チーリン省
黒　竜　江　省	こくりゅうこう　しょう	ヘイロンチャン省
陝　西　省	せんせい　しょう	シャンシー（シェンシー）省
甘　粛　省	かんしゅく　しょう	カンスー省
青　海　省	せいかい　しょう	チンハイ省
山　東　省	さんとう　しょう	シャントン省

第5部　中国・朝鮮の人名・地名編

江　蘇　省	こうそ　　しょう	チャンスー省
浙　江　省	せっこう　しょう	チョーチャン省
安　徽　省	あんき　　しょう	アンホイ省
江　西　省	こうせい　しょう	チャンシー省
福　建　省	ふっけん　しょう	フーチェン省
河　南　省	かなん　　しょう	ホーナン省
湖　北　省	こほく　　しょう	フーペイ省
湖　南　省	こなん　　しょう	フーナン省
広　東　省	かんとん　しょう	コワントン省
四　川　省	しせん　　しょう	スーチョワン省
貴　州　省	きしゅう　しょう	コイチョウ省
雲　南　省	うんなん　しょう	ユンナン省
海　南　省	かいなん　しょう	ハイナン省
内モンゴル（内蒙古）	うちもんごる　じちく	内モンゴル自治区
寧夏回族自治区	ねいかかいぞく　じちく	ニンシャホイ族自治区
新彊維吾爾自治区	しんきょううい ぐる　じちく	シンチャンウイグル自治区
広西壮族自治区	こうせいそうぞく　じちく	コワンシーチョワン族自治区
チベット自治区	ちべっと　じちく	チベット（シーツアン）自治区
北　京（直轄市）	ぺきん	ペキン
天　津（直轄市）	てんしん	テンチン
上　海（直轄市）	しゃんはい	シャンハイ
重　慶（直轄市）	じゅうけい	チョンチン
香港　澳門（特別行政区）	ほんこん・まかお	ホンコン・マカオ

2-3-4　世界地図にみる地名表記

『新　TVのそばに一冊　ワールドアトラス　世界・日本』2010（帝国書院）より、主な地名を抽出しました。音訳・点訳にあたっては、典拠を明らかにして読むようにしてください。但し著者のルビがあればそれを優先してください。

東シナ海　「East China Sea」併記
黄　　海　漢字で「黄海」と表記され（ホワンハイ）Yellow Sea 併記
渤　　海　「渤海」と漢字で表記し、（ボーハイ）Bohai　併記
黄　　河　漢字で表記し（ホワンホー）併記
長　　江　漢字で表記し（チャンチャン）（揚子江）併記
ソンホワ川　ソンホワ川と表記し、「松花江」「スンガリ川」と併記
ヘイロン川　ヘイロン川と表記し、「黒竜江」と併記　ロシア側では、「アムール川」も併記

以下地名はカナ表記で（　）で漢字併記

ペキン（北京）	チャンチャコウ（張家口）	テンチン（天津）
チンホワンタオ（秦皇島）	ターリエン（大連）（＊1）	シーチャチョワン（石家荘）
リュイシュン（旅順）（＊1）	タートン（大同）	シェンヤン（瀋陽）（＊2）
タイユワン（太原）	フーシュン（撫順）	チーナン（済南）
チャンチュン（長春）（＊3）	チンタオ（青島）	ハルビン（哈爾浜）
イエンタイ（煙台）	チチハル（斉斉哈爾）	ウエイハイ（威海）
マンチョウリー（満州里）	ルオヤン（洛陽）	ハイラル（海拉爾）
チョンチョウ（鄭州）	ヘイホー（黒河）	ナンキン（南京）
ターチン（大慶）	シャンハイ（上海）	チーリン（吉林）

第2章　中国の人名・地名の調べ方・読み方

ウーハン（武漢）	ムータンチャン（牡丹江）	ナンヤン（南陽）
イーチュン（伊春）	ハンチョウ（杭州）	チャムースー（佳木斯）
ナンチャン（南昌）	タントン（丹東）	チャンシャー（長沙）
シャオシン（紹興）	チントーチェン（景徳鎮）	シーチャン（西昌）
フーチョウ（福州）	チョンツー（成都）	アモイ（シャメン）（廈門）
パオチー（宝鶏）	ヒンシャン（萍郷）	ランチョウ（蘭州）
スワトウ（汕頭）	イエンアン（延安）	コワンチョウ（広州）
シーニン（西寧）	ホンコン（香港）	インチョワン（銀州）
マカオ（澳門）（＊4）	ウーウェイ（武威）	カオルン（九竜）（＊5）
ユイメン（玉門）	チョンチン（重慶）	トゥルファン（吐魯番）
コイヤン（貴陽）	ウルムチ（烏魯木斉）	ナンニン（南寧）
ローラン（楼蘭）	ハイナン（海南）	トンホワン（敦煌）
レイチョウ（雷州）	ラサ（拉薩）	クンミン（昆明）

（台　湾）

タイペイ（台北）	タイナン（台南）	キールン（基隆）
タイトン（台東）	シンチュー（新竹）	カオシュン（高雄）
タイツォン（台中）	ホンチュン（恒春）	フォンユワン（豊原）
タンショイ川（タンフゥイ川）（淡水江）		チャンホワ（彰化）
フワレン（花蓮）	チヤイー（嘉義）	チュオスウェイ川（濁水渓）

（＊1）過去の地図には「旅大」の表記がある。一時期大連と旅順が行政区画で合併されていたため。
（＊2）戦前の「奉天」。
（＊3）戦前の「新京」。
（＊4）1999年12月　中国に返還。
（＊5）他に「チュウロン」「Kowloon」「Jiulonng」などの表記も見られる。

2－3－5　放送における読みと表記の原則（NHK）

『NHKことばのハンドブック』第2版　2005　によると、NHKでは、中国の地名・人名の表記と読み方を、次のように決めています。
（1）原則として、漢字のあるものは日本で通用している漢字（中国の簡体字ではなく）で書き、日本語読みにする（＊1）
　　＜例＞瀋陽　武漢　広州　台北　揚尚昆　江沢民
（2）国際的慣用の呼び方や原音が、日本でも広く行われている中国の地名・人名などは、漢字で書いても慣用音・原音で読む。
　　＜例＞北京（ペキン）　上海（シャンハイ）　南京（ナンキン）　青島（チンタオ）　香港（ホンコン）
　　　　梅蘭芳（メイランファン）
（3）少数民族地域の地名や一部の特別な地域は、原則としてカタカナで書く。
　　＜例＞ウルムチ（×烏魯木斉）　ハルピン（×哈爾浜）　チチハル（×斉斉哈爾）　アモイ（×廈門）
　　　　スワトウ（×汕頭）　マカオ（×澳門）
（4）2つの国にまたがる自然地名で、複数の呼称があるものは日本で広く通用しているもの、公式に使われているものを採る。
　　ただし、必要な場合は、別の呼称を使ってもよい。
　　＜例＞エベレスト（チョモランマ）（＊2）　アムール川（黒竜江）（＊3）
（5）注意すべき地名
　　×揚子江　→　長江（1996.10変更）　　×広東（カントン）市　→　広州市（「カントン」は州名）

第5部　中国・朝鮮の人名・地名編

(＊1) 学校教科書では原音をカタカナで書いているが、放送では、視聴者の理解を第一に考え、日本語読みの慣用に従う。
(＊2)(＊3) カッコ内は中国の呼称

《参考文献》『50音引き　中国語辞典』 2000　(講談社)　北浦藤郎・蘇英哲・鄭正浩　編著
中国語の音を調べるためには、一般の中国語辞典では項目の発音で引きますが本書は国語辞典の感覚で「あいうえお」順で配列してありますから検索に便利です。親字は日本語読みの50音順配列。音訓索引やローマ字表記（ピンイン）、部首索引もありますから、日本読みから容易に中国音が見つけることができ、その上、中国音に仮名表記も付いています。

2－4　読みの方法と事例

2－4－1　ルビがある場合

> (方法1) ルビのみで読む。
> (方法2) ルビを読み日本読みを加える。
> (方法3) 日本読みをし、ルビを加える。
> (方法4) 初出のみルビ・日本読みで読み、以下ルビのみで読む。
> (方法5) 初出のみルビ・日本読みで読み、以下日本読みで読む。

　原音カナルビ、原音ローマ字ルビ、または日本読みのルビの如何を問わず、そのルビどおりに読むのが原本に忠実に読むための原則です。新聞・雑誌などでは紙面編集の都合上からルビを（　）扱いで表記している場合があります。中国の場合はルビが現地音の場合と日本読みの場合がありますが、日本で慣用されていない現地音ルビでは分かりにくいときがあります。そのようなときには「方法2～5」などの方法を使ってください。

(方法1) の例
　毛澤東(もうたくとう)は中国共産党の前主席である。
　(読み) モウタクトウ　ハ　チュウゴクキョウサントウノ　ゼンシュセキデ　アル。
　四川(しせん)**料理**(りょうり)を食べにいった。
　(読み) シセン　リョウリ　ヲ　タベニ　イッタ。

(方法2) の例
　毛澤東(マオツートン)は中国共産党の前主席である。
　(読み) マオツートン　モウタクトウ　ハ　チュウゴクキョウサントウノ　ゼンシュセキ　デアル。
　四川(スーチョワン)料理を食べにいった。
　(読み) スーチョワン　リョウリ　シセンリョウリ　ヲ　タベニ　イッタ。
　(コメント) スーチョワンの読みは日本では慣用されていないので分かりにくいため。

(方法1) の例
　『ほんとうか？母が**新疆**(シンチャン)に行った？あの天地も…「では」**高寒**(カオハン)は息をのんだ。
　「**雪珂**(シュエコー)は？」…親王が堪忍袋の緒を切らし、また前にとびだした。』
　(読み) ホントウカ？ハハガ　シンチャン　ニ　イッタ？アノテンチモ…
　　　　デハ　カオハンハ　イキヲ　ノンダ　シュエコー　ハ？…
　(コメント) 初出のみでなくほとんどの人名・地名に中国音のカナルビがついていて親切。漢字の説明や日本読みが不必要な例です。

　　　　　　　　　　　　　　　　　　　（「寒玉楼」瓊瑶（チョン　ヤオ）著　近藤直子訳　文藝春秋　1993)

第２章　中国の人名・地名の調べ方・読み方

（方法1）の例
『…シンガポール出身の蔡史君（チュア　スークン）津田塾大助教授が参加した。…』
　（読み）…シンガポールシュッシンノ　チュアスークン…
　（コメント）　新聞ではルビを（　）扱いで表す場合があります。チュアスークンは広東語の読みです。シンガポールの中国系の方は大方が広東省の出身者です。

（方法1）の例（日本読み）
『方廣唱（ほう・こうしょう）中国社会科学院アジア太平洋研究所研究員』
　（読み）ホウ・コウショウ
　（コメント）　日本読みで、ほう・こうしょうと読ませていますので、この場合は特に字の説明はいらないでしょう。

（方法1）の例（中国読み）
『「歩平ブーピン」さん　中国・黒龍江省　社会科学院副院長』
　（読み）ブー　ピン　サン
　（コメント）歩平（ブー・ピン）と中国読みのルビがありますので、この場合はルビを読むだけでよいでしょう。

２－４－２　ルビがない場合

> （方法1）日本読みで読む。
> （方法2）中国読みを調べて読む。
> （方法3）中国読みを調べて読み、日本読みを付け加える。
> （方法4）初出のとき中国読みを調べて、中国読みと日本読みをし、以下断わって日本読み（または中国読み）とする。

　（コメント）　どの方法をとるにしても、慣用されている読みがある場合は、原則として慣用読みとします。字の説明を加えなければ分かりにくい場合は、必要に応じて付加します。

（方法1）の例（日本読み）
　「洪佩英」日本読みは、「こう・はいえい」
（方法2）の例（中国読み）
　「洪佩英」中国読みは、「ホン・ペイイン」（台北のテレビ局のディレクター）
　台湾では「ハオン・ペイイン」と発音します。
（方法1）の例（日本読み）　謝普　しゃ・しん　氏
（方法2）の例（中国読み）　謝普　シェ・ジン　氏
（方法3）の例（中国読みと日本読み）　シェ・ジン、しゃ・しん　氏
　（コメント）　新聞の場合、ルビがない時は（方法1）でよいでしょう。中国読みは『中国人名事典』（日外アソシエーツ）などで調べられます。「氏」は敬称なので、前後の関係から分かる場合を除き、氏名の一部に間違われないようにする読み方にしてください。
　　　　　　　謝普氏は、映画監督。中国映画界の『第三世代』リーダー。代表作に「芙蓉鎮」「乳泉村の子」など。
（方法2）の例（中国読み）
　崔健　ツゥイ・ジェン　中国ロック界の雄
　（コメント）　1992年神奈川県横須賀市で開かれた野外ロックコンサートに出演のため初来日。1995年『クラブ・エイジア '95』に再来日。『中国人名事典』（日外アソシエーツ）などで検索できます。日本読みは「さい・けん」。1992年初出のときは中国読みのルビがあり、中国読みが慣用されています。

215

第5部　中国・朝鮮の人名・地名編

2-5　表記と読みはこれからどうなるか

1958年の周恩来の講演によると、
　①漢字の大胆な簡略化（簡体文字）
　②共通語（標準語）の普及
　③中国語のローマ字表記案の制定と実施
の3項目が提案されています。現状では①が簡体文字として実施されています。人名・地名などの固有名詞も当然この簡体文字が使われていますが、日本では日本の略字があてられています。しかし教育の現場では、人名・地名に中国読みカナ表記（または中国読みカナ表記と日本の漢字併記）が使われていますので、これからの若い世代からは漢字のイメージは消えてゆくことと思われます。
　「慣用として広く使用されているもの、その他必要のあるものについては、漢字を付記する」という使用上の但し書きは、将来消え去る運命なのかも知れません。（228頁　3-4も参照）

2-6　中国の人名・地名辞典

2-6-1　中国の人名辞典

（1）**『英漢対照中国人名辞典』**　1975　（鹿児島短期大学南日本文化研究所）
　　竹之内安巳著
（2）**『現代中国人名辞典　英漢対照　上・下』**　1981　（鹿児島短期大学南日本文化研究所）
　　竹之内安巳著
（3）**『現代中国人名辞典』**　1981　（国書刊行会）
　　竹之内安巳著
　　英漢対照現代中国人名辞典　上下　の合巻　8,000名収録　ウェード式ローマ字配列　現在人名は簡体文字表記、（ ）のなかに旧体文字を示してある。漢字から引ける首字発音表（総画順）あり。収録範囲：文革前後から1980年まで各分野の人。
（4）**『現代中国人名辞典』**　1986　（霞山会）
　　霞山会編刊　外務省情報部「現代中国人名辞典」（大正14年初版）の継承
（5）**『中国人脈要覧』**　1973　（ADIアジア総合開発研究所）
　　ADIアジア総合開発研究所中国人脈要覧刊行委員会編刊
　　配列は日本読み（五十音順）収録範囲：1972年現在、党、政、軍機構全般の要人1,500人。
（6）**『世界伝記大辞典　日本・朝鮮・中国編』**　1978～81　（ほるぷ出版）
　　編集代表　桑原武夫　全6冊　索引－漢字人名画引一覧、日本読みが原則
（7）**『最新中国情報辞典』**　1985　（小学館）
　　藤堂明保他編
　　日中索引－五十音、人名・地名などで日本読み、中国語読みの2通り考えられるものは、両方の索引見出しがある。英中索引はウェード式で引ける。配列はピンイン・簡化文字。
（8）**『中国情報人物事典』**　第2版　1994　（蒼蒼社）
　　三菱総合研究所国際動向分析センター編
　　中国要人を収録　人名の日本読み配列、漢字表記　カナ中国語　ローマ字　巻末にピンイン索引
（9）**『現代中国人名辞典』**　1995年版　1995　（霞山会）
　　現代中国人名辞典編集部編
　　配列は大陸関係（日本読み・中国音索引）と台湾その他（日本音字引）　字画索引・日本音索引
（10）**『中国人名事典「古代から現代まで」』**　1993　（日外アソシエーツ）
　　日外アソシエーツ編集・発行
　　9,405名収録　簡体字を用いず正字を使用、但し新字体のあるものは使用　漢字表記・日本式読みを平

第2章　中国の人名・地名の調べ方・読み方

仮名、現地音を片仮名配列　漢音にもとづく日本式読み五十音順
(11)『**中国組織別人名簿**』　27版　1998　(PRプリンティング)
　　第9期全人代代表約3,000名をはじめ、国務院の機構改革後の新閣僚、次官、省レベルの人代、政府、政協の指導部の人事を網羅。延べ1万人を収録。

2－6－2　中国の地名辞典
(1)『**中国地名辞典　英中・日中対照**』　1985　(原書房)
　　外務省情報部編
　　『支那地名集成』(日本外事協会昭和15年刊)の改題複製。日本読み。
　　中国鉄道一覧表、省名、省政府所在地、ウェード式ローマ字、漢語ピンイン字母対照表、本字－略字(簡体字)対照表、略字(簡体字)－本字対照表、現代中国地図地名表記対照表。難音検字表(字画－日本読み)。
(2)『**中国歴史地名大辞典**』　1980　(陵雲書房)
　　全6巻　塩英哲編
　　原著　劉鈞仁　本文は中国語　第6巻は総索引(ピンインによる)　＊和読五十音順検字表(1-34p)　ピンインの日本語表記　例)ア行　アク　渥　Wo　＊総索引(35-424p) ABC順　例)Wの行　Wo(ウォ) Wo－Ye　沃野　＊県市の呼称の主な変遷(1-22p)　＊中国行政区画一覧表(中華人民共和国民政部編地図出版社出版『中国人民共和国行政区画簡冊』による)　＊検字表画数引　＊底本はラテン文字(ウェード式)→本書ではピンインとなった。
(3)『**中国歴史地名大辞典　難読頁補充表**』　1981　(陵雲書房)
　　非売
(4)『**中国地名辞典**』　1980　(名著普及会)
　　星斌夫著
　　『支那地名辞典』(富山房　昭和16年刊)の改題複製。
(5)『**中国地名辞典**』　増補　1986　(国書刊行会)
　　星斌夫著
(6)『**精選中国地名辞典**』　1983　(陵雲出版)
　　塩英哲編訳
　　『中華人民共和国・国家標準、中華人民共和国行政区画代瑪』(北京：1981)を基準、台湾地名も加えている。現代地名(県・市)すべてを網羅。見出しの地名－漢音、内蒙古、新疆、チベットなど現地音が優先されるところおよび日本人が呼びならわしてきたものは、現地音、慣習を採用。日本人に現地音が判明しにくいものは、漢字の漢音から索引出来る。地名漢字はすべて日本の漢字および略字を採用、中国の簡体字は採用していない。
(7)『**現代中国地名辞典**』　1981　(学習研究社)
　　和泉新編
　　県級以上の行政地名、自然地名、交通、名称etc.音表記、画数索引、配列－五十音順、見出し語、ひらがな→日本読み、カタカナ→現地音
(8)『**英漢対照中国地名辞典**』　上・下巻　1978～79　(鹿児島短期大学南日本文化研究所)
　　竹之内安巳著
(9)『**最新中国地名事典**』　1996　(日外アソシエーツ)
　　張治国監修　日外アソシエーツ編
　　産業地名を含む5,500の地名を収録　日本の漢字読み配列
　　ピンイン併記　ピンイン索引　中国語音による読み方を片仮名・ローマ字で併記

2−6−3　一般外国人名・地名辞典の発音表記
(中国人名)
『コンサイス外国人名事典』　第3版　1999　(三省堂)
　日本読みカナ表記配列　原音カナ表記　ピンイン表記
(中国地名)
『コンサイス外国地名事典』　第3版　1998　(三省堂)
　日本読み配列　原音カナ表記　ピンイン・ウェード式発音表記　漢字画引索引
『コンサイス外国山名辞典』　1984　(三省堂)
　日本読み配列　原音カナ表記　ラテン文字発音表記　漢字画引索引
『世界地名大事典』　全8巻　1974　(朝倉書店)
　1989　14刷　第6〜8巻　アジア・アフリカ
　原音カナ配列　日本読みも (カラ参照) 項目あり　ピンイン表記 (母音の上の記号は発音の高さを示す四声)　外国語地名索引 (中国・朝鮮索引は別立ての原地名索引)

> **Column**　(教科書の表記)
> 中学社会 (地理) からは、地名の漢字表記が消えている！
> 但し、「長江」には「チャンチャン」「ちょうこう」と二つのルビ、「チュー川」には (珠江)。
> 地図上では「長江」(ルビなし)、「黄河」(ルビなし)
> 中学社会の地理『新版　新しい社会　地理』(東京書籍)

第3章　韓国・朝鮮の人名・地名の調べ方・読み方

3−1　韓国・朝鮮語と発音記号

　朝鮮語とは、朝鮮民主主義人民共和国と大韓民国の公用語です。一般に、前者を朝鮮語、後者を韓国語と呼んでいます。アルタイ諸語に属する可能性もありますが、未証明です。文字はもともと漢字を借用していましたが、15世紀に世宗によってハングル (＊) が制定されて以後、両者を併用しています。今日では学術書などを除きハングルのみで書かれる傾向があります。
　文法的には語順が日本語に似ており、日本語における助詞の「ハ」と「ガ」の区別に相当する助詞が存在するなどの特徴があります。
　韓国・朝鮮語の発音符号には、文教部表記法とマッキューン・ライシャワー表記法の二方法があります。

3−1−1　文教部表記法
　韓国文教部 (文部省) によって決められたもので、文教方式とも呼ばれています。現在は使われていません。この方式で表記された文献には『大韓民国主要地名一覧表』(高麗書林　1972) があります。その後、文教部は「韓国語の仮名表記法」を定めました。

3−1−2　マキューン・ライシャワー表記法
　マキューン (G. M. McCune　カリフォルニア大学)、ライシャワー (E. O. Reischauer　ハーバード大学) の両氏によって考案されたローマ字表記法。日本の『日本目録規則1965年版』に取り入れられている他、多くの辞典類がこの表記法を採用しています。

（＊）ハングル…朝鮮語の表記に用いられる音節文字。10 の母音字と 14 の子音字を組み合わせて音節を表わします。朝鮮文字。日本の仮名のように漢字の略体を発展させて作ったものではなく、また、インドやアラビア文字に由来するのでもありません。朝鮮民族が自らのことばを書き表わすために自らが作りだした固有の文字です。それ故に音韻を正確に表わすことができます。

3－2　表記の現状

　かつては、韓国・朝鮮の人名・地名は、漢字をそのまま日本読みをするのが一般的でした。
　1983（昭和 58）年、崔昌華（チュエ　チャンホア）さんが、日本読みをした NHK 北九州放送に謝罪をもとめて訴訟を起こしました。1988（昭和 63）年、最高裁の判決では「正確な名前を呼ばれることは、法律で認められた権利とまではいえない」とし、人権を侵害するものではないと日本読みの慣用を認める判決となり、謝罪要求は棄却されました。
　一方、1985（昭和 60）年、韓国より日本の報道機関にたいして「韓国の重要人名を韓国での発音どおりに発音、表記してほしい」と要請がありました。1987（昭和 62）年 11 月 17 日に韓国文教部（文部省）が「韓国語の仮名表記法」を定めました。これがその後、表記する際の基準となりました。（＊）
　崔昌華さんの判決以後、日本のマスコミの対応ははやく、民族読みを採用しました。
1988　テレビ朝日…「民族読み」を採用。
1988　テレビ東京…国外の韓国・朝鮮人は初出時「民族読み」と「日本読み」を併記。国内在住の韓国・朝鮮人は本人が希望する場合は「民族読み」とする。
1988　NHK・民放…「民族読み」を採用と発表。NHK は本人が希望したときだけ「母国語読み・カナ表記」とするが、決して固定的には考えていません。
1988　朝日新聞…「現地読みカナ表記」が増えてきました。漢字表記を原則とし、重要ニュースや著名人物などの場合には現地発音にもとづきカタカナで併記することもあります。
1993　毎日新聞…「新聞としての共通文字を大切にしつつ、現地音に近づける作業はかなりの時間を必要とするでしょう」（1993.1.23）としています。中国については、難読語の地名に、必要に応じて現地音に近い音で、カタカナの横ルビをふることをはじめています。

1995 年以降では、次のような実情となっているようです。
新聞界…1　著名人・地名は初出時のみ現地音カナルビ、または（　）内にルビ。以後、漢字表記、ルビなし。
　　　　2　カナ表記のみ。
　　　　3　本人の希望する読み。
テレビ…（韓国）カナ表記または、カナ表記で（　）内に漢字表記。
　　　　　　　　読みは民族読み。
　　　　（北朝鮮）カナ表記のみが多いようですが、政府要人などは漢字表記と民族読みカナルビ。
　　　　　　　　または、カナ表記のみと統一されていません。
　著名でない人名・地名の読みの判断に苦しんだり、調査で解決できない場合がおこります。227 頁「3－3－2」の事例を参考に、分かりやすい読みの選択を心がけてください。

（＊）この表記法は、韓国における人名・地名・公共施設名などの固有名詞をカナ発音して表記する際の基準のことですが、実際ははっきりした表記法が決まっていたわけではありません。いまのところ統一された表記法はでておらず、各社まちまちのようです。ただ、韓国読みでは分かりにくいなどの問題も残り、従来通りの日本読みを続けている例も少なくありません。

第5部　中国・朝鮮の人名・地名編

> **Column** 少しずつ変わる地名の読み
>
> 日本読み→現地読み　地名表記は　英語読み→現地読み
> 最近は地名の読みや表記が少しずつ変更されています。
> 天気予報の地名・現地読みに（朝日新聞　1997.5.26）
>
> | （従来の読み） | （新しい読み） | （従来の読み） | （新しい読み） |
> |---|---|---|---|
> | 樺太 | → サハリン | 鬱陵島 | → ウルルン島 |
> | 済州島 | → チェジュ島 | 揚子江 | → 長江 |
> | 海南島 | → ハイナン島（表記はそのままで読み方のみ変更） | | |
>
> 変更の理由として、中国や朝鮮の地名で、多くのメディアが現地読みを始めたことから、外務省が使っている呼称も参考にして踏み切ったと気象庁では説明している。
> 地名表記・英語から現地読み・現地音表記に変わった地名例（＊）
>
> | （従来の読み） | （新しい読み） | （従来の読み） | （新しい読み） |
> |---|---|---|---|
> | ユトランド半島 | → ユーラン半島 | コルシカ島 | → コルス島 |
> | カタロニア | → カタルーニア | バルカン半島 | → スターラ半島 |
> | ボヘミヤの森 | → ベーマーヴァルト | | |
>
> （＊）帝国書院の地図帳では、約4,000ヶ所の地名を現地読みの表記に修正した。
> （インドネシア）
> ボルネオ島　→　カリマンタン島　　セレベス島　→　スラウェシ島
> （南アフリカ）
> プレトリア　→　ツワネ（他に植民地時代の欧米地名をアフリカ本来の地名に改名する動きが進んでいる）

3－2－1　日本読み（音読み）

　219頁の「表記の現状」にもあるように、韓国・朝鮮の人名と地名の読みは、民族読みをするのが望ましく、ルビがない場合でも極力調べて読むようにしましょう。著名な人の名前はルビが付く場合が多く、比較的容易に解決できますが、無名の人の名前は時間の関係などから調査が行き届かないこともあると思われます。著名な人名については韓国からの要望があったことから、北朝鮮もあわせて民族読みをするようになりました。

　しかし、地名については、特に要望もなかったため、いまだに日本読みをしていることが多いようです。NHKでは1994年4月より民族読みをすることを決めています。どうしても民族読みが分からないような場合、または民族読みで分かりにくいと判断したときは、便宜的な方法として「音訳（点訳）者凡例」または「音訳（点訳）者注」で断り、日本読みを付加するか、日本読みで処理して利用者に提供することも考えてください。

日本読みの例（地名）

> 現在は地図帳でもすべて民族読みカナ表記となり（　）入りで漢字が付加されている。
> 　例　ソベク（小白）山脈　　ウルルンド（鬱陵島）
> 日本読みは消えつつあります。中学の教科書は、漢字の付加もありません。

日本読みの例（人名）

> 原則的に日本読みはしません。

第3章　韓国・朝鮮の人名・地名の調べ方・読み方

国語辞典では、日本読みは原則として採用せず、参照項目として扱っています。

	主項目	参照項目	辞典名
金日成	キム・イルソン	きん・にっせい	大辞林三版
	キム・イルソン	きん・にっせい	広辞苑六版
金大中	項目なし	項目なし	大辞林三版
	キム・デジュン	きん・だいちゅう	広辞苑六版
		きんだいちゅうじけん	広辞苑六版
安重根	アン・ジュングン	あん・じゅうこん（＊）	大辞林三版
	アン・ジュングン	あん・じゅうこん	広辞苑六版
金正日	項目なし	項目なし	大辞林三版
	キム・ジョンイル	きん・しょうにち	広辞苑六版

（＊）大辞林第二版では日本読みで採録、朝鮮読みを付記していた。
歴史人名は日本読みですが、広辞苑六版・大辞林三版とも「安重根」が民族読みになりました。

3-2-2　民族読み

　最近は多くの人名・地名に民族読みのルビが付くようになりました。また民族読みのカナ表記だけになっている場合も多くみかけるようになりつつあるようです。（226頁「3-3」の事例参照）したがってカナ表記だけの場合は問題ありませんが、漢字併記がされている場合、カナ表記だけ読んだのでは現状では分かりにくい人名・地名も多いようです。「3-3」の事例を参考に読みの方法を工夫してください。

民族読みの例（地名）

大田	テジョン	金海国際空港	キムヘ（民族読み）こくさいくうこう（日本読みのため平仮名のまま）
大邱	テグ	元山	ウォンサン
光州	クァンジュ	平壌	ピョンヤン
羅鋒	ラソン	麗水	ヨス

民族読みの例（人名）

高 史明	コ　サミョン	金 一勉	キム　イルメン	金 夏日	キム　ハイル
金 学鉉	キム　ハクヒョン	金 芝河	キム　ジハ	金 香都子	キム　ヒャンドジャ
金 達寿	キム　タルス	金 洪才	キム　ホンジェ	李 恢成	イ　フェソン
康 誠凱	カン　スンゲ	桂 銀淑	ケー　ウンスク	李 良枝	イ　ヤンジ
金 治憲	キム　チーフン（＊1）	梁 石日	ヤン　ソギル	盧 泰愚	ノ　テウ
金 賢姫	キム　ヒョンヒ	呉 善花	オ　ソンフア	金 永子	キム　ヨンジャ
趙 明録	チョウ　ヨンロク（＊2）	黄 長曄	ファン　ジョンヨブ		
金 一男	キム　イルナム（キミルナム）				

（漢字表記を使用しない人名）
ペ　ヨンジュン、ユ　オソン、キム　ヨンジャ、チョウ　ヨンピル（＊3）

（＊1）「キム　チホン」「キム　チハン」などカナ表記は一定していません。
（＊2）「チョウ　ヨンロク」（NHK）　「チョ　ミョンロク」（仮名表記字典）
（＊3）漢字表記を使用していません。本名は「趙容弼」

第5部　中国・朝鮮の人名・地名編

> **Column**　韓国語のふりがなについて

『すべての外国語が同様であるが、日本語で表記することは困難である。とくに韓国語の発音には、やや複雑なルールがある。たとえば人名のフルネームでの全鍾植（チョン・ジョンシク）が、姓がつかなければ鍾植（チョンシク）となる。原則として原音に近いふりがなとしたが、煩雑を避けるために意識的に変えた箇所もあることを付記します。』（訳者）

（韓勝源著　安守植・安岡明子共訳「塔」（角川書店）より）

> **Column**　読みの原則と事例

		中国	朝鮮
①原則		日本読み	現地読み
②例外		慣用されている読み	
③在日の人		本人の希望する読み	
④ルビ	ある場合	ルビの読みを優先	
	ない場合	1　日本読み 2　慣用読み	1　現地読み 2　便宜上日本読みをし音訳（点訳）者注、または録音（点訳）図書凡例でコメントする

（読みの現状）最近の新聞の読みの扱いを抽出してみると、下記のように中国人は日本読みが多く、朝鮮は現地読みが圧倒的に多いことが分った
中国　24人中、日本読み15、中国読み7、両読み併記1、ルビなし1
朝鮮　25人中、日本読み1、朝鮮読み21、両読み併記2、ルビなし1
〈読みの事例〉
中国　崔　健（ツゥイ・ジェン）（ロック歌手）　　チャン・ツィイー（香港女優）
　　　莫　邦富（モー・パンフ）（ジャーナリスト）　葉　青（ようせい）イェ・チン（作家）
朝鮮　柱　順姫（ケー・スンヒ）（北朝鮮柔道選手）　金重明（きんじゅうめい）（在日作家）
　　　柳　美里（ユウ・ミリ）（作家）　　　　　　　宣　一九（せん・イルゲ）（韓日問題研究所長）
　　　卞　宰洙（ピョン・ジェス）（文藝評論家・名古屋在住）
在日韓国人は、韓国読み（本名）で暮らす人は1割強、青年層では本名派が比較的多いが、3割が使い分けという。（在日本大韓民団　2001調査）
また、在日の人で姓は韓国読み、名は日本読み（またはその反対）をする人もいますが、日韓双方に愛着があるという。
（例）朴　恵淑（パク・けいしゅく）三重大学で国立大初の外国人副学長になった。（2012）
　　　宣　一九（せん・イルゲ）韓日問題研究所長。「ずっと日本で研究を続けたい。名前は「せん」と呼んで」という。（1999　新聞記事より）

> **Column**　日本音読み配列による韓国・朝鮮の姓氏
>
> ルビがなく、辞典類でも解決できない人名がでてきた場合、日本音読みで検索し、現地音を求める方法を紹介します。実際には、「韓国語のふりがなについて」（222頁参照）で解説してあるように、この方法では必ずしも正確とは言いがたいことがありますが、日本読みをするぐらいなら、この方法をとることをお薦めします。一字一字の現地音の組み合わせで音訳してください。
> ○『韓国・朝鮮人名仮名表記字典』　改訂4版　1999　（ブレーンセンター）
> 　サブタイトルに「相互理解の第1歩　隣国の人の本名を正確に呼ぶために」
> 　人名仮名表記字典編集委員会編　監修　金東勲
> 　姓氏一覧表（1）－（5）漢字→ハングル→カナ音節表　発音記号一覧表
> 　暦年対照表　訓民正音（ハングル）　総画索引　参考文献他

3－2－3　国名と行政地名

大韓民国

　国名の「大韓民国」（略称：韓国）は日本読みが定着しています。

　現地音で読む場合は、「大韓民国」（テハンミングク）また、現地発行のカナ表記では

「韓国」は、「ハングク」「ハングック」「ハングッ」などと表記されて一定していないようです。

　また、行政地名は、「道」「島」の読みも含めて現地読みをしています。

道　名	日本読み	現地読み
京畿道	けいきどう	キョンギド
江原道	こうげんどう	カンウォンド
忠清北道	ちゅうせいほくどう	チュンチョンブクド
忠清南道	ちゅうせいなんどう	チュンチョンナムド
慶尚北道	けいしょうほくどう	キョンサンブクド
慶尚南道	けいしょうなんどう	キョンサンナムド
全羅北道	ぜんらほくどう	チョルラブクド
全羅南道	ぜんらなんどう	チョルラナムド
済州（特別自治道）	さいしゅうとくべつじちどう	チェジュトックピョルヂャチド
ソウル（特別市）	そうるとくべつし	ソウルトゥクピョルシ
仁川（広域市）	じんせんこういきし	インチョンクァンニョックシ
釜山（広域市）	ふざんこういきし	プサンクァンニョックシ
大邱（広域市）	たいきゅうこういきし	テグクァンニョックシ
大田（広域市）	たいでんこういきし	テジョンクァンニョックシ
光州（広域市）	こうしゅうこういきし	クワンヂュクァンニョックシ
蔚山（広域市）	いさんこういきし	ウルサンクァンニョックシ

第5部 中国・朝鮮の人名・地名編

> **Column** 話題となった韓国の地名（サッカーW杯会場他）

1　仁川（インチョン）　　2　水原（スウォン）　　3　大田（テジョン）　　4　大邱（テグ）
5　蔚山（ウルサン）　　　6　光州（クワンジュ）　7　全州（チョンジュ）　8　釜山（プサン）
9　西帰浦（ソギポ）　　　10　春川（チュンチョン）　11　江陵（カンヌン・ガンヌン）
12　竜平（リョンピョン）　13　明洞（ミョントン）　　14　南大門（ナンデムン）
15　東大門（トンデムン）　16　江南（カンナム）　　　17　漢江（ハンカン）
18　文井洞（ムンジョンドン）　19　水産市場（スサンシジャン）
（注）1〜9　W杯サッカー会場となった都市　10〜12　'99アイスホッケー冬季大会会場
　　　13〜19　ソウルの町名

朝鮮民主主義人民共和国

朝鮮民主主義人民共和国（略称　北朝鮮）も国名は日本読みが定着しています。

道　　名	日本読み	現地読み
箴鏡北道	かんきょうほくどう	ハムギョンブクド
箴鏡南道	かんきょうなんどう	ハムギョンナムド
両江道	りょうこうどう	リャンカンド
慈江道	じこうどう	チャガンド
平安北道	へいあんほくどう	ピョンアンブクド
平安南道	へいあんなんどう	ピョンアンナムド
黄海北道	こうかいほくどう	ファンヘブクド
黄海南道	こうかいなんどう	ファンヘナムド
江原道	こうげんどう	カンウォンド
平壌（特別市）	へいじょう	ピョンヤン
開城（特別市）	かいじょう	ケソン
箴興（直轄市）	かんきょう	ハムフン
清津（直轄市）	せいつ	チョンジン
南浦（直轄市）	なんぽ	ナムポ
羅先（直轄市）	らせん	ラソン

第3章　韓国・朝鮮の人名・地名の調べ方・読み方

> **Column**　北朝鮮の大河

鴨緑江（Amnok-kang；Yalu Jiang）朝鮮と中国東北部との国境をなす川。全長795km、朝鮮第一の長流。読みは、広辞苑第6版・大辞林第3版共に「おうりょっこう」（日本読み）で採録。参照項目なし。

豆満江（Tuman gang）白頭山に発源、中国東北部とロシアの地方との国境をなし、日本海に注ぐ。長さ521km、読みは広辞苑第6版は「トゥマンガン」（現地読み）。大辞林（第3版）は「とまんこう」と日本読みで採録。

大同江（Taedong gang）北朝鮮の中南部を流れる川。ピョンヤンを経て黄河に注ぐ。全長431km、読みは広辞苑第6版は、「テドンガン」（現地読み）で採録。「だいどうこう」から参照。大辞林第3版は「だいどうこう」で採録。現地読みからの参照はない。

北朝鮮の地名（他）

1 新義州（シンウィジュ）　　2 江界（カンゲ・カンギェ）
3 恵山（ヘサン）　　　　　　4 感與（ハムフン）
5 琴湖（クムホ）　　　　　　6 清津（チョンジン）
7 海州（ヘジュ）　　　　　　8 沙里院（サリウォン）
9 元山（ウォンサン）　　　　10 万寿台（マンステ）議事堂
11 白頭山（ペクトゥサン）　　12 万景峰号（マンギョンボンごう）船舶
13 百花園（ペックァウォン・ベックァン）迎賓館（平壌市）

3-2-4　世界地図にみる地名表記

『新　TVのそばに一冊　ワールドアトラス　世界・日本』最新版　2010.6（帝国書院）より、主な地名を抽出しました。音訳・点訳にあたっては典拠を明らかにして、読むようにして下さい。但し著者のルビを優先して下さい。

（大韓民国）

ソウル（ソウル）　　　　　　イジョンブ（ウィジョンブ）（議政府）
インチョン（仁川）　　　　　ヘサン（恵山）　　　　　　　パンムンジョム（板門店）
スウォン（水原）　　　　　　キムヘ（金海）　　　　　　　オニャン（温陽）
チョナン（天安）　　　　　　ウォンジュ（原州）　　　　　モクポ（モッポ）（木浦）
トンヘ（東海）　　　　　　　ヘンソン（横城）　　　　　　ソサン（瑞山）
チュンチョン（春川）　　　　コンジュ（公州）　　　　　　テジョン（大田）
テグ（大邱）　　　　　　　　キョンジュ（慶州）　　　　　ウルサン（蔚山）
プサン（釜山）　　　　　　　チョンジュ（全州）　　　　　ヨス（麗水）
スンチョン（順天）　　　　　チェジュ（済州）　　　　　　ウルルン島（鬱陵島）
チェジュド（済州道）　　　　チェジュ島（済州島）

（朝鮮民主主義人民共和国）

トマン川（豆満江）（＊1）　　アムノック川（鴨緑江）
チョンジン（清州）　　　　　カリム（桂林）　　　　　　　ホエリョン（会寧）
キムチェク（金策）　　　　　シンポ（新浦）　　　　　　　シンチャン（新昌）
ハムフン（咸與）　　　　　　ホンウォン（洪浦）　　　　　カンゲ（江界）
シニジュ（シンウィジュ）（新義州）　クソン（亀城）　　　　ピョンヤン（平壌）
ナムポ（南浦）　　　　　　　サリウォン（沙里院）　　　　ナムチョン（南州）
ケソン（開城）　　　　　　　ウォンサン（元山）　　　　　クムガン山（金剛）
サクニョン（朔寧）　　　　　ピョンガン（平康）　　　　　ヨンピョン（寧邊）（＊2）

第5部　中国・朝鮮の人名・地名編

（＊1）トマン川（豆満江）は朝鮮側の呼称。中国側は「ツーメン川」（図們江）。
（＊2）北朝鮮（朝鮮民主主義人民共和国）では、「ニヨンピョン」と発音している。

3－2－5　放送における読みと表記の原則（NHK）

『NHKことばのハンドブック』第2版（2005）によると、NHKでは朝鮮（韓国・北朝鮮）の地名・人名の表記と読み方を、次のように決めています。

（1）韓国・北朝鮮の在住者の人名は原則として「原音読み、カタカナ表記」とする。ただし、漢字を併記することが視聴者の理解を助けると判断される場合は、漢字をカッコ入りで併記する。
　　両国政府の出先機関、日本以外の外国居住者も同様に扱う。
（2）在日韓国・朝鮮の人名は、原則として「日本語読み、漢字表記」とする。
　　ただし、以下の場合は例外措置として、「原音読み、カタカナ表記」とし、必要に応じて漢字表記（カッコ入り）、日本語読みを併用する。
　　例外　①本人が希望した場合。
　　　　　②日本の公的機関が「原音読み」で発表した場合。
　　　　　③国際的な会議、スポーツ大会、行事などの参加者で、主催者が「原音読み」で発表した場合。
　　　　　④「原音読み」の名前で活躍している、著名な作家、学者、芸能人、音楽家などの場合。
　　　　　⑤NHKが、ニュース、番組の放送にあたって、企画意図や演出上の理由などから「原音読み」にしたほうが適当と判断した場合。
（3）韓国・北朝鮮の地名は原則として漢字で書き、日本語読みにする。ただし、漢字を併記することが視聴者の理解を助けると判断される場合は、漢字をカッコ入りで併記する。
　　＜例＞パンムンジョム（板門店）
　　また、視聴者が漢字でなじんでいる地名については、原音読みのあと、ポーズを入れて日本語読みを付け加える。
（4）その他
　　①「原音読み、カタカナ表記」の姓と名の間には中点「・」をいれる。
　　　＜例＞キム・デジュン（金大中）
　　②漢字表記に原音読みのフリガナを付けることは、原則としてしない。ただし、フリガナ付きの漢字表記が広く知られている場合は除く。
　　　＜例＞金達寿（キムダルス）（作家）
　　③同じ漢字の原音読みが、韓国と北朝鮮で異なる場合があるので注意する。
　　　＜例＞　李（韓国…「イ」、北朝鮮…「リ」）

3－3　読みの方法と事例

3－3－1　ルビがある場合

> （方法1）ルビのみで読む
> （方法2）ルビを読み日本読みを加える。
> （方法3）日本読みをし、ルビを加える。
> （方法4）初出のみルビ・日本読みで読み、以下ルビのみ読む。
> （方法5）初出のみルビ・日本読みで読み、以下日本読みで読む。

　原則として現地音で読むことを優先してください。その上で、わかりにくい場合は上記の方法を検討してください。

第3章　韓国・朝鮮の人名・地名の調べ方・読み方

(方法1) の例
　孫逸民(スンイーミン)は眼科の主任医師である。
　(読み)　スンイーミン　ハ　ガンカ　ノ　シュニンイシ　デアル。
　済州島(チュチュド)に観光旅行に行った。
　(読み)　チュチュド　ニ　カンコウ　リョコウ　ニ　イッタ。
(方法2) の例
　孫逸民(スンイーミン)は眼科の主任医師である。
　(読み)　スンイーミン　ソンイツミン　ハ　ガンカ　ノ　シュニンイシ　デアル。
　済州島(チュチュド)に観光旅行に行った。
　(読み)　チュチュド　サイシュウトウ　ニ　カンコウ　リョコウ　ニ　イッタ。
(方法1) の例
　こいつ、いまに見ておれ。聖春が鐘九に報復する材料など何もなかったが
　(読み)　コイツ　イマニミテオレ。ソンチユン　ガ　ジョング　ニ　ホウフクスル　ザイリョウ　ナド　ナニモ　ナカッタガ
　(コメント)　本書の場合、初出にルビがつき、以下ではルビがついていないので、巻頭にある「戸籍上の関係」「主な登場人物」をコピーして対照しながら音訳・点訳をすすめると能率的でしょう。このような形での登場人物の一覧は巻末にあることもあります。
　　　　　　また、本書には「韓国語のふりがなについて」(222頁参照)の訳者の付記があり日本語のルビについての難しさや、複雑なルールのあることが注記されています。
　(「塔」韓勝源(ハンスンウオン)著・安守植(アンウシク)・安岡明子共訳　1989　角川書店)
(方法1) の例
　金達寿（作家）
　(読み)　キム・ダルス
　(コメント)　著名な作家は民族読みにするようにしてください。特に在日著名人は辞典類で民族読みを調べることができます。

3－3－2　ルビがない場合

(方法1)　現地音を調べて読む。
(方法2)　現地音を調べて読み、日本読みを加える。特に地名の場合。
(方法3)　著名な人名は現地音で読み、その他の調査に時間がかかったり調査不可能と思われる場合は、便宜上日本読みとし「音訳(点訳)者凡例」でその旨断わる。地名も現地音を調べて読む。ただし、日本読みが慣用されている地名は日本読みしてもよい。
(方法4)　初出のとき現地音と日本読みをし、以下断わって日本読み（または現地読み）とする。

　どの方法をとるにしても、朝鮮・韓国の場合は現地音を優先するという考え方が大切です。また、慣用されている読みがある場合は、原則として慣用読みにします。
　しかし、日本読みが定着している地名などは慎重に検討することが望まれます。必要に応じて字の説明を加えなければ分かりにくい場合は熟語などで加えてください。
(方法2) の例
　「反感とか偏見を払拭していただければ幸いだと。日韓の友好を願い、都内各地で無料コンサートを開いてきた在日韓国人の歌手、白玉仙さんは渋谷公会堂の公演で23区全区の一巡を果たし、舞台で挨拶した。…
　…「ことば抄」在日韓国人歌手　白玉仙さん」
　(コメント)
　白玉仙　民族読み不明のため「ペク・オクソン」と字音で読み、日本読み「ハク・ギョクセン」を加えた。

第5部　中国・朝鮮の人名・地名編

（方法1）の例
「韓国の大田市で8月7日から開かれる大田国際博覧会に、日本から経産省の機械技術研究所が開発した盲導犬ロボットを出展すると日本貿易振興機構（ジェトロ）が発表した…」
　（コメント）　大田国際博覧会の記事には、ルビがない新聞が多かったようです。しかし、テレビ、ラジオでは当時「テジョン」と放送していましたので、かなり多くの人はこの地名の読みは原音で記憶されていると思われます。地名辞典・地図帳などで調べがつきます。「おおた」「たいでん」と日本読みしないよう注意してください。ルビの付いていたのは、毎日新聞だけのようでした。

（方法1）の例
「李恩寧氏（韓国）　元文化大臣。1934年、忠清南道生まれ。文学博士。1988年ソウル五輪では開・閉会式の演出を担当。日本語の小説・随筆も多数。」
　（コメント）「国際メセナ会議'95」（1995）の出席者。中国・朝鮮の参加者にルビが付いていません。「現代韓国人名録」1993（日外アソシエーツ）によって調べられます。
「イ・オリョン」（文学評論家）

3－4　表記と読みはこれからどうなるか

　朝鮮における漢字は、将来ハングル文字にとって変わられる可能性が大きいと思われます。北朝鮮（朝鮮民主主義人民共和国）では、ハングル文字が使われ、漢字は使われていません。したがって日本読みの表記は、カナ表記以外の方法がなくなっています。しかし、日本では著名人などを金日成・金正日などと漢字で表記していますが、これは今までの慣習が続いているもののようです。また、韓国でもハングル文字の使用が多くなっています。
　ベトナムにおける漢字使用の廃止、朝鮮における漢字使用の制限または全廃の傾向や中国が簡体文字に移行し将来、中国語のローマ字化が実現すると、本来の漢字を使用しているのは日本だけということになりかねません。
　しかし、日本でも既に慶応2（1866）年漢字の廃止を唱えた人がいました。郵便制度の創始者として有名な前島密で、将軍徳川慶喜にあてて「漢字御廃止之儀」という勧告文を提出しています。
　日本での漢字使用はそう簡単になくなりそうにありません。すくなくともわたくしたちの年代は存続するでしょうが、将来は漢字が使用されなくなるだろう、というのが少なくない研究者の結論のようです。（216頁　2－5　も参照）

3－5　韓国・朝鮮の人名・地名辞典

3－5－1　韓国・朝鮮の人名辞典
（1）『韓国・朝鮮人名仮名表記字典』　改訂4版　1999　（ブレーンセンター）
　相互理解の第1歩　隣国の人の本名を正確に呼ぶために
　人名仮名表記字典編集委員会編
　姓氏一覧表、巻末：総画索引。漢字―ハングル―カナ、音節表、発音記号一覧表。本文は人名仮名表記表、付録：五十音図、暦年対照表、訓民正音（ハングル）。
（2）『改訂増補　韓国姓名字典　――韓国・朝鮮の人名を正しく読むために――』　2007　（三修社）
　金容権（キム　ヨンクオン）編
　ハングルの読み方・韓国の人名・主要漢字のハングル読み・ローマ字表記一覧・1930年度姓氏調査・北朝鮮の人名・索引・参考文献。
（3）『現代韓国人名辞典』　1971年版　1971　（霞が関出版）
　霞が関会編

第3章　韓国・朝鮮の人名・地名の調べ方・読み方

収録－第2次大戦後の人物を3,020名。配列－漢字の日本読み、本人使用のローマ字表記の他ライシャワー式。索引（漢字、カナ、ローマ字）。
（4）『**朝鮮民主主義人民共和国組織別人名簿**』　第11版　1998　（RPプリンティング）
年刊
1997年以降の北朝鮮要人約3,600人収録。組織名と人名に日本語と英文を併記。
（5）『**韓国・北朝鮮人名辞典　上巻　韓国**』　第7版　1979年版　1979　（世界政経調査会）
世界政経調査会編
（6）『**韓国・北朝鮮人名辞典　下巻　北朝鮮**』　第7版　1979年版　1979　（世界政経調査会）
世界政経調査会編
（5）（6）とも奥付なし（非売？）
人名索引、日本読み五十音順。記入配列－①日本読み
②漢字名　③カナ表記　④ハングルによるカナ・ローマ字表記　⑤出生地
下巻では、北朝鮮が一般に漢字を使用せず、ハングルを常用しているので、検索の便宜を図るため、ハングル読みによる索引を並載、漢字は音によるあて字である（凡例より）。
下巻－索引　日本読み五十音順、ハングル読みカナ表記五十音順。
（7）『**現代韓国人名録**』　1993　（日外アソシエーツ）
日外アソシエーツ編
各分野の韓国（2,700名）、北朝鮮（900名）の人物を収録。在日・在米の人名も収録。韓国語名を漢字で表記し、民族読みを片カナで五十音順に配列。
巻末に日本語名を使用している人物の日本語名索引と人名の漢字音読み索引がある。

3－5－2　韓国・朝鮮の地名辞典

（1）『**現代北朝鮮地名辞典**』　1982　（国書刊行会）
国際関係共同研究所編著
総数　4,730　配列－行政区域別、ライシャワー式、索引－アルファベット順
付録－行政区画図、地図。
（2）『**韓国地名総覧**』　1977　（韓国書籍センター）
韓国書籍センター編
（3）『**大韓民国地名便覧**』　2012年版　2011　（日本加除出版KK）
大韓民国行政安全部自治制度課監修
日本加除出版KK編修部編集
行政区域の変遷と市・区・郡・邑・面別の現行地名を収録。
行政区域別に地名は片カナ読み（ハングル音に近い表現）索引はない。
（4）『**韓国・北朝鮮地名便覧**』　昭和63年版　1988　（日本加除出版KK）
日本加除出版出版部編
付録－1945年8月15日現在の北朝鮮地名一覧、韓国行政区域の変遷
付・韓国・北朝鮮全図1枚

3－5－3　一般外国人名・地名辞典の発音表記

（韓国・朝鮮人名）
『**コンサイス外国人名事典**』　第3版　1999　（三省堂）
日本読み　ひらがな配列（ただし、現地音でも広く知られている人名についてはカタカナ見出しを参照項目で補っている）。
原音カナ表記　ライシャワー式表記　南北で若干読みが異なるため共通点を多く有し発音に比較的近いラテン文字で示してある。

第5部　中国・朝鮮の人名・地名編

（韓国・朝鮮地名）
『コンサイス外国地名事典』　第3版　1998　（三省堂）
　　日本読み　平仮名配列　漢字併記　原音　カナ表記　ラテン文字発音表記漢字画引索引
『コンサイス外国山名辞典』　1984　（三省堂）
　　日本読み配列　原音カナ表記　漢字画引索引
『世界地名大事典（全8巻）』　1974　（朝倉書店）
　　第6〜8巻　アジア・アフリカ　原音カナ配列　日本読みもカラ（参照）項目あり　ローマ字表記　外国語地名索引（中国・朝鮮索引は別立の原音地名索引）

第4章　参考文献

（○…中国　◎…朝鮮　無印…中国・朝鮮）

4-1　図書・資料

1　『日本語教員養成講座＜文字・表記＞受講生レポート』（津田塾会日本語教育センター）
2　『朝鮮人がなぜ「日本名」を名のるのか』　1978　◎（三一書房）　金一勉（キム・イルメン）著
3　『名前と人権』　1979　◎（酒井書店）　崔昌華（チョエ・チャンホア）著
4　『外国語のカナ表記…外国語・外来語と地名・人名』1963（NHK）
5　『NHKことばのハンドブック』1992　（日本放送出版協会）
6　『新地名表記の手引』1994　（ぎょうせい）

4-2　新聞・雑誌記事

1　「中国の姓ベスト3」　○（2006・1・12　東京新聞）
2　「教科書も中国の地名は漢字で・カタカナは不正確で実態に会わぬ」論壇　○（渡辺安代）（1988・11・25　朝日）
3　「＜支那＞の呼称は許されぬ・侮辱こもり対立や憎悪招くおそれ」論壇　○（江頴禅）（1990・3・6　朝日）
4　「難読の地名に現地に近い音でカタカナの横ルビを入れます」（北村正任）○（1993・1・23　朝日）
5　「目録における朝鮮人名の読み方」（山崎賢二）◎（1980・4　図書館雑誌）
6　「目録における朝鮮人名の読み方について…山崎氏の提言によせて」（林　昌夫）◎（1980・7　図書館雑誌）
7　「韓国人名の現地読み採用へ」◎（1982・12・25　朝日）
8　「目録での朝鮮人名の読みで提案」◎（1983・1　図書館雑誌）
9　「言葉の日韓関係」（今日の問題）◎（1983・1・18　朝日）
10　「NHKや民放＜民族読み＞すでに採用・氏名民族読み訴訟＜人格権＞に一定配慮示す」◎（1988・2・16　朝日）
11　「韓国人名・地名の日本語仮名表記について」（李徳奉）◎（1988・10　日本語学）
12　「外国人の人名」（関戸嘉光）◎（1992・4・20　人権と教育　No.220）
13　「ルビつきことばの処理の周辺」（西尾正二）◎（1992・12　日本の点字18号）
14　「外に日本読み働きかけよう」（朝日　1994・4・17）
15　「韓国人名の現地読み」（甲野辷）◎（12巻3号　言語）
16　「中国人名の振り仮名」（菅生彰二）（2012・2・4　東京新聞）

付録　姓のベストテン

（1）中国の姓

		中国読み	日本読み			中国読み	日本読み			中国読み	日本読み
1	王	ワン	おう	7	周	ヂョウ	しゅう	15	朱	ヂュー	しゅ
2	李	リ	り	8	黄	ホアン	おう	16	郭	グオ	かく
3	張	ジャン	ちょう	9	趙	ヂャオ	ちょう	17	梁	リアン	りょう
		チャン		10	呉	ウー	ご	18	馬	マア	まあ
		チュン（ホンコン）		11	孫	スン	そん	19	高	カオ	こう
4	劉	リウ	りゅう	12	徐	チュー	じょ	20	何	ホー	か
5	陳	チェン	ちん	13	林	リン	りん				
6	楊	ヤン	よう	14	胡	フー	こ				

① 1982年第3回全国統計調査による。
② この20姓だけで人口の半分以上を占める。
③ 中国人の姓はおよそ6,000。比較的多いものは2,000〜3,000。その中でもよく使われるものは200くらい。
④「王」「李」「張」「劉」は北方に多く、「陳」「趙」「黄」「林」「呉」は南方に多いといわれる。
⑤「張王李趙劉、天下に満つ」「陳蔡李林王で天下の半分」（諺・『百家姓』）
⑥ 稀姓はとくに少数民族に多い。例　「刀」タイ族に皇帝が下賜した姓。
⑦ 満州族は、伝統的には「族+姓氏」。ラストエンペラー（宣統帝）は「愛新覚羅」（アイシンギョロ）が族で名は「溥儀」。

（2）朝鮮・韓国の姓

		日本読み	朝鮮読み			日本読み	朝鮮読み
1	金	きん	キム	6	姜	きょう	カン
2	李	り	リ（イ）	7	趙	ちょう	チョ
3	朴	ぼく	パク	8	尹	いん	ユン
4	崔	さい	チュエ（チェ）	9	張	ちょう	チャン
5	鄭	てい	チョン	10	林	りん	イム

① 金　876万6千人　全人口の22％ ｜
　李　598万5千人　全人口の15％　｝　全人口の46％（1988年調査）
　朴　343万6千人　全人口の 9％　｜
② 韓国には、225（＊）の姓しかないという。（1985年調査）
（＊）表記字典には801姓を採録

《参考文献》『人名の世界地図』文春新書　21世紀研究会編　2001　（文藝春秋）

第6部

校正の手引き

第1章　校正の位置づけ

1-1　校正とは

墨字図書の校正

　大辞林第3版では「①くらべ合わせて、文字の誤りを正すこと。きょうせい。②校正刷りと原稿とを照合するなどして文字や内容の誤りを正し、体裁を整えること。版下や原画との照合についてもいう。」と定義されています。

　校正とは、辞典によって記述・表現に差はあるものの、内容は一言でいうと「活字にしたものを原稿とひきあわせて正すこと」であるといえます。間違いのない本を作るために校正は欠かせないものです。したがって、普通は初校・二校・三校と校正を重ね、最後に出版社が体裁を整えて、はじめて発行されることになります。

録音図書の校正

　録音図書の場合は、照合する範囲がさらに広がります。それは、音声化という異なったメディアに変換するためです。そこには、常に墨字原本が存在し、それがいかに忠実に音声化されているかをチェックしなければならないからです。

　校正は、原本と照合し、原本どおりに読まれているかをチェックすることが原則ですが、ただ機械的に音訳するだけでは、聞き手に正しく伝わらないことが多くあります。原本どおりに伝わるためには、「聞いて分かりやすい読みになっているか」が問題となります。

　したがって、厳密な原本照合、録音技術上・構成上のチェック、校正もれ、校正者の修正チェックなど多くの分野にわたります。これらのチェックは一回の校正だけでは不可能です。

1-2　著作権法と同一性保持のために

　録音図書の校正は、活字を音声に変換するため、これを忠実に、且つ正確に変換されているかどうかをチェックしなければなりません。校正本来の目的と使命を考えるとき、誤読のない完璧な録音図書を作ることは当然のことです。誤読は、著作権法第20条の、同一性保持権からも、決して許されるものではありません。

　このことは、著作権者のオリジナリティの尊重として、法で定められています。

第1章　校正の位置づけ

> 同一性保持のために、校正は欠かせません

（参考）関係法規
著作権法第 20 条　同一性保持権
「著作者は、その著作物及びその題号の同一性を保持する権利を有し、その意に反してこれらの変更、切除その他の改変を受けないものとする」
著作権法第 20 条第 2 項
「前項の規程は、次の各号のいずれかに該当する改変については、適用しない」
第 2 項第 4 号
「…著作物の性質並びにその利用の目的、態様に照らしやむを得ないと認められる改変」

1−3　校正体制

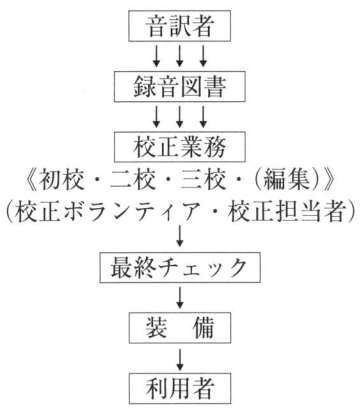

```
   音訳者
   ↓↓↓
   録音図書
   ↓↓
   校正業務
《初校・二校・三校・(編集)》
(校正ボランティア・校正担当者)
    ↓
  最終チェック
    ↓
   装　備
    ↓
   利用者
```

（音訳者から提出された録音図書が校正で流れが止まらないよう体制を整えることが必要です。）

校正の仕事をスムースに行うためには、録音図書の製作過程に校正をしっかり位置づけることが必要です。「正確な録音図書を敏速に提供する」ために、校正が順調に流れることが重要となります。

録音図書の校正は、墨字の場合と異なり目と耳を使って行うため、墨字の校正より行いやすい反面、同時に二つの異なる要素のチェックをすることになり、より多くの注意力が求められます。したがって校正の必要性についての理解を深める上でも、スタッフ全員で校正を経験した上で、その責任体制を明確にし、職務分担に壁を作らず、担当者の共同責任の上で行うことが必要とされるでしょう。

Column　校正者の声から①

校正体制の確立で校正をスピードアップ

「(前略)…校正に携わっていると、朗読者がしっかりと下調べをしているか、下読みを充分したか、初見で録音したか、そんなことがすぐわかってしまう。恐ろしいものだと思う。原本を見ながら聴くためには、相当の集中力を必要とする。雑念が入るとおろそかになるので、神経は緊張の連続である。それでも、ああ、これはこう読むのか、などと教えられることもあり、表現の仕方も人それぞれなので、良い勉強になる。61 年 5 月から校正係が 16 名決められているが、その人たちだけでやっているわけでもない。(中略) 校正係が決められたことによるメリットは、速く校正を終え、朗読者に戻せるようになったことである。(中略)校正の基準とか、指摘されたことをどこまで訂正するか、訂正することによってかえって聴きづらいものにならないか等、悩みも多い。より良いものをつくるために、試行錯誤を重ねながらも、がんばっていきたいと思う。」
（『ろうどく　15 年のあゆみ』　松戸朗読奉仕会　1988.3.31　41 頁より）

第6部　校正の手引き

1-4　校正の責任

　誤りのない録音図書に仕上げるために、それぞれの分担で作業がすすめられます。校正はその最後の仕上げ部分を担当することになります。
　出来上がった録音図書の最終責任者名の表記は以下の通りです。
　　1　図書館・施設で製作・発行したもの＝図書館名・施設名
　　2　ボランティアグループで製作・発行したもの＝グループ名（団体名）
　なお、音訳者名・校正者名（デイジー編集者名・デイジー校正者名）は図書館名、施設名で製作したものでは省略することもあります。

校正者名の読み方
　校正者が1名の場合　例）「校正は○○○○です」
　校正者が複数の場合
　　①校正者が2名のとき　例）「校正は○○○○、○○○○です」
　　②校正者が3名以上のとき　例）「校正は○○○○　他○名です」
　　③校正を多数のもので分担したときは、主たる校正を担当した第1校正者名
　　　例）「校正は第1校正を○○○○が担当しました」

> **Column　校正の責任**
>
> 利用者に提供する録音図書は、施設がその最終責任を担います。従って校正に関する責任も施設にあり、校正表に挙げられた事柄を訂正するか否かの判断は、施設が行います。施設に所属せず、グループ独自で録音図書を製作している場合は、グループが校正の責任を負います。
> 　　　　　　　　　　　　　　　　　　　　　（『音訳マニュアル　音訳・調査編』　改訂版　2006）

> **Column　校正者の声から②**
>
> 「（前略）…モニターの研修会が行われました。モニターの目的としていることは、著作権法第20条の同一性保持権を守ることで、音声訳にとっては大切な作業であること、そのために、墨字原本が忠実に正確に音声化されているかを厳密にチェックしなければなりません。更に読者にとって聞き易いものとなるように音量、スピード、ノイズなど録音技術のチェックも必要であることを学びました。…（後略）」
> 　　　　　　　　　　　　　　　　　　　　（『かもめ』朗読・録音奉仕　No.65　2006.4　＜横浜＞）

> **Column** 校正者の声から③
>
> ### 録音図書は音訳者と校正者の交響曲
>
> 「録音図書を製作する時、一度読み上がったものを校正者の目と耳と知恵を借りて校正をします。その中の一つに誤読をみつけるという、大事なポイントがあります。よく調べて読んだものでも、必ず読み違いがひそんでいます。その最たるものはカタカナ。「パ」なのか「バ」なのか？「ー」伸ばすところが違っているとか（中略）文章を正しく伝えることは、大変難しいものです。信じこんでいた読みが違っていたり、助詞を変えてしまったり、下調べが不十分だったり、数え挙げればキリがありません。それゆえ、出来上がった録音図書は、音訳者と校正者の交響曲と言えましょう。」
>
> （『西宮市視覚障害者図書館ニュース』 No.13 1994.3）

第２章　校正者に求められる資質

校正を担当する者は、次の各項に掲げる資質を備えていることが必要となってきます。
その上で専門書の校正にあたっては、その分野に関する知識も理解していることが求められてきます。

(1) 音声訳の経験

墨字本の校正と異なり、字面上の校正ではなく音声上の校正となり、そのうえ「聞いて分かりやすい読み」と「原本が正確に伝わる読み」になっているかをチェックすることが必要です。したがって、録音図書づくりの充分な知識と理解がなければなりません。換言すると、よき音訳者の条件をすべて備えていることが望まれます。具体的には、録音技術・調査技術・音訳表現技術などに関してバランスのとれた知識と経験をもつことが必要です。学識知識だけの校正では、誤読のチェックはできても、音訳経験がなければ機器操作上生ずる技術的なチェックや音訳処理上のチェックはできないでしょう。

(2) 注意力

読み誤りを見逃さない細心の注意と、発音を正しく聞きとる耳をもつことが望まれます。助詞一つにも充分に注意し、不明瞭な発音を指摘し、音訳者の思い違いや勘違いなどにも指摘漏れのないよう気をくばることが必要です。

(3) 忍耐力

専門書の校正などは90分テープで10巻以上になることも多く、校正に要する時間は相当長時間になることが強いられ、根気のいる仕事となります。校正に集中する努力・忍耐力が求められます。

(4) 正しい言葉の知識

国語力・読解力に優れ、国文法の一般知識を身につけていること。そのために日頃から言葉に対しての関心と注意力をみがき、正しい日本語の知識を養うことが必要です。

(5) 謙虚な姿勢

わからない場合には、率直に他人や関連機関に援助を求める態度が必要です。「三人寄れば文珠の知恵」、判断に迷うとき、お互いに気軽に声をかけあえる雰囲気づくりをして下さい。自分を過信せず、客観的で正確な校正に努めることが望まれます。

(6) 図書館や参考図書の知識

第6部　校正の手引き

　図書館や参考図書の利用についての知識を有すること。先入感や曖昧な知識に頼らず不明確な点は参考図書などで充分調べる姿勢をもつことです。そのためには、すぐに利用できる近くの図書館の場所や所蔵資料について知っておくことが必要です。

(7) 校正業務の知識

　校正業務から得た知識を整理し、音訳に関する新しい情報の収集に努力し、音訳指導にも役立てるよう努力することが必要です。

(8) 校正指導

　校正の指導法は確立したものがありませんので、音訳経験の豊かな人が中心となって指導法を研究して下さい。指導は先生という立場でなく、たまたま一足さきにかかわった人が中心となって、誤りや不備を調べ正すことです。その中から信頼される人間関係が生まれてくると思います。

　校正が良質の録音図書製作に欠かせないものであることが再認識され、全国的に校正の講習会、勉強会が広がっています。

校正講座（全10回）案

回	講座内容	回	講座内容
1	校正の意義・目的・位置づけ	6	校正各論（チェックポイント）③
2	調査資料の使い方・能率的な調べ方・辞書・電子辞書・	7	校正実習　①（＊）
3	インターネットでの検索法・校正の準備	8	校正実習　②（＊）
4	校正各論（チェックポイント）①	9	校正実習　③（＊）
5	校正各論（チェックポイント）②	10	意見交換・まとめ

（＊）校正課題実習では、あらかじめミスのあるテープを聴いて校正表に記入し、その指摘方法を勉強します。
　（校正実習例）日本盲人社会福祉施設協議会の朗読指導技術講習会。

(例) 朗読指導技術講習会　校正課題テープ
　　課題　　　　校正課題テープを聴いて校正（日盲社協の校正基準—全国の各点字図書館に配布）し、校正表（各館で使用しているもの）に記入して、提出して下さい。
　　　　　　　A面　夜の蟻　高井有一（利用者は一般と想定して校正して下さい）
　　　　　　　B面　コンピュータの話（利用者は中・高生と想定して校正して下さい）
　　提出締切日　平成○年○月○日（同日必着）
　　提出するもの　①記入した校正表
　　　　　　　　②校正課題テープ
　　　　　　　　（講習会当日でも返却可ですが、当日は忘れやすいので—当日返却の予定で、忘れた方にはテープ実費を頂きます—校正課題テープも一緒に同封して下さい）
　　　　　　　課題提出先　〒169-0075　東京都新宿区高田馬場1-23-4　日本点字図書館内
　　　　　　　朗読指導技術講習会事務局

第3章　校正の準備

3－1　取りきめ・打合せ表

　製作にとりかかる前に、音訳者と校正者が基準にもとづいて具体的な校正の取りきめをすることが必要です。この取りきめの前提は、録音図書の製作基準の確認です。製作基準に基づいて音訳されているかどうかが基礎となります。そのためには、音訳者と校正者が申し合わせ、打合せをしておくことが必要です。例えば
1　指摘する範囲
2　指摘の具体的方法
3　修正を依頼するときの条件、方法
4　打合せ表、枠アナウンス記録用紙による処理上の取りきめ
などです。
　音訳者と校正者とがこれらの取りきめの上で製作に取り組むことが理想的ですが、実際には音訳が完成した後で校正者が決まることもあるでしょう。その場合は調査表・打合せ表などをもとに、校正する上での音訳者からのコメントがあれば聞いて下さい。

3－2　調査表などの確認と校正表の準備

調査表
　音訳者から提出された調査表（下調べ表）などを受け取ります。その際、調査表などの枚数を確認します。よくあらためずに受取り枚数が足りずに問題となることがあります。必ず枚数を確認してください。何枚中の何頁（例　10枚中の4枚目・4/10）のように記載することが理想的です。調査表上に書かれていない事項があれば聞いてメモして下さい。調査表はその所属する図書館、ボランティア団体などで、様式が決められていると思いますが、決められていなければ様式を決めることが、校正をスムースに進める上で欠かせません。

校正表
　校正表もあらかじめ様式・記入方法などが決めてあれば、その方法によってすすめてください。音訳者が、修正をしやすいように、見やすく、わかりやすく、何をどう直すのかが、はっきりわかるように記入することが必要です。そのためには校正表の様式がその能率を大きく左右します。図書館・グループで校正表の様式を統一しておくことが必要でしょう。

枠アナウンス記録用紙
　枠アナウンスの記録用紙は校正にあたって、テープ面が変わる毎に照合しながらチェックすることが必要です。つい校正者も見落としがちですから注意してください。

必要量の準備
　校正用紙は、充分に必要な枚数を印刷しておきましょう。様式・大きさなどは記入しやすいようにスペースをたっぷりとったものが必要です。校正者には充分な量の枚数を渡してください。自宅校正などで校正用紙が不足し、欄外や裏に記入したり、糊で継ぎ足したりした校正表を提出する人がいます。校正する上でこのような校正表は校正能率を落とすばかりか、校正ミスを生じる原因となります。
　図書館、グループなどで担当者が不在でも、校正用紙、調査用紙の予備の所在を明らかにし、いつでも自由に持ってゆけるようにしておきたいものです。

第6部　校正の手引き

3－3　その他の校正に必要なもの

　当然のことながら、参考図書・辞典類は基礎的なものを常備して下さい。おかしいなと思ったときにすぐ辞典によって確かめることが校正者として必要です。
　校正には、音訳者の使用したものと同じ版の原本を使用して下さい。

（打ち合わせ表の例）

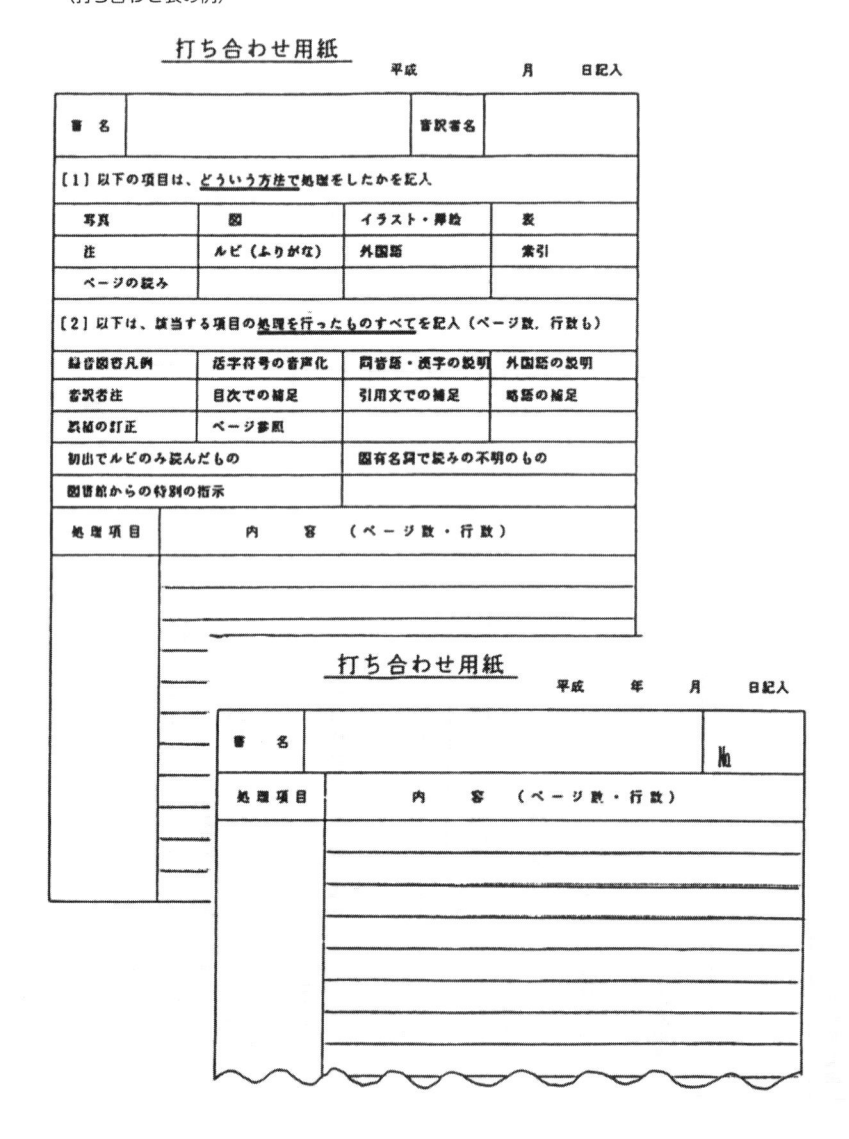

第4章　校正の方法

(1) 校正の基準

　所属する図書館（ボランティア団体）の「録音図書製作基準」にそって読まれているかどうかが、基準となります。この製作基準は、図書館（ボランティア団体）によって、また読む資料の内容によって異なりますが、利用者の立場にたって考えると、製作館などによってばらばらでは迷惑なことです。そこで全国的な標準化が図られ、「録音図書製作基準」が生まれたのです。福祉施設、特に全国各地の点字図書館では、この基準に準拠して「録音の形式」を定めています。しかし、図書の内容によっては、この基準の中で準用しなくてもよい場合があります。基準作成事項に合意できなかった事項は、それぞれの図書館の判断によってください。いわゆる許容事項といわれるもので「録音図書製作基準」の中では※が付けられています。

　校正にあたって、一番基本的なことは誤読の指摘ですが、読みの選択のような確定できないものも指摘の対象にします。その上、「録音図書校正基準」に基づいて読まれているか、録音状態、処理の仕方、文意の変わってしまう場合のアクセント、ポーズも指摘する基準となります。

(2) 同時校正

　録音の段階で音訳者の音訳を校正者が聞きながら校正する方法です。ペア校正とも呼ばれています。録音室内の音訳者と調整室内の校正者の一組で行なわれます。

　音訳者が誤読などをしたら、校正者が合図しその場で修正をしながら進める方法です。

　第一校正が音訳と同時にできるので、能率的な方法で急ぎの場合などに有効ですが、音訳者、校正者の都合や、原本を2冊用意しなければならないなどの準備が必要です。

　英国・米国など欧米諸国では古くから導入されています。

(3) 相互校正

　音訳者同士で音訳と校正を相互に行う方法です。お互いに行うことによって、自分では気付かなかったミスが早く発見でき、次の音訳にすぐ役立ちます。

(4) 校正のチェックポイント

　優れた録音図書の製作は、次の3つの要素に支えられていなければなりません。
1　調査の技術（誤読がないために）
2　音声化の技術（正確に、分かりやすくするために）
3　録音の技術（聞きやすくするために）

これらは、カメラの三脚のようなもので、どれが欠けても、またバランスが崩れても質のよい録音製作は望めません。そこで、校正の立場から必要な次の3つのポイントについて、5～7章で詳しく検討してゆきます。

①フレーム面から…図書の装丁にあたる部分で、原本にない事項を音訳するものです。
②録音技術面から…聞きやすくするための機器操作上の良否をチェックするものです。
③音訳技術面から…誤読、音訳表現技術などの面からのチェックを中心とする最も肝心な部分のチェックです。

第6部　校正の手引き

> **Column**　相互校正について
>
> 『(前略) 今や音声訳と相互校正が、当然のこととして受け入れられています。順当に軌道にのりましたのは、友の会と皆様個々人のたゆまぬ努力と研修成果であります。だが、少し気になるのは、当初と比べ校正をなさる方が、一部の方に偏っていることです。校正は図書製作よりも地味で根気が必要であり、更に、読み手との信頼関係を損なわない正確さが求められます。そのため非常に勉強にもなるとお聞きしています。皆様、挑戦なさってみませんか。
> また、聞き手の立場にたった「正しく伝える、正しく伝わる」音訳ボランティアの活動は、今日のように相互貸し借りが日常的になりますと、全国の利用者に正確な情報を伝えることが義務となります。全国の利用者を視野にいれ製作された、喜ばれる図書が一冊でも多くなりますよう、期待しています。(後略)』
> 　　　　　　　　　　　　　　(『朗読奉仕者だより』第45号　1999.4　高知県点字図書館)

第5章　構成面のチェックポイント

5-1　取りきめにそった形式で読まれているか

　この章は原本に書かれていない部分を扱います。テープなどの媒体に変換する上での取りきめと読み方をきめるわけで、墨字本でいえば装丁にあたるものといえるでしょう。
　　点字図書館・公共図書館の場合　→　マニュアル、基準にそって読まれているか
　　ボランティア団体・社協等の場合　→　きめられた約束事にそって読まれているか
を全体を通して点検します。
　この基準、約束事の参考になる資料としては
①『音訳マニュアル　視覚障害者用録音図書製作のために　音訳・調査編』
　改訂版　2006（全国視覚障害者情報提供施設協会）
②『音訳マニュアル　視覚障害者用録音図書製作のために　デジタル録音編』
　2007（全国視覚障害者情報提供施設協会）
③『音訳マニュアル　視覚障害者用録音図書製作のために　録音編』
　2001（全国視覚障害者情報提供施設協会）
④『音訳マニュアル　視覚障害者用録音図書製作のために　処理事例集』
　2004（全国視覚障害者情報提供施設協会）
⑤『活動するあなたに　音訳・調査編、録音編・・・視覚障害者用録音図書づくりのためのレコーディングマニュアル』　1992（全国点字図書館協議会）
⑥『録音（DAISY）資料製作に関する全国基準』　2011
⑦『初めての音訳』　1999　（全国視覚障害者情報提供施設協会）
などがあります。多くの図書館、ボランティア団体では、これらの資料をもとにして、資料の種類などによって、修正・細則等、独自のマニュアルを作成しています。これらの約束事にそって音訳されているかどうかが、構成面での校正の目的です。

第5章　構成面のチェックポイント

> **Column**　校正者の声から④
>
> 『音訳の校正が義務づけられた時のことを今思い起こすとなぜあんなに拒否反応を示したのだろうと我ながら唖然とする。あれから数年、校正作業はすっかり定着したようだ。とは言うものの、あまりにも多くの誤読を指摘された校正表を目前にしたときの、あの何とも形容のし難い感情は、きっとどなたにも経験なさった事だろう。（中略）
> 私が心掛けていること。（以下要約）
> 1　下読みをきちんとする。
> 2　読み違える度ごと、前に戻って小まめにチェックする。
> 3　訂正個所を工夫する。
> 4　校正表をよき反省資料にする。
> 校正表の誤読指摘におろおろするよりも、手際よく訂正する技術を身につけよう。（略）』
>
> 　　　　　　　　　　　　　　（『朗読奉仕者だより』第42号　1998.7　高知点字図書館）

5－2　著作権に関するアナウンス例

（例1）日本ライトハウス情報文化センター・日本点字図書館
　　「この図書（雑誌）は著作権法第37条第3項に基づいて製作しています。又貸し、複製等による第三者への提供はできません」
　　（日本点字図書館は、最終ファイル（巻）で終りのコメント）
（例2）埼玉県立図書館
　　「この録音資料は、著作権法に基づき埼玉県立図書館が製作したもです。障害や高齢などの理由で原本をそのままでは使うことのできない人のためのものです」
（例3）福祉文化研究会
　　「デイジー機関誌月刊「ザ・ボイスメール」○○月号は、視覚障碍者のクオリティ・オブ・ライフの向上と、福祉の増進に寄与するために著作権者の方から許諾を頂き、音訳し収録いたしました」
（例4）社会福祉協議会
　　「この録音資料は、著作権者の許諾を頂き録音したものです。このテープを無断で複製・又貸し等することはできません」
（例5）「この録音資料は、○○市立図書館が、著作権法第37条第3項に基づいて製作したものです。無断で又貸し、複製等による提供は禁じられています」
（例6）「この録音図書（雑誌）は、著作権法第37条第3項および第43条第4号に基づいて製作したものです。又貸し、複製等による他人への提供はできません」
（例4）（例5）（例6）は、筆者の私案です。特に（例6）は、文学書や写真・絵画・イラスト・コミック等文字以外の図形が含まれる資料の場合を想定しています。

★2010年1月1日施行の著作権法の一部改正により、公共図書館等では、著作権者の許諾が必要なくなりました。しかし、独立したボランティア団体等は、著作権者の許諾が必要です。「著作権法施行令第2条（視覚障害者等のための複製等が認められる者）」に定める施設団体以外のものは、従来どおり著作権者の許諾を必要とします。

第6部　校正の手引き

5－3　「奥付」「著者略歴」の読み方

　奥付や著者略歴を入れる位置は、次の理由によって、最初に読んでいます。
　　1　その本の発行事項・出版年・著者に関する予備知識は、本を読む前に知りたいので。
　　2　著者略歴があれば、読む前に知りたいため。
　　3　図書館等で目録などを取るときの便宜上。
　なお、専門書などの場合、原本通りに最後に読む方法もありますが、その場合でも図書の発行年は最初に読まれているほうが、利用者にとっては便利でしょう。
　『音訳マニュアル　音訳・調査編』（改訂版）では、読む順序を次のように定めています。
　　1　書名（副書名・シリーズ名）著者名（編者名・訳者名）
　　2　著作権に関する事項
　　3　テープ巻数とA・B面の表示
　　4　製作施設名
　　5　原本奥付
　　6　著者略歴（紹介）・訳者略歴（紹介）
　　7　原本凡例
　　8　録音図書凡例
　　9　目次
　　10　まえがき・序文
　　＜本文＞　以下省略

「奥付」の読み方
　奥付は全部を読む必要はありません。読まなくてもよい項目は次のものです。
　　1　印刷所名・印刷者名とその住所
　　2　発行者名とその住所（但し、発行所名は入れる）
　　3　製本所名とその住所
　　4　検印の有無
　　5　アルファベットで書かれた著作権者
　　6　落丁・乱丁の断り

「奥付」に記載のないもの
　最近の図書には、定価が奥付に記載されていません。定価は裏表紙またはカバーに記載されていますから、必ず奥付で読み込まれているかどうかチェックして下さい。「著者略歴」の位置も「奥付」頁の上、カバーなどにあります。
　「ISBN番号」は「奥付」の欄外、裏表紙、カバーなどに記載されてありますから忘れずに「奥付」のあとに読まれているかどうか確認して下さい。

「刷」の読み…「第1刷」の「刷」の読みは　○「ダイイチズリ」
　　　　　　　　　　　　　　　　　　　　　　×「ダイイッサツ」

第6章　録音技術面のチェックポイント

　聞きやすい、安定した、きれいな録音状態で録音されているかどうかを中心に以下の諸項目についてチェックします。

(1) 録音レベル

　録音レベルが適正かどうか、音量は許容範囲を越えて音が割れたり、小さすぎて聞きとりにくくなっていないかどうかをチェックします。
　①レベルが低すぎるとボリュームをあげなければ聞きにくいため、ノイズ（シャーという音）が大きくなり聞きとりにくくなります。
　②レベルが高すぎると音が割れて聞きにくくなります。
　③レベルは使用している機器や、音訳者のマイクの位置・角度などによって左右されます。

(2) 音量が一定か、むらがないか

　全巻を通して一定の音量で録音されているか、部分的にムラがないかチェックします。
　音訳者の声の出方が時間経過によって変化したり、マイクとの距離や文字を目で追う顔の方向により、一定の音量で録音されない場合があります。

(3) 雑音が入っていないか

　録音室の不備のため、生活音などの雑音が入ることが往々にして生じます。家庭録音など日本の実情からある程度やむを得ないことですが、聞き手の立場にたって支障のないように配慮して下さい。
　①室内の雑音…時計、犬の声、鳥のさえずり、飛行機の爆音、テレビ、救急車のサイレン、電気的ノイズ等
　②音訳者の出す音…ページをめくる音、マイクにかかる息（ポップ音）、マイク、マイクスタンド、コードなどにふれて起こる雑音、衣ずれの音、咳ばらい、口中音、おなかの鳴る音など。
　③機械音…録音機とマイクが同じ机の上に置いてあると、機器のモーター音がマイクに伝わって雑音となり録音されることがあります。
　機器は別の机に置くようにして下さい。マイクスタンドは柔らかい布を敷いた上に置くようにして下さい。

(4) こもった音・響く音・ひずんだ音

　録音する部屋によっては残響によって音がはっきり録音されないことがあります。
　①こもった音…機器の整備が十分でないと、こもった音になりがちです。
　②響いた音…部屋に、反射しやすい物があると反響音が録音されます。音を吸収するカーテン・毛布のようなもので防いで下さい。
　③ひずんだ音…録音ボリュームを大きくしすぎた場合、音がひずみ（割れる）ます。逆にボリュームが小さすぎると、聞きとりにくくなります。大きすぎず、小さすぎない音量の調整を指示して下さい。

第6部　校正の手引き

第7章　音訳面のチェックポイント

7－1　誤読の指摘

　校正のなかで、最も大きな比重をしめるものは、誤読の指摘といわれています。構成面、録音技術面で完全でも、誤読があったら原本を忠実に伝えられないうえ、同一性保持の上から著作権法にも抵触するからです。「誤読がなければ○」といわれるくらい、誤読は許されない項目の一つです。したがって、誤読はすべて指摘の対象になります。難解、難読、難画の漢字は必ず調査されている場合が多く、適切に読まれています。調べずに読んだもの、換言すると調べなかった語句、人名、地名などに誤読は多く潜んでいます。調査表にあらわれなかったものの校正が、誤読の指摘の中心といっても過言ではありません。そこでここでは、これらのケアレスミスの事例をあげておきます。単純なミスは音訳者自身の聞き直しの段階で、ある程度発見できます。が、音訳者が間違えて覚え込んでいる語句が一つや二つは必ずあり、音訳者自身では発見が困難です。この発見こそ校正者の仕事です。この思い込みによる誤読は、校正者自身にもないとはいえません。自戒・謙虚な気持ちであたって下さい。

（1）思い込み・思い違い・不注意

語句	正	誤	語句	正	誤
順風満帆	じゅんぷうまんぱん	じゅんぷうまんぽ	新唐書	しんとうじょ	しんとうしょ
意欲的	いよくてき	いしきてき	唐書	とうじょ	とうしょ
不法行為	ふほうこうい	ふとうこうい	勿論	もちろん	むろん
終焉	しゅうえん	しゅうきょく	熾烈	しれつ	せんれつ
危機	きき	きけん	倫理	りんり	ろんり
旧唐書	くとうじょ	きゅうとうしょ			

（2）主として先入観念

語句	正	誤
高速道路を走った	…をはしった	…をつっぱしった
危機に際して	ききにさいして	ききにひんして

（3）助　詞（てにをは）

語句	正	誤
提起するには	ていきするには	ていきするのは
それを	それを	それが
対象となった	たいしょうとなった	たいしょうとなる
歌手の西城秀樹	かしゅのさいじょうひでき	かしゅさいじょうひでき

> 「てにをは」は校正の第1歩です。これぐらいはいいか、という考えは捨てて下さい。見逃しは最大の不親切です。

（4）数位・単位

語句	正	誤
旧813条	きゅう813じょう	きゅう831じょう
536500千円	5おく3650万円	53おく6500万円

（5）反対読み

第7章　音訳面のチェックポイント

ウソー！と思われるかもしれませんが、自分に関心の深い言葉が知らず知らずのうちに、先に口をついて出てしまい、気づかない場合が案外多いことが、校正を担当してみるとよく発見されます。

語句	正	誤	語句	正	誤
蜂蜜	はちみつ	みつばち	午前	ごぜん	ごご
慣習	かんしゅう	しゅうかん	能知	のうち	ちのう
知覚	ちかく	かくち	内部	ないぶ	ぶない
連関	れんかん	かんれん	右心房	うしんぼう	さしんぼう
歴史と信仰	れきしとしんこう	しんこうとれきし			

Column　校正者の声から⑤

校正してみると…

市からの委託で広報をテープ化しています。広報は発行日が決まっているため、原稿を用意してから、音訳するまで、期日（時間）がなく、録音と校正を同時（ペア校正）にし、でき上がったテープをもう一度校正、発行日に間に合わせています。音訳者と録音前に打ち合わせをしますが、テープには助詞の読み違い、とちり、読みづまり、誤読（特に易しい字程）が見られ、録音時の音のダブリ、間の開き過ぎ、詰まり過ぎ等、毎回「アーッ？！」と頭を抱えることが出てきます。
『視覚障害者就労問題シンポジウム』を『視聴覚障害…』と読み間違え、俳句『電柱に工夫括られ冬の日矢』を『クフウ』と思い込み（正しくはコウフ）など…。
時代の流れに変化する言葉に敏感になり、正しい言葉の知識と耳とを持ち、誤読のない聞きやすいテープを作りたいと願っています。

（『あしぶえ』印西音訳ボランティア（千葉））

7-2　漢字の読みは適切か

　漢字の読みがその文章に適した読みになっているかどうかをチェックします。また音声化するだけでは意味が正確に伝わらない場合は、字の説明が適切になされているかどうかもチェックの際の留意点です。
　字の説明をする必要のある場合には次のような方法があります。

（1）音訓読み
　　例）夏　　　　か／なつ
　　　　高地と耕地　たかい・ち　と　たがやす・ち
（2）詳細読み
　　例）鉱物　こうざん　の　こう、かねへん　に　ひろいもの、ぶつ
　　　　情報　なさけ　の　じょう　むくいる　の　ほう
（3）用例読み
　　例）　情報　じょうほうしょり　の　じょうほう
　ある調査によると、音声による同音異義語の確認・同定については、用例読みのほうが一般的に理解されやすいことが報告されています。（＊）
（チェックポイント）
　①漢字の説明が、音訳者がしたものであることがわかるような読み方になっているか。音訳表現技術を使い、本文との区別がわかる読みになっているか。
　②前と後の間をとってあるか。
　③音訳者の説明が長くなり、本文との区別ができないような場合は、「音訳者注…（音訳者）注終」と入れてあるか。
　④原則として同音異義語の説明は、偏や旁ではしないように。

第6部　校正の手引き

⑤用例読みの場合、一般書であれば、中高校程度の熟語で読まれているか。
（事例）
「イナバマユミ ・・・ イネとハッパのハ、シンジツのシンとユミ」・・・稲葉真弓
「物語は昭和30年代ショトウ ・・・ ショトウはハジメとアタマ」・・・（初冬ではなく初頭）
「戦後は需要が減り、殆どがヘイヨウ ・・・ ヘイはトジル、ヨウはやきもののカマ」・・・閉窯
「戦後、洋式文化にセッケン ・・・ セキジュンのセキ、テヘンにマク」・・・席捲
「作品の意味が過剰にゼンケイカ ・・・ マエウシロのマエにケシキのケイ」・・・前景化されて
「ヤスダマチでは、越後のヤスダヤキ ・・・ ヤスダはタモツ、タンボのタ」・・・（越後保田焼）
「私の骨董市巡りも、見るだけのユギョウ ・・・ アソビ、イク　ユギョウに」・・・（遊行）
（対面リーディング通信　No.109　2006.3）

（＊）『詳細読みと用例読みにおける漢字の検索』（大城英名）（日本特殊教育学会第32回大会発表論文集　1994・8　p12-13）

7-3　読みは統一されているか

読みが幾通りもあり、どの読みをとっても、意味が変わらないものが数多くあります。その場合は、特にルビがない限り、少なくとも1冊の原本の中では、音訳者がその文章にふさわしい読みで統一することが必要です。

(1) どう読んでも意味の変わらないもの

　　入用　いりよう　にゅうよう　　　中風　ちゅうふう　ちゅうぶう　ちゅうぶ
　　願望　がんもう　がんぼう　　　　墓穴　ぼけつ　はかあな
　　薄明　はくめい　うすあかり　　　嚥下　えんか　えんげ
　　毒気　どっけ　どっき　どくき　　降灰　こうかい　こうばい　こうはい
　　依存　いそん　いぞん

(2)「にっぽん」と「にほん」の読み

国名の読みは「にっぽん」と「にほん」の二通りあり、固有名詞と一部の例外を除いて、特に読みの決め手はありません。一般的には国外では「にっぽん」と呼ばれることが多く、国内では「にほん」と読んでいることが多いようですが、法的には何の根拠もありません。したがって、1冊の原本の中ではルビがないとき、どちらをとってもよいわけですが、読み分けたほうがよい場合もあります。
例）外国の人は「日本人は・・・」。これを聞いた日本人は・・・のような場合も考えられます。
　　前者は「にっぽん」、後者は「にほん」と読むほうがよいと思われます。

(3)「日本」の読み　最近の傾向

「ニッポン」と発音された割合（国立国語研究所・日本語話し言葉コーパスによる）

言葉	ニッポン（回）	ニホン（回）	総数（回）	ニッポン率（％）
日本一	9	31	40	22.5
日本代表	7	29	36	19.4
日本列島	1	24	25	4.0
日本	122	3108	3230	3.8
西日本	1	30	31	3.2
日本語教育	2	64	66	3.0
日本人	19	1019	1038	1.8
日本語	8	1591	1599	0.5
現代日本語	0	20	20	0.0
日本円	0	20	20	0.0
日本海	0	26	26	0.0

◆「『日本』の発音はニホンか、ニッポンか／長く論争されてきた問題に答が出た。」

第7章　音訳面のチェックポイント

国立国語研究所などが実際の話し言葉を分析した結果、約8,200件の日本語関連語で「ニホン」が圧勝した。「日本」単独ではニホンが96％に達し、複合語でも「日本一」「日本代表」を除くと「ニッポン率」は数％止まりだった。
　ニッポンと発音されやすい「日本一」「日本代表」の「ニッポン率」は20％程度だった。

(朝日新聞　2005.5.11)

◆なお、2004年のNHK放送文化研究所の調査によると、「ニホン」が61％、「ニッポン」が37％という結果が出ています。年代別では若い人ほど「ニホン」が増える傾向がありました。(「放送研究と調査」2004.3)

広辞苑（第6版）	大辞林（第3版）	NHK
「にほん」の項目	「にほん」の項目	正式の国号として使う場合は「にっぽん」
法的根拠がない。 特に「にっぽん」と読みならわしている場合以外は「にほん」とした。 にほんしゃかいとう にほんきょうさんとう	「にほん」「にっぽん」が並びおこなわれた。 配列の便宜上「にほん」と読む。 にほんしゃかいとう にほんきょうさんとう にほんえいたいぐら（正しくはにっぽんえいたいぐら）（日本永代蔵） にほんばれ（日本晴れ） にほんいち（日本一）「にっぽんいち」とも	その他の場合は「にほん」とよんでもよい。 にっぽんしゃかいとう にほんきょうさんとう にほんえいたいぐら にほんばれ　または　にっぽんばれ にほんいち　または　にっぽんいち
「にっぽん」の項目	「にっぽん」の項目	「にほん」を第1とし「にっぽん」を第2とする。
「にっぽん」の方が古い読み。 特に「にっぽん」と読む場合以外は「にほん」と読む。 にっぽんいち にっぽんえいたいぐら にっぽんばれ　にっぽんばし	にっぽんいち にっぽんばし（＊） にっぽんばらたなご （日本薔薇鱮ばらたなごの一亜種）	日本アルプス 日本銀行

（＊）「にっぽんばし」（大阪）「にほんばし」（東京）

7－4　読み分けができているか

(1) 読み方によって意味が異なるもの

以下にあげる事例は、現代語としては読み方によって意味が変わってしまうので文意にあった読みとなっているかどうかチェックすることが必要です。

音	おと（物理的な用語） ね（情緒・音楽的な用語） おん（発音・音訓）	歳暮	せいぼ（年末の贈物） さいぼ（年末）
		作法	さくほう（作り方） さほう（礼法・マナー）
大家	おおや（家主） たいけ（資産家） たいか（その道の名人）	本性	ほんせい（学問的な用法） ほんしょう（一般用語）
		市場	いちば（小規模なもの） しじょう（大規模なもの）
人気	にんき（世の評判） ひとけ（人の気配） じんき（その地方の気質）	間食	かんしょく（おやつ） あいだぐい（悪い意味を伴う）
等	ら（複数の人間）	大人	たいじん（高徳の人）

第6部　校正の手引き

	とう（法律用語）		おとな（成人）
	など（複数の事物）		うし（先人を尊敬していう語）
山河	やまかわ（山と河）	経典	きょうてん（信仰上の教書）
	やまがわ（山にそって流れる河）		けいてん（賢人聖人の述作の書）
香ばしい	こうばしい（食物の臭い）	戸口	ここう（戸数と人口）
	かんばしい（名声）		とぐち（家の出入り口）
素振	すぶり（野球用語）	御供	おそなえ（供え物）
	そぶり（様子）		おとも（従者）
名代	なだい（有名な）	利益	りやく（精神・宗教的な用語）
	みょうだい（代理）		りえき（金銭的な用語）
座頭	ざとう（盲人の官職・盲人）	造作	ぞうさ（面倒）
	ざがしら（一座の頭）		ぞうさく（構造）
仏語	ふつご（フランス語）	手錬	しゅれん（熟練して上手な手際）
	ぶつご（仏教用語）		てれん（人を欺く手段）
夜業	やぎょう（夜の業務）	唐紙	とうし（書画用の紙）
	よなべ（家庭的なアルバイト）		からかみ（ふすま）
片言	かたこと（不十分なことば）	枕草子	まくらのそうし（古典）
	へんげん（ちょっとした語句）		まくらぞうし（春本）
竹馬	たけうま	日当	にっとう（手当て）
	ちくば（「竹馬の友」幼年時代の友）		ひあたり（日光）
変化	へんか（変わること）	礼拝	らいはい（特に仏教）
	へんげ（化け物）		れいはい（特にキリスト教）
立食	たちぐい（俗語・立食蕎麦）	気質	きしつ（単数的な性質）
	りっしょく（公的用語・立食パーティ）		かたぎ（複数的な共通的な性質）
御酒	みき（神酒）	末期	まつご（一生のおわり・臨終）
	おさけ（一般用語）		まっき（おわり）
	ごしゅ（酒の丁寧語）（＊）	心中	しんちゅう（心の中）
自ら	みずから（自分自身から）		しんじゅう（情死）
	おのずから（自然と）		
再建	さいけん（一般用語）		
	さいこん（宗教用語）		
功徳	こうとく（功と徳と。事功を挙げ、徳を立てること）		
	くどく（宗教用語・すぐれた特質・善い行い）		
人形	にんぎょう（人や動物のかたちをまねて作ったもの）		
	ひとがた（人の形をしたもの・かたしろ）		

（＊）　飲む人やくれた人を敬って、その酒を丁寧にいう語。お酒　おみき
　　　お神酒・大御酒（おみき）の「お」「み」は、接頭語。神に供える酒。酒をしゃれていう語。

第7章　音訳面のチェックポイント

> **Column**　ある点字図書館員の立場から
>
> ### 西暦付加について
>
> 西暦表記の本に和暦を加えて欲しいという要望が利用者からありましたが、加えて良いでしょうかという質問をいただきました。西暦に元号を付加して読んでほしいという利用者のご意見、もっともと思います。聞き手の立場にたつと私もそう考えるでしょう。この、原本にないものを付加するということは、一見聞き手に親切に感じられますが、この親切（配慮）が、年号だけにとどまらなくなります。いろいろなケースがおこり、あれも親切これも親切ということになり、「原本を忠実に音訳する」、「目の代りの音訳」ということから逸脱し、親切の押し売りとなってしまいがちです。原本を音訳しているのではなくて、音訳者の解説書となり、原本の鑑賞をさまたげる結果となってしまいます。これは著作権法にも違反することとなります。
> ご意見の趣旨は痛いほどよくわかりますが、このような場合は、対面朗読かプライベートサービスで、聞き手と読み手の納得のうえ行なってほしいと思います。
>
> ### 利用者の立場から
>
> ### 原本の鑑賞を妨げない配慮を
>
> 「私は先日、陳瞬臣の著書である「十八史略」を聴く機会を得ましたが、その際、少し気づいた点がありましたのでこの紙面をおかりして少し述べてみたいと思います。この作品は必要以上だと思われる説明が多すぎるのではないかと私は思うのです。それは字の説明であるとか、文中以外の背景説明、これは朗読者の方が配慮されて付け加えられたものだと思われるのですが、聴くほうの側としては、せっかく本文の中に引き込まれ、その時代のことや王宮のたたずまいなどの背景を想像しているにもかかわらず、そのイメージがこの説明によって打ち消されてしまうような気がするのであります。配慮はそれ自体が悪いと言うのではなく、聴く者のイメージを疎外しないような工夫をこらしていただきたいと思うのです。他の皆様はこの点について、どのようなご意見をおもちでしょうか。」
>
> （『兵庫県点字図書館だより』 No.77　1987　7-8月号）

（2）意味は同じでも、読み分けないとしっくりこないもの

①「私」の読み

「わたくし」「わたし」「あたくし」「あたし」と四通りの読みがあります。ルビのある場合は別として、小説などで使われる場合と、論文など固い記事などで使われる場合とでは読み分けたほうが良いでしょう。辞典によると、次のように解説されています

「わたくし」　男女とも丁寧な言い方として、多く目上の人に対するとき、あらたまった場面などで用いられる。

「わたし」　「わたくし」の転。「わたくし」よりもうちとけた場で用いる。

「あたくし」　「わたくし」の転。「あたし」よりもより丁寧で「わたくし」よりはややくだけた言い方。主に女性が用いる。

「あたし」　「わたし」の転。「わたし」よりややくだけた言い方。主に女性が用いる。（大辞林　第3版）

少なくとも「わたくし」「わたし」までは区別して読まれていることが必要でしょう。

②数字の読み

　a　二通りある読みは二通りを認める。
　　例）17　じゅうなな　じゅうしち　　2試合　にしあい　ふたしあい
　b　聞き取りやすい方を使う。
　　例）14　じゅうよん　　7億　ななおく
　c　慣用の強いもの以外は原則として日本語読みとする。

第6部　校正の手引き

　　　例）1ケース　いちケース（×ワンケース）
　d　地名などの固有名詞は正しく読む。
　　　例）七条　しちじょう（京都ほか）　　　四条　しじょう（大阪ほか）
　　　　　　　　ななじょう（北海道ほか）　　　　　　よんじょう（北海道ほか）
　　　（「ななじょう」「よんじょう」は特に北海道に多い傾向にありますが、必ず調べて下さい）

> 数字の読みは慣用や固有名詞を除いて、分かり易い読みをする。
> 　4（し、よん）　　　7（しち、なな）
> 　9（く、きゅう）　　0（れい、ゼロ）（＊）

（＊）「ゼロ」は原則として使わない。「無い」ということを強調する場合、および固有の読みが決まっているときは、「ゼロ」と読む。
　　例）零歳児…普通は「ゼロ歳児」と表記される場合が多い。

（3）読みにゆれのあるもの

　読み方は変化してゆくものがあります。辞典にその読みがなくても、通用している読みを、認めるかどうか難しい問題です。使うかどうかは、図書館・施設・ボランティアグループで取り決めることが望まれます。最近の事例として、「大」のつく語句を挙げておきます。
　　　　　　　　　　正
　大地震　おおじしん　　だいじしん（＊1）
　大舞台　おおぶたい　　だいぶたい（＊2）
　大時代　おおじだい　　だいじだい（＊3）
（関連記事第1部29〜30頁）

（＊1）NHK放送文化研究所第3回言語環境調査（平成元）77％が使用
（＊2）NHK放送文化研究所元番組モニター　100人の調査（昭和63）70％以上が使用
（＊3）NHK放送文化研究所元番組モニター　100人の調査（昭和63）60％以上が使用

（参考1）「し・しゅ」と「じ・じゅ」の読み

	従来の読み	容認する読み
新宿	しんじゅく	しんじく
原宿	はらじゅく	はらじく
手術（＊）	しゅじゅつ しじゅつ	しゅじつ しじつ

（＊）「手術」のように文字にできない細かい違いを考えると、実態は十人十色。
　こういった実態をふまえ、「しゅ」「じゅ」を含むことばの中で特に発音しにくいものは「し」「じ」に近く発音してもよいことにしている。
　但し、「しゅ」「じゅ」を「し」「じ」に近く発音することによって異なる意味に聞きとられる恐れのある時は、明確に「しゅ」「じゅ」と発音しなければならない。例）「出典」と「失点」、「出頭」と「執刀」

（参考2）「10本」は「じっぽん」か「じゅっぽん」か

	従来からの読み	容認する読み
10本	じっぽん	じゅっぽん
20世紀	にじっせいき	にじゅっせいき

NHK放送用語委員会（昭和41）では『「十」の発音の「じっ」「じゅっ」は上記の用例以外についてもすべてこの決定を準用する』としている。（『NHKことばのハンドブック』）

7－5　脱文・脱落・省略はないか

　専門書などの一部には文章や表や注などが複雑に入りくんで編集されたものがあり、音訳・点訳する際に細心の注意が求められます。
　①図・表・グラフ　図・表・グラフの説明・挿入する位置が適切かどうか調べます。
　②写真　写真の説明・挿入位置が適切かどうか調べます。
　③注　注の読み込む位置が本文を理解する上に適切かどうか調べます。
　④省略　図・表・写真・グラフなどを読まずに省略する場合、その旨断わっているかどうか、また省略することによって、文意が伝わらない場合は、コメントして校正の対象とします。
　⑤脱文・脱落　ページや行（ぎょう）をとばしていないかを調べます。特に、注の多い文では、注を読んだあと、本文に戻るとき行（ぎょう）をとばすことがあります。
　⑥二重読み　注を読んだあと、本文に戻る位置を間違え同じ文章を二度読んで気がつかない場合が、特に注の多い文に起こりがちです。
　⑦その他　一覧表などで、一項目をとばしたり、二重読みしたり、数字の単位を間違えたりすることがあります。

> 訂正の程度により、前後の文章を読み直すよう指示します。

7－6　読みづまり・とちり・発音不明瞭

　読みづまり、発音が極端に不明瞭なものが発見された場合、校正の対象にして指摘します。自信のない欧文や意味がよく分からない文章を読む場合におこりがちです。
　特に、欧文の場合、意味が分からず曖昧に読むと聞き手には正確に伝わりません。
　また、時々とちっていることがあります。とちりは必ずチェックして下さい。とちりは誰もが多く経験しているはずです。「まあいいか」として指摘しないことが問題です。校正をしていて全然とちりのないテープがあります。これはとちりがないのではなく、うまく直してあるからなのです。音訳者は訂正の連続をしている筈です。この直しの繰り返しによって、録音操作のテクニックが上達してゆきます。

> ごまかし読み（曖昧な読み）は聞き手に見破られます。
> 失敗は上達のもと、とちりは必ず指摘すること。

7－7　図・表・グラフ等の読み方、挿入箇所は適切か

　図書館・グループでの取り決めは守られているか、事前の打合せはできているか、説明はわかりやすいか、地の文との区別が明確か、挿入箇所は適切か、などについてチェックします。

（1）読み方が適切か
　図・表・グラフなどの音訳には、「これでベスト」というものはありません。いかに正確に音声化して伝えられるか、音訳者自身で工夫し、よりよいものにする努力が求められます。したがって、チェックするといっても、校正者は音訳者がどれだけ内容を理解して読んでいるかを中心にして聞いてください。原本を見ないで図・表・グラフが復元できれば、その音訳は目的を達しているといえるでしょう。

（2）図・表・グラフなどの意味を理解して読まれているか。
　図・表・グラフなどは何を示しているものなのか。本文を単に補足するものなのか、本文では表わせないものの図・表・グラフ化なのか、本文を理解させるための参考として示したものなのか、などによって、音訳の仕方も工夫が加えられるでしょう。

第6部　校正の手引き

（3）読み方の決定

本文に図・表・グラフなどの説明が組み込まれており、あらためて読む必要のない場合もあります。この場合は読みを省略することもできますが、その場合は図・表・グラフなどがあることを「音訳者注」などで必ずコメントされているかどうか確認して下さい。

音声化が不可能と思われ、音声化することによって正確に伝えられないと思われる場合は、図・表・グラフなどのあることを断り、音声化を省略するか、他の方法（例えば、レーズライター、立体コピー）を使って補足することも考えられます。

その場合は、添付資料のあることをコメントして下さい（これは、あらかじめ音訳者との打合せ事項となります）。

（4）読み方の手順

マニュアルなどによって、読む順序の原則をきめておくこと。（＊）は音訳者のコメント

例）①図・表・グラフなどの「タイトル」
　　②図・表・グラフなどの「出典・年月日」
　　③図・表・グラフなどの（必要に応じて概要説明）（＊）
　　④注・コメント
　　⑤「…を読みます」（＊）
　　⑥「…」数値などの読み上げ
　　⑦「…を終わります」（＊）

（5）図・表・グラフなどの説明のための用語・形式が適切か。

図・表・グラフなどは、視覚に訴える情報の表現ですから、説明する用語に気をつけなければなりません。

（用語例）
　　上、中、下（上段・中段・下段、上部・中部・下部、上方・下方など）
　　左、右（右側・左側、右前部・左後部など）
　　中央、縦、横、斜め、時計回り、反時計回り、東、西、南、北

（6）表の空欄の読み方が適切か

表の空欄を区別して読む必要のある場合の読み

①	②	③	④	⑤	⑥	⑦	⑧	⑨	⑩
	×	／	－	？	…	〃	仝	々	同上
空欄	ばつ印	斜線	ダッシュ	疑問符	点線	左（右）上に同じ			同上

｜←　　　　読みは数値を読む　　　　→｜

○説明は、始めに全体の説明がされているか。
○原本の読みと音訳者の付した説明が聞いて区別できる読みとなっているか。

Column　読みは変化する

言葉は生きています。変化します。今更言うまでもないことですが、音訳に携わっていると痛切に感じます。数年前まで誤読として指摘できた言葉が今では大きな顔をして辞書に登場しています。辞書には載らないまでもテレビでラジオで巷で当然のように使用されています。そうなると、古典的に正しいとされる読みを音訳の世界だけで選択する意味があるのかの問いに突き当たってしまいます。
以下の読み、指摘しつつも複雑な心境です。

　　依存　いぞん　　　　記す　きす（口語文で）　　頬　ほほ　　　　免れる　まぬがれる
　　共存　きょうぞん　　重複　じゅうふく　　　　　連中　れんちゅう
　　出生　しゅっせい　　他人事　たにんごと

（静岡県点字図書館　熊谷成子　2006）

7-8　約束符号の読み方は適切か

約束符号とは、次のものを総称して呼ばれます。
1　くぎり記号（点物）　　例）、。：；？！
2　括弧類　　　　　　　例）（　）『　』「　」【　】［　］〔　〕《　》
3　つなぎ符号　　　　　例）‐　＝　―
4　しるし物など　　　　例）＊　※　○　☆　★　＃　◎　●　＝
5　数学記号　　　　　　例）＋　－　±　÷　×　＝　≠　∞　≦　≧
6　アクセント記号　　　例）a　á　c　Θ　æ　ʌ　ơ　Ã
7　薬量・商用記号　　　例）％　＄　£　￠　￥　＠　€

　一般の図書については、多くの場合音訳表現技術で処理する方法が一般的ですが、専門書の場合少し聞きにくくても省略しないでそのままその記号の読みを読んだほうが、内容が正確に適切に伝わる場合が多いようです。省略しないで読む場合の読み方については、録音図書製作のマニュアルなどによって読まれているかどうかが校正のポイントです。読み方は図書により異なりますので、音訳者にまかされています。校正では読み方の選択が適切かどうかを点検します。校正者の音訳経験が大きく問われる部分といえるでしょう。
　「E・T・」、「パ★テ★オ」、「遊◎機械／全自動シアター」など、どう音訳したら正しく伝わるでしょうか？考えてみて下さい。

> **Column　ワンポイント・アドバイス①**
> 音訳上の校正は、細かく指摘していけば際限のないものになってしまいます。文字を音声に変える以上、完全なものは期待できないという前提にたって行ってください。
> 重箱の隅をほじくるような校正ではなく、全体としてわかりやすく、正しく原本の内容を伝えているかどうかということが大切です。

7-9　人名の読みは正しいか

　姓名は人によって千差万別であり、常識的な読みのまま調べずに読んでいる場合が多いので、校正でチェックすることが必要です。
　無名の人名は、調べる資料がない場合がほとんどですので、その読みの決め方を取り決めておくことが必要です。
　その方法として
　　1　一般的な読みと思われる読みで読んでいるか
　　　　参考図書『苗字8万よみかた辞典』『名前10万よみかた辞典』（日外アソシエーツ）
　　2　必要に応じて字の説明がなされているか
　　3　「録音図書凡例」「音訳者注」などで読みについて断わってあるか
などが考えられます。
　（例）　立木　たき　たちき　たちぎ　たつき　たっき　ついき
　　　　　若王子　わかおうじ　にゃくおうじ　なこうじ　にゅうおうじ

7－10　地名の読みは正しいか

　地名の読みが正しく読まれているかどうかをチェックします。特に音訳者の調査表にあげられていない地名は読みが正しいかどうか確認して下さい。
　同じ地名でも地域が異なると読みが全く異なります。また「町」(「ちょう」「まち」)「村」(「むら」「そん」)「山」(「やま」「さん」「ざん」「せん」「ぜん」)の読みも必ずチェックが必要です。
　（例1）　神戸　こうべ（兵庫）　ごうど（神奈川）　かんど（島根）
　　　　　　　　こうど（和歌山）　かんべ（三重・奈良・千葉・愛媛）
　（例2）　山　やま（訓読み）　あかぎやま（赤城山）　まるやま（丸山）
　　　　　　さん（音読み・漢音）　ばんだいさん（磐梯山）
　　　　　　ざん（音読み・漢音）　きんぽうざん（金峰山）
　　　　　　せん（音読み・呉音）　だいせん（大山）
　　　　　　ぜん（音読み・呉音）　りょうぜん（霊山）

7－11　外国語・外国人名・地名の読み

（1）外国語（欧文）の読みの原則

　ここでいう外国語（欧文）とは、和書（日本語文献）に出てくる外国語の語句、人名、地名を指し、洋書の場合は含みません。音訳する原本によって読み方は幾とおりにも読み分けないと、原本を忠実に、かつ正確に伝えることができません。
　校正の原則は次のようなことに留意して下さい。

　①原語（原音）で読まれているか。
　②日本語のなかで原音と異なる読みが慣用され、それが熟しているものは、その読みで読まれているか。
　③発音の見当がつかないもの、調べのつかないものを、いいかげんな読みで読んでいないか。
　④必要に応じてスペルで読まれているか。
　⑤スペルを読む必要がある場合に、そのスペルが英語読みになっているか。
　　（例）　Ａ　Ｂ　Ｃ　○　エイ　ビー　シー
　　　　　　　　　　　　×　アー　ベー　ツェー
　⑥原本の書名や、文章として出てくる外国語のなかに数字がある場合、その国語の読みとなっているか。
　以上は、本文中に原語で書かれている外国語の読みについてのチェックです。あくまで一般的な図書にとられる方法です。発音は、できるかぎり正しい発音が理想的ですが、分かり易さを基本とした原本の場合は、聞きとりやすく、理解しやすい発音で読まれているかどうかもチェックの対象となるでしょう。
　==スペルの読みは各国の字母を参考にして読みますが、わからない場合は英語のアルファベットを原則として使用します。==

（2）カタカナ表記で書かれた外国語

　カタカナ表記で書かれた外国語は、外国語の範囲にははいりません。カタカナ表記は日本語の一つですから、原文に忠実に、カタカナ表記どおりに読まれているかをチェックの対象にして下さい。その場合のアクセントは原則として日本語としてわかりやすいアクセントで読まれているかどうかをチェックして下さい。
　　（例）　○　ヘ_リコプター　　×　ヘリコ_プター
　　　　　　○　バ_トミントン　　×　バトミ_ントン

（3）カタカナ表記の外国人名・地名は「外来語」

　カタカナ表記の外国人名・地名は、原本によって異なる場合が多くみられます。これは、カタカナ表記としては定着していないこと、日本語のカタカナ表記になじまないためなどで、校正にあたっては、原

則としてそのカタカナ表記どおりに読まれているかどうかをチェックします。
　（例）『シーン・オケーシ氏（エールの劇作家）18日イングランド州トルケイで心臓マヒで死去（AP）』
　　　（アイルランド劇作家　O' Cacy, Sean. の死亡記事・昭和39・9・18　読売新聞）
　　　　ショーン，オーケイシー（朝日・毎日）
　　　　シーン，オケーシ（読売）
　（辞典の表記）
　　　オーケイシイ（世界人名辞典）
　　　オケーシ（岩波人名辞典）
　　　オケイシイ（明治大正昭和翻訳文学目録）
　　　オケーシー（世界大百科事典・大辞林・広辞苑他）
　　　オケイシ（世界文学辞典）
朝日・毎日の読み「オーケイシー」の典拠は見あたりませんでした。
また、地名の「トルケイ」（Torquay）も、新英和辞典によると、カタカナ表記は「トーケー」が原音に近いようです。
　　トーケー（朝日）　タークェイ（毎日）　トルケイ（読売）
　（参考）外来語のアクセントは、単語の後ろから数えて3番目の拍にアクセントがあるものが多いという傾向があります。

（4）中国・朝鮮の人名・地名
　①中国の人名・地名
　　原則として、慣用されている人名・地名以外は現地読み・日本読み。
　②韓国・朝鮮の人名・地名
　　原則として、現地音で読むよう心がけたい。
　　中国・朝鮮ともに今後の傾向として、現地音の使用が多くなりつつありますが、聞き手の立場も考慮して読みの決定は慎重にしてください。

《参考文献》
『英語・カタカナ語音訳マニュアル…録音図書の原本に混じる英語およびカタカナ表記の英語の読み方…』
　1995　（日本ライトハウス盲人情報文化センター）
『現代外国人名録 2012』　2012　（日外アソシエーツ）
『増補改訂　西洋人名よみかた辞典』　1992　（日外アソシエーツ）
『岩波西洋人名辞典』　増補版　1995　（岩波書店）
『新訂増補　西洋人名著者名典拠録』　2004　（日外アソシエーツ）
『外国語のカナ表記…外国語・外来語と地名・人名…』　1961　（日本放送協会）
『カナで引く外国語辞典』　1988　（三省堂）

> **Column** （参考） 西洋人名のカナ表記
>
> Robert（独）ローベルト　　　Gilbert（独）ギルベルト
> Robert（仏）ロベール　　　　Gilbert（仏）ジルベール
> Robert（英）ロバート　　　　Gilbert（英）ギルバート
> Robert（蘭）ロベルト　　　　Gilberto（伊）ジルベルト
> Robert（丁＊1）ローベルト　　Gilberto（西）ヒルベルト
> Robert（瑞＊2）ロベルト
>
> Alexander,（英）アレグザンダー　　Alexander,（蘭）アレクサンデル
> Alexander,（独）アレクサンダー　　Alexander,（瑞）アレクサンデル
> Alexandre,（仏）アレクサンドル　　Alexandr,（露）アレクサンドル
> Alexandro,（伊）アレクサンドロ　　Alexander,（ラ＊3）アレクサンデル
> Alexandre,（葡）アレシャンドレ　　Alexandros（希＊4）アレクサンドロス
>
> ＊1　丁：デンマーク語、＊2　瑞：スウェーデン語、＊3　ラ：ラテン語、＊4　希：ギリシャ語
> （『岩波西洋人名辞典』より）

7−12　誤植の扱いとその処理

　墨字本は二校も三校もしているはずですが、それでも誤植がみられます。音訳者・点訳者は墨字を音声や点字に変換する技術者ですから、本の内容に間違いがあると思っても、何の断りもなく訂正してはなりません。この責任は著者や出版社が負うべきものです。したがって書かれてあるとおりに読まなければなりません。しかし、そうは言っても音訳者・点訳者の読み違いと思われてはかなわないような誤植に遭遇することもないわけではありません。そこで校正にあたっては、次のように考えて下さい。

1　単純な誤植・脱字は訂正すること。「感謝にたえまんせ」「博物管」「団書館」のように「感謝にたえません」「博物館」「図書館」の植字上の明らかな間違いは訂正されているかどうか点検してください。調査表に一々書きだすことはありません。最近はパソコン文書などに変換ミスが目立っていますので、単純ミスとして音訳者・点訳者は黙って直して下さい。
2　誤植かどうか断定できないものについては、特に断わらずにそのまま読まれているか。
3　調査の結果、誤植と判明したものは、音訳者注を入れて訂正して読まれているか。
4　注意しなければならないのは、言葉は常に変化するものであることです。新語や造語の可能性もあるので、誤植の訂正にあたっては細心の注意をはらって下さい。読みについては、本の巻末についている「索引」なども参考になる場合があります。
5　良心的な図書には、正誤表が挟み込まれている場合がありますので、予め原本に訂正を入れてあるかどうかも点検して下さい。

（関連記事第1部4頁）

> ○誤植は原則として訂正しない。
> ○校正者の知識で安易に正すことは著作権法に違反することがあります。

7－13　聞いて分かりやすい読みになっているか

　「何も加えず、何も減ぜず」…ウイスキーのCMにこんな言葉がありました。音訳にあたって原本に忠実に読まれているかを適切に表現した言葉だと思います。しかし、校正にあたってはこの言葉はどうもしっくりくる言葉ではないように思います。原本どおりに読んだだけでは、利用者に正しく伝わらないことが多いようです。これが「聞いて分かりやすい読みになっているか」ということです。例をあげますと、略語の読み、項目などの大中小の関係、目次の大中小関係などです。言葉を付け加えなければ聞いただけでは正確に聞き手に伝わりません。また、漢字の場合、同音異義語などもそのまま読んだのでは正しく伝わりません。正しく伝わらなければ正しく音訳したことにはなりません。このような時に音訳者の適切な説明が必要です。しかし、これも度が過ぎると、原本に書かれていることと、音訳者が付け加えたこととの区別がつかなくなる恐れが生じます。これでは原本を正しく読んだことにはなりません。
　「聞いて分かりやすい読みになっているか」ということは、「必要な時に最小限適切な説明が加えられているか」ということです。音訳者が付け加える時に注意すべき点は次のようなことが考えられます。校正にあたってのチェックポイントです。
　1　音訳表現技術を使っても正しく伝えられない場合の読み方が適切か。
　2　目次を読む時の大中小項目の関係がはっきり分かる読みとなっているか。
　　（例）　Ⅰ　○○○○○○　　　　　Ⅰ　○○○○○○
　　　　　　　1　○○○○○○　　　　Ⅰの1　○○○○○○
　　　　　　　2　○○○○○○　→　　Ⅰの2　○○○○○○
　　　　　Ⅱ　○○○○○○　　　　　Ⅱ　○○○○○○
　　　　　　　1　○○○○○○　　　　Ⅱの1　○○○○○○

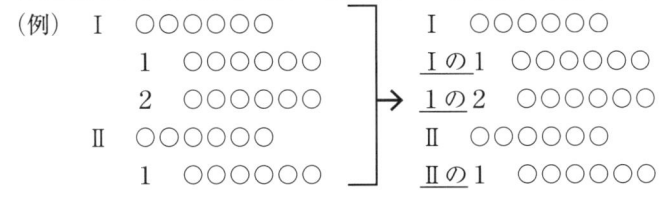

　3　同音異義語以外の言葉まで音訳者が説明していないか。専門書などで単語の意味を辞典などで調べて付け加えていないか。聞き手の方が専門知識が上の場合が多いと思って下さい。また、音訳者の知識を加えていないか。
　4　略語等を一々説明していないか。必要に応じてフルスペルが加えられているか。
　5　（　）などの記号類は意味が正しく伝わる音訳表現技術で読まれているか。
　「何も加えず、何も減ぜず」は理想的目標ですが、正しく伝えるために「必要最小限の補足」と「必要最小限の省略」が必要な時に適切にされているかどうかが「聞いて分かりやすい読み」の大前提といえるでしょう。

7－14　鼻濁音・母音の無声化

　鼻濁音（ガ行鼻音）とは、語の最初にくる「ガ・ギ・グ・ゲ・ゴ」が、息が鼻に抜けない普通の濁音で発音されるのに対して、語中・語尾に来るガ行の音は、しばしば息が鼻から抜けるような発音となります。これが鼻濁音またはガ行鼻音と呼ばれるもので、普通の濁音と区別して特に「カ゜・キ゜・ク゜・ケ゜・コ゜」と表記されています。
　1　鼻濁音は、全国的なものでなく、地域によっては普通の濁音しか発音しない地域があります。
　2　区別していた地域でも最近は鼻濁音を発音できない人が全国的に増える傾向にあると言われています。

鼻濁音の原則
　①和語・漢語の場合　語頭＝濁音　語中・語尾＝鼻濁音
　②助詞の「が」はすべて鼻音
　③複合語（語頭にカ行音をもつ語）
　　例）コエ（声）＝　カスレコ゜エ（かすれ声）

第6部　校正の手引き

④外来語・擬声語のガ行音はすべて鼻音にならない。但し、日本語化のすすんだ外来語の「ン」の後ろでは鼻音になることがあります。

母音の無声化とは、本来声帯の振動を伴って発音される有声音が、何らかの条件によって声帯の振動をなくしてしまう現象です。
　例）キシャ（汽車）の「キ」の発音で、母音の「i」が響かなくなる類。

> 聞き手によって差があることに留意し、気づいたことは指摘し、今後のために注意を促す程度に留めたい。

（参考）「全国的に鼻濁音を発音できない若者が増えている現状からすると、将来も標準語として存続するかどうか何とも言えない」　　『NHKことばのハンドブック』　1992　（日本放送出版協会）

7－15　アクセント

「録音図書校正基準」（＊1）では、「アクセント、ポーズは校正の対象ではないが、文章の前後からその語句の意味がとれなくなる時、文意が変わってしまう時は、指摘する」と定めています。

（1）アクセントは原則として校正の対象としない

「アクセント、イントネーション（抑揚）、プロミネンス（ある語句や語を他の部分より際立てて読むこと）、ポーズ（間）は音訳技術の基礎です。本来、講習会、自己研修などにより技術をみがく課題であり、校正では追い付きません。しかし、アクセントの違いで他の語になってしまったり、あるいはプロミネンス、ポーズの取り方の違いにより意味が異なってしまう場合には指摘が必要です。音になった場合、句読点、改行の表現は、音訳表現技術によってしか表現できないのですから重要です」（＊2）と説明されています。

次表はある校正課題テープによる校正実習結果です。

	図書A（10ページ分）	図書B（10ページ分）
最　多	193カ所	102カ所
最　少	24カ所	21カ所
平　均	57カ所	55カ所

指摘箇所最多の193カ所の70％は、アクセント箇所の指摘でした。校正では追い付かないことが分かります。

自分のアクセントを直すことは難しいと言われています。特に地域性が高く、訓練しても直らないことばも人によって生じます。したがって、どうしても直せない人に無理に強要することは止めましょう。誰しもいくつかの語のアクセントはなかなか直すことが出来ません。

（＊1）「録音図書校正基準」　2005　（全国視覚障害者情報提供施設協会）
（＊2）『点字図書館ハンドブック』　1981　（日本盲人社会福祉施設協議会）

（2）各地方でのアクセントに対する指摘方法

北海道・東北の場合（＊1）

○アクセントの違いまで校正することが好ましいが、校正者の問題もあり、正確に聞きやすくを重点に、誤読・脱字のみでアクセントについては校正しない県が多い。（青森・福島他）
○アクセントの違いで意味の変わるものはチェックするが、あまり厳しくはしない。（宮城・秋田・北海道）
○アクセントの違っているものは、全部チェックする。（岩手）
○アクセントの校正はしていないが、校正の勉強会やアクセントの研修をしている県もある。（山形・新潟・札幌）

第7章　音訳面のチェックポイント

関西の場合
「他地域の利用者が聞いた場合でも違和感のないアクセント（共通アクセント）を目指しています。耳で聞いてどうしても違和感のあるもの、アクセントの間違いで、共通性があり直せばぐっとよくなるものは、指摘します」（＊2）

関西弁のアクセント
「『蔵書』の場合、アクセントは必要ですが、あまりアクセントにこだわり過ぎると、読み手が萎縮してしまい、利用者に理解されにくい読み方になってしまう恐れもあります。関西弁は第2の標準語とまでいわれています。私見ですが、細かいところまでアクセントを求められるのはどうでしょうか。活動の促進も大切です」（＊3）

（3）アクセントは変化する（アクセントの平板化傾向）

アクセントは時代や使う年代によって変化してゆきます。身近な外来語を平板なあるいはしり上り調のアクセントで発音する若者が増えています。「冒頭や途中にアクセントがあるより発音が楽、言葉の省エネ化の現われ」とみる言語学者もいます。

こうした傾向は、アナウンサーの発音の基本とすることが多い『NHK日本語発音アクセント辞典　新版』でも、本文見出し語に現代の生きた言葉約3,000語を増やし約69,000語収録としていることからも分かります。

（＊1）『第17回東北・新潟・北海道ブロック点字図書館連絡協議会研修会』資料
（＊2）『ろくおん通信』（1988・2）日本ライトハウス盲人情報文化センター
（＊3）『朗読ボランティア』（第40号）関西朗読ボランティア連絡協議会

（4）地名などの地元アクセントを容認

「地域放送では、番組の視聴者にとってより親しいものにするために、番組担当者の判断で地元のアクセントを用いてもよいとしている。アクセントを共通語式で言われると違和感を生じる場合が少なくないからである」　　　　　　　　　　　　『NHKことばのハンドブック』　1992　（日本放送出版協会）

> **Column　校正者の意見から**
>
> 1）校正表にあげられたアクセントはどこまで訂正するのか
> 2）大阪（関西）ものは地の文も関西アクセントではどうか
>
> 1）日本ライトハウス盲人情報文化センターでは、サービスエリアを全国としています。また、「厚生省委託声の図書」として全国の70館の点字図書館に年間6,300本の貸出を行なっています。このような事情により、他の地域で聞いた場合でも、違和感のないアクセント（共通アクセント）であることを目指しています。ご指摘の、校正表にあげられたものについて、校正ボランティアの方には、耳で聞いてどうしても違和感があるもの、アクセントの間違いで共通性があり直せばぐっとよくなるものを指摘して欲しいとお願いをしています。
> 2）関西アクセントを生かしてというご意見ですが、本の中には田辺聖子など関西の作家も多くいます。またその作品の中にも関西言葉がせりふとして多く使われている場合もあります。このような関西弁のせりふを共通語で読むことはむしろおかしく、せりふは当然関西弁であっていいと思いますが、せりふ以外の部分ではやはり共通語が必要とされます。このような使い分けということでは、すでにお願いして実際に行なっている事柄です。
>
> （『ろくおん通信』No.17　1988）

> **Column** ダブル発音言葉の意味
>
> 「二重（ダブル）発音コトバ」の本来の意味と新しい意味の違い
> ①本来の意味〔頭高発音〕 ②新しい意味〔平板発音〕
> カレシ
> 　①恋人。ステディーな意味の強い、結婚を意識し付き合いの対象。
> 　②限りなくボーイフレンドに近い交際相手。でも、セックスはする。
> パンツ
> 　①ブリーフやトランクス、パンティー、ショーツなどの下着類の同義語
> 　②ズボン。ファッション誌では常識。
> チーム
> 　①成員がいて同じ目的に向かって行動する集団。野球・サッカーなど。
> 　②渋谷、新宿、池袋の通りでたむろして遊ぶ若者の集団のこと。
> パーティー
> 　①男女同伴で正装して食事やダンスを上品に楽しむ集い。
> 　②どこでもいいから、友達同士で集まって騒ぐ行為。
> クラブ
> 　①学校の部活動をはじめ、文化、運動を問わず同じ目的を持つ集団。
> 　②飲んで踊れて、知り合いが多いダンスクラブのこと。
> ヤンキー
> 　①アメリカ人。黒、白，黄色の肌の色はこだわらない。国籍はアメリカ
> 　②繁華街などでウンコ座りして煙草を吸っている人。ツッパリ。

7－16　読みの速度

　音訳者は先ず自分の読みの速度は普通の場合どの位かを知っておくことが必要です。
本を音訳する場合の速度は個人差があり、一概に論ずることはできませんが、その性格により比較的速い人と遅い人の開きは、かなり大きいものです。

　一般的に遅い人は少し速めに、逆に速い人は少し遅めに音訳するように心がけるとよいと思われますが、知らず知らずのうちに自分のペースに戻ってしまいがちです。読みの速度による差を事例（カセット巻数）によってみると次のような結果がでています。

速度による仕上がりの差（90分テープ）（『点字図書・録音図書全国総合目録』より）

書　　名　　　　　　　　　　　図書館＝	A	B	C	D	E	F	G	平均
桜の樹の下で（渡辺淳一）	14	9	16	12	10	9	10	11
白河夜船（吉本ばなな）	4	3	3	3	3	5	－	3
チャイコフスキー・コンクール　ピアニストが聴く現代	9	5	5	6	6	6	9	6
ちいろば先生物語（三浦綾子）	14	14	16	16	14	18	14	15
侍（遠藤周作）	11	17	12	－	－	－	－	13
三毛猫ホームズの幽霊騒動（赤川次郎）	7	4	5	－	－	－	－	5
九段から（岩城宏之）	5	9	5	－	－	－	－	6

（平均は小数以下切捨て）

　再生機器には速度が自由に調節できるものがあるため、それほど読みの速度に神経質にならなくてもいいといわれていますが、原則のようなものは心得ておきたいものです。

> 娯楽もの（小説類）は速めに、専門書など難しい内容のものは遅めに。
> 多く音訳しているうちに自然に自分のペースがわかってきます。

> **Column** 1分間に読む文字の速度は？
>
> 読みの速度は人によって異なりますが、聞きやすい速度は本の内容によっても異なります。経験からいえば一般的に遅い読みより速い読み方がより聞きやすいようです。したがって本の内容や利用する人の状態に応じて変えるのが理想的ですが、現場での対応はどのようであるかを挙げると次のようになります。
> 1　一分間に読む文字の速度は、450〜550字が好まれた。（大阪盲学校での例）
> 2　一分間に読む文字の速度の目安は、快速300字、標準280字、限界250字。
> 　　『耳で読む読書の世界』　2010　（東方出版）　二村晃
> 3　本の内容によって読みの速度は、読んでいるうちに自然と決まってくるもので、あまり意識しすぎないように。
> 　　『録音図書制作の実際』　2004　（日本点字図書館）　古澤敏雄

第8章　音訳者への訂正指示

8−1　訂正の方法

　校正者から音訳者へ「校正表」などに記入された事項について、指摘どおりに正確に訂正されているかどうかの点検をします。それに先立ち訂正方法を具体的に指示します。
　しかし、校正者も指摘箇所の訂正指示の判断に迷うことも多く、音訳者に再調査を委ねることが起こることもあります。そのような場合の指摘方法として、「校正表」に「判定」欄を設けて再検討を指示します。
　以下にあげる例は、ある点字図書館における音訳者への「録音図書訂正の要領」です。
参考にして下さい。

『録音図書訂正の要領』
（1）校正表の「判定」の欄に書かれた印は以下の意味を表わしています。
　　　「訂」…「朗読」の読み方が間違っていますので、「原文」欄の正しい読みに訂正して下さい。
　　　「注」…今回は、直さなくても結構ですが、「原文」に書かれてある読みが正しい、あるいはふさわしいものです。次回よりご注意ください。
　　　「検討」…読んでいるものを自分で聞いて検討してみて下さい。その結果直した方がよいと思われた場合は訂正して下さい。
　　　「参考」…校正者がチェックした読み方です。参考にして下さい。
　　　「ＯＫ」…朗読している読みで正しいものです。
　　　なお、「訂」の印のついたものは、原本に鉛筆で印がつけられています。
（2）訂正はあらかじめ、どこからどこまでと範囲を決めておいてから行なって下さい。
　　　直しの範囲は、原則として句点（。）から句点までとして下さい。読点（、）や中点（・）などの切れ目での直しは避けて下さい。
（3）訂正する範囲にある固有名詞の漢字には、前の録音を聞き返して必ず読みのふりがなをつけ、訂正での読み間違えをしないように徹底して下さい（書き込んだふりがなは消さずに残しておいて下さい）。
（4）小説などの会話の文章を直す場合は、少々長めのものでも訂正する語句を含む一会話は全部訂正して下さい。一会話の途中だけを直すと、一人の人のセリフに聞こえなくなります。
（5）訂正する前には、直す箇所とその前後を何度も聞き返し、声の大きさ、読みの速度などに気をつけて、訂正を行なって下さい。

第6部　校正の手引き

（6）訂正の録音では、消し残し、頭切れ、尾切れなどが起きないように注意してください。これらが生じた時には、やり直して下さい。
（7）以上の訂正で直した箇所の状態が不十分であったり、つなぎの悪い場合などは、再訂正していただくこともあります。十分ご注意下さい。
（8）校正表に指摘してあるものが実際と違っていたり、指摘の点が疑問に思われた時などには、図書館までご連絡下さい。
（9）直しが終わりましたら、原本の訂正した範囲の文章に鉛筆で正確に「　」で印をつけて下さい。
（10）「訂」印以外の注やその他の箇所を訂正した場合には、判定の欄の箇所を㊟のように○で囲み、本文にも直した範囲を印をつけておいて下さい。
（11）訂正した部分は、終った後は必ず聞き返しをして、他の箇所での読み誤りは絶対にしないように気をつけて下さい。

※校正表にあげられた読み誤った言葉については、すべて辞書で正しい読みを自分でも確認して下さい。また、注の「印」の箇所もできれば聞き返しをして、どの点が注意を受けたのか、具体的に確かめて下さい。そしてなぜ読み間違えたのかという反省と、以後同じような誤りをくり返さない努力をすることが、より一層の向上につながることを肝に銘じて下さい。

8−2　校正記号・略号

　音訳者に校正を指示する「校正表」にその指示を簡潔に、かつ分かりやすく、限られたスペースで伝えるために、記号を取りきめます。活字図書の校正のためには、印刷業界では「校正記号」なるものが決められていますが、録音図書の世界では、標準化されたものはありません。したがって各館・各ボランティア団体とも独自に取りきめているようです

　以下に列挙する記号は、いままでに図書館やボランティア団体で使われている例を集めましたので、参考にしてそれぞれ考案して下さい。

(1) 巻・面・ページ・行・段の表示（調査表共通）

　「巻」　表示…数字で表記　例）3，8
　「面」　表示…アルファベットで表記　例）A，B
　ページ表示…数字で表記　例）P.123，p123
　「行」　表示…数字と記号で表記　例）L2，3
　　　　　　　前からの行数表記　例）3，＋3
　　　　　　　後からの行数表記　例）−7，△2
　「段」　表示…漢字表示（上中下，左右）　例）上3，中2，下1，左4，右1
　（記入例）

巻	面	頁（p）	段	行（L）	
2	B	23		−5	第2巻・B面・23頁・後から5行目
2	A	45		＋7	第2巻・A面・45頁・前から7行目
8	A	101	中	△3	第8巻・A面・101頁・中段後から3行目
10	A	123-4		−1〜3	第10巻・A面・123頁・後から1行目から次頁3行目まで
7	A	67	右	−5	第7巻・A面・67頁右段後から5行目

上　段
中　段
下　段

左　段	右　段

第8章　音訳者への訂正指示

> **Column**　校正者の声から⑥
> ### 相互校正でテープ雑誌をタイムリーに
> 「日本福祉放送（JBS）の依頼で『月刊福祉』に取り組んでいます。毎月18日頃に送られてくる原本を翌月10日には大阪のスタジオへ届くように仕上げる。90分テープ4本（雑誌のほぼ5分の4に相当）を7～8人で分担。時間内に納まるように調整し、誤読は勿論、処理、録音状態などを校正し合う。時には時間オーバーで"読み直し"の憂目も。苦労の下調べは『月刊福祉』編集部の配慮で主要な固有名詞にはふりがなが付くようになり軽減。…（以下略）…」
>
> （『かもめ』朗読・録音奉仕会　No.43　1994.10　横浜）
>
> （注）『月刊福祉』テープ版は1992年発刊、2004年6月で中止となった。

（2）校正記号（校正指示のための記号）

記号	指示の意味
訂	読み方がまちがっています。訂正して下さい
訂	必ず訂正
訂	出来れば訂正
要検　検	読みを再検討して下さい。館（グループ）で検討のこと
注	直す必要がないが、今後は注意
参考	校正者がチェックした読み方です（今回はママ）
OK（ママ）	この読みで最適とおもわれます（音訳者が？をつけた読みについて）
← →	カッコは読まず音訳表現技術で処理して下さい
…□…□	□の位置でポーズ（間）をとって下さい
□□□□	間をとって下さい
□□□□ / □□□□	行間あり　間をとって下さい
／	間をとって下さい　例）普通／乗車券は……
⌒	続けて下さい　例）普通　乗車券は……
↗	疑問文語尾をあげて下さい
↘	語尾をさげて下さい
↑	ここよりピッチをあげて下さい

記号	指示の意味
↓	ここよりピッチをさげて下さい
…□□□□…	×印の語句誤読です
…□□□□…	二重読みです
○━━	以下ダブリ録音です
⌈□□□□	以下○字録音レベル高すぎます
⌊□□□□	以下○字録音レベル低すぎます
(□□□)	読み直して下さい
○━━	以降雑音があります
…∨…	雑音があります
…∨…	消え残しがあります
…□□□…	発音不明瞭です
？	この読みでいいですか。再調査して下さい
再調　要調	読みについて再調査して下さい
✓	チェック済み（訂正）です

（3）出典（典拠）欄・備考欄の記号

　典拠とした資料名は、正式に記入すると長くなり、記入欄も限られていますから略号、記号などを決めて記入して下さい。使用する典拠の数が少ない場合は思い切って簡単に記載しましょう。また、典拠の発行年・版によって読みが異なることがありますので、版次も組み込んでおきましょう。

　最も多くの音訳者・校正者が使用している辞典類の中からいくつかの略号例をあげておきます。

辞典名	略　号	発行所
広辞苑（第六版）	広六	岩波書店
大辞林（第三版）	大三	三省堂
岩波国語辞典	岩国	岩波書店
角川漢和中辞典	角漢中	角川書店
大漢語林	語林	三省堂
三省堂国語辞典（第六版）	三国六	三省堂
ランダムハウス英和大辞典	ランダム	小学館
日本国語大辞典（第二版）	日国大二	小学館
角川日本地名大辞典	角川地大	小学館
スタンダード仏和辞典	ス仏和	大修館書店

例）「大連」の読み

読み（誤）	読み（正）	出典
たいれん	だいれん	広四〜

（＊）「広三」では「たいれん」が主記入、「広四」以降では「だいれん」となっており、版が異なると辞典の扱いが変わっています。勿論間違い（誤読）扱いはできませんから、音訳者の読みをとり、あえて校正の対象としなくてもよい問題ですが、今後の問題点として「参考」としておいたほうがよいでしょう。
「ママ」扱いとし、次回からの参考とする方法も考えて下さい。

第９章　校正のための資料

９−１　同一原本の確認

　校正に使用する原本は、音訳者の使用したものと同一の原本を使用して下さい。特に版（刷）の異なる原本を使うと校正上いろいろな問題が生じます。刷違いの場合は問題のない場合もありますが、版が異なると音訳者の使用した原本と語法や単語などが変えられていることがあるからです。したがって、版の違う原本を使用すると校正する上では指摘箇所がやたらと増してしまい、音訳者にとっては原本通りに読んだものまで指摘されることとなり、軋轢が生じてしまいます。

　また、正誤表が付いていた場合、原本に修正がなされているかどうかの確認も、校正する前に忘れないようにして下さい。

> 音訳者の使用した同一原本（版・刷共）を使って校正して下さい。

９−２　参考図書（資料）

　校正に使用する参考図書は、基本的なものとして、国語辞典、漢和辞典、外国語辞典のハンディなものを常備し、おや？と思ったらすぐ確認することを習慣づけて下さい。ケアレスミスの発見こそ校正の大きな目的の一つであることを自覚して下さい。

　辞典によって読みが異なることがしばしばありますので、音訳者と同一の辞典を使用するのもよいでしょ

第9章　校正のための資料

う。（＊）
　その上で、必要な専門の参考図書を用意して下さい。専門書の場合、その分野の参考図書にどんなものがあるかについては、図書館などで調べ、適切なものを選んで使うように心がけましょう。

（＊）例えば「秋田犬」の読みは
「あきたけん」（広辞苑　第6版）第3版までは「あきたいぬ」
「あきたいぬ」（大辞林　第3版）
（ただし、両辞典とも参照項目はあり）

9－3　電子辞書の活用

　迅速な校正のために、能率的な媒体として電子辞書の活用をおすすめします。電子辞書は多くの種類が市販されていますので、校正に最低限必要な辞書類が内蔵されているものをお選び下さい。
　（必要な内蔵辞書類）
　　1　国語辞典類　例）広辞苑　大辞林
　　2　漢和辞典　例）漢字源
　　3　英和辞典・和英辞典　例）コンサイス英和辞典
　　4　新語辞典・時事用語事典類　例）現代用語の基礎知識　知恵蔵
（検索方法）前方一致・後方一致・画引き・部品読み検索（＊1）などの他、内蔵辞書の一括検索など、
　　　　　　多彩な検索機能が使えます。
（参考）読み方についてのインターネットの情報源
　　　　　　ネット上に音訳ボランティアが制作した読みの調査のサイトがありますので、参考になります。
　　　　①音訳の部屋　http://hiramatu-hifuka.com/onyaku/
　　　　　「音訳の部屋―読み方辞典」は音訳者・点訳者が必要としている人のために制作したサイトです。読み方辞書へのリンクも多く、役立ちます。制作：平松陽子。
　　　　②「人名録―最近の新聞に載った有名人等5.5万人」　http://www.ctk.ne.jp/~kai-6344/
　　　　　新聞雑誌に掲載された多くの人名の読み方を集めたサイトです。「日本人の部」「外国人の部」。中国・韓国人は、画数で検索できます。制作：海道昭恵。

（＊1）部品読み検索
「部品読み」とは、例えば「辞」は「舌」「辛」または「舌」「立」「十」など部品に分けることです。これらの部品の読みから漢字を探すことができます（形から連想される読みや、省略した読みで探せる場合もあります）。
　（例）「舌」　した、ぜつ、したへん
　　　　「辛」　からい、つらい、しん、かのと　　　　　　どれを入れても検索できます。
　　　　「立」　たつ、りつ、りゅう、りっとる
　　　　「十」　じゅう、とお

第6部　校正の手引き

第10章　調査表・校正表

10－1　調査表の様式とその記入

　音訳者から提出された調査表（下調べ表）は、校正者にとっては校正の基本資料となります。読みが複数あって、意味が同じであれば、原則として音訳者の読みを優先するようにして下さい。また、音訳者が調査していない語句についての疑問が生じたときは、音訳者にとってよい知識となりますので、必ず出典を明らかにして伝えてください（具体的には校正表に記入）。調査表に記入することは時間がかかり、敬遠する音訳者も見受けられますが、校正者の仕事がしやすいように調査表に記入することは音訳者の校正者に対する配慮であるとともに、基本的な仕事と位置づけて下さい。

> 調査した言葉は調査表に必ず書いて下さい。

調　査　表

書名						音訳者	
巻	面	ページ	段	行	語　句	読　み	出典

> **Column**　図書館の担当者から
>
> 録音図書に求められるレベルが年々上がっています。正確さは当然のこと、読みの聞き取りやすさや音質の良さ、加えて迅速さも求められる要素です。
> 完成までの期間をいかに短縮するか、どこでも頭を悩ませていることと思います。音声データ送信による平行校正等、高度な技術はさておき、最も単純で基本的な方法、それは音訳者が「調査した言葉は調査表に書く」ことです。
> 何度も言われてきた古典的とも言える原則です。でも、「こんな簡単な言葉を調べたと思われると恥ずかしい」「ちょっと確認しただけだから」等の理由から、せっかく調べたのに調査表に書かれない言葉の何と多いこと。調査表にないために校正者は再度辞書にあたらなければなりません。「私が不安に思う言葉は他の人も不安に思うはず」ぐらいの自信（？）をもって、どんな言葉でも調査したら必ず、記入をして下さい。図書館からの、校正者からのお願いです。
>
> （静岡県点字図書館　熊谷成子　2006）

10−2　校正表の様式とその記入

（1）校正表の記入事項

校正表は、指摘された箇所が修正しやすく記入されている必要があります。そのための必要事項は次のようなものです。

①原本のページ
②原本のページの中の位置…行・段など
③音訳者の誤った読み
④訂正すべき適切な読み
⑤適切な読みの典拠…参考資料名
⑥音訳者の訂正済チェック欄
⑦校正者の訂正確認チェック欄
⑧備考欄…その他補足説明などのコメント

（2）校正表の記入にあたっての留意すべき点

①音訳者が何をどう訂正するのかがはっきり分かるように、かつ簡潔に記入すること。
②同じ指摘が何箇所にもわたってあるときも、ページ順にそのつど記入する。
　「誤　〇〇〇〇、正　〇〇〇〇、以下各所にあり、訂正のこと」と一括記入すると、修正もれが生じる上、訂正するのに全文を注意して追わなければならないため、時間のロスが多くなります。
③記入はなるべく鉛筆で。ボールペンなどの場合、書き損じたものを斜線で消したり、塗りつぶしたりして消すと、目ざわりとなる上、校正表が汚れるので見にくくなり、作業能率を落すことにもなりかねません。鉛筆での記入は、消えるなどの心配があり不安に思われるときは、コピーをとって、音訳者に渡すようにして下さい。きれいに、整然と記入された校正表は、訂正する人にとって気持がよく、能率よく訂正が進行します。
④校正表の記入欄を正しく使って下さい。
　〇欄外には原則として記入しない（一訂正項目ごと行をかえる）。
　〇行が不足しても糊で紙を継ぎ足して記入しないこと。
　〇校正表が不足しても、裏に記入を続けたりしないこと。
⑤校正表は何枚にもわたることが多いので、必ずページを記入して下さい。
　ページの記入法は、「何枚中の何枚」と記入して下さい。
　1／10、2／10、3／10…10／10　のように。
　「／」の左上にページをそのつど記入し、最後にページ数がきまったところで「／」の右下に総ページ数を記入して下さい。
　この方法を提案する理由は、不注意から枚数を確認しないで音訳者に渡し、最後のページを紛失するという事故があったからです。総ページを確認し、ホチキスでとめるなどして連絡上のミスを防いで下さい。
⑥校正表にあげる程ではないが、気になる点は、（「校正結果表」（270頁参照）など）に書き出して、一緒に音訳者に渡して下さい。

（3）校正表の様式・大きさ

校正表の様式・大きさは、全国点字図書館協議会の「校正」についての研修会でのアンケート調査によると、B5判が56％と過半数を占め、その内、縦に使った横書きが41％でした。大きさにかかわらず横書きが97.4％を占めており、数字、文字、記号などの記入のことを考えると当然の結果といえます。
また、最近は公文書などがA4判を採用している関係で、校正表もA4判を採用しているところも見受けます。

第6部　校正の手引き

書き方	用紙の大きさ（版型）	図書館数	％
横書き	B5判　横	6	15.4
	B5判　縦	16	41.0
	B4判　横	4	10.3
	B4判　縦	12	30.7
縦書き	B4判　横	1	2.6
		39	100

横書　97.4%　縦書　2.6%　　B5判　56.4%　B4判　43.6%

[校正表のフォーム]

Column　「正」「誤」欄より「音訳者の読み」「校正者の読み」欄へ

校正表には「正」「誤」欄があり、音訳者の読みが必ずしも「誤」でない場合が多いようです。読みにはこれでなくては間違いであると断定できない場合があります。例えば「お金が入用（にゅうよう）なので貸してくれ」「お金が入用（いりよう）なので貸してくれ」と二通りの読みがあり、いずれも使われています。ただし、この本にはより適切であると思われる場合があります。
そういったときにはより適切な読みに直してもらいます。したがって「正」「誤」欄という呼び方は適切ではなく、「音訳者の読み」「校正者の読み」という欄にしたほうがよいでしょう。

音訳者の読み	校正者の読み	判定欄	備考
商人　しょうにん	あきゅうど		歴史物
薄明　はくめい	うすあかり		小説

10－3　校正結果表の様式と記入

　校正が終了し、校正表を音訳者に渡して訂正を依頼する際に、全体を通じて感じたこと、今後注意してもらいたいことなどを記入した「校正結果表」を渡し、参考に供して下さい。この表は、図書館、ボランティア団体によって「録音図書校正表」「校正結果表」「校正概評」などと名称・様式もいろいろです。その記載内容の例として以下に列挙します。校正表にあげる程ではないが、気になった点などについても校正者の意見として書いて下さい。

①読みぐせ。
②音訳表現技術の不適当、未熟なもの。
③基本的な共通語・日常語のアクセントの違うものなど、気のついた範囲のもの。
④読みの速度。
⑤専門知識の欠如による文章の区切り方の問題点。
⑥録音状況（ボリューム・雑音など）。
⑦その他、音訳全般に関すること。

> 今後の音訳上に参考となる点、注意すべき点などを校正結果表に記入して下さい。

Column　校正者の声から⑦

校正の難所

広報を読んでいると「○○大会に豚汁が用意された」という記事がよく出てくる。以下は辞典で調べた結果です。

『豚汁』
　「とんじる」＝「ぶたじる」。「ぶたじる」で説明（広六）
　「とんじる」＝「ぶたじる」。「ぶたじる」で説明（大三）
　「ぶたじる」＝「とんじる」。「とんじる」で説明（三国六）
　「ぶたじる」は掲載なし。「とんじる」で説明（明解国七）
　「ぶたじる」＝「とんじる」。「とんじる」で説明（日国大精選版）
音訳者の読みをとり、「とんじる」としたが、仲間に聞くと、「ぶたじる」が２人、「とんじる」が15人。因みにこの２人は年配の人で若い人は当然「とんじる」だった。
広六＝広辞苑第六版　　大三＝大辞林第三版
三国六＝三省堂国語辞典第六版　　明解国七＝新明解国語辞典第七版
日国大精選版＝日本国語大辞典精選版

（『あしぶえ』印西音訳ボランティア〈千葉〉）

第6部　校正の手引き

校正結果表

書　名	
音訳者	校正者

（マニュアル上の注意・読みの統一・ケアレスミス・
　その他全般的な指摘）

校正期間　平成　　年　　月　　日～

録音図書校正表

〇〇県点字図書館

書　名		
校正者	（鉛筆で）	
校正年月日	年　　月　　日	

録音状況	ボリューム	適当　　低い　　高低がある その他（　　　　　　　　　　）
	雑　音	なし　　ノイズが多い　　機械音が入る 紙の音・犬・自動車・小鳥の声など　　その他
	その他	
読み方	速　度	適当　　早い　　遅い
	アクセント	特に気になる
その他の注意事項	…………………………………………………………… （空欄）	

※朗読者のプライバシー尊重のため、内容について個人名をあげて口外しないよ
　うおねがいします。

10−4　調査表・校正表などの保管・活用

　調査表(下調べ表)、打合せ表、校正表、校正結果表などは、図書館、ボランティア団体で責任をもって保管し、校正・調査などの参考資料として次のような時に活用することができます。
1　同じ誤りを繰り返すことを防ぐ。
2　類書を校正するときに役立つ。
3　参考図書の活用法、読みの調査法など、音訳者・校正者の養成の資料として参考となります。
4　典拠欄・備考欄に記入された参考図書類の内、図書館に所蔵されていないものの購入計画をたてるうえで役だたせることができます。

　これらのものを目的に応じて、分類・ファイルし、付箋など使って検索の便をはかるなど校正・調査の能率化に役立たせることができます。

保管・利用にあたって注意したいこと

　特に保管・利用にあたって留意したいことは、音訳者のプライバシー保護のため、これらの調査表・校正表類の内容は、第三者に口外したりしないことです。図書館またはボランティア団体の責任者が、責任をもってその取り扱いに注意して下さい。要は図書館担当者、音訳者、校正者相互の人間関係を損なわないよう留意することが必要です。校正結果表の下欄にその旨を注記したものがあります。
　例)「朗読者のプライバシー尊重のため、内容について個人名をあげて口外しないようお願いします」

> 調査表・校正表の活用・保管にあたっては、音訳者名・校正者名を
> 消したほうがいいでしょう。(そのためには氏名は鉛筆で記入するように)

Column　読書の守秘義務　プライベートサービスにあたって留意すべきこと

対面朗読・プライベート音訳は、著作物の私的利用です。プライベート音訳で録音したものを不特定多数の間に流布させることは、著作権法上許されないことです。したがってプライベート音訳・対面朗読を行う音訳者・図書館・施設等は音訳の依頼のあった人やその書名を広報等に掲載することは、個人情報を守るという観点から慎むべきです。

第6部　校正の手引き

第11章　デジタル録音の校正

11－1　校正を始める前に

　デジタル録音の校正も、テープ録音の校正も、基本は変わりません。墨字原本と照合し、原本通りに音声化されているかを第三者が確認することです。
　第1章1－1「校正とは」の繰り返しになりますが、校正を行うときに注意すべき点は次の二つです。
　　・原本に忠実に音声化されているか
　　・聞いてわかる音声化ができているか
　書いてあることが書いてあるとおりに、誤読なく音訳されているかをチェックすることが、校正の第一の目的です。これは、著作権法第二十条同一性保持の面からも大切です。でも、録音資料は耳で聞いて理解するものです。どんなに原本通りに読まれていても、聞いて理解できなければ録音資料としての価値は半減してしまいます。図表など、文字以外の箇所もきちんと音声化されているか、墨字を音声化したためにわからなくなる語句、たとえば、同音異義語が適切に説明されているかなどにも気を配ります。
　そして、必ず、その録音資料を音訳した人以外の第三者が校正にあたります。「自己校正」という言葉を耳にすることがありますが、これは言葉の矛盾です。音訳者本人が何回、原本照合しても、それは単なる聞き返しであって、校正とは呼べません。また、デイジー編集をしながらの校正も漏れが生じる恐れがありますので、おすすめできません。音声データの校正とデイジー編集の校正は分けて行ってください。
　最近は、録音資料の質への関心が高まり、蔵書とする録音資料は、二校まで行う施設・団体が一般的になっています。また、音訳者が校正表に従って訂正した後のチェックを行うところも増えてきました。
　「全国視覚障害者情報提供施設協会[注1]」の「録音図書校正基準[注2]」には、「間違いのない録音図書を作るために、校正は厳密に行われなければならない。初校だけでなく訂正した箇所の点検も行うべきである。」と記載されています。また、「録音（DAISY）資料製作全国基準検討委員会[注3]」は、音声デイジー製作の申し合わせ事項[注4]のなかで、1回以上の校正の必要性をあげています。

注1　全国の視覚障害者情報提供施設、団体などからなる組織。視覚障害者情報総合ネットワーク「サピエ」を運営している。
注2　285頁〈付録1〉参照。
注3　公共図書館で働く視覚障害職員の会、全国音訳ボランティアネットワーク、DAISY編集者連絡会、日本図書館協会、全国視覚障害者情報提供施設協会からなる委員会。
注4

> 「音声デイジー製作の際の申し合わせ事項」
> 1．原本にできるかぎり忠実に音声化し、デイジー編集を行う。
> 2．始めと終わりの枠アナウンス以外は、原本の記載順序にできるかぎり合わせて音声化する。
> 3．枠アナウンスには、著作権処理に関する事項、製作館に関する事項、製作完了年月に関する事項、および録音図書凡例を録音する。
> 4．最低1回は、原本と照合した校正を行う。
> 5．録音は、圧縮せず、PCMで行う。
> 6．貸出用録音資料は、MP3形式で提供する。
> 　　　　　2011年8月29日
> 　　　　　録音（DAISY）資料製作全国基準検討委員会

11－2　校正に使う機器と方法

11－2－1　音声データの受け渡し

　デジタル録音の方法は様々です。現在、一般的に使われているのは「Recdia」「Recdia-Plus」「PRS Pro」「My Studio PC」「シグツナ3」などの録音・編集用ソフトや「PTR2」「DR-1」「DX-5U」などの録音専用機器です。校正にも同様のソフトや録音専用機器、もしくはデイジー図書再生機が使われています。それぞれに適応した媒体で、音訳者とデータの受け渡しを行います。

　受け渡し方法としては、音訳者がパソコンを使用して録音した音声データを施設のサーバに保存し、それを校正者が自分のパソコンにダウンロードして校正するという方法もありますが、多くは、USBメモリ、外付けHD、CFカード、SDカードなどを使ってデータのやりとりをしています。

　校正するときのデータは、受け渡しの関係でデータをコピーし、MP3に圧縮する場合もありますが、録音は必ず、PCMで行います。できるだけ良い音質で利用者に提供するためです。可能であれば、校正もPCMのまま行うことをおすすめします。

> **Column**　「悲劇をおこさないために」
>
> デジタル録音になって、挿入や削除が簡単にできるようになりましたが、それだけに、データが消えてしまう事故も一瞬にして起こります。音訳者は必ずデータのコピーをとってから、校正に渡すようにしてください。テープ時代も校正中にテープが切れたり、一部を消してしまったりという事故はありましたが、デジタルでは「すべてが」「一瞬にして」消えてしまいます。

11－2－2　校正の方法

　再生音量は、通常よりも大きめにし、パソコンで再生する場合には、必ず、スピーカーかヘッドフォンを使います。

　再生速度は、等速にします。倍速以上の速度では厳密な校正ができません。

　なお、パソコンで再生する際は、ウイルスチェック等の常駐ソフトや校正と関係のないソフトを終了しておく方が作業中、トラブルがおきません。

11－3　構成面のチェックポイント

　録音順序や枠アナウンスが、決められた製作基準にそって録音されているかをチェックします。

11－3－1　録音順序

　次の順に録音されているかをチェックします。なお、施設・団体によっては、著作権アナウンスや録音図書凡例は、デイジー編集の段階で挿入します。

1. 始めの枠アナウンス
   書名、副書名、シリーズ名
   著者名、編者名、訳者名
2. 著作権に関するアナウンス
   2010年の著作権法改正以降、すべての施設・団体が著作権アナウンスをいれる方向になっています。
3. 録音図書凡例
   デイジー編集に関する凡例は、従来の録音図書凡例に加えて、この場所に入れます。内容は、デイジーのバージョン、階層、グループチェックなどの情報ですが、音声データの校正段階では、録音されていない場合もあります。

第6部　校正の手引き

4 まえがき、目次、本文、あとがき、解説、索引、著者略歴、原本奥付など原本の記載順序どおりに録音します。デイジー図書では、索引は便利に利用されますので、省略せずに録音されているかを確認します。
5 終わりの枠アナウンス
   書名、副書名、シリーズ名
   著者名、編者名、訳者名
   製作施設・団体名
   製作完了年月

11－3－2　枠アナウンスの例

1 始めの枠アナウンス
   参考：「読む順序・方法　デイジー図書」『音訳マニュアル【音訳・調査編】改訂版』

   > ○○○○（書名・副書名）、○○○○（シリーズ名）、
   > ○○○○（著者名）著、○○○○（編者名）編、○○○○（訳者名）訳

2 著作権に関するアナウンス
   参考：「サピエ図書館登録文書基準」

挿入箇所	始めの枠アナウンスの次
編集方法	1セクションとする（「始めの枠アナウンス」の中でもよい）
著作権アナウンス	「この図書（雑誌）は著作権法第37条第3項に基づいて製作しています。又貸し、複製等による第三者への提供はできません。」 「この図書（雑誌）は著作権者の許諾を得て製作しています。又貸し、複製等による第三者への提供はできません。」

3 録音図書凡例
   参考：「サピエ図書館登録文書基準」

   > 階層についてのアナウンスを必ず入れ、続けて録音図書の凡例を入れる。
   > 階層例文
   > この図書の階層は、レベル1のみです。
   > この図書の階層は、レベル1とレベル2です。
   > この図書の階層は、レベル○まであります。
   > 原本中の図表などにはすべてグループチェックが付けてあります。

4 終わりの枠アナウンス
   参考：「読む順序・方法　デイジー図書」『音訳マニュアル【音訳・調査編】改訂版』

   > 以上で○○○○（書名・副書名・シリーズ名）を終わります
   > 製作○○○○（製作施設名）
   > 製作完了　20○○年○月
   > 音訳○○○○（音訳者名）、校正○○○○（校正者名）、デイジー編集○○○○（デイジー編集者名）、デイジー校正○○○○（デイジー校正者名）でした

   音訳、校正、デイジー編集、デイジー校正者名は省略することができます。

11-4　録音技術面のチェックポイント

音質、音量、雑音の有無を確認します。

11-4-1　音質
○自然な音質か
　これは、テープ録音の時代には経験しなかった問題です。音訳者が録音時にノイズを除去するソフトを使用したり（ノイズリダクション処理）、音質補正ソフトを使用した場合、不自然な音質になっている場合があります。
○反響したり、こもったりしていないか
　録音する環境やマイクの使い方によって音が響いたり、こもったりすることがあります。

11-4-2　音量
　デジタル録音では、テープ録音に見られたヒスノイズは基本的にはありません。また、0dbを超える音は原則として記録されません。
○－6～－8db前後で録音されているか
　レベルメーターの目盛りではなく、自分の耳で確認してください。目盛りが同じでも、声質や発声の仕方によって実際に聞こえる音量が異なる場合があります。
○全体に同一の音量で録音されているか
　デイジー図書は目次から該当ページに飛んだり、章を飛ばして聞くことがあります。全体の音量がそろっていることが求められます。
○文末、語尾まで明瞭に聞こえるか
　原本を見て校正していると、文末が聞こえていないのに聞こえたつもりになることがあります。テープ録音ではごく小さな音でかすかに聞こえる場合もありましたが（もちろん、この場合も校正の対象になります）、デジタル録音では全く録音されていないこともありますので、注意が必要です。

11-4-3　雑音
　音声データをイヤフォンで聞く人が増えています。テープ録音の校正よりも厳しい雑音チェックをしてください。周囲の騒音（鳥の声、雨の音など）や音訳者が発する雑音（呼吸音、ページをめくる音など）などのチェックはテープ録音と同様ですが、デジタル録音では次の点にも気をつけてください。
○パソコンのファンの音が録音されていないか
　バックに連続的な雑音がないかを確認します。ただし、パソコンはそれ自体がノイズを発していますので、校正用のパソコンから雑音がでている可能性もあります。気になる場合は、別のパソコンあるいは再生機器で聞き比べます。
○マウスをクリックする音やキーボードを叩く音が録音されていないか

Column　「こんな雑音も」

パソコン録音で、段落や章の終わりあたりに雑音がはいる音訳者がいました。パソコンのハードの関係か、それともマイクにぶつかる音かと、色々検討した結果、キーボードを勢いよく叩く音が録音されていたことがわかりました。段落や章の終わりなど、「読み終わった」という開放感から、いつも以上にキーボードを叩く指に力がはいっていたようでした。

11-4-4 頭切れ・消し残し

○頭切れ
　一つの音が子音と母音に分かれ、子音が前のフレーズにくっつく場合があります。フレーズ毎の再生で頭切れに聞こえても、連続再生で正常に聞こえるのであれば、頭切れではありません。

○消し残し
　逆に、フレーズの最後に消し残しの音があると思われても、雑音ではなく、次のフレーズに続く音である場合があります。この場合も連続再生して確認します。

11-4-5 間

　間の確認のためには、等速で連続再生が欠かせません。フレーズ毎に止めて、慎重に校正することが必要な時もありますが、間に関しては、連続再生しないと長短の確認ができません。

11-5 音訳技術面のチェックポイント

　誤読、読みのダブリやヌケ、処理についてのチェックは、テープ録音の場合と同様ですが、発音や読み方の確認の際には、デジタル録音やデイジー図書の特徴を念頭において校正してください。

○不明瞭な音がないか
　イチがシチに聞こえるなど、特定の音が不明瞭に聞こえることがあります。音訳者の発音に原因があることが殆どですが、再生機を変えると明瞭に聞こえる場合もあります。デジタル録音は再生機器によって音の聞こえ方にかなりの差がでます。

○「文頭のピッチが高く、文末が低い」基本的な読み方ができているか
　基本的な読み方ができていないと、フレーズに分かれないことがあります。デイジー図書はフレーズで移動できることが大きなメリットですが、このメリットが生かされない（あるいは、フレーズ分割をすべてデイジー編集者がしなければならないという手間をかける）ことになります。再生機器によってはフレーズの確認ができないこともありますが、いわゆる「だらだらした」読み方の場合には注意が必要です。

11-6 デイジー編集の校正

　デイジー図書が完成するまでには、音声データの校正だけではなく、編集後の校正も必要です。

　完成までの流れ（例）
　　音訳（音訳者）
　　　→　音声データの校正（校正者）
　　　→　訂正（音訳者）
　　　→　訂正箇所のチェック（施設・団体、校正者など）
　　　→　デイジー編集（デイジー編集者）
　　　→　デイジー校正（デイジー編集のできる校正者）

　デイジー編集の校正の主なチェックポイントを以下にあげます。
　・各施設・団体で決められたデイジー編集基準のとおりに編集されているか
　・録音音声フォーマットが決められたとおりか
　・書誌情報の内容が適切か
　・録音図書凡例が適切か
　・階層が適切か
　・セクション分けや見出しの記入が適切か

第11章　デジタル録音の校正

- フレーズの処理は適切か（1フレーズにまとめるべき箇所がまとめられているかなど）
- ページ付け、グループチェックが適切か
- 間が適切か（見出しフレーズの頭に不要な間がないかなど）
- 編集者が挿入した言葉の音量と音訳者の音量とがそろっているか
- 編集者がつけたマークやコメントなどがすべて削除されているか

校正表（例）

書　名　＿＿＿＿＿＿＿＿＿＿

校正者名　＿＿＿＿＿＿＿＿＿＿

セクション	頁	行	音訳者の読み	校正者の読み	備考	判定
1			富士の思い出静岡花子著	富士の思い出　○　静岡花子著	書名と著者名の間に「間」がない	
3	1	20	第10章　旅立ち	第10章　旅立ち　目次終わり	目次終わりが抜けている	
6	15	-2	色紙（シキシ）	イロガミ	文意から　広辞苑	
14	44	10	呆然（アゼン）	ボウゼン	新潮日本語漢字辞典	
18	52	29	○かし	しかし	し のS音が消えている	
21	62	15	三霊山（三名山）（サンレイザン　サンメイザン）	サンレイザン（サンメイザン）	カッコ内のピッチが下がっていないので並列に聞こえる	
27	81	2～10	今回の旅は～ありました		音量大	
31	97	16	始めました。×	× に雑音（ポップノイズ）		
43	120	3	優良（ユーリョー）賃貸住宅	ユーリョー（ユーシューのユーにヨイ）賃貸住宅	有料と聞き違えます	
50	146	12	頭（アタマ）を垂れる	コウベを垂れる	広辞苑	
63	179	7	呆然（アゼン）	ボウゼン	新潮日本語漢字辞典	

Column 「図表・写真等の処理」

図表、写真等の処理は、音訳者が処理用紙に書いて提出します。校正者はそれと照合しつつ、音声を聞きます。でも、大事なのは、処理用紙に書かれているとおりに読んであるかではありません。書かれたとおりに読まれていても、聞いて分からなければ録音資料として意味がありません。校正者は第一番目の読者として、聞いてわかるかをチェックしてください。

Column 伝わる言葉で

校正表に書かれた指示の意味がわからなかった経験はありませんか。
校正者が遠慮がちに書いたり、曖昧な言葉遣いで書いたりすると、音訳者にきちんと伝わらないことがあります。こんな経験があります。校正表に「間をとる」と書かれていたために、音訳者が判断に迷ってしまったのです。間（ポーズ）が長すぎるから削除せよという意味か、それとも、間が短すぎるので追加せよという意味かと。
デジタルになって、間の長短が自由にできるようになったとはいえ、このような書き方をすると、お互いに無駄な時間を費やしてしまいます。校正表には誰にも正確に伝わるような書き方をお願いします。

第6部　校正の手引き

> **Column　校正表には聞こえたままを**
>
> 校正表を手にした音訳者が気分を害することがないようにと、校正者はとても気を遣って校正表を書いています。それでも、時にはカチンとくる音訳者もあるようです。
> 気持ちよく訂正してもらうためには、書き方にも一工夫必要です。それには、指導の言葉遣いではなく、聞こえたままを書くようにします。例えば、カッコ内のピッチが下がっていない時、「ピッチをさげる」とか「ピッチをさげてください」ではなく、「カッコ内が補足に聞こえない」などと、事実そのままを記入するようにします。

第12章　テープ録音の校正

12-1　校正の手順（テープ）

　校正の手順や方法は図書館・施設・ボランティア団体により、また、音訳する資料の性質により様々ですが、ここでは蔵書とする図書館・施設等を念頭において基本的な手順の一例を述べてゆきます。
　音訳者から受け取った録音テープは次のような手順で校正を行ないます。

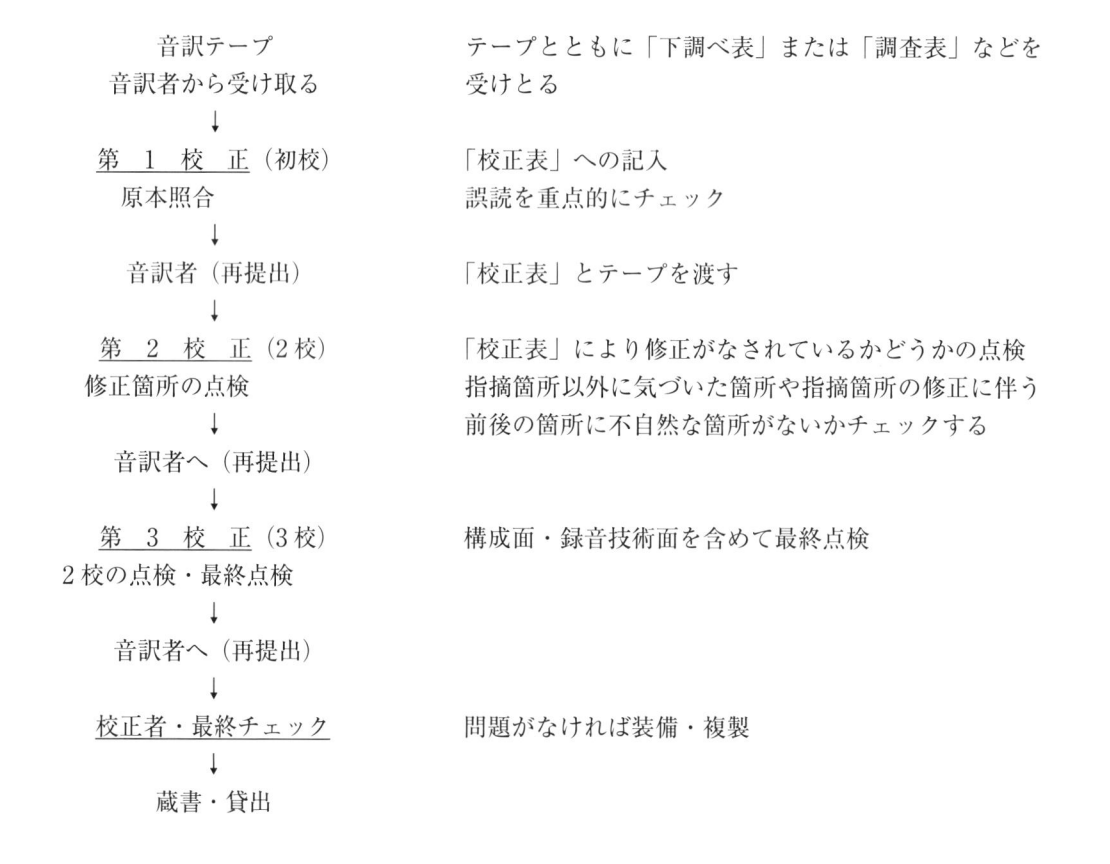

音訳テープ 音訳者から受け取る	テープとともに「下調べ表」または「調査表」などを受けとる
↓	
<u>第　1　校　正</u>（初校） 原本照合	「校正表」への記入 誤読を重点的にチェック
↓	
音訳者（再提出）	「校正表」とテープを渡す
↓	
<u>第　2　校　正</u>（2校） 修正箇所の点検	「校正表」により修正がなされているかどうかの点検 指摘箇所以外に気づいた箇所や指摘箇所の修正に伴う前後の箇所に不自然な箇所がないかチェックする
↓	
音訳者へ（再提出）	
↓	
<u>第　3　校　正</u>（3校） 2校の点検・最終点検	構成面・録音技術面を含めて最終点検
↓	
音訳者へ（再提出）	
↓	
<u>校正者・最終チェック</u>	問題がなければ装備・複製
↓	
蔵書・貸出	

12−2　テープのはじめと終りの空きは規定どおりか、区切りは適切か

カセットテープの場合、A面はじめのテープの空きは、普通10秒（リーダーテープを含めて20秒）です。A面終りの位置はテープ残量60秒以上が適切といわれています。

- A面はじめ　→　テープのはじめ・録音開始まで　10秒±5秒（許容）
- A面終り　　→　60秒以上の空きがあるか
- B面はじめ　→　A面終りと揃っているか
- B面終り　　→　テープの残量が10秒±5秒以上、特にA面はじめよりはみだしていないか

```
       A面はじめ                    A面おわり
     ←10±5秒→                     →←60秒以上
     ┌─────┬──────────────────┬─────┐
     │         │                  │         │
     └─────┴──────────────────┴─────┘
     ←・・×←                     ←
       B面おわり                    B面はじめ
```

テープの区切り方

　A面、B面ともに録音終了の文章の区切り箇所が適切かどうかをチェックします。引用文の途中や、会話文の途中で面が変わっていないかを点検してください。このような場合に入るようでしたら少し前から読みなおし、区切りが適切なところで終るように校正所見をコメントすることが必要です。不自然と思われる区切り方は聞き手に違和感を与えます。A面からB面への続きの場合など、文章が長くて訂正が不可能な場合もあります。特に次巻に続く場合はこのようなことがないかどうか点検が必要です。

　どうしても途中になる長い文章、図・表・グラフなど途中でやむを得ず終る場合は、次のようなコメントが入っているかどうかチェックして下さい。

　「○○の途中ですがA面を終ります。このままの位置でB面へおまわし下さい」

> **Column　ワンポイント・アドバイス②**
>
> ①AからB面に移る時の、B面の頭の位置の問題です。A面の終りの枠アナウンスで、「このままの位置でB面におまわし下さい。」としていますので、当然その枠アナウンスの終った位置が、すなわちB面の頭になる訳です。これは、すでに皆さんご存じのことですし、実践されておられることです。ところが、実際に出来上がったテープを聞かせていだだきますと、B面をスタートさせた瞬間に声が飛び出すという感じのものから、すでに始まっていて途中から聞こえてきたり、録音もれと思われる長い空白があったりするものが見受けられます。
> この位置のずれは、ある程度やむを得ないと思われますが、聞き手にとっては、言われた通りに操作したのにすでに始まっているというのは不愉快なものです。そこでこの対策として、B面に回してスタートして、<u>2〜3秒たってから</u>読みはじめる、という様にしていただくと位置のずれは解消されると思います。それぞれお試し下さい。
>
> ②また、A面を読み込みすぎて、もどしてA面最後の枠アナウンスを読んだ後、読み込みすぎた部分を消し忘れる場合が多くみられます。読み込みすぎの消し忘れがないか、チェックして下さい。

12－3　余白テープの点検

　テープ各面の始めと終わりの余白はなにも録音されていない部分ですが、この部分に色々な問題が生じている場合がありますので、注意が必要です。

```
    Ａ面始め　　　→　　本文　　　　　　　Ａ面終り
                        Ａ　面
                        Ｂ　面
    Ｂ面終り　　　　　　本文　←　　　　　Ｂ面始め
```

　録音を始める部分までボリュームを絞り、録音を開始する直前にボリュームを適正に上げます。またＡ面が終わった時点でボリュームを「0」に絞れば問題はおこりませんが、往々にしてこれを忘れることが多いようです。そのため、この余白部分の点検が欠かせません。どのような事例があるか以下に列挙します。
1. 雑　音…完全でない遮音状態の部屋での生活音。
2. 音訳者の雑音…咳払い、溜息など。
3. 物理的な雑音…ドアの開閉音、廊下や階段の足音など。
4. その他…読み込み過ぎた部分の消し忘れ。

> 録音部分以外のテープの余白のチェックを忘れずに。

12－4　録音の順序は正しいか

　録音の順序は、原則として原本のとおりに録音します。が、テープという形態で利用するのに便利なようにするためには、原本と順序が異なる場合があります。また、テープでの読書のための利用上のコメントも入れることが必要となります。これらのことを盛り込んで、録音の順序がきめられます。以下に示す順序は、『音訳マニュアル　音訳・調査編』にそった録音順序です。取り決めにそった順序と処理通りに読まれているかどうかを、チェックすることが必要です。
1. <u>著者名（編集者名・翻訳者名）・書名（副書名・シリーズ名）・出版社名</u>
   ＊副書名・シリーズ名などはその区別、判断に迷うことがありますが、図書館の目録などに合わせてあるかどうかチェックします。
   ＊編集者名・翻訳者名・副書名・シリーズ名・出版社名は1巻Ａ面とテープ最終巻末尾のみに録音してもよいでしょう。
2. <u>テープ巻数とＡ面・Ｂ面の表示</u>
3. <u>製作館名（グループ名）</u>
   ①「○○県立○○図書館」
   ②ボランティアグループの場合　「音訳グループ○○」「音訳サークル○○の会」
4. <u>著作権処理に関する事項</u>
   著作権法によって製作したことを表示します。
5. <u>製作年月日</u>
   音訳書の完成した年（月日）をいれます。
6. <u>音訳者名・校正者名（編集者名）</u>
   複数の場合は代表者名でも構いません。
7. <u>原本奥付</u>
   ＊最近の図書には、定価がカバーに表示されています。表示方法も「定価○○○円（本体○○○円）等と表示されています。記載されたとおりに読まれているかどうかチェックして下さい。

8 　著者略歴（紹介）・翻訳者略歴（紹介）
 　　　＊略歴は、奥付の頁のほか、本のカバーなどにある場合もあります。
 9 　原本凡例
10 　録音図書凡例（必要な場合のみ）
11 　目　次
12 　まえがき（序文・はじめに）
 　　（本　文）
13 　A面の終り（各巻）
14 　B面のはじめ（各巻）
 　　（本　文）
15 　B面の終り（各巻）
16 　第2巻以降のA面のはじめ
 　　（本　文）
17 　あとがき
18 　解説・参考資料・年表・索引など
 　　索引は省略することがあります。その場合は省略する旨、コメントしてください。
19 　著者の既刊作品の掲載
 　　奥付の後などに広告の形で、著者の他の作品のPR文が掲載されている場合があります。必要に応じて音訳します。
20 　テープ最終巻の末尾

12−5　枠アナウンスの読みは正しいか

　テープを何巻にもわたって音訳していくうちに、枠アナウンスの読みが変わってしまうことがよくあります。音訳する内容に気をとられて、つい枠アナウンスがなおざりになってしまうようです。校正にあたっては、テープの巻・面が変わるたびに枠アナウンス記録用紙に目を通して確認しながらチェックすることが必要です。

 1 　テープ巻数とA・B面の表示

> テープ第○巻　A面

「テープ」を読み落したり、面表示を落したりする場合が見受けられます。
　×「第○巻　A面」　×「テープ○巻」
　×「テープ○巻　A面」　×「テープ第○巻」

 2 　テープA面の終り（各巻）

> A面を終ります。このままの位置でB面へおまわし下さい。

 3 　B面のはじめ（1巻A面を除いて、各巻A・B面とも同じ）
 　　○項目の途中で、かつページの途中から読み始めるとき。

> テープ第○巻B面、○○ページ、第○章、第○節、○○○○（最小項目）の続きです。
> 　（本　文）

この方法は専門書や参考図書などの場合によく使われます。小説などの場合は、○○ページ以降は読まないことが多いです。
　　○新しい項目から読みはじめるとき。

第6部　校正の手引き

> テープ第○巻B面、○○ページ、第○章、第○節、○○○○（最小項目）
> （本　文）

「の続きです」は入れません。ここはよく間違いますから注意してチェックして下さい。著者名・書名は不要です。「テープ第○巻…」を読み忘れていないかチェックして下さい。

4　B面の終り

> テープ第○巻へ続きます。

区切りのつけ方は面が変わる時よりも慎重にしているかどうか注意して下さい。
テープが多少多く余っても区切りよく次巻に移っているか点検して下さい。絶対にA面はじめより長くならないように。

5　2巻目以降のA面はじめ

> 書名、テープ第○巻A面、○○ページ、第○章、第○節、○○○○（の続きです）。

○○ページ以降は、読む方法をとった場合のみ読みます。

6　テープ最終巻の末尾

> 以上で○○○○著○○○○（書名）○○○○（シリーズ名・副書名）を終ります
> 製作完了　20○○年○月（○日）　音訳は○○○○
> 校正は○○○○（編集は○○○○）でした。

A面途中で終る場合

> このあとには何も録音してありません。
> 巻き戻しで最後まで巻き取ってからテープを取り出して下さい。

B面途中で終る場合

> このあとには何も録音してありません。
> 早送りで最後まで巻き取ってからテープを取り出して下さい。

最終巻のコメントがA面とB面を間違えて読まれていたりする場合があります。
最後なので音訳者も校正者もふっと気が抜けるようです。最後を正しく締めましょう。

第13章　参考文献

1　『音訳マニュアル　視覚障害者用録音図書製作のために　音訳・調査編』　2001（全国視覚者情報提供施設協会）
2　『音訳マニュアル　視覚障害者用録音図書製作のために　音訳・調査編』　改訂版　2006（全国視覚者情報提供施設協会）
　録音図書についての考え方・音声表現・処理・調査・校正等について解説。旧版でのカセットテープに関する記述の他CD（デイジー図書）の記述が加筆されています。
3　『録音図書校正マニュアル』　1994　（日本ライトハウス盲人情報文化センター）　校正マニュアル検討委員会・編
4　『音訳ボランティア研修会テキスト　録音図書の校正』第4版　2009　（北川和彦）
5　『英語・カタカナ語音訳マニュアル』　1995　（日本ライトハウス盲人情報文化センター）
6　『はじめての音訳　第2版』視覚障害者介護技術シリーズ　1999　（全国視覚者情報提供施設協会）

7 『活動するあなたに　音訳・調査編』1992（全国点字図書館協議会）
8 『耳で読む読書の世界』　2010（東方出版）　二村晃

（定期刊行物）
1 「校正基準について　その1」清水健造　「ろくおん通信」No.29　1990.11.15
2 「校正基準について　その2」清水健造　「ろくおん通信」No.30　1990.12.15
3 「校正基準について　その3」清水健造　「ろくおん通信」No.31　1991.2.15
4 「校正基準について　その4」清水健造　「ろくおん通信」No.32　1991.3.15
5 「校正基準について　その5」清水健造　「ろくおん通信」No.33　1991.4.15
6 「校正基準について　その6」清水健造　「ろくおん通信」No.34　1991.5.15
7 「校正のチェックポイント　第1回」「ろくおん通信」No.115　2001.1.15
8 「校正のチェックポイント　第2回」「ろくおん通信」No.116　2001.3.15
9 「校正のチェックポイント　第3回」「ろくおん通信」No.117　2001.5.15
10 「校正のチェックポイント　第4回」「ろくおん通信」No.118　2001.7.15
11 「校正のチェックポイント　第5回」「ろくおん通信」No.119　2001.9.15
12 「校正のチェックポイント　第6回」「ろくおん通信」No.120　2001.11.15
13 「録音図書の校正」　久保洋子　「ろくおん通信」No.134　2004.3.15
14 「録音図書製作は共同作業」　久保洋子　「ろくおん通信」No.141　2005.9.15
15 「校正について　第1～16回」　大林緑　「ろくおん通信」No.152-168
　　①校正のとき何を基準に聞いていますか？　No.152　2007.10
　　②はじめに原本を見ないで聞いてみましょう　No.153　2007.11
　　③原本凡例　No.154　2007.12
　　④デイジー図書凡例　No.155　2008.1
　　⑤目次　No.157　2008.3
　　⑥前書き・序文・献辞など　No.158　2008.4
　　⑦著者紹介…著者紹介おわり　No.159　2008.5
　　⑧原本奥付　No.160　2008.6
　　⑨最終の終わりの枠アナ・本文中の処理・配慮の校正ポイント　No.161　2008.7
　　⑩図・表・写真　No.162　2008.9
　　⑪注の入れ方について　No.163　2008.10
　　⑫カッコ記号について　No.164　2008.11
　　⑬字の説明・文のくぎり方・間・複合語　No.165　2008.12
　　⑭誤読・アクセント・音　No.166　2009.1
　　⑮日本ライトハウスの校正について　No.167　2009.2
　　⑯校正表への記入・おわりに　No.168　2009.9
16 「校正について考える」　久保洋子　「ろくおん通信」No.179　2010.3
17 「校正のポイント」　久保洋子　「ろくおん通信」No.186　2011.5

（「ろくおん通信」は日本ライトハウス（盲人）情報文化センター発行）

第6部　校正の手引き

> **Column**　図書館からの提案
>
> ## 原本に付箋を
>
> 日頃、音訳ボランティアの方には、音訳とともに校正作業にもご協力いただいていますが、この校正作業の中で指摘事項の箇所には、原本に印（✓印と｜印）をつけていただくことをお願いしています。（音訳者自身の本で、書き込みを希望しない本を除く）。しかし、校正終了の本を見ますと、印の付けられていないものもあります。図書館では、修正された図書の確認作業をしていますが、この印があると非常に助かりますし、効率が全然違います。さらに、作業をしていると修正個所のページを探すことにも結構手間がかかります。これは、音訳者の方も同じなのではないでしょうか？そこで、原本への✓印のかわりに付箋をつけるというのはどうでしょうか？付箋だと指摘されている個所もすぐにわかりますし作業も効率的に行えるのではないでしょうか？音訳者の方の本も汚れずに指摘個所がわかります。さらに、巻数やA面B面が変わったときの付箋に、1－Aとか3－Bと書かれてあると便利じゃないかなと感じたりもしています。（注：全ての付箋に1－Aとかを書くということではありません）。ただ、この作業は校正者の方の負担になるということもありますし、音訳者の方は付箋がたくさん付いて"びっくり？！"ということがあるかもしれません。みなさんはどのように思われますか？
>
> （『朗読奉仕者だより』第45号　1999.4　高知点字図書館）

> **Column**　音訳者の声から
>
> 『（前略）音声訳でも校正がガバッとくるといっきに落ち込み、これでボランティア活動も終わりだと思うのだが、「熊点だより」に自分の1冊と名前が載ったとたん、一気に息を吹き返す幸せな気分になり、またがんばろうと思う。私は音訳が大好き。校正の方々には大変ご迷惑をおかけしますが、よろしくお願いいたします。未熟な私の音訳を聞いて下さる利用者の方々に、心から感謝し、「ありがとう」と、お礼を申し上げたい。』
>
> 『（前略）何度も言われてきた。自己満足で音訳してはならない。聞く方々は視覚障害をお持ち。見えるなら我々に頼んだりなさらない。そうなんだ。おろそかに読んじゃ駄目なんだ。校正表を見ると、私にはこれ以上発音できない。できないものはできないと思ったりしてたけど、「野火」が「蚤」に聞こえますと利用者に指摘され、次からがんばろうと、反省なき前向き発言などして、かわしてはいけないんだ。真剣にがんばらなくちゃと遂に心根で気付いた。』
>
> （『さわらび』No.27　2002.6　熊本県点字図書館音訳グループ）

（付録1） 録音図書校正基準

1992　施行　日本盲人社会福祉施設協議会
2001.3　改訂　全国視覚障害者情報提供施設協会
2005.3　改訂　全国視覚障害者情報提供施設協会

【総　則】
1．校正の意義・目的
　録音図書の校正は、墨字（活字）原本がいかに忠実に、また正確に音声化されているかをチェックする技術である。間違いのない録音図書を作るために、校正は厳密に行なわれなければならない。初校だけでなく訂正した箇所の点検も行うべきである。誤読は利用者に対してはもちろん、執筆者に対しても許されないものである。正確な音訳と迅速な提供とは相容れない面もあるが、サービスシステム、製作システムの改善によって調和させるべき問題である。
2．校正の責任
　施設が製作する録音図書の最終責任は、施設にある。したがって校正表にあげられた事柄について、訂正するか否かの判断は施設が行い、その判断をもとに音訳者が訂正を行う。
3．校正の役割
　校正は、音訳が正確に行なわれているかどうかをチェックする技術で、録音図書の正確さ、原本との同一性を保持する（著作権法第20条）重要な役割をもつものである
4．校正者の位置
　録音図書製作は、音訳者、校正者、編集者のチームワークによって進められる。
5．校正の基準
　明確な誤読は勿論だが、より適切な読みがあるものなども、校正表にあげる。「録音図書製作基準」の形式に基づいているかどうか、録音状態、処理の仕方、文意が変わってしまうアクセント、ポーズも指摘する。その細則は別に定める。
6．校正の方法
　同一の原本を使用し、照合しながら校正を行う。この時、調査表、処理打合わせ表を参照する。再生音量は通常よりもやや大きくし、スピードは録音と同じスピードで再生する。
7．校正表の記入
　校正表に記入するとともに、原本の該当個所にも印をつける。記入例は細則で扱う。
8．校正済みの録音図書の点検
　指摘箇所が訂正されているかの確認の他、読み直した他の個所での誤読、訂正前後の録音レベルの差、消し残し、誤消去がないかなどを点検する。

第6部　校正の手引き

【細　則】
1．誤読の指摘
　　校正表には指摘箇所に「○」または「アンダーライン」を付けて明確にする。

助詞

ディスク(巻・面)	時間(カウント)	ページ	行	音訳者の読み	校正者の読み	判定欄	備考
3A	123	123	上4	効果はあった	効果があった		
5B	234	234	下5	いやだなあ	いやだな		

脱落

ディスク(巻・面)	時間(カウント)	ページ	行	音訳者の読み	校正者の読み	判定欄	備考
2A	123	123	4	なのˇだろう	なのだったろう		
3B	345	234	21	‥だった。このあいだ‥	……だった。		一行脱

外来語の発音不明瞭

ディスク(巻・面)	時間(カウント)	ページ	行	音訳者の読み	校正者の読み	判定欄	備考
1A	123	12	4	カフェ	カフェ		
2B	234	23	2	パーテイ	パーティ		

一般名詞

ディスク(巻・面)	時間(カウント)	ページ	行	音訳者の読み	校正者の読み	判定欄	備考
2B	123	34	8	じてんしゃ	じてんしゃ		
3A	345	56	2	全国　ぜんごく	ぜんこく		

固有名詞

ディスク(巻・面)	時間(カウント)	ページ	行	音訳者の読み	校正者の読み	判定欄	備考
1A	123	12	3	日本橋 にほんばし	にっぽんばし		大阪・ミナミ
3B	234	123	18	尾崎秀樹 おざきひでき	おざきほつき		

専門用語

ディスク(巻・面)	時間(カウント)	ページ	行	音訳者の読み	校正者の読み	判定欄	備考
3A	456	123	1	礼拝　れいはい	らいはい		仏教用語
5B	678	234	16	開眼　かいげん	かいがん		医学用語

2．文章による読みの選択

　幾通りもの読み方がある単語は、その文章に適したものを選択する。

　指摘にあたって、自信のない場合は疑問符を付ける。

ディスク(巻・面)	時間(カウント)	ページ	行	音訳者の読み	校正者の読み	判定欄	備考
1B	123	12	5	明日　あした	みょうにち？		

3．アクセント、ポーズの指摘

　アクセント、ポーズは校正の対象ではないが、文章の前後からその語句の意味がとれなくなる時、文意が変わってしまう時は、指摘する。

　スラッシュ、タイの記号を使用する。

ディスク(巻・面)	時間(カウント)	ページ	行	音訳者の読み	校正者の読み	判定欄	備考
1A	123	11	13	職人の作った／もの	職人の／作ったもの		
2B	234	8	6	普通、乗車券はいらない	普通乗車券はいらない		

4．録音状態

　録音レベル、ブロウ、操作音、背景ノイズなどを指摘する。

　指摘にあたって、録音レベル以外は原本に記入をし、箇所指定のできる性質のものは次の記号を使用する。

　　　ダブリ　◎———

　　　雑　音　○———

　（例）

　「私たちは「見えない」というと真っ暗な闇を想像します。しかし、真っ暗な、全く見えない人よりも、形ははっきりしないけれど、明るい、暗いは分かるとか、視野が狭いだけなど「見える」視覚障害者も多いのです。「ある程度見える」視覚障害者を弱視者（じゃくししゃ）といいます。

　視覚障害者は一般的には白い杖（白杖＝はくじょう）を持っていますが「ある程度見える」弱視者は、白杖を持たない人が多く…　」

5．処理に関すること

　細部に不適切な個所がある場合には、これを指摘する。

　音訳表現技術が未熟なために文字表現が的確に伝えられない個所がある場合は、これを指摘する。

6．録音形式

　全国視覚障害者情報提供施設協会の製作基準に準拠した各館の録音形式から外れた場合は、これを指摘する。

（付録2）　録音図書製作基準

1981.1.28　承認　日本盲人社会福祉施設協議会
1993.1　改正　日本盲人社会福祉施設協議会
2001.3　施行　全国視覚障害者情報提供施設協会
2006.3　改訂　全国視覚障害者情報提供施設協会

【総　則】

1．録音図書の定義

　録音図書とは、全国視覚障害者情報提供施設協会が視覚障害を持つ利用者への情報提供を目的として製作した録音物で、一定の基準に基づいて、「文字、図、表等をできる限り忠実に音声化したもの」である。

2．目的

　録音図書の利用者にとって、図書の形式・装丁が不統一であると、利用に不便である。また、施設にとっても、書誌情報・原本奥付等の正確で統一された記載・録音は目録作成ならびに相互貸借の上で欠かすことができない。

　以上の理由から、主に録音図書の形式と装丁について基準を定めるものとする。

第6部　校正の手引き

3．単位
　　製作単位は、原則として「原本1冊につき1タイトル」とする。
4．録音時間
　　DAISY図書は、650MBディスク1枚あたり最長40時間、700MBディスク1枚あたり最長45時間程度とする。また、それぞれの圧縮方法、サンプリングレートは音質を充分に配慮し、適宜選択する。テープ図書は、60分テープでは片面30分、90分テープでは片面45分以内とする。
5．形式
　　録音図書に録音すべき項目とその順序は細則に定める。

【細　則】
＊印は許容事項を示し、必要のない場合には省略することができる。
［DAISY（ディジー）図書］
DAISY図書とは「DAISYフォーマット」で製作された録音図書を指す。

Ⅰ．録音すべき項目と順序
　1．ディスク1枚の場合
　　（1）始めの枠アナウンス
　　　　・書名（副書名・シリーズ名・巻次・回次・年次）
　　　　・著者名（編著者・訳者名）
　　（2）著作権処理に関する事項
　　　　著作権者の許諾を必要とするものは、その旨を録音する。
　　　　ただし、著作権法第37条第3項に拠って製作するものは、省略する。
　　（3）録音図書凡例
　　　　階層などの構成、および音訳上の処理方針を録音する。
　　（4）原本凡例・まえがき・目次・本文・著者略歴・原本奥付など記載順序に基づいて録音する。
　　（5）終わりの枠アナウンス
　　　　・書名（副書名・シリーズ名・巻次・回次・年次）
　　　　・製作施設名
　　　　・製作完了年月
　　　＊・音訳者名・校正者名・DAISY編集者名・DAISY校正者名
　2．ディスク複数化の場合
　　1枚目
　　（1）始めの枠アナウンス
　　　　・書名（副書名・シリーズ名・巻次・回次・年次）
　　　　・著者名（編者名・訳者名）
　　　　・ディスクナンバー
　　　　　「ディスク全○枚、ディスク1」
　　（2）著作権処理に関する事項
　　（3）録音図書凡例
　　　　・ディスク収録情報
　　　　　「ディスク1には、○○から○○まで、ディスク2には○○から○○までを収録しています」
　　（4）原本凡例・まえがき・目次・本文・著者略歴・原本奥付など
　　（5）終わりの枠アナウンス
　　　＊・書名（副書名・シリーズ名・巻次・回次・年次）
　　　　・ディスクナンバー
　　　　　「ディスク○に続きます」
　　2枚目以降

　　　　(1) 始めの枠アナウンス
　　　　　　　・書名（副書名・シリーズ名・巻次・回次・年次）
　　　　　　　・ディスクナンバー
　　　　　　　「ディスク○」
　　　＊・ディスク収録情報
　　　　　　　「ディスク1には、○○から○○まで、ディスク2には○○から○○までを収録しています」
　　　　(2) 終わりの枠アナウンス
　　　　　　　・書名（副書名・シリーズ名・巻次・回次・年次）
　　　　　　　・製作施設名
　　　　　　　・製作完了年月
　　　＊音訳者名・校正者名・DAISY編集者名・DAISY校正者名
Ⅱ．表　示
　　装丁および墨字表示については、大きな文字ではっきりと表記する。
　1．CD等の墨字表示
　　　(1) 書名表示
　　　　書名（副書名・シリーズ名・巻次・回次・年次）を表示する。ただし、副書名・シリーズ名は原本を特定する上で不都合がなければ省略してよい。
　　　(2) 著者名表示
　　　　複数の場合は、主なものを1名記載し、あとは「他」として省略してよい。
　　　(3) ディスクナンバー表示
　　　　ディスクが複数枚の場合は、該当ディスクナンバーと全ディスク枚数を「／」を使って表示する。
　　　(4) 所蔵施設表示
　　　　所蔵施設名を表示する。
　2．ケース等への表示
　　　以下の項目をCDケースあるいは郵送ケース内側に墨字と点字で表示する。
　　　・書名
　　　・著者名
　　　・所蔵施設名
　＊・ディスクナンバー
　＊・収録時間
［テープ図書］
Ⅰ．録音すべき項目と順序
　1．第1巻の始め
　　　(1) 始めの枠アナウンス
　　　　　・書名（副書名・シリーズ名・巻次・回次・年次）
　　　　　・著者名（編者名・訳者名）
　　　(2) 著作権処理に関する事項
　　　　著作権者の許諾を必要とするものは、その旨を録音する。
　　　　ただし、著作権法第37条第3項に拠って製作するものは、省略する。
　　　(3) テープ巻数とA面のアナウンス
　　　(4) 原本奥付
　　　(5) 著者略歴（紹介）・訳者略歴（紹介）
　　　(6) 原本凡例
　＊(7) 録音図書凡例
　　　(8) 目次

第6部　校正の手引き

　　　　(9)　まえがき　序文
　　　　(10)　本文
　　2．各巻の始めと終わり
　　　　(1)　各巻A面始めの枠アナウンス
　　　　(2)　各巻A面終わりの枠アナウンス
　　　　(3)　各巻B面始めの枠アナウンス
　　　　(4)　各巻B面終わりの枠アナウンス
　　3．最終巻の末尾
　　　　(1)　終わりの枠アナウンス
　　　　　　・書名（副書名・シリーズ名・巻次・回次・年次）
　　　　　　・製作施設名
　　　　　　・製作完了年月
　　　　＊・音訳者名・校正者名
　　　　＊・テープ巻き取りのコメント
Ⅱ．表　示
　　1．カセットの墨字表示
　　　　(1)　書名表示
　　　　　　書名（副書名・シリーズ名・巻次・回次・年次）を表示する。ただし、副書名・シリーズ名は省略してよい。
　　　　(2)　著者名表示
　　　　　　複数の場合は、主なものを1名記載し、あとは「他」として省略してよい。
　　　　　　収納ケースなどに著者名を表示する場合は、省略してよい。
　　　　(3)　カセット巻次表示
　　　　　　カセットが複数巻の場合は、該当巻数を「／」を使って表示する。
　　　　(4)　所蔵施設表示
　　　　　　所蔵施設名を表示する。
　　2．カセットの点字表示
　　　　カセットのA面に次の項目を点字で表記する。
　　　　(1)　書名表示
　　　　　　書名が長く、点字表記のスペースが足りない時は、書名を略記してよい。
　　　　(2)　カセット巻次、全巻数表示
　　　　　　そのカセットが図書の何巻目であるかを、全部の巻数と共に表示する。
　　　　　　ただし、収納ケース等に全巻数が点字表示されている場合は、カセット巻次だけでよい。

（付録3）　講習会『録音図書の校正』に見る受講者の悩みと受講後の感想

　この稿は、東京音訳ボランティア連絡会主催の3日間（9時間）にわたる「録音図書の校正」の講習会（1995）において、講習会前の、内容についての希望と、受講後のアンケートにみられる感想の一部です。
　受講者は東京音訳ボランティア連絡会加盟の32のボランティア団体から32名が参加しています。

○参加者の活動歴（アンケート回収者26名）
①音訳活動歴　　　　　　　　　　③発音・発声・アクセント（複数回答）
　1年未満　　　　4（15.3%）　　　指導者として　　　　2（7.1%）
　2〜5年　　　　9（34.6%）　　　講習を受けた　　　　22（78.5%）

6〜10年	6（23.0%）	講習を受けていない	4（14.2%）
10年以上	7（26.9%）		

②グループでの活動（複数回答）　　④校正について

役員（元役員）	12（44.0%）	校正経験あり	17（65.3%）
指導歴あり	3（11.0%）	校正経験なし	9（34.6%）
その他	11（40.0%）		
無回答	1（3.7%）		

○講習会に望むことなど（受講前）
1　年数は10年と長いのですが、初級講座を受けただけなので、校正の初歩を勉強したい。
2　どの程度まで校正するのか知りたい。
3　適切な校正、正確であることは大切なことですが、ボランティアとしてどこまで朗読者に要求していいのか迷います。
4　校正の基準というものが利用者により異なることもあるのか？これまで校正は自分なりにやってきた。
5　どこまで校正するか、線引きのガイドラインが聞きたい（内容・専門書等で違うこともあると思いますが、いつも苦労する部分です）。
6　校正は自己流にしましたが、正しく基礎から指導していただきたい。特に、英語の読みなどのカッコのスペル。
7　実用面での校正の限度を把握したい。
8　アクセントはどの程度指摘したらいいのか。
9　外来語のアクセントおよび鼻濁音を濁音にするのかの問題について知りたい。
10　アクセント、長音、また無声化の問題をどこまで校正しなければならないか。
11　校正をどこまでやるか（アクセント、意味のつかみ方まで、字の説明も）
12　鼻濁音、アクセント等は指摘しきれないので大目にみてしまいますが、校正をどこまで厳しくするか分かりません。

○受講後の感想
1　初めての参加でしたが、課題、回数、内容とも大変勉強になった。
2　校正の実際にもう少し時間がほしかった。
3　具体的で参考になりました。悩みはつきないものと認識しました。
4　事前に課題をだした上での参加でしたので、積極的に面白く（？）受講することができました。
5　重箱の隅をほじくるような校正ではなくて、聞いて分かりやすいことが第一といわれたことがうれしかった。
6　校正とテープ作成はうらはらということを実感しました。初心者なので分からないこともありましたが、大変参考になりました。
7　とても頭が刺激されました。
8　校正の講習をこれほど長時間かけて聞いたのは初めてで大変感謝しています。地域ボランティアでもう一度テープをまわして勉強させていただきます。
9　この講座の続き、アドバンスコースを開催して下さい。
10　校正表にもとづく具体的な事例についての時間をもっととってほしかった。
11　課題ではアクセントばかりに気をとられた校正をしていたように思います。具体的な例をあげての講習会はわかりやすく、今後の活動に役立てたいと思います。
12　課題の校正についての説明の時間が足りなかった。
13　カッコの処理の3つの点について、とてもよかったと思います。

解説　公共図書館の調査方法とサピエについて

＊公共図書館を利用する　〜調べたいことがあるときに〜

　公共図書館では調べものをする人への支援として調査相談（レファレンス）のサービスを行っています。レファレンスサービスは図書館に来館して直接図書館のカウンターで質問をする方法だけでなく、電話や郵便、電子メールなどでも質問を受付けている図書館もあります。質問内容は人名や、地名など、辞典などを調べれば比較的簡単に回答の得られるものから、詳細に調べなければわからないものまでいろいろとありますが、図書館司書は質問者に対して単純に答えを回答するだけでなく"何を見れば、あるいはどういった資料を調べればよいのか"ということを教えてくれますので、調べ方に迷ったときは是非図書館を活用してください。

　例えば電話で質問したときは、早く回答を得られやすいですが、質問内容が複雑で、口頭説明だけでは伝わりにくい質問は、文書などにまとめて質問することも有用でしょう。しかし郵便の場合は日数もかかりますし、返送用の切手の同封などの心配りもほしいところです。直接図書館に行き、レファレンス担当の窓口で質問を行い、図書館で利用できる文献や辞典類などを具体的に教えてもらうことも回答を得るための近道となります。図書館では比較的、調査・参考用の資料をまとめて配架していますので、いろいろな調査用の資料を何冊も調べることができて便利です。

　多くの資料を利用したときは、忘れずに典拠を記しておくことをお勧めします。その意味で紙に印刷された文献は、直接手にとって確認できるため、典拠を確認しやすいのが良いところです。最近ではインターネットを利用して調べる方も多いと思いますが、インターネットで検索した場合は、典拠として信頼性のおけるものかどうかをよく見極めることが必要です。インターネットに掲載されている情報は、いつまでも同じ情報が表示されているとは限りません。急に今までと同じ検索結果画面が表示されなくなることもあります。即時性の高い分、流動的な面もあることを理解したうえで、参考として利用することが利用者には求められます。

　反面、公共図書館で利用可能なデータベース類は、安定した情報提供として信頼性が高いと言えるでしょう。新聞のデータベースを検索した際、調べたい記事についてのキーワードを入力することで、関連した記事を瞬時に検索することができます。もしも掲載日がわかっていれば、掲載日とキーワードを一緒に絞り込む検索を行い、より限定して早く欲しい記事を調べることができるなど、紙の資料とは違う利点がデータベース検索にはあります。人名や法令などを検索できるデータベースなどもありますが、図書館によって利用できるデータベースは異なります。調べたい内容によっては、紙媒体の事典や辞書などを利用した方が早く回答を求められる場合もあります。調べたい用途によって紙の資料を利用したり、インターネットや図書館のデータベースを利用する方法を選ぶなど、調べる側の選択肢は広がってきています。しかし、検索する側の検索技術の能力も求められるようになってきています。図書館でデータベースを検索するときは、図書館司書にアドバイスを求めることも検索を上達させる方法の一つです。

　質問者は調査を進めるときに、情報を上手く集められるよう、図書館司書のアドバイスなども参考に、多くの資料やデータベースなどを賢く利用してください。

＊サピエの登場

　近年まで視覚障害者への情報提供用の録音資料はカセットテープによるものが主流でした。しかしカセットテープには検索性や収録時間などに限界がありました。収録時間の長いものは、必然的にカセットテープの巻数が多くなり、所蔵場所を圧迫する要因となっていました。こうした点をデジタル化を進展させることで解決しようとしたものがDAISY（デイジー）の始まりです。

　DAISYとはDigital Accessible Information Systemの略で「アクセシブルな情報システム」と訳されています。音声資料、あるいは音声・テキスト・画像などを組み合わせたマルチメディア資料の国際標準規格の名称です。DAISY録音図書はデジタルによる録音物のため、CDやパソコンのハードディスク等に保存が可能です。機能としては①章・節・項など利用したいところにジャンプできる　②読みたいページにジャ

ンプできる ③「しおり」をつける機能があり、「しおり」を付けたところにジャンプして利用することができる、などが挙げられます。特徴としては ①圧縮技術で1枚に50時間程度の録音が可能である ②音が劣化しない、などが挙げられます。また、著作権を考えた上での利用にはなりますが ③コピーが容易で複製物を作りやすい ④インターネットによるデータ配信が可能である、という点もあります。つまりカセットテープのように収録時間の長さにより巻数が増えるという点は、1枚で50時間収録できることで収容スペースが抑えられ、保存場所の問題が解決される可能性が出てきたといえます。また録音媒体であるCDも比較的安価である点は利点と考えられます。利用者にとっても読みたいところをすぐに頭出しできるなど、いろいろと便利な機能を利用できる利点があります。

　DAISYは1990年代のはじめにスウェーデンで開発が始められました。1996年5月には国際共同開発機構「DAISYコンソーシアム」が非営利団体として世界6カ国（スウェーデン、イギリス、スイス、オランダ、スペイン、日本）により設立されるなどの動きがありました。

　日本国内での動きとしては1999年12月に日本点字図書館と全国視覚障害者情報提供施設協会（略：全視情協）の両者の協議、協力のもとに「点字図書情報ネットワーク整備事業」として、全視情協が運営する「ないーぶネット」の構築を行うことを決定し、「ないーぶネット」はネットワークシステムと図書管理システムがひとつのシステムとなりました。その後、システムはインターネット版「ないーぶネット」などへ発展していきました。

　また、音声面としては2004年から日本点字図書館と日本ライトハウスの共同事業として、インターネットによるDAISY図書のネットワーク配信サービス「びぶりおネット」が開始され、視覚障害を持つ利用者自身が、自宅のパソコンから「びぶりおネット」にアクセスして、聴きたい本を検索したり探したりすることができるようになりました。24時間いつでも自由に利用することが可能となるなど、時間的・空間的制約から脱した点は画期的ともいえます。

　このように視覚障害者向けの情報提供システムには「ないーぶネット」と「びぶりおネット」と呼ばれるネットワークサービスが存在してきました。現在ではこれらのサービスは「サピエ」と呼ばれる視覚障害者情報総合システムに引き継がれて運用されています。この「サピエ」は2010年4月から運用を開始しました。「サピエ」とは"サピエンティア"というラテン語で「知恵」を意味する言葉の造語です。「サピエ」は視覚障害者や視覚による表現の認識に対して障害をお持ちの方（目で文字を読むことが困難な方々など）に対して、情報を点字や音声データで提供しています。また点訳資料や録音図書などの情報だけではなく、暮らしに密着した地域、生活情報などのさまざまな情報を提供しています。

　「サピエ」は日本点字図書館がシステムを管理し、全国視覚障害者情報提供施設協会が運営を行っており、現在（2012年4月現在）1万人以上の個人会員の方が登録されています。全国の視覚障害者情報提供施設（点字図書館）だけでなく、公共図書館などでも利用されており、図書館間における相互貸借の業務においては所蔵館を探すだけでなく、検索結果画面からオンラインリクエストを行うことも可能であり、図書館の障害者サービスにとって大きな助けとなっています。

　「サピエ」のメニューには「サピエ図書館」、「地域・生活情報」、「図書製作支援」、「お役立ちリンク集」などの項目があります。「サピエ図書館」は所蔵館の検索などができ、「図書製作支援」では読み方調べや検索サイト一覧など、いろいろな検索へと入っていくことができます。点訳や音訳などで調べものをしている人にはたいへん便利な支援サイトです。「地域・生活情報」や「お役立ちリンク集」では視覚障害者に役立つ情報としての支援や機器などの情報から趣味等まで、幅広い情報提供が行われています。「サピエ」は図書情報だけでなく、地域や生活に密接した情報を提供する面も持っており、視覚障害者だけでなく、図書館員やボランティアの人たちの調査や情報収集にも役立つものとなっています。今後益々、図書製作に関わっている人たちにも広く利用してもらいたいと思います。

（近藤　友子）

編者紹介
北川 和彦（きたがわ・かずひこ）
国立国会図書館司書監、視覚障害者図書館協力室室長を経て、全国点字図書館協議会（日本盲人社会福祉施設協議会点字図書館部会）録音朗読研究委員会委員、日本図書館協会障害者サービス委員会委員、厚生省委託図書選定委員、ＥＹＥマーク・音声訳推進協議会事務局長、ＪＢＳ日本福祉放送ディレクターを務める。

EYE LOVE EYE

音訳・点訳のための読み調査ガイド
―― 視覚障害者サービスの向上にむけて

2012 年 6 月 25 日　第 1 刷発行
2014 年 9 月 25 日　第 2 刷発行

著　者／北川和彦
発行者／大高利夫
発　行／日外アソシエーツ株式会社
　〒143-8550 東京都大田区大森北 1-23-8 第 3 下川ビル
　電話 (03)3763-5241(代表)　FAX(03)3764-0845
　URL http://www.nichigai.co.jp/
発売元／株式会社紀伊國屋書店
　〒163-8636 東京都新宿区新宿 3-17-7
　電話 (03)3354-0131(代表)
　ホールセール部(営業)　電話 (03)6910-0519

組版処理／日外アソシエーツ株式会社
印刷・製本／光写真印刷株式会社

©Kazuhiko KITAGAWA 2012
不許複製・禁無断転載　　《中性紙Ｈ-三菱書籍用紙イエロー使用》
〈落丁・乱丁本はお取り替えいたします〉
ISBN978-4-8169-2366-1　　Printed in Japan,2014

図書館サービスの可能性
―利用に障害のある人々へのサービス その動向と分析

小林卓・野口武悟共編　A5・230頁　定価（本体3,800円＋税）　2012.1刊

"図書館利用に障害のある人々へのサービス"の実践・研究動向を一望できるレビュー論文集。850件の参考文献を通して俯瞰。公立、学校、大学、点字の各図書館をはじめ、病院、矯正施設、おもちゃ図書館の幅広い取り組みを総合的に分析・紹介。

姓名よみかた辞典

姓の部　A5・830頁　定価（本体7,250円＋税）　2014.8刊
名の部　A5・810頁　定価（本体7,250円＋税）　2014.8刊

難読や誤読のおそれのある姓・名、幾通りにも読める姓・名を徹底採録し、そのよみを実在の人物例で確認できる辞典。「姓の部」では4万人を、「名の部」では3.6万人を収録。各人名には典拠、職業・肩書などを記載。

遺跡・古墳よみかた辞典

A5・590頁　定価（本体13,500円＋税）　2014.6刊

難読の多い遺跡・古墳名のよみかたを調べる辞典。全国の主要な古墳、貝塚、集落・住居跡、都城跡、城郭、古社寺、墓所、文学遺跡など14,478件を収録。通称・別称からも引くことができる。所在地、遺跡の年代、登場文学作品・文献名、史跡指定の有無、別称などを併記。

現代文学難読作品名辞典

A5・340頁　定価（本体9,400円＋税）　2012.7刊

平成元年以降に刊行・発表された難読作品名8,043件の読みを調べる辞典。長編単行作品、雑誌掲載短編、連載ミステリー、ライトノベルなどの小説作品以外に、戯曲・詩集・歌集・句集なども掲載。読めない漢字の作品名も、漢字の画数・漢字の音訓から引くことができる。

CD-30万語よみ方書き方辞典

価格（本体9,500円＋税）　2006.11発売

一般的な辞書では調べにくい30万語の表記と読みを簡単に調べられるよみかた辞典。地名・駅名、河川・島嶼、動・植物、日本文学、歴史民俗、歌舞伎浄瑠璃、季語季題などに加え、一般難読語まで幅広く収録。見出し語（表記・よみ）、1～3文字目の音訓読み・画数からも調べることができる。EPWING版、検索ソフト同梱。

データベースカンパニー
日外アソシエーツ

〒143-8550　東京都大田区大森北1-23-8
TEL.(03)3763-5241　FAX.(03)3764-0845　http://www.nichigai.co.jp/